21世纪应用型本科会计系列规划教材

FINANCIAL MANAGEMENT

财务管理

第五版

陈小林 主编

东北财经大学出版社 Dongbei University of Finance & Economics Press 大连

图书在版编目（CIP）数据

财务管理 / 陈小林主编．—5版．—大连：东北财经大学出版社，2023.7
（21世纪应用型本科会计系列规划教材）
ISBN 978-7-5654-4853-9

Ⅰ.财… Ⅱ.陈… Ⅲ.财务管理-高等学校-教材 Ⅳ.F275

中国国家版本馆CIP数据核字（2023）第102003号

东北财经大学出版社出版
（大连市黑石礁尖山街217号 邮政编码 116025）
网 址：http：//www.dufep.cn
读者信箱：dufep@dufe.edu.cn

大连雪莲彩印有限公司印刷 东北财经大学出版社发行

幅面尺寸：185mm×260mm 字数：426千字 印张：17.75
2023年7月第5版 2023年7月第1次印刷

责任编辑：朱 艳 孙晓梅 责任校对：蔡 丽
封面设计：原 皓 版式设计：原 皓

定价：54.00元

教学支持 售后服务 联系电话：（0411）84710309

如有印装质量问题，请联系营销部：（0411）84710711

第五版前言

企业财务管理工作需要考虑制度因素和时代背景。随着制度变迁和时代的发展，财务管理环境、财务管理工具、财务管理政策也在不断变化发展，因此本教材的编写既注重科学性、规范性，也注重应用性、时代性。本次修订在坚持原有编写指导思想和保留原有特色的基础上，做了以下工作：

一是增加了“学思践悟”栏目。除第2章外，在每章正文后面，通过“学思践悟”栏目介绍与本章内容密切相关的政策、法规。

二是对财务管理目标相关内容进行了修订。强调了企业追求股东财富最大化目标，前提是要履行应承担的社会责任，在财务决策中要充分考虑环境、社会和治理（ESG）因素。这与党的二十大报告中提出的“引导、支持有意愿有能力的企业、社会组织和个人积极参与公益慈善事业”的精神是一致的。

三是补充修订了财务管理工具的相关内容。如补充介绍了股票估值的多种工具和模型、数字经济的价值评价方法、企业综合评价的哈佛分析框架等。

四是根据财务管理政策与环境的变化，修订了部分案例，进一步提高了案例相关内容的情景适应性。

此外，本次修订将章后习题中的客观题（单项选择题、多项选择题和判断题）改为即测即评形式，同学们可以扫码答题检验学习成果；我们还提供计算题参考答案、思考题分析提示以及PPT课件，授课教师请登录东北财经大学出版社网站（www.dufep.cn）查询。

本次修订，除第一版作者外，黄伟亚博士亦参与了第7章和第8章的修订工作。由于编者水平有限，书中纰漏甚至错误在所难免，恳请专家、学者和读者批评指正，以便我们不断地加以修改和完善。

编　者

2023年4月

第一版前言

随着社会经济的不断发展，社会财富越来越多。现代社会可谓是金融社会，企业不仅要关注生产，而且要关注金融市场，企业的竞争不仅是核心技术的竞争，也是理财能力的竞争。我们看到，许多破产的公司往往是理财不善的公司，而未必是技术落后的公司，这充分说明财务管理对企业的至关重要性。

财务管理几乎是财经类院校学生必修的一门课程，尤其是对会计学和财务管理专业的学生来说，是专业主干课。学好财务管理应是每一位有志于从事会计、财务管理工作学生的心愿。然而，学好财务管理不仅要有善教的老师、善学的学生，还要有一本好用的教材。

本书在编写过程中力求做到应用性、科学性、系统性相结合，以基本理论、基本知识为基础，以基本内容和基本方法为主线，侧重于培养学生的应用能力和专业技能，以及分析问题和解决问题的能力，突出为培养适应目前社会经济环境的应用型人才服务。

在层次安排上，本书先阐述了财务管理的内容、目标、环境等基本概念，然后分析了货币的时间价值和风险报酬等财务管理基本理念，最后讲解了公司财务管理的各项具体内容。全书共分12章，其中第1~3章阐述财务管理的基本概念和基本理念，是财务管理的基本原理篇；第4~10章阐述财务管理中筹资决策、投资决策、股利分配等基本内容，属于实务操作篇；第11~12章是针对公司兼并收购和跨国公司财务管理的特殊内容，属于财务管理的专题篇。

本书在编写过程中还着重突出以下几个鲜明特点：①语言通俗易懂。力求用简明通俗的语言来表述专业术语，使初学者易于理解和掌握。②理论与案例相结合。在每章章末都安排了相应的案例，以加深读者对所讲理论的理解和掌握。③既适用于教学，也适用于自学。本书在体例安排上，章首是学习目标，章末是本章小结、重要概念、本章案例及自测题。这样的体例安排不仅利于提高教学效果，而且能够满足读者自学所需，提高自学效率。④重点突出。对于每章的主要概念，本书都列出了重要概念，以便读者复习反馈。⑤博采众长。本书在编写过程中，注意吸收了国内外同类教材的优点。

本书由陈小林负责统稿和定稿，由陈小林（第1~2章）、耿广猛（第3~4章）、袁德利（第7章、第9~10章）、但义兵（第5~6章、第8章）和许松涛（第11~12章）共同编写完成。

本书不仅可作为普通高等院校财务管理课程的教材，而且还可供对财务管理感兴趣或正从事财务管理工作的社会人士阅读参考。

本书在编写中吸收了国内外广大专家学者的研究成果，书后参考文献唯恐遗漏珠玑，在此一并深表谢意！

由于编写时间仓促和编者水平有限，书中错漏在所难免，恳请读者提出宝贵意见。

编　者

2008年4月

目录

第1章 财务管理导论

【学习目标】

通过本章的学习，你要：

1. 掌握公司财务管理的基本内容；
2. 掌握财务管理的目标，以及公司目标和财务管理目标的关系；
3. 理解财务管理的一般原则；
4. 了解公司财务管理所面临的宏观环境和微观环境；
5. 能够分析财务管理环境对财务管理的影响；
6. 理解财务管理在公司管理中所处的地位。

1.1 财务管理的基本内容

在长期的经济发展过程中，企业的组织形式、管理模式不断创新和发展，目前形成了独资、合伙、有限责任公司和股份有限公司等几种组织形式，也形成了直线型、职能型、直线-职能型、事业部制、模拟分权制、矩阵制等多种组织结构，作为公司管理的核心内容——财务管理的内容也在这个过程中演化发展。

1.1.1 什么是公司财务管理

企业一经创办，马上会面临各种财务问题。创办企业时，需要投入资金，那么投入资金应该是多少？应该从哪些渠道、采用何种方式筹集资金？如果从银行借入资金，那么应采取短期借款还是长期借款？公司筹建时，应购买什么样的机器设备？应建造多大的厂房和办公楼？多长时间可以收回投入的资金？公司开始正式运转，如何管理好各项资产？应收账款何时收回？大批量供货时可以给客户多大的销售折扣？公司经营获利后，将多大比例的利润分配给股东，将多大比例的利润留存公司用于再生产？

上述这些问题都属于公司财务管理范畴，但财务管理的内容远不止于此。上述问题有一个相同点，就是都与资金有关，即公司的财务管理是针对资金所进行的一种管理活动，而这些活动是围绕实现股东利益最大化而进行的，需要实现企业的价值增值，是一种价值管理。一般来说，公司的财务管理活动只能由具备财务管理专门知识的财务人员完成，各公司往往根据自身的行业特征、规模大小以及管理模式设立专门的财务机构组织公司的财务管理活动。当公司规模较小时，财务部门和会计部门合并设立财务会计部（也常简称为财务部或财务处），不单独设立财务管理部门，但在合并设立的机构内部仍然存在财务活动和会计活动之分。公司财务管理是公司财务人员围绕资金及其运动，旨在实现股东财富最大化而进行的各种价值管理。

1.1.2 公司财务管理的发展

公司财务管理发展到今天，大致经历了传统的财务管理阶段、内部控制阶段和投资管理阶段。

1）传统的财务管理阶段

19世纪中后期到20世纪30年代，随着市场竞争压力的增加，大量的股份公司为了扩大规模，提高竞争能力，开始在日趋成熟的金融市场筹集资金。为了更好地管理公司的筹资活动，许多公司建立了以筹集资金为主要职能的财务管理部门。此时财务管理部门的主要活动就是进行资金的筹集，以满足公司不断扩大的生产经营需要。所以，这个阶段也叫筹资管理阶段。

2）内部控制阶段

20世纪30年代，随着企业管理方法的发展，企业内部控制、内部牵制等管理理念纷纷出现，特别是20世纪30年代经济危机对公司经营造成巨大影响，引发了公司对财务控制、风险控制的重视。这个阶段，财务决策被认为是财务管理的重要内容，在财务管理中出现了对存货的再订货点、最佳现金持有量、应付账款筹资、应收账款的信用政策等营运资产的管理，大大提高了营运资产的经济效益。此外，财务分析、财务控制、财务预算等财务活动也得到了广泛的应用和发展。

3）投资管理阶段

第二次世界大战后，生产技术得到迅速提高，产品更新换代的速度加快，市场竞争更加激烈，公司面临的投资环境更加复杂，投资风险加大。为了规避和减少投资风险，公司财务管理转而开始重视投资管理，公司财务管理进入投资管理阶段。在这个阶段，出现了投资组合理论、资本资产定价模型、套利模型等诸多投资管理方面的理论，大量定量分析技术也被引入财务管理领域。

经过长期的发展，财务管理在筹资管理、营运资产管理和投资管理等方面的理论和技术方法都有了长足发展，现在的财务管理是全面管理，不仅注重筹资管理，而且重视营运资产管理和投资管理。全方位提高公司的财务管理水平，才能更好地实现公司的财务管理目标和企业的价值增值。

1.1.3 公司财务管理的对象

公司财务管理的对象是资金及其运动，所有的财务管理活动都是围绕资金及其运动开展的，从企业创办时的资金筹集，到经营过程中的投资，再到投资后的利润分配等，无一不是与资金运动联系在一起。

如果把企业资金运动的过程进行浓缩，可以简要描述为图1-1。从图1-1中可以看出，公司通过发行股票、债券或从银行借款获取资金，申请注册成立公司，然后利用投入资金，购买企业生产活动所需要的厂房、机器、设备、原材料，并聘请公司的管理人员和生产人员，组织生产。在生产过程中，原材料被耗费加工成为产品，固定资产也通过折旧的方式将价值转移到了产品中；接着公司将产品对外销售，赊销产品形成应收账款；应收账款回收，最终又回到货币资金，形成一个资金循环。作为循环起点的资金和作为循环结束的资金在量上和质上都有显著不同。从量上来说，对于盈利企业，初始投入的资金较少，通过一个资金循环后，收回的资金大量增加。相反，如果是亏损企业，则回收的资金少于初始投入的资金。从质上来说，作为循环起点的资金和作为循环终点的资金的意义不同。作为循环起点的资金在这个循环中表示的是投入资金，而作为循环终点的资金表示的是回收的投入本金和利润。

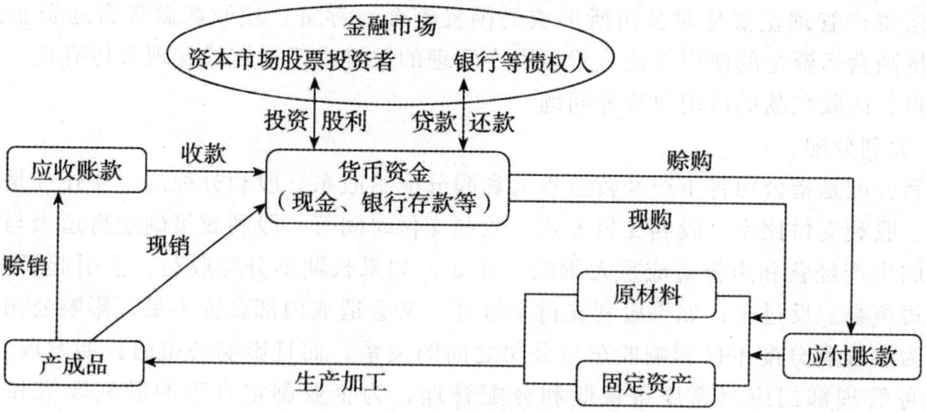

图1-1　资金循环示意图

在图1-1中，通过原材料所形成的循环称为短期资金循环。因为原材料等的循环周期为1年或一个营业周期，在会计中称为流动资产，其循环的周期短，故称为短期资金循环。通过固定资产所形成的循环称为长期资金循环。因为厂房、机器设备等固定资产能够使用多年，是长期资产，需要在多个年度或营业周期内使用周转，周转时间长，故称为长期资金循环。

1.1.4　公司财务管理的内容

目前，财务管理的内容主要有筹资管理、投资管理和股利分配三个方面，如果是跨国公司，还涉及一些特殊内容。

1）筹资管理

公司资金循环的起点就是筹集资金，筹资管理是财务管理的重要内容。筹资管理的任务，首先是通过对资金需要量的预测，结合内部融资金额，确定外部筹资的数量；然后根据金融市场、银企关系、银行利率等，确定所能采取的筹资渠道和筹资方式，通过对多种筹资渠道和筹资方式的评价和比较，选择融资成本最低、风险最小的筹资渠道和筹资方式，筹集所需资金量。同时，还要处理好公司与资金供给者之间的财务关系，在保障公司经济利益的前提下，兼顾资金供给方的利益。对于债务筹资的资金，要及时按借款合同、债券发行公告等文件所规定的时间和方式偿还本金和利息。

2）投资管理

资金筹集到后，就应按照预先确定的意图进行投资和使用。投资包括项目投资和证券投资，使用主要是指用资金购买原材料，形成应收应付款项等营运资产。因此，投资管理的内容大致分为项目投资管理、证券投资管理和营运资产管理三个方面。

项目投资是指公司将资金用于添置设备、建造厂房等固定资产投资项目。项目投资管理的主要任务是评价项目的净现值、内含报酬率、投资回收期等，通过对多个投资项目的比较分析，选择净现值大、内含报酬率高和投资回收期短的投资项目。

证券投资管理是指对公司的股票、债券、基金等证券投资进行管理和规划。证券投资管理的主要任务是对拟投资的股票、债券、基金的价值进行评估，并与当前的购买价格进行比较，选择购买价格低于内在价值的股票、债券或基金进行投资，并根据股票、债券、基金的风险大小，通过投资组合等方式降低投资风险，提高投资收益。

营运资产管理主要是对公司所形成的闲置资金、存货、应收账款等营运资金进行管理，以提高营运资金的使用效益。营运资产管理的关键在于确定最佳现金持有量、存货的再订货点、应收账款的信用政策等问题。

3）股利分配

股利分配是指公司将生产经营过程的利润分配给股东。股利分配的主要任务是确定股利政策、股利支付比率、股利支付方式、股利支付时间等。股利政策确定得适当与否，将对公司的生产经营和声誉造成重大影响。比如，如果长期不分配股利，会引起股东不满，影响公司声誉。反过来，如果股利支付率过高，又会造成内部融资不足，影响公司将来的投资行为。股利分配不仅影响股东与公司之间的关系，而且影响公司的长期发展。因此，公司财务管理部门应当高度重视股利分配管理，为企业制定合理的股利政策和股利支付率。

1.2 财务管理的目标

财务管理是企业管理的重要组成部分，因而公司财务管理的目标也与公司管理的总目标紧密联系在一起。公司总目标对财务管理目标起统辖作用，财务管理目标是保证公司总目标得以实现的基本思路和策略。

1.2.1 公司的目标

由于财务管理是公司管理的组成部分，财务管理目标服务和服从于公司管理的总目标，因此在分析公司财务管理目标时，首先要分析公司的目标。

公司是股东出资设立的，股东通过股东大会选举董事会，董事会选聘管理层，由管理层主持公司的日常生产经营，董事会负责重大的经营决策、财务决策和公司战略规划等。尽管从表面上看股东并没有直接参与经营，但股东和管理层之间是一种委托-代理关系，股东将公司委托给经理经营，而经理是受托经营企业，所以公司是由股东出资的，股东才是真正的老板，管理层的经营管理要为股东服务。股东出资建立公司或购买公司股票的目的在于追求更多的利润。所以，公司管理的总目标在于实现股东的要求，即股东财富最大化。

为了实现股东财富最大化，公司首先要在激烈的竞争环境中生存下来，然后不断地创造利润，扩大生产经营规模，使公司持续发展，价值逐步增加，为股东创造更多的财富。在这个意义上，人们一般认为公司的目标是生存、发展和获利。

1.2.2 公司财务管理的目标

因为公司追求股东财富最大化，所以公司所有的财务决策、财务管理活动都必须围绕股东财富最大化来进行，因此，股东财富最大化就是公司财务管理的目标。

股东财富最大化是一个宽泛的概念，从管理的角度看，还需要更加明确、具体。哪些指标可以度量公司股东的财富呢？一般来说，有两种衡量方法：一种是采用会计指标来衡量，也就是会计核算表明能够被股东所享有的部分，即利润表中的利润，常称为利润最大化；另一种是采用公司的市场价值来衡量，即公司股票的价值，常称为股票价值最大化。

把利润最大化作为公司财务管理的目标，存在许多不足：一是利润最大化没有考虑公司规模因素，不同规模的公司不能简单地进行比较，大规模的公司理应比小规模的公司实现更多的利润；二是利润最大化没有考虑风险因素，哪怕是利润相同的两个公司，如果其风险不同，对股东的价值也不一样；三是利润最大化无法考虑长期战略，利润最大化容易引发公司管理层追求当前利润，而忽视了公司的长远发展，最终会损害股东利益。

与利润最大化相关，有人提出，为了克服公司规模的影响，可以考虑每股盈余最大化，但每股盈余最大化仍然没有考虑公司的风险和长期战略。

股票价值最大化是一个操作性强、代表性好的指标。首先，股票价值最大化考虑了取得报酬的时间和风险因素。在证券市场上，股票的价格可以灵敏地反映公司的货币时间价值和风险，也就是说，股票价格中包括风险和时间因素。其次，股票价值最大化可以克服公司管理层的短期行为，凡是不利于公司发展和增长的决策和经营活动都将导致股票价格下跌，管理层如果作出这种决策就很可能被股东“炒鱿鱼”。因此，如果把股票价值最大化作为目标，可以约束管理层的行为，既考虑短期利益，也考虑长期发展。最后，股票价值最大化还具有很强的可操作性。股票价值最大化，也就是公司发行的股票价格最大化，它是由公司发行在外的股票数量和每股价格决定的。如果公司发行的股票数量在某一特定时间是不变的，那么影响股票价值最大化的因素就是股票价格。判断公司财务决策、财务管理行为的好坏，就要看财务决策是否有利于提高公司的股票价格。如果有利于提高公司的股票价格，那么就是好的财务决策；相反，就是坏的财务决策。财务人员可以据此来确定拟采取的各种财务决策。

当然，并非所有公司都发行股票，即使发行了股票也未必都公开交易，未必有公开交易的市场价格。如果没有发行股票，或者发行股票但没有公开交易，那么股票价值最大化的财务管理目标就可以修正为股东权益的市场价值最大化。所有财务人员的活动和财务决策都应服务于实现股东权益的市场价值最大化。

值得注意的是，并不是说为了实现股东财富最大化，财务人员就可以采取各种不合法或者不符合商业伦理的行为。在公司财务管理活动中，还需要考虑公司的社会责任和商业伦理等因素。股东财富最大化是公司在履行了社会责任、考虑了相关者利益的前提下实现的。

从长期来看，公司履行社会责任和实现股东财富最大化并不矛盾。公司并不独立于社会而存在，公司的经营过程是与社会的互动过程，公司的稳定发展依赖股东、债权人、政府、员工、社区、供应商和客户等利益相关者的支持。公司在发展过程中，积极履行社会责任，协调相关者利益，将提升社会声誉，获得政府支持，激发员工的积极性和创造性，密切与供应商和客户的关系，减少和消化发展过程中的各类矛盾，推动公司健康稳定发展，从而实现股东财富最大化。“一个企业既有经济责任、法律责任，也有社会责任、道德责任”，“只有积极承担社会责任的企业才是最有竞争力和生命力的企业”。

近年来，随着环境、社会和治理（Environment，Social and Governance，ESG）理念的发展，财务管理面临新的要求。负责任投资原则组织（Principles for Responsible Investment，PRI）提出，“负责任的投资应是将ESG因素纳入投资决策和积极所有权的投资策略和实践”，它鼓励投资者使用负责任的投资来提高回报和更好地管理风险。2005年年初，时任联合国秘书长科菲·安南邀请了一批全球规模最大的机构投资者共同参与制定了负责任投资原则，包括以下六个方面：一是将ESG问题纳入投资分析和决策过程；二是成为积极的所有者，将ESG问题纳入所有权政策和实践；三是寻求被投资实体对ESG相关问题进行合理披露；四是推动投资业广泛采纳并贯彻落实负责任投资原则；五是齐心协力提高负责任投资原则的实施效果；六是报告负责任投资原则的实施情况和进展。这些原则得到联合国的支持，目前，已经有60多个国家和地区的4 000多家机构加入了PRI，愿意遵循负责任投资原则。我国已有中国人寿等80多家机构加入了PRI。在财务管理过程中，特别是在进行对外投资时，要考虑负责任投资原则，把ESG因素纳入决策中。

1.3 财务管理的原则

财务管理的原则（简称理财原则）是指人们对财务活动的共同的、理性的认识。对于如何概括理财原则，人们的认识不完全相同。道格拉斯·R.爱默瑞和约翰·D.芬尼特的观点最具代表性，他们将理财原则概括为以下3类，共12条：

1.3.1 有关竞争环境的原则

有关竞争环境的原则，是对资本市场中人的行为规律的基本认识。

1）自利行为原则

根据“理性经济人”假设，人们对每一项交易都会衡量其代价和收益，进而选择对自己最有利的方案来行动。自利行为原则假设企业决策者对企业目标具有合理的认识，并且对如何达到目标具有合理的理解，企业决策者在进行决策时会按照自己的财务利益行事，在其他条件相同的情况下会选择使自己经济利益最大的行动。自利行为原则并不认为钱是任何人生活中最重要的东西，或者说并不认为钱可以代表一切，也不认为钱以外的东西都是不重要的，而是认为在“其他条件都相同时”，所有财务交易集团都会选择使自己经济利益最大的行动。

自利行为原则的一个重要应用是机会成本。当一个人采取某个行动时，就等于取消了其他可能的行动，因此他必然要把这个行动与其他可能的行动相比，看该行动是否对自己最有利。采用一个方案而放弃另一个方案时，被放弃方案的最大净收益就是被采用方案的机会成本，也称择机代价。尽管人们对机会成本或择机代价的概念有分歧，计算时也经常遇到困难，但是都不否认机会成本是一个在决策时不能不考虑的重要问题。

自利行为原则的另一个应用是委托-代理问题及其协调。如果企业只有业主一个人，他的行为将十分明确和统一。然而，一家企业通常会涉及包括普通股股东、优先股股东、债券持有者、银行、短期债权人、政府、社会公众、经理人员、员工、客户、供应商、社区等在内的利益相关者，而这些人或集团又都是按自利行为原则行事的，因此，企业和这些利益相关者之间难免会出现利益冲突，进而产生委托-代理问题，需要通过“契约”来协调。

2）双方交易原则

双方交易原则，是指每一项交易都至少存在两方，在一方根据自己的经济利益决策时，另一方也会按照自己的经济利益决策并行动，双方同样聪明、勤奋和富有创造力。因此，在决策时要正确预见对方的反应。

双方交易原则要求在理解财务交易时，不能“以我为中心”，不要总是“自以为是”，在谋求自身利益的同时要注意对方的存在，因为对方也在遵循自利行为原则行事。例如，收购公司的经理通常声称他们可以更好地管理目标公司，从而提高它的价值，因此出高价购进目标公司。实际上，他们不仅低估了目标公司管理当局的能力，而且低估了市场的评价能力。这些人自以为自己比市场高明，发现了被市场低估的公司，但经验表明，一家公司决定收购另一家公司的时候，多数情况下收购公司的股价不是提高而是下降了，这说明收购公司的出价过高，降低了本公司的价值。

双方交易原则还要求在理解财务交易时，要注意税收的影响。政府是不请自来的交易第三方，凡是交易，政府都要从中收取税金。由于税收的存在，主要是利息的税前扣除，使得一些交易表现为“非零和博弈”。避税或寻求减少政府税收的合法交易形式将使交易双方都受益，因此有人主张，把“税收影响决策”单独作为一条理财原则，因为税收会影响所有交易。

3）信号传递原则

信号传递原则，是指行动可以传递信息，并且比公司的声明更有说服力。由于人们或公司遵循自利行为原则，因此一项资产的买进能暗示该资产“物有所值”，买进的行为提供了有关决策者对未来的预期或计划的信息。例如，一个公司决定进入一个新领域，反映出决策者对自己公司的实力以及对新领域的未来前景充满信心。

信号传递原则要求公司在决策时不仅要考虑行动方案本身，还要考虑该项行动可能给人们传达的信息。例如，一件商品的价格降至难以置信的程度时，会向人们传达商品质量不好或本来就不值钱的信息；一个会计师事务所从简陋的办公室迁入豪华的写字楼，会向客户传达收费高、服务质量高、值得信赖的信息。又如，一个经常用配股的办法找股东要钱的公司，很可能是自身产生现金的能力较差；一个大量购买国库券的公司很可能缺少净现值为正的投资机会；内部持股人出售股份，常常是公司盈利能力恶化的重要信号。当公司的宣告（包括它的财务报表）与其行动不一致时，行动通常比语言更具有说服力。这就是通常所说的，“不但要听其言，更要观其行”。因此，决策时不仅要考虑决策本身的收益和成本，还要考虑信息效应的收益和成本。

4）引导原则

当我们的理解能力存在局限，不知道如何做对自己更有利，或者寻找最准确答案的成本过高，以至于不值得把问题完全搞清楚时，可以寻找一个值得信赖的榜样作为引导。例如，在一个自己从未到过的城市寻找一个就餐的饭馆，不值得或没时间调查每个饭馆的有关信息，你应当找一个顾客较多的饭馆就餐。你不要去顾客很少的地方，因为那里很可能价格很贵或者服务很差。

引导原则是传递信号原则的一种运用，承认行动传递信号，就必然承认引导原则。但不要把引导原则混同于“盲目模仿”，它只在两种情况下适用：一是理解能力存在局限性，认识能力有限，找不到最优的解决办法；二是寻找最优方案的成本过高。在这两种情况下，跟随值得信任的人或者大多数人才是有利的。引导原则不会帮你找到最好的方案，却可以使你避免采取最差的行动，它是一个次优化准则，其最好的结果是得出近似最优的结论，最差的结果是模仿了别人的错误做法。这一原则虽然有潜在的问题，但是我们经常会遇到理解能力、成本或信息受到限制的情况，无法找到最优方案，需要采用引导原则解决问题。

引导原则的一个重要应用是行业标准。例如资本结构的选择问题，理论不能提供公司最优资本结构的实用化模型。观察本行业成功企业的资本结构或者多数企业的资本结构，不要与它们的水平偏离太远，就成了资本结构决策的一种简便、有效的方法。又如，对一项房地产进行估价，如果系统的估价方法成本过高，不如观察一下近期类似房地产的成交价格。

1.3.2 有关创造价值的原则

有关创造价值的原则，是人们对增加企业财富基本规律的认识。

1）有价值的创意原则

竞争理论认为，企业的竞争优势可以分为经营奇异和成本领先两方面。经营奇异，是指产品本身、销售交货、营销渠道等客户广泛重视的方面在产业内独树一帜。独树一帜来源于新的创意。创造和保持经营奇异性的企业，如果其产品溢价超过了为产品的独特性而附加的成本，它就能获得高于平均水平的利润。

有价值的创意原则是指新创意能获得额外报酬。例如，连锁经营方式的创意使麦当劳的投资人变得非常富有。重复过去的投资项目或者效仿别人的已有做法，最多只能取得平均报酬率，只能维持而不是增加股东财富。然而，新的创意迟早要被别人效仿，失去原有的优势，因此创新的优势都是暂时的。企业长期的竞争优势只有通过一系列的短期优势才能维持。只有不断创新，才能维持经营奇异性并不断增加股东财富。

2）比较优势原则

根据分工理论，让每一个人去做最适合他做的工作，让每一个企业生产最适合它生产的产品，社会的经济效率才会提高。比较优势原则意味着专长能创造价值。比如，姚明的专长是打篮球，若他改行去打棒球就违背了比较优势原则。没有比较优势的人，很难取得超出平均水平的收入；没有比较优势的企业，很难增加股东财富。

比较优势原则的一个应用是“人尽其才、物尽其用”。在有效市场中，你不必要求自己什么都做得最好，但要知道谁能做得最好。对于某一件事情，如果有人比你自己做得更好，就支付报酬让他代你去做；同时，你去做比别人做得更好的事情，让别人给你支付报酬。

比较优势原则的另一个应用是“优势互补”，如合资、合并、收购等。一方有某种优势，如独特的生产技术；另一方有其他优势，如杰出的销售网络。两者结合可以使各自的优势快速融合，并形成新的优势。

比较优势原则要求企业把主要精力放在自己的比较优势上，而不是放在日常的运行上。建立和维持自己的比较优势，是企业长期获利的根本。

3）净增效益原则

一项决策的优劣是与其他可替代方案（包括维持现状而不采取行动）相比较而言的。如果一个方案的净增效益大于替代方案，我们就认为它是一个比替代方案好的决策。净增效益原则意味着一项决策的价值取决于它和替代方案相比所增加的净收益。在财务决策分析中，净收益通常用现金流量计量，一个方案的净收益是指该方案现金流入减去现金流出的差额，也称现金流量净额。一个方案的现金流入是指该方案引起的现金流入量的增加额，一个方案的现金流出是指该方案引起的现金流出量的增加额。“方案引起的增加额”，是指这些现金流量依存于特定方案，如果不采纳该方案就不会发生这些现金流入和流出。

净增效益原则的一个重要应用是“差额分析法”，即在分析投资方案时，只分析它们有区别的部分，而忽略其相同的部分。净增效益原则初看似乎很容易理解，但实际贯彻起来需要非常清醒的头脑，需要周密考查方案对企业现金流量总额的直接和间接影响。例如，一项新产品投产决策引起的现金流量不仅包括新设备投资，还包括动用企业现有非货币资源对现金流量的影响；不仅包括固定资产投资，还包括需要追加的营运资金；不仅包括新产品的销售收入，还包括对现有产品销售积极或消极的影响；不仅包括产品直接引起的现金流入和流出，还包括对公司税务负担的影响等。

4）期权原则

期权是指不附带义务的权利，它是有经济价值的。期权原则，是指在估价时要考虑期权的价值。

“期权”概念最初产生于金融期权交易，金融期权合约赋予其持有者在未来某个时期以固定的价格购买或出售特定资产的权利（但不必承担必须购买或出售的义务）。广义的期权不限于金融期权合约，任何不附带义务的权利都属于期权，许多资产都存在隐含的期权。例如，一个企业可以决定某项资产出售或者不出售，如果价格不令人满意就什么事也不做，如果价格令人满意就出售。这种选择权是广泛存在的。一个投资项目，本来预期有正的净现值，因此被采纳并实施了，上马以后发现它并没有原来设想得那么好。此时，决策者不会让事情按原计划一直发展下去，而是会决定方案下马或者修改方案，使损失减少到最低程度。这种后续的选择权是有价值的，它增加了项目的净现值。在评价项目时，就应考虑到后续选择权是否存在以及它的价值有多大。有时一项资产附带的期权比该资产本身更有价值。

1.3.3 有关财务交易的原则

有关财务交易的原则，是人们对于财务交易基本规律的认识。

1）风险-报酬权衡原则

风险和报酬之间存在一种对等关系，投资人必须对报酬和风险作出权衡，为追求较高报酬而承担较大风险，或者为减少风险而接受较低的报酬。所谓“对等关系”，是指高收益的投资机会必然伴随巨大风险，风险小的投资机会必然只有较低的收益。

如果两个投资机会除了报酬不同以外，其他条件（包括风险）都相同，人们会选择报酬较高的投资机会，这是自利行为原则所决定的。如果两个投资机会除了风险不同以外，其他条件（包括报酬）都相同，人们会选择风险小的投资机会，这是风险反感决定的。如果人们都倾向于高报酬和低风险，而且都按照他们自己的经济利益行事，那么竞争结果就产生了风险和报酬之间的权衡，现实的市场中将只有高风险同时高报酬或低风险同时低报酬的投资机会。如果你想有一个获得巨大收益的机会，你就必须冒可能遭受巨大损失的风险，每一个市场参与者都在他的风险和报酬之间作出权衡。有的人偏好高风险、高报酬，有的人偏好低风险、低报酬，但是每个人都要求风险与报酬对等，不会去冒没有价值的风险。

2）投资分散化原则

马科维茨的投资组合理论认为，若干种股票组成的投资组合，其收益是这些股票收益的加权平均数，但其风险要小于这些股票的加权平均风险，所以投资组合能降低风险。换句话说，通过组合投资而不是投资于个别资产，投资者可以在不减少收益的情况下降低投资的总风险。投资组合理论的核心思想是“不要把所有的鸡蛋放在一个篮子里”。如果一个人把他的全部财富投资于一个公司，这个公司破产了，他将失去全部财富。如果他投资于10个公司，则只有10个公司全部破产，他才会失去全部财富。显然，10个公司全部破产的概率比一个公司破产的概率要小得多。

投资分散化原则具有普遍意义，不仅仅适用于证券投资，公司各项决策都应贯彻分散化原则。不应当把公司的全部投资集中于个别项目、个别产品和个别行业，不应当把销售集中于少数客户，不应当使资源供应集中于个别供应商，重要的事情不要依赖一个人完成，重要的决策不要由一个人作出。凡是有风险的事项都要贯彻投资分散化原则，以降低风险。

3）市场估价原则

根据资本市场有效假设，资本市场上频繁交易的金融资产的市场价格反映了所有可获得的信息，而且面对新信息完全能迅速地作出调整。这一假设要求理财时要重视市场对企业的估价。

资本市场是企业的一面镜子，也是企业行为的校正器。股价可以综合反映公司的业绩，弄虚作假、人为地改变会计方法对于企业价值的提高毫无用处。一些公司把较多的精力和智慧放在报告信息的操纵上，通过“创造性会计处理”来提高报告利润，企图用财务报表给使用者制造幻觉，这在有效市场中是无济于事的。用资产置换、关联交易操纵利润，只能得逞于一时，最终会付出代价，甚至导致公司破产。市场对公司的评价降低时，应该分析公司的行为是否出了问题并设法改进，而不应设法欺骗市场。妄图欺骗市场的人最终会被市场所抛弃。

4）重视生产经营性投资原则

资本市场竞争程度高、交易规模大、交易费用低，资产具有同质性，其有效性比商品市场要高得多。所有需要资本的公司都在寻找资本成本低的资金来源，大家都平起平坐。机会均等的竞争使财务交易基本上是公平交易。公司作为从资本市场上取得资金的一方，很难通过筹资获取正的净现值（增加股东财富），但公司的生产经营性投资带来的竞争是在少数公司之间展开的，竞争相对不充分。一个公司因为有专利权、专有技术、良好的商誉、较大的市场份额等相对优势，可以在某些直接投资中取得正的净现值。因此，公司高管应集中精力，创造和利用有利可图的生产经营性投资机会。

1.4 财务管理的环境

公司的管理和运营都是在一定的环境中进行的，财务管理也不例外，公司财务管理行为及目标的实现都受到所处宏观环境和微观环境的影响。

1.4.1 公司财务管理的宏观环境

公司财务管理的宏观环境是指公司所面临的外部环境，包括经济环境、法律环境和金融市场环境等，这些环境对身处其中的所有公司的财务管理活动产生影响。

1）经济环境

影响财务管理的经济环境因素有经济周期、经济发展水平和经济政策等。经济周期对公司财务管理活动有很大影响。在不同的经济周期，公司的生产规模、销售量、竞争程度有很大差异。如果处在经济繁荣阶段，那么公司产销两旺，技术进步快，在财务活动中要安排好资金，用于扩大生产规模，增加厂房、设备，增加员工数量等，推动公司的快速发展。如果处于经济萧条阶段，则公司产品销售量下降，竞争更加激烈，市场处于衰退之中，公司处于收缩时期，投资下降，应适当减少存货，裁减员工，处置闲置设备，合理安排多余资金。

经济发展水平与公司的财务管理活动密切相关。在经济发展水平高的国家和地区，公司对财务管理的重视程度高，财务管理发展水平也高，对各种财务管理理论、技术、方法运用也多，从而推动了财务管理的发展。在经济欠发达国家和地区，公司对财务管理的重视程度不够，财务管理发展也相对缓慢。

经济政策是一个国家制定的针对宏观经济运行的调控措施，如货币政策和财政政策。经济政策对公司财务管理活动有重大影响。比如，政府在采用宽松的财政政策和货币政策时，公司融资渠道就更加畅通，融资成本更低，更有利于筹集所需资金。政府如果采用紧缩的财政政策和货币政策，则会影响公司的融资渠道和融资成本，使公司不容易筹集所需资金。总之，经济政策会影响公司的融资渠道、融资成本，以及资本结构和投资收益等。

2）法律环境

财务管理的法律环境是指公司财务管理必须遵守的各项法律制度，包括法律、法规和部门规章等。市场经济是法治经济，企业的财务管理活动需要依照法律、法规来进行。对公司财务活动有影响的法律、法规主要包括企业组织法规、税收法规和财务会计法规。

企业组织法规对企业的组织形式及相应的设立条件等做了规定，不同组织形式的公司，其法律责任不同，经营规模、组织结构等也存在一定程度的差异。一般来说，独资、合伙企业的财务管理活动相对简单，如筹资渠道较为单一、利润分配较为简单。有限责任公司和股份有限公司规模较大，生产经营活动和内部组织结构较复杂，经营范围也往往较广，从而财务管理活动更为复杂。相对来说，有限责任公司和股份有限公司的筹资渠道更多，筹资方式更加灵活，投资活动也更加频繁，同时更要注意对财务风险的控制。

税收法规对公司的融资渠道和投资决策有重大影响。税收法规规定了公司哪些成本和支出可以在税前扣除、哪些不能在税前扣除，这就影响公司的融资渠道。一般来说，银行贷款的利息可以在税前扣除，但股息不能在税前扣除，这一差别将影响公司对融资渠道的选择。同时，国家利用税收法规来调控产业布局，对于一些鼓励发展的产业给予税收优惠，对于国家限制发展的产业则提高税率，这也会影响公司的投资决策。此外，国家的税收法规还会影响股利分配，现金股利税和资本利得税的税率不相等时，将影响公司股利分配政策的制定。

财务会计法规明确了公司在财务活动中应当遵守的各项规定，公司财务管理活动不能偏离这些法律、法规的规定，否则将受到处罚。如《中华人民共和国票据法》《中华人民共和国会计法》《中华人民共和国证券法》（以下简称《证券法》）等，都是公司财务管理活动必须遵守的法律、法规。

3）金融市场环境

金融市场环境是公司财务管理活动最重要的外部环境，对公司筹资决策和投资决策等有举足轻重的作用。金融市场包括资金市场、外汇市场和黄金市场，而资金市场又分为货币市场和资本市场，如图1-2所示。

- 金融市场
  - 外汇市场
  - 资金市场
    - 货币市场
    - 资本市场
  - 黄金市场

图1-2 金融市场的组成

金融市场是金融中介，能起到调节资金的作用。首先，金融市场为公司提供了多种融资渠道，公司通过比较评估，可以选择最佳的筹资渠道和筹资方式，以达到筹资成本最低的目的。其次，金融市场也是公司的投资场所，公司可以根据金融市场各种金融产品的收益状况，选择不同的金融产品进行投资，以提高资金的使用效益。

1.4.2 公司财务管理的微观环境

公司财务管理的微观环境是指公司内部对财务管理有影响的各种环境，主要有公司治理、公司组织结构、财务机构的设置等方面。

1）公司治理

尽管财务管理属于公司管理范畴，但公司治理影响公司管理，从而影响公司财务管理。不同治理结构和治理效果的公司，财务活动受管理层的影响不同。前面我们提到，公司财务管理的目标是实现股东财富最大化，但当公司的控制权实质上掌握在管理层手中时，管理层利益与股东利益不一致，管理层就可能利用其控制权干预财务管理活动，如管理层的期权计划等，使其自身利益最大化，从而损害股东利益。

所以，对于一个公司治理效果好的公司来说，财务活动能够正常开展，有利于保证财务决策和财务管理活动围绕股东财富最大化的目标进行。相反，对于一个公司治理效果差的公司来说，财务人员的财务决策可能受到干扰，从而影响股东财富最大化目标的实现。

一般来说，上市公司通过设立独立董事、审计委员会等机构来提高公司治理效果，以保障股东利益。

2）公司组织结构

公司组织结构也会影响公司的财务管理活动。公司组织结构是否科学合理，是否适应公司面临的具体环境，直接影响公司对市场反应的灵敏程度。当财务管理部门察觉到需要对公司的生产经营活动等作出调整时，如改变投资项目，减少存货或扩大企业规模，增加厂房、设备，招聘员工和管理人员等，一旦作出决策，便需要迅速作出反应，在有限的时间内完成任务。要做到这一点，公司就要有科学合理的组织结构，内部有畅通无阻的信息传递渠道。

3）财务机构的设置

财务机构的设置反映了公司对财务管理活动的重视程度。财务管理活动的开展是由财务人员来进行的，那些专设财务管理机构、聘请了专业财务管理人才的公司，其投资决策、筹资决策的正确性就会提高。相反，那些财务与会计机构合并设立的公司，其财务人员的地位较低，不利于财务人员工作积极性的发挥，其在财务控制、财务预算、财务决策等方面所起的作用也有限。

1.5 财务管理在企业中的角色

财务管理在企业管理中处于核心地位，发挥着重要作用。在大型企业中，首席财务官（CFO）是公司的高级管理人员，具有很高的地位。集团公司还会向子公司派驻财务总监，代表母公司对子公司的财务管理活动进行监督和指导。可以说，财务管理对公司与利益相关者关系的协调、企业管理目标的实现、企业价值的增值都起着重要作用。

1.5.1 财务管理与公司管理

在现代企业中，比较典型的组织结构如图1-3所示。财务副总裁通常也是首席财务官，在公司总裁的领导下开展工作。公司总裁在工作中，不仅有关投资、筹资、财务预算和决算等财务问题需要财务副总裁解决，就是生产、营销、研发等方面的决策也需要财务副总裁的协助和参与。也就是说，财务副总裁可能参与全部公司高层管理决策会议，这使得公司财务管理部门在企业管理中处于核心地位，财务副总裁的这种工作经历也往往使其日后成为公司的总裁。

财务管理对公司管理的一个重要贡献就是协调公司与股东、公司与债权人、公司与内部职员、公司与政府部门等利益相关者的多种财务关系。通过协调，在实现股东财富最大化目标的前提下，平衡债权人的利益，使公司员工感到满意，使政府部门对公司有良好的印象，从而为公司树立良好的形象奠定坚实的基础。可以说，如果没有财务部门协调公司与利益相关者之间的财务关系，公司的运转很难顺利进行。比如，如果财务部门没有处理好公司与银行等金融机构的关系，那么作为债权人的银行可能就会提高放贷利率，缩短贷款期限，增加抵押贷款的担保物价值，这不仅会增加融资成本，给公司造成巨大损失，还可能使公司无法从银行获得贷款，导致资金链断裂，影响公司的正常生产经营。

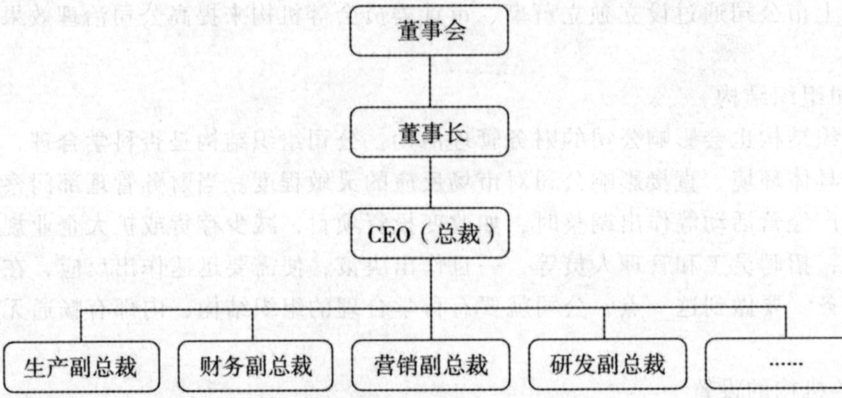

图1-3 公司组织结构图

此外，公司财务管理部门与其他管理部门之间的关系很密切，财务管理活动为其他部门决策提供重要依据。比如，营销部门赊销政策的制定、生产仓储部门存货再订货点的确定、生产设备的投资等都属于财务管理的范畴，需要专业的财务人员参与决策。

1.5.2 财务管理与公司价值创造

财务管理是一种价值管理，是围绕资金及其运动而开展的管理活动。财务人员通过对资金循环过程的管理，实现企业的价值增值，为公司创造价值和财富。在筹资环节，通过选择最佳筹资渠道和筹资方式，节约筹资成本。在投资环节，通过选择净现值大、投资回收期短的项目，提高资金的投资收益。在营运资金管理环节，通过对最佳现金持有量的确定、存货再订货点的确定等提高营运资金的使用效率。

财务管理不仅可以通过上述环节为企业创造价值，还可以直接通过证券投资为企业创造价值。财务人员可以利用投资组合理论、资本资产定价模型、期权定价理论等，选择具有投资价值的股票、债券、基金等金融工具进行投资，通过获得股利、利息或资本利得方式直接为公司创造价值。

学思践悟

《公开发行证券的公司信息披露内容与格式准则第2号——年度报告的内容与格式》修订说明

为进一步规范上市公司年度报告的编制及信息披露行为，保护投资者合法权益，根据修订后的《证券法》《上市公司信息披露管理办法》，结合监管实践，中国证监会研究修订了《公开发行证券的公司信息披露内容与格式准则第2号——年度报告的内容与格式》，并发布了修订说明。

完善公司治理章节，一是现行与公司治理有关的条文散落在各个章节，为突出报告期内公司治理状况，将有关条文统一整合至修订后的“第四节公司治理”；二是细化公司董事会及其下设专门委员会履职情况披露内容，完善控股股东、实际控制人与公司保持独立性，避免同业竞争等披露要求，并要求公司介绍报告期内的内部控制制度建设及实施、对子公司的管理控制等情况；三是公司存在表决权差异安排的，要求披露该等安排实施和变化的情况；四是要求创业板、科创板公司说明控股股东、实际控制人及其控制的其他单位从事对公司构成重大不利影响的同业竞争情况。

新增环境和社会责任章节，一是为突出上市公司作为公众公司在环境保护、社会责任方面的工作情况，将与环境保护、社会责任有关的条文统一整合至新增的“第五节环境和社会责任”；二是要求全部上市公司披露报告期内因环境问题受到行政处罚的情况；三是为协同做好“碳达峰、碳中和”工作，鼓励公司自愿披露为减少其碳排放所采取的措施及效果；四是为协同做好乡村振兴工作，鼓励公司积极披露巩固拓展脱贫攻坚成果、乡村振兴等工作情况。

请思考：中国证监会为什么要在新修订的《公开发行证券的公司信息披露内容与格式准则第2号——年度报告的内容与格式》中设置“第四节公司治理”和“第五节环境和社会责任”？

本章小结

本章介绍了财务管理的基本含义、财务管理的基本内容、财务管理的目标、财务管理的原则、财务管理的环境，以及财务管理在企业中的角色等。

公司财务管理是指公司财务人员围绕资金及其运动，旨在实现股东财富最大化而进行的各种价值管理。财务管理主要包括筹资管理、投资管理和股利分配。财务管理的目标是实现股东财富最大化。公司财务管理面临的环境包括经济环境、法律环境、金融市场环境等宏观环境，以及公司治理、公司组织结构和财务机构的设置等微观环境。无论是宏观环境还是微观环境，都对公司的财务管理产生重要影响。财务管理不仅可以通过节约筹资成本、提高投资收益、提高营运资金的使用效率来增加公司财富，而且可以利用投资组合理论、资本资产定价模型、期权定价理论等进行证券投资，直接为公司创造财富。可以说，财务管理是公司管理的核心。

重要概念

财务管理　财务管理内容　财务管理目标　财务管理对象　财务管理原则　股东财富最大化　股票价值最大化　财务管理的角色　负责任投资

本章案例

银广夏的“股票价格最大化”

银广夏是一家上市公司，自1998年至2001年，累计虚构销售收入104 962.60万元，少计费用4 945.34万元，导致虚增利润77 156.70万元。由于该公司虚构的可观利润，银广夏一时成为市场追捧的股票明星。1999年，银广夏每股盈利0.51元，股价从1999年12月30日的13.97元启动，一路狂升，至2000年4月19日涨至35.83元。次日，该公司实施了优厚的分红方案10转赠10后，即进入填权行情，于2000年12月29日完全填权并创下37.99元的新高，折合为除权前的价格75.98元，全年上涨440%，高居深沪两市第二。

资料来源　于守华，李鸥，于一贫．新会计准则对上市公司会计作弊常用手段的预防措施［J］．生产力研究，2008（12）：148-149.

【思考】通过虚构利润，引起股票价格大幅增长，是否符合财务管理中股票价值最大化的目标？为什么？

自测题

一、即测即评

第1章单项选择题

第1章多项选择题

第1章判断题

二、思考题

1. 公司财务管理的内涵是什么?
2. 财务管理的基本内容有哪些?
3. 财务管理面临的宏观环境和微观环境有哪些?
4. 财务管理环境如何影响公司的财务管理决策?
5. 财务管理与企业管理是什么关系?
6. 为什么说财务管理是一种价值管理?
7. 利润最大化和股票价值最大化有什么不同?
8. 没有股票交易的公司如何确定其财务管理的目标?
9. 简要分析资金运动中财务管理在每个环节所起的作用。
10. 简要分析财务管理部门和公司其他管理部门之间可能发生的关系。
11. 负责任投资原则包括哪些内容?

第1章思考题分析提示

第2章　货币的时间价值

【学习目标】

通过本章的学习，你要：

1. 了解货币时间价值的概念；
2. 掌握复利的概念和年金的概念；
3. 熟练掌握复利现值和复利终值的计算；
4. 熟练掌握年金现值和年金终值的计算；
5. 掌握年内多次计息情形下有效年利率的推算；
6. 能运用复利、年金的相关知识解释现实生活中的经济问题。

2.1　货币时间价值的概念

房贷、车贷等术语已经深入人心，人们在购买住房和汽车时，由于自有资金不足，需要向银行借款。假设你现在拥有一套住房，准备出售，出售价格为100万元。购房者提出，因资金不够，需要向你分期付款，分5年支付，每年向你支付20万元。你是否应该同意购房者的方案呢？显然，在现实生活中，无论是否学过财务管理，你都不会同意购房者的提法，你想马上得到一次性支付的100万元，而不是分5年支付的100万元。原因是，分5年支付的100万元的价值要少于现在马上向你支付的100万元的价值。那么，分5年支付的100万元相当于现在的多少钱呢？这与货币的时间价值相关。一般来说，一定量的资金在不同时点上具有不同的价值，一定量货币不同时点的价值差额就是该货币的时间价值。

在银行的利率牌上可以看到，活期存款利率低于定期存款利率，5年期定期存款利率高于3年期存款利率，这都是货币的时间价值在起作用。在财务管理实务中，一般采用相对数表示货币的时间价值，即用银行利率、债券利率、股票股利率等来代表货币的时间价值，并作为不同时点的价值换算比率（俗称折现率），前提是不考虑通货膨胀和风险报酬因素。这样做的最大好处就是计算方便，银行利率、债券利率和股票股利率都很容易获得，能够直接用于各种有关货币时间价值的计算。

2.2 利息计算方式

利息的计算方式有两种：单利和复利。单利是指每期按初始本金计算利息，与本金相关的利息不再计算利息的方式。复利是指按每期期初的本金和利息之和来计算当期利息的方式，即不仅本金要计算利息，利息也要计算利息，俗称“利滚利”。在财务管理和财务决策中，一般采用复利方式计算终值和现值。终值是指现在一定量货币在未来某一时点的价值，现值是指未来一定量货币折算为现在的价值。

2.2.1 单利

目前，我国商业银行个人储蓄利息是按单利计算的，但是也有人认为，国内银行计息的单利是经过计算后的复利。为了有助于理解，在介绍复利之前，先介绍单利。假定：I为利息，P为现值，F为终值，i为年利率（视为折现率），n为计息期数。

单利只按本金计算利息，其利息的计算公式为：

$I=P\times i\times n$

【例2-1】张某将1 000元存入银行，银行的年利率为3%，1年后张某可得的利息为：

$I=1\ 000\times 3\%\times 1=30$（元）

单利终值的计算公式为：

$F=P+P\times i\times n$

在上例中，1年后张某存入银行的终值，即本金和利息和为：

$F=1\ 000+1\ 000\times 3\%\times 1=1\ 030$（元）

单利现值的计算公式与单利终值的计算公式是互逆的：

$P=F/(1+i\times n)$

【例2-2】李某希望在5年后从银行取得2 000元，用以偿还贷款。那么，在利率为5%、单利计算方式下，李某现在需要向银行存入的资金为：

$P=2\ 000\div(1+5\times 5\%)=1\ 600$（元）

2.2.2 复利终值

复利终值是指一定量的本金按照复利计算方式计算的若干期后的本金和利息之和。复利终值的计算公式为：

$F=P\times(1+i)^n$

其中，$(1+i)^n$称为1元复利终值系数，用符号（F/P，i，n）表示。如果年利率为5%、期限为3年，则表示为（F/P，5%，3）。复利终值系数可以通过查阅附表中的复利终值系数表获得。

【例2-3】肖某将1 000元存入银行，银行年存款利率为5%，那么5年后，按复利计算，肖某能够得到的本利和是：

F=1 000×（F/P，5%，5）

查复利终值系数表可得：（F/P，5%，5）=1.2763，则有：

F=1 000×1.2763=1 276.3（元）

2.2.3　复利现值

复利现值是指将来收到或支付一笔款项，采用复利计算方式，按贴现率折算为现在时点的价值。复利现值的计算公式为：

$P=F\times(1+i)^{-n}$

其中，$(1+i)^{-n}$称为1元复利现值系数，可以通过查阅附表中的复利现值系数表获得，通常记为（P/F，i，n）。

【例2-4】刘某想在10年后从银行取得20万元，用于支付房款，银行的年存款利率为5%，假定银行采用复利计算利息，那么现在刘某应存入银行的资金是：

P=20×（P/F，5%，10）

查阅复利现值系数表可知：（P/F，5%，10）=0.61391，则有：

P=20×0.61391=12.28（万元）

2.3　年　金

在经济生活中，我们经常会在一段时期内，每隔相同的时间发生金额相等的款项收付。比如，居民个人在银行零存整取或整存零取款项、房屋贷款每月支付房贷；公司采用融资租赁方式租赁设备，每年向出租方定期支付等额融资款；公司租赁厂房、仓库，每年向出租方支付等额租金；固定资产采用直线法每年计提折旧。这些都属于等额定期系列款项收付。在财务管理中，我们把这种等额定期系列收付款项称为年金。

年金最大的特点是每期收付款项的金额相同，而且每次收付的间隔时间也相同。根据年金的收付时间不同，通常把年金分为普通年金、先付年金、递延年金和永续年金。不同的年金，其终值和现值的计算方法不同。

2.3.1　普通年金

普通年金也叫后付年金，是指在一定时期内，每期期末等额系列收付款项。

1）普通年金终值的计算

普通年金终值是指在一定时期内每期期末等额系列收付款项的复利终值之和。普通年金的支付方式可描述为图2-1。

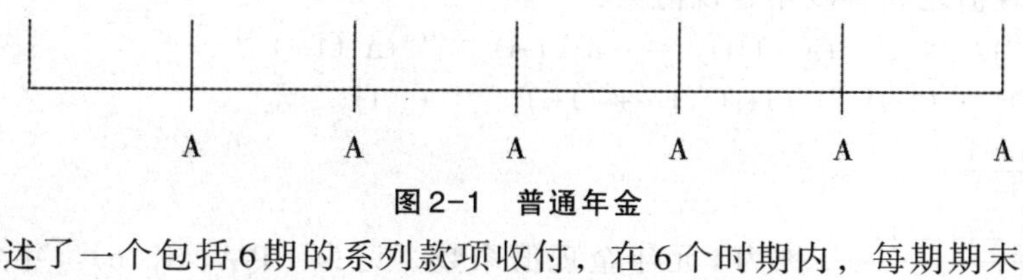

图2-1　普通年金

图2-1描述了一个包括6期的系列款项收付，在6个时期内，每期期末，支付或收到金额为A的系列款项。这一年金的终值就是要计算6个时期内，每期支付的A在第六期期末的复利终值之和。假定利率为i，计算公式为：

$$F=A(1+i)^5+A(1+i)^4+A(1+i)^3+A(1+i)^2+A(1+i)^1+A(1+i)^0$$
$$=A[(1+i)^5+(1+i)^4+(1+i)^3+(1+i)^2+(1+i)^1+1]$$
$$=A\left[\frac{(1+i)^6-1}{i}\right]$$

如果是n期的期末系列款项收付，则年金终值为：

$$F=A\left[\frac{(1+i)^n-1}{i}\right]$$

其中，$\left[\frac{(1+i)^n-1}{i}\right]$称为1元年金终值系数，记为（F/A，i，n）。年金终值系数可以通过查阅附表中的年金终值系数表获得。

【例2-5】假定李某采取零存整取方式存款，存款期限为5年，每年年末向银行存入款项1 000元，银行存款年利率为5%，第5年年末李某这笔存款有多少？

这属于普通年金终值问题，可以利用年金终值系数计算，计算公式为：

F=1 000×（F/A，5%，5）

年利率为5%、期限为5年的年金终值系数为5.5256，则有：

F=1 000×5.5256=5 525.6（元）

年金终值系数的倒数$\left[\frac{i}{(1+i)^n-1}\right]$称为偿债基金系数。偿债基金是指为了使年金终值达到既定金额而每年应支付的数额，偿债基金系数记为（A/F，i，n）。

【例2-6】宏发公司有一笔5年后到期的债务，金额为200 000元，为了偿还这笔债务，该公司董事会决定建立偿债基金，每年年末向银行存入等额款项。银行存款年利率为6%，宏发公司每年年末需向银行存入多少款项？

第5年年末需要偿还的债务就是年金的终值F，即年金终值F是已知的，要确定每年存入银行的款项A。年金终值的计算公式为：

F=A（F/A，6%，5）

可知：A=F/（F/A，6%，5），则有：

A=F×（A/F，6%，5）

=200 000÷5.6371=200 000×0.1774=35 480（元）

2）普通年金现值的计算

普通年金现值是指一定时期内，每期期末等额系列收付款项的复利现值之和。普通年金现值的计算可以用图2-2表示。

图2-2显示的是有一个n期的期末系列款项收付，要计算该系列款项在初始时间0这个位置的复利现值之和。该年金现值为：

$$P=A(1+i)^{-1}+A(1+i)^{-2}+A(1+i)^{-3}+\cdots+A(1+i)^{-(n-1)}+A(1+i)^{-n}$$
$$=A[(1+i)^{-1}+(1+i)^{-2}+(1+i)^{-3}+\cdots+(1+i)^{-(n-1)}+(1+i)^{-n}]$$
$$=A\left[\frac{1-(1+i)^{-n}}{i}\right]$$

其中，$\left[\frac{1-(1+i)^{-n}}{i}\right]$称为1元年金现值系数，记为（P/A，i，n）。年金现值系数的倒数称为投资回收系数，在计算投资回收期时可以利用。

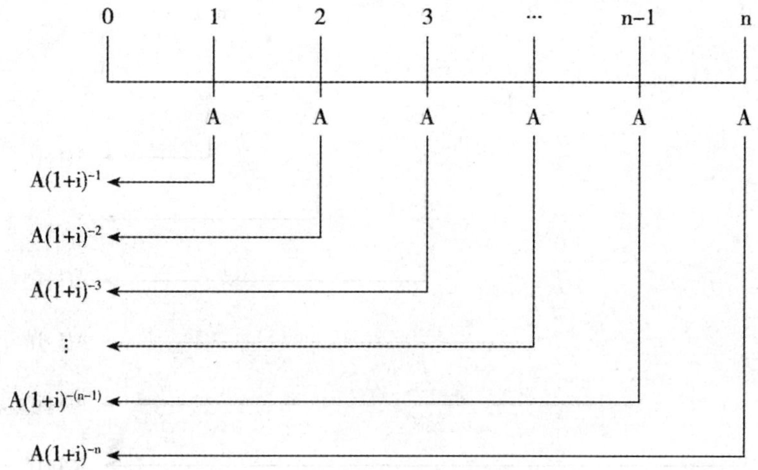

图2-2　普通年金现值计算示意图

【例2-7】假定张某需出国5年，请你代他交付房租，每年房租的租金为1 000元，银行存款年利率为8%，那么现在张某应在银行存入多少钱？

这属于年金现值问题。已知每期系列支付的款项为1 000元、年利率为8%、期限为5年，根据年金现值计算公式：

P=1 000×（P/A，8%，5）

查年金现值系数表可知，（P/A，8%，5）=3.9927，则有：

P=1 000×3.9927=3 992.7（元）

现在张某应在银行存入3 992.7元。

2.3.2　先付年金

先付年金也叫预付年金或即付年金，是指在每期期初支付或收到的等额系列款项。先付年金的特点是款项的收付发生在每期的期初。

1）先付年金终值的计算

先付年金终值的计算示意图可以表示为图2-3。

要计算先付年金终值，就要计算在n期期末各期收付的等额款项的复利终值之和。计算公式为：

$$F=A(1+i)+A(1+i)^2+\cdots+A(1+i)^{n-1}+A(1+i)^n$$

$$=A[(1+i)+(1+i)^2+\cdots+(1+i)^{n-1}+(1+i)^n]$$

$$=A\left[\frac{(1+i)^{n+1}-1}{i}-1\right]$$

其中，$\left[\frac{(1+i)^{n+1}-1}{i}-1\right]$称为1元先付年金终值系数，与普通年金终值系数$\left[\frac{(1+i)^n-1}{i}\right]$相比，期数加1，而系数减1。普通年金终值系数期数是n，而先付年金终值系数期数是n+1，并且先付年金终值系数还需要减去1，故可记作［（F/A，i，n+1）-1］。根据先付年金终值系数的这一特点，可以利用普通年金终值系数表来计算先付年金终值系数。例如，要计算［（F/A，i，n+1）-1］，可以查阅（F/A，i，n+1）的值，并减去1，便得到［（F/A，i，n+1）-1］的值。

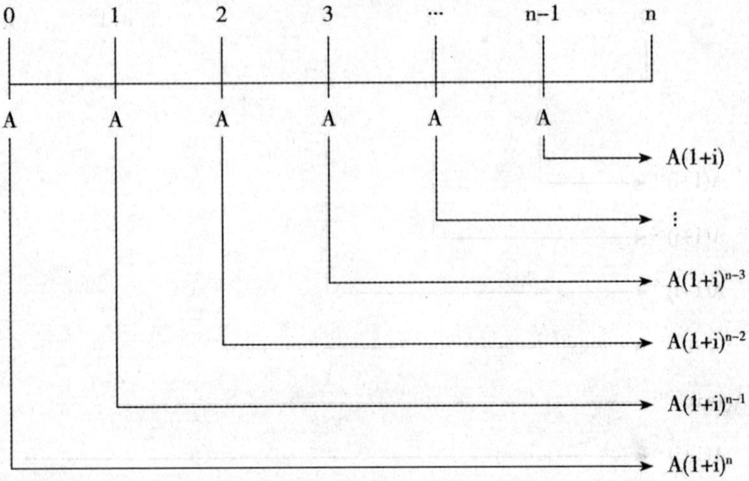

图2-3 先付年金终值计算示意图

【例2-8】铭发公司准备开发一个建设项目，该建设项目每年年初需要投入资金1 000 000元，期限为6年。假定年利率为7%，该建设项目在建成时的总投资（终值）是多少？

这属于先付年金终值计算问题，计算公式为：

F=A［（F/A，7%，6+1）-1］=1 000 000×［（F/A，7%，7）-1］

查普通年金终值系数表可知：（F/A，7%，7）=8.654，则有：

F=1 000 000×（8.654-1）=7 654 000（元）

2）先付年金现值的计算

先付年金现值就是每期期初收付系列款项在0时点的复利现值之和。其计算示意图可以表示为图2-4。

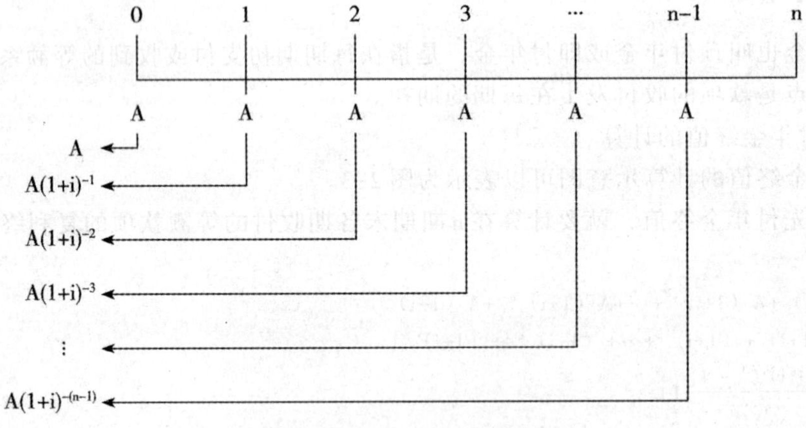

图2-4 先付年金现值计算示意图

其计算公式为：

$$P=A+A(1+i)^{-1}+A(1+i)^{-2}+\cdots+A(1+i)^{-(n-2)}+A(1+i)^{-(n-1)}$$

$$=A[1+(1+i)^{-1}+(1+i)^{-2}+\cdots+(1+i)^{-(n-2)}+(1+i)^{-(n-1)}]$$

$$=A[\frac{1-(1+i)^{-(n-1)}}{i}+1]$$

其中，$[\frac{1-(1+i)^{-(n-1)}}{i}+1]$ 称为1元先付年金现值系数，与普通年金现值系数

$\left[\frac{1-(1+i)^{-n}}{i}\right]$ 相比，期数减1，系数加1，记为［（P/A，i，n−1）+1］，即先付年金现值系数的计算可以通过查阅普通年金现值系数表n−1期的（P/A，i，n−1）的值，然后再加1得到。

【例2-9】 最近连续6年，昌盛公司在每年年初向中国工商银行借入资金20 000元，银行贷款年利率为5%，那么昌盛公司6年借款的现值是多少？

昌盛公司6年借款的现值可计算为：

P=A×［（P/A，5%，6−1）+1］=20 000×［（P/A，5%，5）+1］

查阅普通年金现值系数表可知：（P/A，5%，5）=4.3295，则有：

P=20 000×（4.3295+1）=106 590（元）

2.3.3　递延年金

递延年金是指首次收付款项不是发生在第一期的系列等额收付款项。递延年金是普通年金的特殊形式，它的特殊之处在于，首次收付款项不是在第一期，而是在第二期或其后的某一期。递延年金的支付形式可以描述为图2-5。

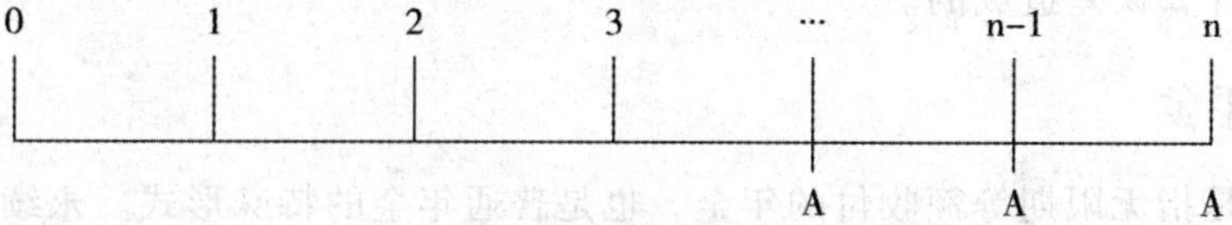

图2-5　递延年金

1）递延年金终值的计算

由于终值的计算与递延期限的长短没有关系，因此递延年金终值的计算公式与普通年金终值的计算公式是一样的，只是期数要从开始支付的那一期开始算起。也就是说，递延年金终值的计算公式为：F=A（F/A，i，n）。

【例2-10】 某投资项目的前2年是建设期，从第3年开始收回投资。每年年末收回投资的金额为300 000元。假定投资有效期为6年（含建设期2年），银行贷款年利率为8%，每年收回的投资额在投资项目结束时的价值是多少？

每年收回的投资额属于递延年金，投资额从第3年开始收回，那么计算递延年金的期数应是4期，故有：

F=300 000×（F/A，8%，4）=300 000×4.5061=1 351 830（元）

2）递延年金现值的计算

递延年金现值的计算有两种方法：

第一种方法：把递延年金视为n−m期的普通年金，求出递延期末的现值，再用复利现值的计算公式调整为递延期初的现值。也就是说，先计算 P_1=A×（P/A，i，n−m），然后得出 $P_0=P_1$×（P/F，i，m）。

以例2-10为例，n=6，m=2，如果计算该收回投资额的现值，采用这种方法要先计算递延期末的现值：

P_1=300 000×（P/A，i，n−m）

=300 000×（P/A，8%，4）

=300 000×3.3121=993 630（元）

P_0=993 630×（P/F，i，m）

=993 630×（P/F，8%，2）

=993 630×0.857=851 540.9（元）

可以简写为：

P=300 000×（P/A，i，n−m）×（P/F，i，m）

=300 000×3.3121×0.857=851 540.9（元）

第二种方法：假定递延期也进行了款项的收付，先求出n期的年金现值，再扣除实际并未支付的递延期m期的年金现值，便得到该笔递延年金的现值。

仍以例2-10为例，n=6，m=2，采用第二种方法计算递延年金现值的过程为：

P_n=300 000×（P/A，8%，6）

=300 000×4.6229=1 386 870（元）

P_m=300 000×（P/A，8%，2）

=300 000×1.7833=534 990（元）

P=P_n−P_m=1 386 870−534 990=851 880（元）

需要注意的是：第一种方法计算得到P=851 540.9元，第二种方法计算得到P=851 880元，这是由于计算误差造成的。

2.3.4 永续年金

永续年金是指无限期等额收付的年金，也是普通年金的特殊形式。永续年金的特点在于收付款项的期限是无限的，或者说收付期限趋于无穷大。由于永续年金的期限趋于无穷大，没有确定的终止时间，故无法计算永续年金的终值，只能计算永续年金的现值。

永续年金的支付形式可以描述为图2-6。

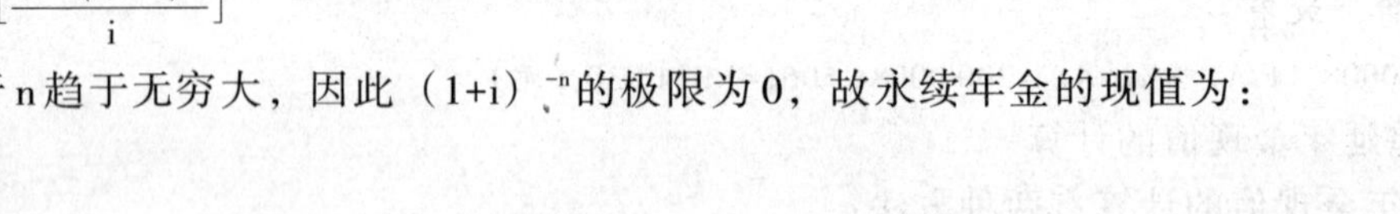

图2-6 永续年金

其现值的计算公式与普通年金现值的计算公式是一样的：

$$P=A\left[\frac{1-(1+i)^{-n}}{i}\right]$$

由于n趋于无穷大，因此$(1+i)^{-n}$的极限为0，故永续年金的现值为：

$$P=\frac{A}{i}$$

【例2-11】某公司准备向某高校捐赠一笔资金，用于设立一项永久性的奖学金，每年计划向学生支付的奖学金为20 000元，年利率为5%，那么该公司应向该高校捐赠多少钱作为基金？

根据永续年金现值的计算公式可知：

P=20 000÷5%=400 000（元）

2.4　有效年利率

2.4.1　有效年利率的概念

如果年内多次复利，则按不同计息期计算的现值或终值会有很大差别。上面有关计算均假定利率为年利率，且每年只复利一次。实际上，复利的计息期不一定是1年，有可能是季度、月份或日。比如，某些债券半年计息1次，有的抵押贷款每月计息1次，银行之间的拆借资金每天计息1次。在实务中，金融机构提供的利率一般为年利率，通常称作名义利率，将名义利率按不同计息期调整后的利率称为实际利率或有效年利率。

2.4.2　有效年利率的推算

如果未作特别说明，给定的年利率就是名义利率。当计息期短于1年，而运用的利率又是年利率时，应将名义利率换算成有效年利率，复利终值和现值的计算公式也要作适当调整。

计算有效年利率可按下列公式进行：

$$i=\left(1+\frac{r}{m}\right)^{m}-1$$

式中：i——有效年利率；r——名义利率；m——年内复利次数。

在年内多次计息的情形下，n年期复利终值和现值的计算可按下列公式进行：

$$F=P\times(1+i)^{mn}=P\times\left(1+\frac{r}{m}\right)^{mn}$$

$$P=\frac{F}{(1+i)^{mn}}=F\times\left(1+\frac{r}{m}\right)^{-mn}$$

【例2-12】某公司向银行借款500万元，年利率为8%，按季复利计息，试计算该笔贷款的有效年利率。

年内复利次数m=4

季度利率$\frac{r}{m}=\frac{8\%}{4}=2\%$

有效年利率$i=\left(1+\frac{r}{m}\right)^{m}-1=(1+2\%)^{4}-1=8.24\%$

有效年利率与名义利率之间存在如下关系：

（1）当计息期为1年时，有效年利率与名义利率相等；当计息期短于1年时，有效年利率大于名义利率；当计息期长于1年时，有效年利率小于名义利率。

（2）名义利率越大，计息期越短，有效年利率与名义利率的差异就越大。

（3）名义利率不能完全反映货币的时间价值，有效年利率能准确地反映货币的时间价值。

本章小结

本章主要介绍了货币时间价值、单利、复利、年金、有效年利率等概念，并着重阐述了复利终值、现值的计算，普通年金、先付年金、递延年金和永续年金的计算，以及年内多次计息情形下有效年利率的计算。

货币时间价值是指一定量货币不同时点的价值差额，在财务管理实务中，银行存款利率、贷款利率、债券利率、股票股利率等往往用来代表货币的时间价值。单利是指每期按初始本金计算利息，与本金相关的利息不再计算利息的方式。复利是指按每期期初的本金和利息之和来计算当期利息的方式，即不仅本金要计算利息，利息也要计算利息。在公司经营过程中，经常遇到连续一段时期内，每期需要支付等额款项，如固定资产每年计提的折旧、分期偿还的贷款等，在财务管理中，把这种等额定期系列收付款项称为年金。根据款项收付时间不同，通常把年金分为普通年金、先付年金、递延年金和永续年金。其中，普通年金是指款项在每期的期末收付，先付年金是指款项在每期的期初收付，递延年金是指首次款项的收付发生在第一期之后，永续年金是指收付款项的期限是无限期的。根据各种年金的款项收付时点不同，本章详细介绍了各种年金的计算方法，普通年金终值和现值的计算是理解和掌握其他年金终值和现值计算方法的基础。当计息期短于1年时，应将名义利率换算成有效年利率，复利终值和现值的计算公式也要作适当调整。

重要概念

货币时间价值　单利　复利　年金　普通年金　先付年金　递延年金　永续年金　名义利率　有效年利率

本章案例

龙柏公司处理存货积压决策

龙柏公司是小家电制造商，由于竞争日益激烈，其市场份额不断下降，其产品无法正常出售，积压在仓库里，影响了资金的正常周转。最近，该公司召开高层管理人员会议，就库存积压问题商讨对策。

会上，有关人员介绍，存货积压100 000件，占用资金100万元。

财务经理提出，资金都来自中国建设银行的贷款，该笔贷款按季度支付利息，年利率为12%，每季度须支付利息3万元，考虑到积压存货占用的资本成本，建议削价出售。

营销经理提出，目前有一客户有意一次性购买全部产品，但要求降价8万元。如果降价8万元，产品售价就会低于成本，故不主张削价出售给该客户。

总经理在平衡财务经理和营销经理的意见后，提出可以削价出售，但削价幅度不能太大，要求财务经理测算最大的削价幅度是多少。

【思考】如果你是财务经理，能否告诉总经理在什么幅度内削价出售是划算的？是否可以向该客户降价8万元出售（假定没有其他购货方）？

自测题

一、即测即评

第2章单项选择题　　第2章多项选择题　　第2章判断题

二、计算题

1.某公司向银行借入一笔款项，银行贷款的年利率为12%，每季度计息一次，试计算该笔借款的有效年利率。

2.如果某企业分8年对一个项目进行投资，每年的投资额为100万元，前4年款项的支付发生在期初，后4年款项的支付发生在期末。假设适用的折现率为10%，试计算这一系列支付款项的现值。

3.查普通年金终值系数表和普通年金现值系数表，当年利率为6%时，7年期的先付年金终值系数和现值系数是多少？

4.某公司发行优先股，假定每股每年固定发放股息5元，年利率为5%，该优先股的价值是多少？

5.某公司拟引进一条生产线，付款条件是：从第4年开始，每年年初支付50万元，连续支付4次。假设该公司的资本成本率为10%，这种付款条件相当于现在一次性付款的金额为多少？

三、思考题

1.单利和复利应如何计算？

2.年金按款项的支付时间不同可以分为哪几种？

3.普通年金的终值系数和现值系数的计算公式是怎样的？

4.普通年金和先付年金的计算有何不同？

5.递延年金的终值和现值应如何计算？

6.永续年金的计算方法可以运用于哪些领域？

7.根据你的观察，银行存款利息的计算采用的是单利还是复利？住房贷款利息的计算是单利还是复利？

8.请举一个社会生活中的例子说明年金的运用。

9.如果某企业分10年对一个项目进行投资，每年的投资额为20万元，前5年款项的支付发生在期初，后5年款项的支付发生在期末，应如何计算这一系列支付款项的现值？

第2章计算题参考答案　　第2章思考题分析提示

第3章　风险与报酬

【学习目标】

通过本章的学习，你要：

1. 理解风险与报酬的概念，了解风险的分类；
2. 理解风险与报酬率之间的内在关系，能解释投资报酬率的构成；
3. 掌握单项资产风险的衡量方法，理解投资组合风险的衡量；
4. 理解系统风险、非系统风险的概念；
5. 能解释风险分散化原理；
6. 理解证券市场线，掌握资本资产定价模型。

3.1　风险与报酬的基本原理

企业的经济活动是在风险和不确定情况下进行的，离开了风险因素就无法正确评价企业收益的高低。风险是一个非常重要的财务概念，防范和化解风险，以达到风险与报酬的优化配置是非常重要的。风险与报酬原理同货币时间价值原理一样，是财务决策的基本原则。

3.1.1　风险

1）风险的概念

"风险"一词在人们的生活中使用得越来越频繁。《现代汉语词典》把风险解释为"可能发生的危险"。人们在日常生活中所讲的风险主要是指危险，是可能发生损失或遭受失败的可能性，是不好的事情。这种定义是日常用语中的风险，财务上的风险与之有所区别。

从财务管理角度看，风险不同于危险，危险只可能出现坏的结果，而风险则是指既可能出现坏的结果，也可能出现好的结果。在财务管理中，风险是指预期结果的不确定性。这种不确定性不仅包括负面效应，还包括正面效应。负面效应也就是通常所指的"危险"，是损失发生的可能性；正面效应与"机会"同义，是获得高收益的可能性，也就是人们经常说的"不入虎穴，焉得虎子"。可见，风险的概念比危险更广泛，危险仅仅是风险的一部分，风险揭示了机遇与挑战同在、危险与机会并存的道理。在理财活动中，风险主要体现为无法与预期报酬完全一致的可能性。财务人员不仅需要对危险进行识别、衡量、防范和控制，还要寻找、衡量、选择和获取机会以增加企业价值。

风险是事件本身的不确定性，具有客观性。比如，假设投资者购买了利率为9%的1年期国库券，1年期满，该投资者即可获得政府保证的9%的收益，其预期收益是确定的。但如果该投资者购买的是任何一家公司的普通股股票，同样持有1年，其结果就具有不确定性，他可能获得预期的现金股利收益，也可能无法获得收益；同时，1年后的股价可能高于其买入时价格，也可能比当初的买价还要低。根据风险的含义，我们可以认为，国库券是无风险证券，而普通股则是有风险证券。收益的不确定性越大，其风险就越高。特定投资对象的风险是客观的，只不过是否去冒险是可以主观选择的。风险偏好强的人倾向于选择高风险投资项目，风险偏好弱的人倾向于选择低风险或无风险投资项目。所以，对于投资对象而言，其不确定性是客观存在的，这种客观存在的不确定性只有与特定行为主体相联系才可能给特定投资主体的收益带来影响，产生风险。

严格地说，风险和不确定性有一定的区别。风险是事前可以知道所有可能结果及其概率，而不确定性是事前不知道所有可能的结果，或者虽然知道可能的结果，但不知道它们出现的概率。在处理实际问题时，两者实际上很难区分。在实务中，我们对风险与不确定性并不做严格区分。

2）风险的分类

从企业本身来看，按风险形成的原因，可将风险分为经营风险和财务风险两大类。

经营风险是指由于生产经营方面的原因给企业收益带来的不确定性，它是任何企业都面临的风险，也称为商业风险。其主要来自市场销售、生产成本、生产技术、外部环境等的变化。

财务风险是指由于举债给企业财务带来的不确定性，也称筹资风险。如企业股本10万元，经营好时每年营利2万元，则报酬率为20%；如经营得不好，会亏损1万元，则报酬率为-10%。若企业估计明年经营状况比较好，今年借入10万元，利率为8%。若经营状况比较好，能够保持现有的盈利能力，则预计营利4万元，付息后利润为3.2万元，股东的报酬率为32%，股东获得了负债经营的好处，即利用债权人的钱为自己创造了收益1.2万元；如果经营得不好，则亏损2万元，股东不仅要承担2万元的经营损失，还要付给债权人0.8万元的利息，加重了财务负担。这种举债经营加大了企业的风险，经营得好会赚得更多，经营得不好会赔得更惨。如果不借款，企业就不存在财务风险，仅存在经营风险。

从个别投资主体对于风险的可分散性看，风险可分为系统风险和非系统风险两类。我们将在3.3中讲这个问题。

3.1.2 报酬

投资者进行各种投资的根本目的是赚钱，即希望获得预期的报酬。对于报酬多少的衡量，既可以使用投资报酬额，也可以使用投资报酬率。在资本市场上，衡量投资项目时，多使用投资报酬率。在不考虑物价变动的情况下，投资报酬率是单位时间内的投资收益额对于投资额的比率。它便于对不同数额的投资进行比较，其作用和地位极为重要。

投资报酬率与投资对象的风险程度密切相关。投资报酬率包括两部分：一部分是无风险报酬率。如购买国库券，到期肯定能够连本带息收回，故不存在风险，国库券的利率即无风险利率。另一部分是风险报酬率，或称为风险溢价。它是指投资者由于冒着风险进行投资而获得的超过无风险报酬率的额外部分。通常情况下，风险越高，所需获得的风险报酬率也越高。在报酬率相同的情况下，投资者会选择低风险的投资；在风险相同的情况下，投资者会选择报酬率高的投资。期望报酬率可以表述为下式：

投资期望报酬率=无风险报酬率+风险报酬率

如果用图表示，可表示为图3-1。

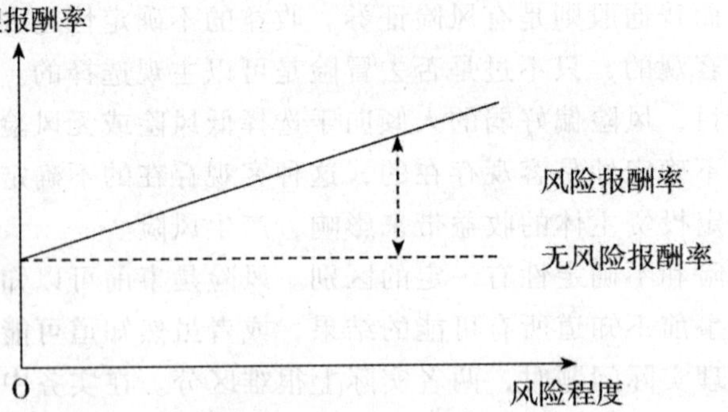

图3-1 期望报酬率与风险程度关系图

在财务上，经常会涉及三个报酬率：必要报酬率、期望报酬率和实际报酬率。必要报酬率是指投资者愿意进行投资所必须达到的最低报酬率。期望报酬率是指投资者如果进行投资，估计所能实现的报酬率。实际报酬率是在特定时期投资实际产生的报酬率，它可能高于或低于期望报酬率。虽然这三个报酬率存在一定的差异，但是在有效资本市场中，价格能够及时、充分反映与资产有关的信息，理性投资者能够合理对资产进行投资，在市场竞争的作用下，这三个报酬率是趋于一致的。

3.1.3 风险与报酬的关系

风险与报酬的关系是：在有效资本市场上，风险与报酬是相匹配的，高风险需要高回报，高回报伴随高风险。换句话说，就是额外的风险需要额外的报酬。投资者可以根据自己的风险承受能力，选择适度风险的项目进行投资，以获得预期的报酬。

上述风险与报酬的关系可以从统计数据获得证实。Roger Ibbotson 和 Rex Sinquefield 对1926—1998年美国金融市场上五种重要类型的金融投资回报率和风险进行了研究。这五种金融投资分别是大公司股票、小公司股票、长期公司债券、美国政府长期债券和美国政府国库券。有关数据见表3-1。

从表3-1可以看出，美国政府国库券收益的变动幅度最小，报酬也最低。由于政府可以通过增加税收的方式来保证债务的清偿，因此国库券在实质上是没有违约风险的。国库券的利率一般作为无风险报酬率的基准。小公司股票的回报率偏差幅度最大，其风险也最高，报酬率也是最高的。小公司股票的报酬率17.4%与美国政府国库券的报酬率3.8%之间的差额为13.6%，这就是小公司股东因为承担高风险而获得的风险溢价。

表3-1 1926—1998年美国金融市场上五种金融投资的年均报酬率、标准偏差和风险溢价

投资对象	年均报酬率（%）	标准偏差（%）	风险溢价（%）
大公司股票	13.2	20.3	9.4
小公司股票	17.4	33.8	13.6
长期公司债券	6.1	8.6	2.3
美国政府长期债券	5.7	9.2	1.9
美国政府国库券	3.8	3.2	0

3.2 风险的衡量

风险的大小会影响报酬率的高低，因此将风险程度予以量化是财务管理的一项重要工作。风险与概率、期望值、标准离差、标准离差率等直接相关，对风险进行衡量时要考虑这几个指标。

3.2.1 单项投资风险

单项投资风险是指某个投资方案实施后，能否如期回收投资以及能否获得预期报酬存在不确定性。除无风险投资项目（国库券投资）外，所有投资项目实际获得的报酬率都可能不同于其预期报酬率，其实际报酬率可以看成一个有概率分布的随机变量，需要用期望报酬率和标准离差两个指标对风险进行衡量。

1）期望报酬率

期望值是随机变量的均值。在评价投资风险时，我们需要计算期望报酬率。投资期望报酬率的计算公式为：

$$\bar{r}=\sum_{i=1}^{n}r_iP_i$$

式中：$\bar{r}$——投资期望报酬率；r_i——第i个可能结果下的报酬率；P_i——第i个可能结果出现的概率；n——可能结果的总数。

【例3-1】有A、B两个项目，两个项目的投资报酬率及其概率分布见表3-2，试计算两个项目的期望报酬率。

表3-2 项目A和项目B投资报酬率及其概率分布

项目实施情况	项目A		项目B	
	出现的概率	投资报酬率（%）	出现的概率	投资报酬率（%）
良好	0.30	15	0.20	25
一般	0.40	10	0.60	10
较差	0.30	5	0.20	–5

分别计算项目A和项目B的期望报酬率：

项目 A 的期望报酬率 $=\sum_{i=1}^{3} r_i P_i=0.3\times15\%+0.4\times10\%+0.3\times5\%=10\%$

项目 B 的期望报酬率 $=\sum_{i=1}^{3} r_i P_i=0.2\times25\%+0.6\times10\%+0.2\times(-5\%)=10\%$

从计算结果可以看出，两个项目的投资期望报酬率都是10%，但是不能就此认为两个项目是等同的，还需要了解概率分布偏离均值的离散情况，即计算标准离差和标准离差率。

2）方差、标准离差和标准离差率

（1）方差

按照统计学的定义，方差是各种可能的结果偏离期望值的综合差异，是反映离散程度的一种量度。方差可按以下公式计算：

$$\delta^2=\sum_{i=1}^{n}(r_i-\bar{r})^2\cdot P_i$$

（2）标准离差

标准离差是方差的平方根，也称标准差。在实务中，一般使用标准离差而不使用方差来反映风险的大小程度。一般来说，标准离差越小，说明离散程度越小，风险也就越小；反之，标准离差越大，则风险越大。标准离差的计算公式为：

$$\delta=\sqrt{\sum_{i=1}^{n}(r_i-\bar{r})^2\cdot P_i}$$

【例3-2】 分别计算上例中A、B两个项目投资报酬率的标准离差。

$$\delta_A=\sqrt{(0.15-0.1)^2\times0.3+(0.1-0.1)^2\times0.4+(0.05-0.1)^2\times0.3}=0.0387=3.87\%$$

$$\delta_B=\sqrt{(0.25-0.1)^2\times0.2+(0.1-0.1)^2\times0.6+(-0.05-0.1)^2\times0.2}=0.0949=9.49\%$$

在决策时，如果两个投资方案的期望回报率基本相同，应当选择标准离差较小的方案；如果两个投资方案的标准离差基本相同，应当选择收益率较高的方案。以上计算结果表明，项目B的风险高于项目A的风险，但是两个方案的期望报酬率是相同的，应选择项目A。在此例中，项目A和项目B的期望报酬率是相等的，可以直接根据标准离差来比较两个项目的风险水平。如果投资项目的期望报酬率不同，则一定要计算标准离差率才能进行比较。

（3）标准离差率

标准离差是反映随机变量偏离均值程度的绝对指标，不利于准确地反映随机变量的离散程度，我们需要使用反映离散程度的相对指标，即标准离差率，或称为变异系数。

标准离差率是某随机变量标准离差相对该随机变量期望值的比率。其计算公式为：

$$Q=\frac{\delta}{\bar{r}}$$

式中：Q——标准离差率；δ——标准离差；$\bar{r}$——投资期望报酬率。

【例3-3】 利用上例的数据，分别计算项目A和项目B的标准离差率。

项目A的标准离差率 $Q=\frac{\delta_A}{r_A}=\frac{3.87\%}{10\%}=0.387$

项目B的标准离差率 $Q=\frac{\delta_B}{r_B}=\frac{9.49\%}{10\%}=0.949$

3）风险报酬系数和风险报酬率

标准离差率只能正确反映投资项目风险程度的大小，无法将风险与报酬结合起来进行分析。风险与报酬之间联系的基本要求是：所冒的风险越大，得到的报酬应越高。风险报酬率与风险程度成正比例变化关系。标准离差率要转化为风险报酬率，还需要借助风险报酬系数把两者联系起来。风险报酬率、风险报酬系数和标准离差率之间的关系可用公式表示如下：

$$r_r=bQ$$

式中：r_r——风险报酬率；b——风险报酬系数；Q——标准离差率。

风险报酬系数主要取决于全体投资者对风险的态度。如果大家都愿意冒险，则风险报酬系数就比较小，风险溢价不大；如果大家都不愿意冒险，则风险报酬系数大，从而风险报酬高，这就是通常所说的"重赏之下必有勇夫"。风险报酬系数可以通过对历史资料的分析、统计回归、专家评议等方式获得。上述公式主要反映了投资者冒险进行投资所要求的最低风险报酬率。在无通货膨胀情况下，投资者进行投资的必要报酬率公式可以表达为：

$$r=r_f+r_r=r_f+bQ$$

式中：r——投资必要报酬率；r_f——无风险报酬率，一般以同期国库券的利率为基准。

投资者在计算出投资必要报酬率后，要与投资项目的期望报酬率进行对比。如果投资必要报酬率高于期望报酬率，则应放弃投资；反之，可以投资。

【例3-4】利用前例的数据，假设无风险报酬率为10%，风险报酬系数为0.1，请计算两个项目的必要报酬率。

项目A的必要报酬率$=r_f+bQ=10\%+10\%\times0.387=13.87\%$

项目B的必要报酬率$=r_f+bQ=10\%+10\%\times0.949=19.49\%$

从前面的计算来看，就单一方案而言，项目A的期望报酬率为10%，项目A的必要报酬率为13.87%，即报酬率至少要达到13.87%投资者才愿意投资，而该项目最可能实现的报酬率是10%，所以若就单一方案做取舍，投资者会放弃投资。若必须在两个方案中选优，两个项目的期望报酬率均为10%，项目B的必要报酬率为19.49%，项目A的必要报酬率为13.87%，项目B要求的报酬率与可能实现的报酬率之间的差距比项目A大，说明项目B的风险高于项目A，在期望报酬率一样的情况下，投资者会选择项目A。

3.2.2 投资组合风险的衡量

1）投资组合的期望报酬率

投资组合的期望报酬率不仅取决于各投资项目的期望报酬率，还取决于其在投资组合中的比重。它是组成投资组合的各投资项目期望报酬率的加权平均数，其权数是各投资项目在整个投资总额中所占的比重。其计算公式为：

$$\overline{r_p}=\sum_{i=1}^{n}W_i\cdot\overline{r_i}$$

式中：$\overline{r_p}$——投资组合的期望报酬率；W_i——资产i占投资总额的比重；$\overline{r_i}$——资产i的期望报酬率；n——投资组合中资产的种类。

【例3-5】某投资组合由两种证券组成：A证券投资比例为60%，期望报酬率为15%；

B证券投资比例为40%，期望报酬率为10%。这两种证券投资组合的期望报酬率为：

投资组合的期望报酬率=15%×60%+10%×40%=13%

2）投资组合的风险

投资组合的风险并非像计算期望报酬率那样简单，它不仅受到各投资项目风险的影响，还受到构成投资组合的投资对象之间关系的影响。在一个投资组合中，可能某一投资项目的报酬率呈上升的趋势，其他投资项目的报酬率有可能上升，也有可能下降，或者不变。在统计学测算投资组合中任意两个投资项目报酬率之间变动关系的指标是协方差和相关系数。

（1）协方差与相关系数

①协方差。协方差是一个测量投资组合中一个投资项目相对于其他投资项目风险的统计量。从本质上讲，投资组合中各投资项目相互变化的方式影响投资组合的协方差，从而影响其风险。协方差的计算公式为：

$$\delta_{12}=Cov(r_1, r_2)=\sum_{i=1}^{n}(\overline{r_1}-r_{1t})(\overline{r_2}-r_{2t})\cdot P_t$$

我们以两个投资项目组成的投资组合来说明协方差的计算。

【例3-6】某投资组合由项目1和项目2组成，两个项目各自的报酬率见表3-3。

表3-3 两个项目投资报酬率数据

客观状态	概率（P）	项目1的报酬率（K_1）	项目2的报酬率（K_2）
经济高涨	0.5	0.6	-0.1
经济一般	0.3	0.2	0.2
经济萧条	0.2	-0.3	0.4

第一步，计算两个项目的期望报酬率。

项目1的期望报酬率 $\overline{r_1}$=0.5×0.6+0.3×0.2+0.2×（-0.3）=0.3

项目2的期望报酬率 $\overline{r_2}$=0.5×（-0.1）+0.3×0.2+0.2×0.4=0.09

第二步，计算两个项目的协方差。

$$\delta_{12}=Cov(r_1, r_2)=\sum_{i=1}^{n}(\overline{r_1}-r_{1t})(\overline{r_2}-r_{2t})\cdot P_t$$

$$=(0.3-0.6)\times[0.09-(-0.1)]\times0.5+(0.3-0.2)\times(0.09-0.2)\times0.3+[0.3-(-0.3)]\times(0.09-0.4)\times0.2$$

$$=-0.069$$

协方差的正负显示了两个项目之间期望报酬率变动的方向。协方差为正值，表示两个项目的期望报酬率成同方向变动；协方差为负值，表示两个项目的期望报酬率成反方向变化。上例中项目1和项目2的期望报酬率就是成反方向变动的。协方差绝对值越大，表示这两个项目期望报酬率的关系越密切；协方差的绝对值越小，则这两个项目期望报酬率的关系也越疏远。

②相关系数。为了便于运用和理解，可以将协方差标准化，将协方差除以两个投资方案投资报酬率的标准差之积，就是两个投资项目的相关系数，它介于-1和+1之间。相关系数的计算公式为：

$$\rho_{12}=\frac{\delta_{12}}{\delta_1\delta_2}$$

【例3-7】利用上例中的数据，计算两个项目的相关系数。

第一步，计算两个项目的标准离差。

$$\delta_1=\sqrt{(0.6-0.3)^2\times0.5+(0.2-0.3)^2\times0.3+(-0.3-0.3)^2\times0.2}=0.3464$$

$$\delta_2=\sqrt{(-0.1-0.09)^2\times0.5+(0.2-0.09)^2\times0.3+(0.4-0.09)^2\times0.2}=0.2022$$

第二步，计算项目1和项目2的相关系数。

$$\rho_{12}=\frac{\delta_{12}}{\delta_1\delta_2}=\frac{-0.069}{0.3464\times0.2022}=-0.9851\approx-1$$

相关系数的正负与协方差的正负相同。相关系数为正值时，表示两个项目期望报酬率成同方向变化，负值则意味着两个项目期望报酬率成反方向变化。就其绝对值而言，相关系数的大小与协方差大小成同方向变化。相关系数总是在-1到+1之间变动，-1代表完全负相关，+1代表完全正相关，0则表示不相关。此例中的两个项目是负相关的。

（2）投资组合的方差

投资组合的总风险由投资组合期望报酬率的方差和标准离差来衡量。若考虑只有A、B两种资产的组合，投资组合方差的计算公式为：

$$\sigma_p^2=W_1^2\delta_1^2+W_2^2\delta_2^2+2W_1W_2\sigma_{12}$$

推而广之，由n种资产组合而成的投资组合的方差可以表示为：

$$\sigma_p^2=\sum_{i=1}^{n}\sum_{j=1}^{n}W_iW_j\sigma_{ij}$$

投资组合的标准离差为：

$$\sigma_p=\sqrt{\sum_{i=1}^{n}\sum_{j=1}^{n}W_iW_j\sigma_{ij}}$$

式中：σ_p——投资组合的标准离差；W_i——资产i在总投资额中所占的比重；W_j——资产j在总投资额中所占的比重；σ_{ij}——资产i和资产j的协方差。

【例3-8】利用上例计算的结果，计算项目1的投资比重为0.4、项目2的投资比重为0.6时，投资组合的期望报酬率和标准离差。

$\overline{r}_p$–0.4×0.3+0.6×0.09–17.4%

σ_p^2=（0.4×0.3464）^{2}+（0.6×0.2022）^{2}+2×0.4×0.6×（–0.069）=0.0008

σ_p=0.0283=2.83%

可见，投资组合的风险比项目1或项目2要小。

3.3 风险、报酬与分散化效应

3.3.1 风险分散原理

投资界有一句名言：“不要把所有的鸡蛋放在一个篮子里。”这句话的意思是鼓励人们通过资产的分散化来分散风险。风险分散原理认为，若干种证券组成的投资组合，其期望报酬率是组合内各证券期望报酬率的加权平均数，但是其风险不是这些证券的加权平均风险，它不会高于组合内风险程度最高的单一证券所具有的风险，故投资组合能够产生风险分散效应。这种分散风险的办法似乎意味着，投资组合所包含的资产种类越多，项目总风险就越小，即如果把一定资金投资于10种不同证券，则比把相同的资金投资于4种不同证券更能分散风险。但是，在分散风险时，需要注意证券收益之间的相互关系。如果投资组合包括的10种证券是来自同一行业的10种股票，那么，它们的收益就有很高的相关性，风险分散效应就不明显；如果另一组合的4种股票来自不同行业，则它们的投资收益的相关性就低，风险分散效应会比较明显。

【例3-9】假设某投资组合由A、B两种证券组成，投资总额为100万元，两种证券各占一半。若两种证券完全负相关，每种证券及投资组合的报酬率和标准差见表3-4。

表3-4　两种负相关证券及投资组合的报酬率和标准差　金额单位：万元

项目 年度	证券A		证券B		投资组合	
	报酬	报酬率	报酬	报酬率	报酬	报酬率
2018	20	40%	-5	-10%	15	15%
2019	-5	-10%	20	40%	15	15%
2020	17.5	35%	-2.5	-5%	15	15%
2021	-2.5	-5%	17.5	35%	15	15%
2022	7.5	15%	7.5	15%	15	15%
平均值	7.5	15%	7.5	15%	15	15%
标准差	22.6%		22.6%		0	

如果两种证券完全正相关，每种证券及投资组合的报酬率和标准差见表3-5。

表3-5　两种正相关证券及投资组合的报酬率和标准差　金额单位：万元

项目 年度	证券A		证券B		投资组合	
	报酬	报酬率	报酬	报酬率	报酬	报酬率
2018	20	40%	20	40%	40	40%
2019	-5	-10%	-5	-10%	-10	-10%
2020	17.5	35%	17.5	35%	35	35%
2021	-2.5	-5%	-2.5	-5%	-5	-5%
2022	7.5	15%	7.5	15%	15	15%
平均值	7.5	15%	7.5	15%	15	15%
标准差	22.6%		22.6%		22.6%	

在上例中，由于两种证券投资的比重一样，两种证券完全负相关时，投资组合的报酬率不变，风险完全被分散，标准差为0；而两种证券完全正相关时，投资组合的报酬率不变，风险没有被分散，标准差为22.6%。从此例我们可以得出这样的结论：在各种投资组合中，当相关系数为-1时，投资组合的方差最小，风险分散效应最强；当相关系数为+1时，投资组合的方差最大，风险分散效应最弱；如果相关系数绝对值变小，投资组合中各种资产预期收益之间的相关程度降低，投资组合的方差也会变小。在现实中，投资组合之

间不可能完全正相关，也不会完全负相关，而是介于完全正相关与完全负相关之间，因而可以分散部分风险，但不能消除全部风险。投资组合的风险总是不大于其组合内风险程度最高的单项投资的风险，这说明投资组合确实能起到降低风险的作用。

3.3.2　系统风险与非系统风险

风险按照是否具有分散性，可以分为系统风险和非系统风险。

系统风险是指那些对所有企业都产生影响的因素引起的风险。这些因素包括宏观经济的变化、战争、经济衰退、通货膨胀、税制改革、国家经济政策变动或能源状况的改变等。它使市场收益率整体变化而引起市场上所有资产的收益率发生变动。由于这类风险涉及所有投资对象，因而不能被分散掉。也就是说，即使投资者持有很好的分散化组合，也不能避免这类风险。这类风险不能通过多元化投资来分散，因此也称为“不可分散风险”，也叫“市场风险”。这种风险对不同公司的影响程度会有所不同。比如，有个人投资股票，不论买哪种股票，他都将承担市场风险，当经济衰退时，所有股票的价格都会有所下跌，但不同公司的股票下跌的幅度可能有所不同。

非系统风险是指发生于个别企业的特有事件造成的风险。这类事件是随机发生的，非系统风险只影响一个或少数几个企业，而不会对整个市场产生太大的影响，因此也称为“公司特有风险”。它是一种特定公司或行业的风险，与政治、经济和其他影响所有公司的系统因素无关。例如，一次大罢工可能只影响一个公司，一个新的竞争者可能开始生产同样的产品，公司可能因为财务失败而陷入困境，某行业可能因为技术的发展而使得其产品市场萎缩。它可以通过多元化投资来分散，即发生于某一个公司的不利事件可以被其他公司的有利事件所抵消。比如，一个人投资股票时，多买几家公司的股票，比只买一种股票风险要小，因为当其中一些公司的股票报酬率下降时，另一些公司的股票报酬率则处于上升时期，从而可以抵消一部分投资风险。对大多数股票而言，非系统风险占总风险的60%～75%，但是，通过分散投资，非系统风险能被分散，如果分散充分有效的话，这种风险就能被完全消除，因此它也称为“可分散风险”。

投资组合使非系统风险通过分散化消减，从而降低投资组合的总体风险水平。这种分散效应一方面取决于投资组合中包含的资产种类及单项资产预期报酬率的方差，另一方面取决于投资组合中各资产预期收益之间的相关程度。随着投资组合中资产种类的增加，单项资产的方差对投资组合的影响越来越小，当投资组合中包含的资产种类非常多时，单项资产的方差对投资组合的影响几乎可以忽略不计。因此，一个充分的投资组合几乎没有非系统风险。也就是说，通过多种资产的组合，可以使隐含在单项资产中的风险得以分散，从而降低投资组合的总体风险水平。

综上所述，根据风险分散化原则，随着投资组合中资产种类的不断增多，其非系统风险将不断降低，整体风险如图3-2所示。

3.3.3　报酬与系统风险原则

由于报酬是由风险报酬与无风险报酬组成的，而风险可以分成系统风险与非系统风险，资产的风险报酬主要是对承担系统风险和非系统风险的补偿，因此，实际资产报酬率可以表达为：

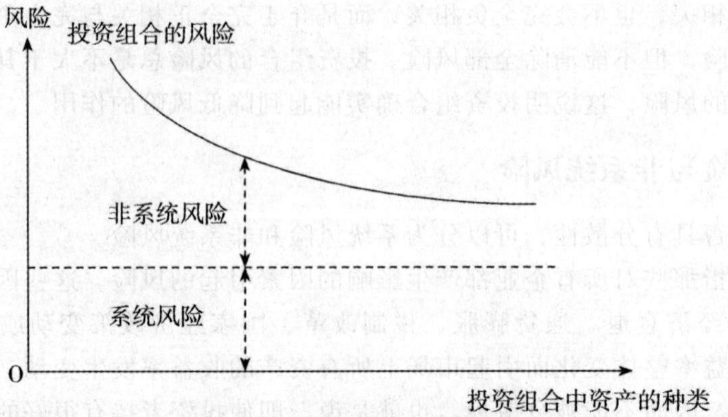

图 3-2 投资组合与风险关系图

实际资产报酬率=无风险报酬率+系统风险报酬率+非系统风险报酬率

由于非系统风险可以通过多元化投资进行分散，也就是个别资产的非系统风险会因为投资者的分散投资而消失，只要资产种类多一点，构成投资组合，特有事项——包括正面的和负面的——倾向于相互抵消，非系统风险趋于消失，系统风险却无法分散。按照风险-报酬权衡原则，承担风险会从市场上得到回报，而非系统风险通过投资多元化可以分散掉，所以，市场不会给非系统风险以报酬。单项资产的期望报酬率中只包括系统风险报酬率。资产期望报酬率可表达为：

资产期望报酬率=无风险报酬率+系统风险报酬率

可见，一项资产的期望报酬率高低取决于该资产的系统风险，这就是系统风险原则。这个原则所依据的道理非常直观：在一个充分的投资组合中，几乎没有非系统风险。在有效资本市场中，投资者是理智的，会选择充分的投资组合，非系统风险与资本市场无关。由于分散化投资消除了非系统风险，几乎没有值得市场承认的成本，因此承担此项风险没有回报。换句话说，市场不会给那些不必要的风险以回报。因此，资产期望报酬率的高低仅取决于系统风险。根据系统风险原则，可以得出一个推论：不管一项资产的整体风险有多大，在确定该资产的期望报酬率时，只需要考虑系统风险。

3.4 资本资产定价模型

3.4.1 系统风险的测定

由于系统风险是资产期望报酬率的关键决定因素，因此，需要用一定的方法来测度系统风险水平，我们使用的测度指标是β系数。

β系数是一个衡量资产或投资组合的期望报酬率随市场组合（market portfolio，也称市场投资组合、证券投资组合）的期望报酬率变化的敏感程度的指标，反映了资产系统风险的程度。β系数也称为系统风险的指数，其简化公式为：

$$\beta=\frac{\text{i股票的风险溢价}}{\text{市场组合的风险溢价}}=\frac{\sigma_{im}}{\sigma_m^2}$$

式中：σ_{im}——股票i的收益与市场组合收益的协方差；σ_m^2——市场组合收益的方差。

β系数有多种计算方法，但计算过程十分复杂。一些投资服务机构会定期计算并公布上市公司的β系数，通过数据库软件可以查找，一般不需要投资者自己计算。

β系数的经济意义在于，它揭示了相对市场组合而言，特定资产的系统风险是多少。β系数可以为正值，也可以为负值。当β=1时，表示该资产的报酬率与市场组合的报酬率成相同比例变化，其风险情况与市场组合的风险情况一致。如果β>1，说明其风险大于市场组合的风险。假设某一股票的β系数为1.5，如果市场组合的报酬率增加或减少10%，则该股票的报酬率将增加或减少15%。如果β<1，说明其风险小于市场组合的风险。假设某一股票的β系数为0.5，如果市场组合的报酬率增加或减少10%，则该股票的报酬率将增加或减少5%。大多数普通股股票的β系数在0.75至1.5之间。

市场收益率通常采用证券市场某一指数收益率。我国证券市场指数有多种，包括上证综合指数、深证综合指数、沪深300指数、深证成份指数、上证A股指数与B股指数、上证180指数、深证A股指数与B股指数、新上证综合指数等。各指数所代表的证券及编制方法是有区别的，选用不同的证券市场指数收益率代表市场收益率，对所计算出来的β系数有很大影响。即使β=0也不能代表证券无风险，可能是证券价格波动与所选择的代表市场收益率的指数无关，但是可以确定，如果证券无风险，β系数一定为零。

计算β系数所采用的历史数据的时间越长，β系数的方差越能得到改善，其稳定性越高。但时间过长，企业经营变化、市场变化、技术更新、竞争力变迁、企业间兼并与收购行为，以及证券市场特征变化等可能影响β系数的计算结果。一般认为，最佳的计算时间为4~6年。

证券收益率的单位时间可以按日、按周、按月计算。收益率的单位计算时间不同，可能导致收益率的频率分布不同，从而使β系数的计算结果也不相同。如果采用日收益率，虽然会增加许多观察值，但会引起诸如非同步交易等问题；按周计算收益率较按月计算收益率得出的β系数小。国外研究人员认为，β系数的计算应采用月收益率。

以上说的是单只股票的β系数，对于投资组合来说，其系统风险程度也可以用β系数来衡量。投资组合的β系数是单个证券β系数的加权平均，权数为各种证券在投资组合中所占的比重。计算公式为：

$$\beta_p=\sum_{i=1}^{n}W_i\beta_i$$

式中：β_p——投资组合的β系数；W_i——第i种证券在投资组合中所占的比重；β_i——第i种证券的β系数。

如果一项高β系数的资产（β>1）加入投资组合中，则投资组合的风险增加；如果一项低β系数的资产（β<1）加入投资组合中，则投资组合的风险降低。

【例3-10】 某公司原持有A、B、C三种股票组成的投资组合，权重分别为20%、30%和50%，三种股票的β系数分别为2、1.2、0.5。现在该公司准备出售A股票，以其资金买进β系数为1.5的D股票，求其投资组合的β系数。

（1）原投资组合的β系数：

$$\beta_p=\sum_{i=1}^{n}W_i\beta_i=20\%\times2+30\%\times1.2+50\%\times0.5=1.01$$

（2）新投资组合的β系数：

$$\beta_p=\sum_{i=1}^{n} W_i\beta_i=20\%\times1.5+30\%\times1.2+50\%\times0.5=0.91$$

3.4.2 β系数与风险溢价

让我们看看市场如何给风险以回报。假设资产A的期望报酬率为20%，β系数为1.6；假设无风险报酬率为8%，由于无风险资产没有系统风险，因此其β系数为0。现在考虑一个由资产A和无风险资产组成的投资组合，表3-6给出了在不同投资比重下，投资组合的期望报酬率和β系数。

表3-6 资产A的投资组合的期望报酬率和β系数

投资组合中资产A占的比重（%）	投资组合的期望报酬率（%）	投资组合的β系数
0	8	0
25	11	0.4
50	14	0.8
75	17	1.2
100	20	1.6
125	23	2
150	26	2.4

在表3-6中，资产A的比重为125%，是因为投资者以无风险利率借入资金并投向了资产A。如投资者有100元，他以无风险利率借入资金25元并投向了资产A，则总投资是125元，是其自有资金的125%。把表3-6中的数据标示在图中，形成图3-3。

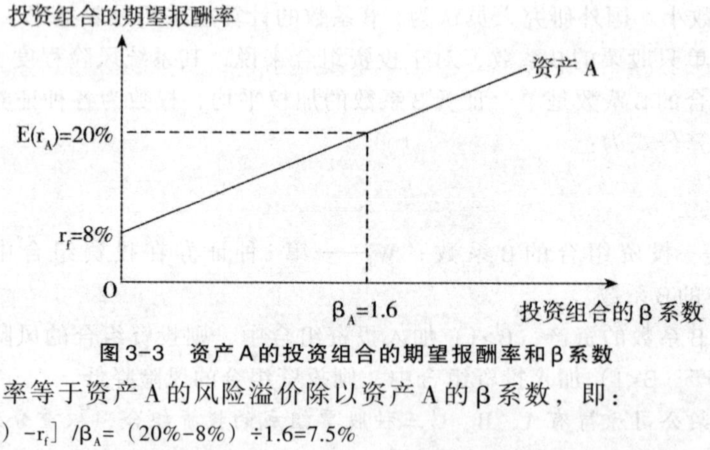

图3-3 资产A的投资组合的期望报酬率和β系数

图3-3的斜率等于资产A的风险溢价除以资产A的β系数，即：

斜率=［E（r_A）$-r_f$］/β_A=（20%-8%）÷1.6=7.5%

这就告诉我们，如果系统风险为1个单位，那么资产A的风险溢价为7.5%。

假设另一资产B的期望报酬率为16%，β系数为1.2，资产B与资产A哪一个更好？通过分析可以证明资产A更好，因为在同等情况下资产B的风险报酬率比较低。这一结论可以证明如下：

假设资产B与无风险资产按照资产A的比重构成投资组合，则投资组合的期望报酬率和β系数见表3-7。

表3-7　　资产B的投资组合的期望报酬率和β系数

投资组合中资产B占的比重（%）	投资组合的期望报酬率（%）	投资组合的β系数
0	8	0
25	10	0.3
50	12	0.6
75	14	0.9
100	16	1.2
125	18	1.5
150	20	1.8

把上述资产A的投资组合和资产B的投资组合数据绘图，形成图3-4。

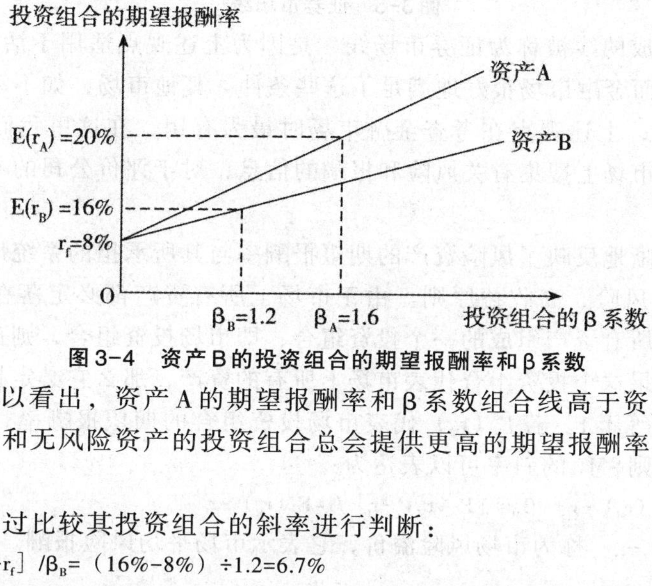

图3-4　资产B的投资组合的期望报酬率和β系数

从图3-4中可以看出，资产A的期望报酬率和β系数组合线高于资产B的，说明在任何风险下，资产A和无风险资产的投资组合总会提供更高的期望报酬率，因此资产A比资产B好。

我们也可以通过比较其投资组合的斜率进行判断：

斜率=［E（r_B）$-r_f$］/β_B=（16%-8%）÷1.2=6.7%

这说明，如果系统风险为1个单位，资产B的风险溢价为6.7%，小于资产A的7.5%。

3.4.3　证券市场线

上面所讨论的资产A与资产B的状况在一个健康运转的活跃资本市场中是不可能长期存在的，因为投资者会被资产A吸引而纷纷向其投资，并远离资产B。资产A的投资多了，价格会上升，同时竞争加剧，其期望报酬率会下降；而资产B的投资少，价格下降，同时竞争减弱，期望报酬率会上升。这种资金转移将一直持续到两种资产刚好可以画在一条线上，表示其承担相同的风险，无论投资资产A还是资产B都能获得同等的回报。也就是说，在一个活跃、竞争的市场中，会有这样的情形：

［E（r_A）$-r_f$］/β_A=［E（r_B）$-r_f$］/β_B

这也就是风险和期望报酬率之间的基本关系。事实上，这一结论可以推广到多种资产：市场上所有资产的回报对风险比率必定相等，它们必定落在同一条直线上。对于A、

B、C、D四种资产而言，把其β系数和期望报酬率画在一张图中，资产A和资产B落在同一条直线上。资产C落于线上，说明资产C的期望报酬率高于对应的风险，竞争压力会使其期望报酬率降低到应有的水平，回到线上；资产D落于线下，说明资产D的期望报酬率低于对应的风险，竞争的压力会使其期望报酬率上升到应有的水平，回到线上。这条线就是证券市场线（SML），如图3-5所示。

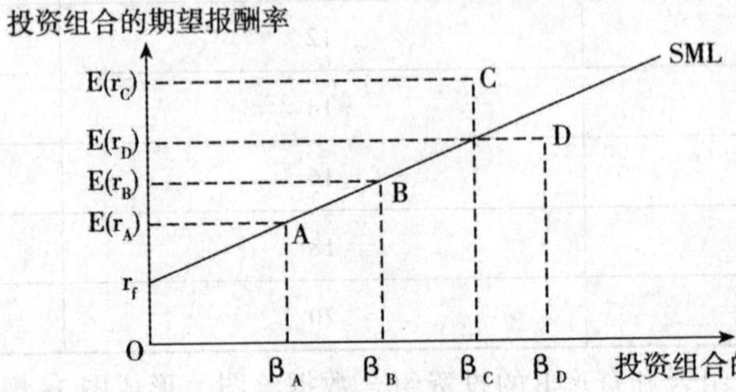

图3-5 证券市场线

上述讨论所形成的线被称为证券市场线，是因为上述观点适用于活跃的、竞争性的、组织良好的市场，而金融市场很好地满足了这些条件。其他市场，如不动产市场，则与之有一定出入。因此，上述观点在考查金融市场时最为有用，在这里我们主要考查此类市场。但是，从金融市场上搜集有关风险和报酬的信息，对于评价公司的不动产投资是非常必要的。

证券市场线清晰地反映了风险资产的期望报酬率与其所承担的系统风险之间呈线性关系，充分体现了高风险、高收益原则。由于市场上所有资产都必定落在SML上，假设我们考查的是市场上所有资产组成的一个投资组合，即市场投资组合，则市场投资组合也会落在这条线上。如果这个投资组合代表市场上所有的资产，那么它必定拥有平均的系统风险，即它的β系数等于1。若E（r_M）代表市场投资组合的期望报酬率，β_M代表市场投资组合的风险系数，则SML的斜率可以表达为：

SML的斜率=$[E(r_M)-r_f]/\beta_M=[E(r_M)-r_f]/1=E(r_M)-r_f$

通常$[E(r_M)-r_f]$称为市场风险溢价，它表示市场平均风险报酬。

3.4.4 资本资产定价模型及其假设

1）资本资产定价模型的表达式

根据前面的阐述可知，β系数与期望报酬率的关系是：所有资产风险溢价对风险的比率必定相等。如果用E（r_i）表示市场上任何资产或投资组合的期望报酬率，用β_i表示其风险系数，则其回报对风险的比率和市场投资组合的比率是一样的，即：

$[E(r_i)-r_f]/\beta_i=E(r_M)-r_f$

把上式整理后变成：

$E(r_i)=r_f+\beta_i(r_m-r_f)$

这一公式便是资本资产定价模型（CAPM）的基本表达式。该模型是由1990年诺贝尔经济学奖获得者威廉·夏普于20世纪60年代提出的，它说明在资本市场均衡情况下，根据资本资产定价模型，任何资产的期望报酬率都是β系数的线性函数。在资产预期价格已知的情况下，根据资产的期望报酬率就可以确定资产现在的价格，这就是为什么这个期望报酬率模型被称为资本资产定价模型的原因。从该模型可知，任何一项资本性资产的期望报酬率都由三个因素决定：一是无风险利率；二是其自身的系统风险，即β系数；三是市场组合的期望报酬率。

资本资产定价模型的应用十分广泛，经济学、财务学和金融学的许多理论分析都以其为工具。由于在均衡条件下期望报酬率就是投资者所要求的必要报酬率，因此该模型经常被用于确定资本的机会成本。

2）资本资产定价模型的假设

资本资产定价模型有许多假设条件，主要包括市场完善性和环境的无摩擦性等方面。这些假设条件主要有：

（1）市场处于完善的竞争状态。与整个市场相比，每个投资者的财富份额都很小，所以投资者都是价格的接受者，不具备操纵市场的力量。

（2）所有投资者都追求近期财富最大化，只计划持有资产一个相同的周期，只关心投资计划期内的情况，不考虑计划期以后的事情，在决策时以备选组合的期望报酬率与标准差为基础进行选择。

（3）投资者可以不受限制地以固定的无风险利率借贷。

（4）市场环境是无摩擦的，即资产可以被完全细分，拥有充分的流动性，并且交易无税收，也无交易成本。

（5）所有投资者都是理性的，其获得的信息是充分的。

（6）所有投资者都以相同的观点和分析方法对待各种投资工具，他们对所交易的金融工具未来收益现金流的概率分布、预期值和方差等都有相同的估计。

资本资产定价模型只有在这些假设条件成立的前提下才成立。在投资实务中，这些假设条件大部分是无法成立的，投资交易一般要缴纳税金，要支付交易费用，证券市场的信息也是不完全的，但资本资产定价模型是分析风险资产定价的一种简单明了、贴近现实的框架，它解析了风险和为补偿风险所需要的风险报酬之间的关系，对于如何对投资组合的风险报酬率进行评价提供了一个很好的工具。

3.5 风险管理

风险是客观存在的，为了提高单位风险防范能力，财政部等发布了《企业内部控制基本规范》（财会〔2008〕7号）、《企业内部控制配套指引》（财会〔2010〕11号）和《行政事业单位内部控制规范》（试行）（财会〔2012〕21号），规定了单位要对风险进行评估，采取措施，进行风险管理。

1）建立风险评估机制

单位应当成立风险评估工作小组，由财会、资产管理、采购、基本建设、内部审计、纪检监察等部门或岗位抽调关键工作人员或技术专家作为工作小组的成员，单位领导担任组长，负责全面统筹、协调，各业务部门积极配合风险评估工作。工作小组下还可以根据经济活动类型设置若干个风险测评小组，仔细梳理每一类经济活动流程，按流程排查风险点。经济活动风险评估至少每年进行一次。外部环境、经济活动或管理要求等发生重大变化的，应及时对经济活动风险进行评估。

2）风险评估内容

风险评估是量化测评风险发生的可能程度及造成的后果。风险评估既涉及组织机构、人员、技术等单位层面风险，也涉及采购、收支、项目建设等业务层面风险。通过风险评估，可以解决以下问题：会发生什么以及为什么发生？后果是什么？这些后果发生的可能性有多大？是否存在一些可以减轻风险后果或降低风险可能性的因素？风险等级是否可容忍或可接受？是否要进一步应对和处理？

3）风险评估程序

（1）目标设定。由于经济活动有各自的特点，所以各项经济活动的风险控制目标也有所侧重。

（2）风险识别。对单位面临的各种不确定因素进行梳理、汇总，形成风险点清单。

（3）风险分析。在风险识别的基础上，运用定量和定性方法进一步分析风险发生的可能性和对单位目标实现的影响程度，为制定风险应对策略、选择应对措施提供依据。

（4）风险应对。在风险分析的基础上，针对单位存在的风险，结合风险承受度，权衡风险与收益，确定风险应对策略。

4）风险应对策略

（1）风险规避。当经济活动造成的损失不能由该活动可能获得的收益抵消时，应当放弃该活动，规避风险。例如，拒绝与不守信用的厂商有业务往来，放弃可能明显导致亏损的投资项目。

（2）风险降低。风险降低可从两方面入手：一是通过控制风险因素来减少风险的发生；二是控制风险发生的频率和降低风险损害程度。常用方法有：第一，及时获取政策信息和相关市场信息；第二，开发新产品前进行充分的市场调研；第三，进行准确的预测；第四，决策时进行多方案选优；第五，采取多领域、多地域、多项目、多品种经营或投资，以分散风险。

（3）风险分担。风险分担是指对可能给企业带来较大损失的事项，以较小代价的某种方式转移风险。例如，向保险公司投保，采取合资、联营、联合开发等实现风险共担；通过技术转让、租赁经营和业务外包等实现风险转移。

（4）风险承受。风险承受包括风险自担和风险自保两种。风险自担是指损失发生时，直接将损失摊入成本或费用，或冲减利润；风险自保是指企业预留一笔风险金来应对未来的风险，如计提坏账准备、资产减值准备等。

5）评估结果应用

评估工作完成后，风险评估工作小组做好汇总、整理和分析工作，形成书面报告，并及时提交单位领导班子，作为完善内部控制的依据。风险对策取决于决策者的风险偏好。一般情况下，人们是风险回避者。当预期收益率相同时，人们倾向于低风险的投资；而对于相同风险的投资，人们会选择预期收益率高的。当一项投资具有较高的预期收益率但同时具有较高的风险、另一项投资预期收益率较低但风险水平也较低时，如何取舍则取决于决策者对待风险的态度。投资者越想回避风险，对风险报酬的期望越高，这也是“额外的风险需要额外的报酬”的心理学逻辑。但也有一部分人是风险追求者，他们喜欢高额回报，也愿意承担高风险，主动追求风险，寻求出奇制胜，期望快速成功。风险偏好不同的决策者会形成企业不同的经营风格，也形成了不同的企业风险。

学思践悟

股票发行制度改革，推动资本市场高质量发展

2023年2月17日，中国证监会发布全面实行股票发行注册制相关制度规则，自公布之日起施行。证券交易所、全国股转公司、中国结算、中证金融、证券业协会配套制度规则同步发布实施。2023年2月20日是注册制实施的首个交易日。这标志着股票发行注册制正式在全市场推开，开启了全面深化资本市场改革的新局面。

此前，我国股票发行制度为核准制，监管部门不仅对拟上市公司的财务报表等公开信息提出了很高的披露要求，而且对发行人的资产质量、投资价值、社会效益进行综合考察，先后由中国证监会、发审委针对公司的上市申请进行审核、反馈，最终作出是否核准拟上市公司进行IPO的决定。对于大多数企业，从改制到通过发审委审查，再到发行上市，一般需要花两三年时间甚至更长。

在大多数注册制IPO市场，监管机构对于拟上市公司的审查重点在于披露信息的完全性和真实性，不判断企业的盈利能力，也不用提供或披露盈利或者现金流预测，在信息披露的基础上由投资者自行判断企业价值和风险，这样定价能更好地反映市场中投资者对新股的供求关系。同时，由于较少涉及资产质量等因素，整体上市速度也较快。

中国证监会介绍了注册制与核准制的主要区别：一是注册制仅保留了企业公开发行股票必要的资格条件、合规条件，充分贯彻以信息披露为核心的理念，将核准制下的实质性门槛尽可能转化为信息披露要求，监管部门不再对企业的投资价值作出判断。二是发行上市全过程更加规范、透明，审核注册的标准、程序、内容、过程、结果全部向社会公开，公权力运行全程透明，严格制衡，接受社会监督。三是实行注册制，绝不意味着放松质量要求，将充分考虑我国资本市场发展尚不充分、中小投资者占比高、诚信环境不够完善的现实国情，加大发行上市全链条各环节监管力度。

注册制改革体现了我国资本市场的改革始终坚持市场化和法治化方向，把选择权交给市场，始终坚持“建制度、不干预、零容忍”九字方针，有助于提高直接融资比重，让资本市场更好对标全球最佳实践，服务经济高质量发展，助力建设中国式现代化。

请思考：结合风险与报酬的关系以及资本资产定价模型，分析核准制下的股市和注册制下的股市，哪一个更能有效反映流通股票的价值？为什么？

本章小结

本章主要介绍了风险的概念、风险的衡量和风险的分散，分析了风险与报酬之间的关系。风险是事件本身的不确定性，理财活动中的风险主要指无法获得预期报酬的可能性。按风险形成的原因，可将风险分为经营风险和财务风险两大类。从个别投资主体的角度看，风险分为系统风险和非系统风险两类。风险与报酬的关系是：在有效资本市场上，风险与报酬是相匹配的，额外的风险需要额外的报酬。

对风险进行衡量时要考虑概率、期望值、标准离差、标准离差率等指标。投资组合的期望报酬率是组成投资组合的各投资项目期望报酬率的加权平均数，其风险不仅受到各投资项目风险的影响，还受到构成投资组合对象之间关系的影响。若干种证券组成的投资组合所具有的风险不会高于组合内风险程度最高的单项证券所具有的风险，故投资组合能够产生风险分散效应。衡量投资项目报酬率之间变动关系的指标是协方差和相关系数。在各种投资组合中，当相关系数为-1时，风险分散效应最强；当相关系数为+1时，风险分散效应最弱。在现实中，多数资产收益之间的相关系数都介于完全正相关与完全负相关之间，因而可以通过正确的投资组合分散某些风险，但不能消除全部风险。

根据投资分散化原则，随着投资组合中资产种类的不断增多，个别资产的特有事项倾向于相互抵消，随机的非系统风险因为分散投资趋于消失，系统风险却无法分散。按照风险-报酬权衡原则，单项资产的期望报酬率只包括系统风险报酬率，不包括非系统风险报酬率。因此，一项资产的期望报酬率取决于该资产的系统风险，这就是系统风险原则。

系统风险的测度指标之一是β系数。β系数是一个衡量资产或投资组合的期望报酬率随市场组合的期望报酬率变化的敏感程度指标，反映了资产系统风险的程度。在一个活跃、竞争的市场中，证券市场线清晰地反映了风险资产期望报酬率与其所承担的系统风险呈线性关系。所有资产风险溢价对风险的比率必定相等。根据β系数与期望报酬率的关系，可以推导出资本资产定价模型，它说明了在资本市场均衡情况下，任何资产的期望报酬率都是β系数的线性函数。从该模型可知，任何一项资本性资产的期望报酬率都由三个因素决定：一是无风险利率；二是其自身的系统风险，即β系数；三是市场组合的期望报酬率。资本资产定价模型的应用十分广泛，只是该模型需要具备市场完善性和环境的无摩擦性等假设条件。

企事业单位对风险管理越来越重视，内部控制规范的实施为风险识别、评价和应对提供了制度保障。

重要概念

风险　经营风险　财务风险　期望报酬率　无风险报酬率　风险报酬率　期望值　标准离差　标准离差率　风险报酬系数　协方差　相关系数　风险分散原理　系统风险　非系统风险　β系数　证券市场线　资本资产定价模型

本章案例

A食品有限公司的投资风险管理

A食品有限公司是一家主要生产和批发蛋糕、面点的中型企业。自成立以来，该公司一直关注消费者需求，生产和销售口感好、卫生营养的蛋糕、酥饼、面包和传统糕点，颇受广大消费者的信赖与好评，市场占有率和盈利水平在T市一直较好。

随着居民生活水平和消费观念的变化，人们对食品的需求趋于多样化，新的生产商也不断出现，市场竞争不断加剧。T市出现了多家仓储超市，都有“现场制作，现场出售”的食品，花样多、价格廉，且消费者看得见，干净卫生。为了应对顾客需求的变化和提高竞争力，该公司董事长兼总经理决定进一步扩大生产规模，开发新产品，但是他在投资风险的管理上遇到了困难，于是他把问题提出来，让财务经理寻求解决的办法。

根据安排，财务部相关人员分头对有关资料进行了收集和分析。周一上午8：30，财务经理召集大家开会。在每个人初步介绍了情况后，财务经理认为问题出在该公司单一地以13.5%的投资报酬率对项目进行评价上，这样不能反映各项目的风险。13.5%的投资报酬率略高于行业平均水平，之所以这样选择，是因为董事长认为，该公司作为一家专门生产面点的企业，没有进行多元化投资，经营风险大，获得略高于行业平均水平的投资报酬率是必要的。财务经理根据历史资料把该公司的投资项目进行了归类，风险等级主要分为三类，见表3-8。

表3-8　**投资项目风险等级**

风险等级	投资项目	相对风险程度
A	高于平均风险的项目，如市场开拓和产品开发项目	2
B	等于平均风险的项目，如维持现有市场运转的项目	1
C	低于平均风险的项目，如设备更新等日常生产项目	0.8

他建议根据项目的风险程度，对不同的项目采用不同的贴现率。为了便于比较，他对本市一家食品类上市公司的数据进行了分析。该上市公司的β系数为1.2，目前投资报酬率为14%，当前长期政府债券利率为8%。他提出，以该上市公司的数据为依据，调整该公司不同项目的贴现率。也有人提出，由于投资项目不同时期的风险程度不同，应该在不同阶段采取不同的投资报酬率评价项目。还有人认为，既然问题出在贴现率上，倒不如考虑风险因素，对投资项目的贴现率进行调整。

【思考】(1) 董事长认为经营风险大，应获得略高于行业平均水平的投资报酬率的想法是否正确？

(2) A、B、C三类项目的投资报酬率是多少？

自测题

一、即测即评

第3章单项选择题　　第3章多项选择题　　第3章判断题

二、计算题

1.某企业有两个可供选择的投资项目，两个投资项目在不同市场状况下的预计年报酬率及概率资料见表3-9。

表3-9　**投资项目的预计年报酬率及概率**

市场状况	概率	预计年报酬率	
		A项目（%）	B项目（%）
繁荣	0.3	30	25
一般	0.4	15	15
衰退	0.3	0	5

要求：（1）计算各项目的期望报酬率、标准离差、标准离差率，并分析各项目的风险大小。

（2）假设该企业所处行业的风险报酬系数是0.08，无风险报酬率为5%，试计算各项目的风险报酬率及投资必要报酬率。

2. 现有A、B、C、D四种证券，它们的β系数分别为1.2、1.0、0.8、1.9，市场上所有证券投资组合的期望报酬率为12%，无风险报酬率为7%。根据CAPM，这四种证券的必要报酬率分别是多少？

3. 某证券投资组合包括五种股票，它们的β系数及在此证券投资组合中所占的比重见表3-10。

表3-10 **各证券的β系数及投资比重**

股票	1	2	3	4	5
β系数	1.1	0.95	1.00	1.25	0.9
证券投资组合比重（%）	20	15	20	15	30

要求：计算该证券投资组合的β系数。

4. 你观测到甲、乙两种证券的β系数和投资报酬率见表3-11。如果无风险利率为7%，这两种证券是否被正确定价？如果未被正确定价，无风险报酬率为多少？

表3-11 **甲、乙证券的β系数和投资报酬率**

证券	β系数	投资报酬率（%）
甲	1.8	22
乙	1.6	20.44

5. 股票M的β系数为2.0，市场组合的报酬率是16%，所要求的必要报酬率是24%。如果股票N的β系数为1.6，则其必要报酬率是多少？

三、思考题

1. 为什么有些风险可以分散、有些风险不可以分散？这是否意味着投资者可以控制投资组合的非系统风险但不能控制系统风险？

2. 在一段较长时间内，股票投资的回报率要高于债券的投资回报率，但是总有一些人长期持有债券，这些投资者是否不理智？

3. 什么是证券市场线？为什么在一个健康运转的市场中，所有资产都必须落在这条线上？

4. 在健康运转的市场中，风险与报酬之间的关系是什么？

5. 一项风险资产的β系数可能为零吗？根据CAPM，其期望报酬率是怎样的？风险资产的β系数可能为负数吗？

第3章计算题参考答案

第3章思考题分析提示

第4章　项目投资决策

【学习目标】

通过本章的学习，你要：
1. 理解现金流量的构成；
2. 掌握项目投资决策中的现金流量估计；
3. 理解项目评价以现金流为基础的原因；
4. 能分辨各种投资评价方法的差异与运用条件；
5. 熟练掌握并能运用项目决策分析的方法；
6. 掌握风险投资决策评价方法。

4.1　现金流量的估计

4.1.1　现金流量及其构成

1）现金流量的概念

现金流量是指在资本项目决策中，在项目计算期内（有效年限内）因资本循环而可能或应该发生的各项现金流入与现金流出的统称。这里的现金指的是广义现金，不仅包括各种货币资金，还包括要投入项目中的非货币资源的变现价值。例如，一个项目需要使用原有的厂房、设备和材料等，则它们的变现价值，而不是它们的账面价值，构成了项目决策相关的现金流量。项目计算期是指投资项目从投资建设开始到最终清理结束整个过程的全部时间，即该项目的有效持续时间。由于资本项目投资不同于营业支出，项目覆盖多个时间段，其寿命期不止一个会计期间，因此管理当局必须站在整个寿命期的角度看待项目，逐年估计在整个项目寿命期的现金流量。

2）现金流量的构成

现金流量包括现金流出量、现金流入量和现金净流量三个方面。

（1）现金流出量（cash out，CO）

一个项目的现金流出量是指该项目引起的现金支出的增加额。例如，企业购置一条生产线，通常会引起下列现金流出：

①购置生产线的价款。购置生产线的价款可能是一次性支出，也可能是分期付款。

②垫支的流动资金。生产线的投入扩大了企业的生产能力，引起对流动资金需求量的增加，企业需要追加原材料、在产品、产成品、应收账款等方面的投资。这些营运资金要在生产线投入使用时提前垫支，在生产线寿命终结时收回。

③付现成本。付现成本是指需要支付现金的成本费用。生产线在生产经营阶段会发生维护管理费用，销售成本中也有一部分需要支付现金，这些需要支付现金的费用是生产线在运转阶段最主要的现金流出项目。某年付现成本等于当年总成本费用减去该年折旧、摊销额等不需要支付现金项目后的差额。

④所得税。所得税是指生产线建成投产后根据所实现的利润依法缴纳的企业所得税。

⑤其他现金流出。其他现金流出是指由生产线引起的不包括在上述内容中的现金流出项目。

（2）现金流入量（cash in，CI）

一个项目的现金流入量是指该项目引起企业现金收入的增加额。例如，企业购置一条生产线，通常会引起下列现金流入：

①营业现金流入。营业现金流入是指项目投产后每年实现的销售收入或营业收入。

②回收的固定资产残值。回收的固定资产残值是指在生产线出售或报废时所回收的固定资产价值。

③回收的流动资金。回收的流动资金是指生产线在完全终止时因不再发生新的替代投资而回收的原垫付的全部流动资金。

④其他现金流入。其他现金流入是指由生产线引起的不包括在以上内容中的现金流入项目。

（3）现金净流量（net cash flow，NCF）

现金净流量是指一定期间现金流入量与现金流出量的差额。现金流入量大于现金流出量时，为现金净流入量；现金流入量小于现金流出量时，为现金净流出量。某年的现金净流量可表示为：

现金净流量（NCF）=现金流入量（CI）−现金流出量（CO）

4.1.2 现金流量的计算

现金流量测算是投资决策很重要的一环，如果测算不准确，人们的判断就会有偏差，其结果可能导致投资决策失误。

1）确定现金流量的假设

（1）财务可行性分析假设。假定项目已经具备了国民经济可行性和技术可行性，估计现金流量主要是从企业投资者的角度出发，评价项目的财务可行性。

（2）全投资假设。只考虑投入项目资金的运转情况，不区分其来源，即使借入的资金也视为自有资金。因为在实践中，企业要先评价项目是否可行，待投资意向明确后，才会考虑资金来源问题，资金来源属于在筹资决策中考虑的问题。从逻辑上说，投资决策在先，筹资决策在后。从内容上说，评价项目属于投资问题，资金来源属于筹资问题。

（3）时点指标假设。由于货币具有时间价值，因此不能把不同时点的现金流量跨期间直接加减。为了便于考虑货币的时间价值、简化计算，不论现金流量所涉及的价值指标是时点指标还是时期指标，均假设按照时点指标进行处理。一般情况下，把一年内不同时点的现金流量看成当年年末这一时点的数值，把终结现金流量看作最后一年年末发生的。该假设又称年末习惯假设。

(4) 确定性假设。假定与项目现金流量有关的价格、产销量、成本水平、所得税税率等因素均为已知常数。

2) 不同时期现金净流量的计算

(1) 初始现金流量。初始现金流量是指开始投资时发生的现金流量，是现金流出量，一般包括如下几个部分：

①固定资产投资，包括固定资产的购建成本、运输成本和安装成本等。

②流动资产投资，包括对原材料、在产品、产成品和现金等流动资产的投资。

③其他投资费用，如与项目有关的职工培训费。

④原有固定资产的变价收入，是指固定资产更新时变卖原有资产所得的现金收入。

若原始投资在建设期内投入，则：

建设期某年的现金净流量=该年现金流入量-该年现金流出量

=-该年发生的投资额

(2) 营业现金流量。营业现金流量是指投资项目投入使用后，在其经营期内由于生产经营所带来的现金流入和流出的数量。这里的现金流入一般是指营业现金收入，现金流出是指营业现金支出和缴纳的税金。如果一个资本项目每年的销售收入等于营业现金收入，付现成本等于营业现金支出，则年营业现金净流量可用下列公式计算：

某年营业现金净流量=该年现金流入量-该年现金流出量

=营业收入-付现成本-所得税

因为：

付现成本=成本-折旧

所以有：

某年营业现金净流量=营业收入-（成本-折旧）-所得税

=税后净利润+折旧

在考虑摊销的情况下，上式可以调整为：

某年营业现金净流量=税后净利润+折旧+摊销

因为：

税后净利润=营业收入-成本-所得税

=营业收入-成本-（营业收入-成本）×所得税税率

=（营业收入-成本）×（1-所得税税率）

所以有：

某年营业现金净流量=（营业收入-成本）×（1-所得税税率）+折旧

=［营业收入-（付现成本+折旧）］×（1-所得税税率）+折旧

=（营业收入-付现成本）×（1-所得税税率）+折旧×所得税税率

(3) 终结现金净流量。终结现金净流量是指资本项目完结时发生的现金流量，主要包括：

①固定资产残值收入或变现收入；

②原来垫支在各种流动资产上的资金收回；

③停止使用土地的变价收入等。

【例4-1】大华公司拟拓展业务，现有甲、乙两种设备可供选择。甲设备需投资180 000元，使用寿命为5年，采用直线法折旧，5年后该设备无残值，5年中每年销售收入为130 000元，每年的付现成本为50 000元；乙设备需投资240 000元，使用寿命也为5年，5年后有残值收入40 000元，也采用直线法折旧，5年中每年销售收入为150 000元，付现成本第1年为45 000元，以后随着该设备陈旧，将逐年增加修理费2 000元，另需垫支流动资金20 000元。假设该公司所得税税率为25%，试计算两种设备的现金流量。

为计算现金流量，必须先计算两种设备每年的折旧额：

甲设备每年折旧额=（180 000-0）÷5=36 000（元）

乙设备每年折旧额=（240 000-40 000）÷5=40 000（元）

甲、乙设备现金流量的计算见表4-1和表4-2。

表4-1　　甲、乙设备营业现金流量计算表　　单位：元

项　目	第1年	第2年	第3年	第4年	第5年
甲设备：					
销售收入（1）	130 000	130 000	130 000	130 000	130 000
付现成本（2）	50 000	50 000	50 000	50 000	50 000
折旧（3）	36 000	36 000	36 000	36 000	36 000
税前利润（4）=（1）-（2）-（3）	44 000	44 000	44 000	44 000	44 000
所得税（5）=（4）×25%	11 000	11 000	11 000	11 000	11 000
税后利润（6）=（4）-（5）	33 000	33 000	33 000	33 000	33 000
现金净流量（7）=（3）+（6）=（1）-（2）-（5）	69 000	69 000	69 000	69 000	69 000
乙设备：					
销售收入（1）	150 000	150 000	150 000	150 000	150 000
付现成本（2）	45 000	47 000	49 000	51 000	53 000
折旧（3）	40 000	40 000	40 000	40 000	40 000
税前利润（4）=（1）-（2）-（3）	65 000	63 000	61 000	59 000	57 000
所得税（5）=（4）×25%	16 250	15 750	15 250	14 750	14 250
税后利润（6）=（4）-（5）	48 750	47 250	45 750	44 250	42 750
现金净流量（7）=（3）+（6）=（1）-（2）-（5）	88 750	87 250	85 750	84 250	82 750

表4-2 甲、乙设备现金流量计算表 单位：元

项 目	0	第1年	第2年	第3年	第4年	第5年
甲设备：						
固定资产投资	-180 000					
营业现金流量		69 000	69 000	69 000	69 000	69 000
现金流量合计	-180 000	69 000	69 000	69 000	69 000	69 000
乙设备：						
固定资产投资	-240 000					
营运资金垫支	-20 000					
营业现金流量		88 750	87 250	85 750	84 250	82 750
固定资产残值						40 000
回收营运资金						20 000
现金流量合计	-260 000	88 750	87 250	85 750	84 250	142 750

3）估计现金流量时应注意的问题

在确定资本项目现金流量时，决策者应遵循的基本原则是：只有增量现金流量才是与投资方案相关的现金流量。所谓增量现金流量，是指接受或拒绝某个投资方案后企业总现金流量因此发生的变动，即只有那些由于采纳某个方案引起的现金支出增加额才是该方案的现金流出，只有那些由于采纳某个方案引起的现金流入增加额才是该方案的现金流入。为了正确测算投资方案的现金流量，需要正确判断哪些支出会引起企业总现金流量的变动，哪些支出不会引起企业总现金流量的变动。为此，应注意以下几个问题：

（1）区分相关成本和非相关成本

相关成本是指与投资项目有关的一些成本支出。分析项目的现金流量时，必须考虑相关成本，如差量成本、重置成本、增量成本、机会成本等。与投资项目无关的支出称为非相关成本，在分析评价时不必加以考虑。例如，沉没成本、账面成本等是非相关成本。如果将非相关成本纳入投资方案的总成本，则一个有利的方案可能因此变得不利，一个较好的方案可能变为较差的方案，从而造成决策失误。例如，某公司2020年曾打算新建一个车间，并请一家咨询公司进行可行性分析，支付咨询费5万元。后来由于种种原因，此项目被搁置下来。2023年旧事重提，在进行投资分析时，此前支付的5万元咨询费不应考虑，因为新建车间方案不管采纳与否，过去已经支付的5万元都无法收回。

（2）考虑机会成本

机会成本是指在投资方案选择中，选择最优的投资机会而放弃次优的投资机会所丧失的潜在利益。它虽然不是实际发生的费用支出，却是潜在的损失，在现金流量测算中应视同现金流出量。例如，某公司新建车间，须使用本公司拥有的一块土地，假设该土地出售可得15万元，这便是新建车间的机会成本。

（3）考虑投资方案对公司其他部门的影响

选择一个项目后，该项目可能对公司下属的其他部门造成有利或不利影响，分析时应

考虑在内。例如，某企业正在考虑开发一种新产品，该产品问世后，可能与现有产品形成竞争，抑制现有产品的销量，那么用新产品的预计销售额来表示现金流量是不合适的，必须将它对现有产品产生的替代影响考虑在内，必须在增量销售额的基础上预测现金流量。当然，也可能发生相反的情况，新产品上市后会促进其他产品销售量的增长，这要看新产品和现有产品的销售是竞争关系还是互补关系。

（4）考虑对营运资金的影响

一般情况下，企业的投资项目投产后，对存货和应收账款等流动资金的需求也会增加，企业必须筹措新的资金以满足这种额外需求。此外，公司规模扩张，应付账款与一些应付费用等流动负债也会同时增加，从而降低公司对流动资金的实际需要。当投资项目的寿命期快要结束时，公司将与项目有关的存货出售，应收账款变为现金，应付账款和应付费用也随之偿付，净流动资金恢复到原有水平。通常情况下，在投资分析时假定，开始投资时要追加营运资金；而当项目结束时，又收回营运资金。在考虑流动资金的增减变化后，某年营业现金净流量=税后净利润+折旧+摊销-Δ营运资金。

4.1.3 利润与现金流量

1）利润与现金流量的差异

利润是按照权责发生制原则确定的分期收益，而现金流量是按照收付实现制原则确定的分期收益。由于计量原则不同，利润和现金流量在数量上存在一定的差异，主要表现在：

（1）购置固定资产要支付大量现金，但不计入成本；

（2）将固定资产价值以折旧方式计入成本时，又不需要支付现金；

（3）计算利润时，不考虑垫支的流动资金的数量和回收时间；

（4）计算利润时，只要销售成立就确认为当期收入，尽管有一部分未能实现。

2）评价投资项目经济效益时应以现金流量为基础

由于利润和现金流量存在以上差异，在评价投资项目时，以现金流量作为评价信息的基础，而不采用利润，主要是出于以下原因：

（1）采用现金流量指标更客观。利润在各年的分布在一定程度上受折旧方法、费用摊销方法等人为因素的影响，而现金流量的分布却不受或相对少受人为因素的影响。

【例4-2】 某项目投资总额为1 000万元，一次性支付，当年投产，有效期限为5年，期满无残值。投产开始时，垫付流动资金200万元，项目结束时收回。每年销售收入1 000万元，付现成本600万元。在不同折旧法下，各年的利润和现金流量见表4-3。

表4-3 **某项目利润与现金流量** 单位：万元

项　目	0	第1年	第2年	第3年	第4年	第5年	合计
固定资产投资	-1 000						-1 000
流动资金垫支	-200						-200
销售收入		1 000	1 000	1 000	1 000	1 000	5 000
付现成本		600	600	600	600	600	3 000

续表

项　目	0	第1年	第2年	第3年	第4年	第5年	合计
直线法折旧：							
折旧		200	200	200	200	200	1 000
利润		200	200	200	200	200	1 000
营业现金流量		400	400	400	400	400	2 000
回收流动资金						200	200
现金净流量	−1 200	400	400	400	400	600	1 000
余额递减法折旧：							
折旧		400	240	144	108	108	1 000
利润		0	160	256	292	292	1 000
营业现金流量		400	400	400	400	400	2 000
回收流动资金						200	200
现金净流量	−1 200	400	400	400	400	600	1 000

从表4-3可以看出，采用直线法折旧时的利润分布与采用余额递减法折旧时的利润分布不同，但它们的营业现金流量是相同的。影响利润分布的人为因素不仅限于折旧方法的选择，还有存货计价方法、间接费用分配方法等。采用现金流量可以回避在贯彻权责发生制时的费用分摊等问题。在考虑时间价值的情况下，早期的收益与晚期的收益有明显区别。收益的分布应当具有客观性，不受人为选择的影响，现金流量可以满足这种要求。

（2）在投资决策分析中，现金流动状况往往比盈亏状况更重要。公司现在用现金进行投资，是希望在将来收回更多的现金。只有实际收到的资金才能用于公司的再投资，而企业有利润的年份不一定能产生多余的现金来进行其他项目投资。一个项目能否维持下去，不取决于一定期间是否营利，而取决于有没有足够的现金用于各种支付，因此，现金流量比利润在评价项目时更有意义。

（3）现金流量具备取代利润作为评价指标的基础。尽管每年的现金流量和利润不等，但是整个项目计算期内的利润合计数与现金净流量合计数是相等的。

（4）利用现金流量可以序列动态地反映投资与回收的投入产出关系，使投资者可以更完整地评价项目。科学的投资决策必须考虑时间价值，不同时间的资金具有不同的价值，这就要求在决策时一定要弄清每笔预期收、支款项的具体时间，而现金流量能更好地满足这些要求。

4.2　项目投资评价的基本方法

4.2.1　非折现现金流量法

非折现现金流量法是指不考虑货币时间价值和风险价值的各种评价方法，主要包括投资回收期法与会计收益率法。

1）投资回收期法

投资回收期（payback period，PP）是指收回初始投资所需要的时间，一般以年为单位，是一个使用广泛的投资决策指标。

该指标的决策标准是将各方案的投资回收期与基准投资回收期对比，小于或等于基准投资回收期的方案是可行方案，投资回收期最短的方案是最佳方案。这是因为投资回收期越短，投资风险越小。投资回收期的计算可以使用下列公式：

$$PP=M+\frac{\left|\sum_{t=0}^{M}NCF_t\right|}{NCF_{M+1}}$$

其中，M满足以下关系：$\sum_{t=0}^{M}NCF_t<0$，$\sum_{t=0}^{M+1}NCF_{t+1}>0$。

如果投产后前M年，每年的营业现金净流量（NCF）相等，且满足以下公式：

M×投产后前M年每年相等的NCF≥原始投资合计

则投资回收期可按下列公式计算：

投资回收期=原始投资合计/每年相等的NCF

【例4-3】根据例4-1的资料，分别计算甲、乙两种设备的投资回收期。

甲设备每年NCF相等，可直接计算：

甲设备投资回收期=180 000÷69 000=2.61（年）

因为乙设备每年现金流量不等，所以应先计算其各年尚未回收的投资额，详见表4-4。

表4-4 乙设备逐年投资回收情况表 单位：元

年度	每年现金净流量	年末尚未回收的投资额
0	−260 000	−260 000
第1年	88 750	−171 250
第2年	87 250	−84 000
第3年	85 750	1 750
第4年	84 250	—
第5年	142 750	—

$$乙项目回收期=2+\frac{84\ 000}{85\ 750}=2.98（年）$$

因为甲设备回收快，应选择甲设备。投资回收期的概念容易理解，计算也比较简便，但这一指标的缺点是没有考虑货币的时间价值，没有考虑回收期满后现金流量状况。

2）会计收益率法

会计收益率又称为投资报酬率。投资报酬率（return of investment，ROI）是经营期年平均利润占投资总额的百分比，其计算公式如下：

$$投资报酬率=\frac{年平均利润}{原始投资额}\times100\%$$

【例4-4】根据例4-1的资料，计算甲、乙两种设备的投资报酬率。

$$甲设备的投资报酬率=\frac{33\,000}{180\,000}\times 100\%=19\%$$

$$乙设备的投资报酬率=\frac{(48\,750+47\,250+45\,750+44\,250+42\,750)\div 5}{260\,000}\times 100\%=18\%$$

采用投资报酬率这一指标时，应事先确定企业的必要报酬率。在进行决策时，评价标准是只有高于必要报酬率的方案才能入选，投资报酬率越高越好；在有多个方案的互斥选择中，选用投资报酬率最高的方案。例4-1中甲设备的投资报酬率高于乙设备，应选择甲设备。投资报酬率法的优点是简明、易算、易懂。其主要缺点是没有考虑资金的时间价值，把不同时点的收支毫无差别地进行对比，这是不合理的。

4.2.2 折现现金流量法

折现现金流量法是指在评价项目时考虑了货币时间价值和风险价值影响的方法，主要包括净现值法、内含报酬率法、现值指数法、年均回收额法。

1）净现值法

净现值（net present value，NPV）是项目投入使用后的现金净流量，按企业要求的报酬率折算为现值，减去初始投资以后的余额。换句话说，它就是投资所带来产出的现值大于其投入现值的净额。

其计算过程为：首先，计算每年的现金净流量。其次，将每年的现金净流量折算成现值，然后加以合计，形成未来报酬的总现值。最后，用未来报酬的总现值减去投资现值，形成净现值。其计算公式为：

$$NPV=\frac{NCF_1}{(1+r)^1}+\frac{NCF_2}{(1+r)^2}+\cdots+\frac{NCF_n}{(1+r)^n}-C$$

式中：NPV——净现值；NCF_n——第n年的现金净流量；C——初始投资的现值；r——折现率；n——项目预计寿命期。

净现值还有另外一种表达方法，即净现值是从投资开始至项目寿命终结时所有一切现金流量（包括现金流出和现金流入）的现值之和。其计算公式为：

$$NPV=\sum_{t=0}^{n}\frac{NCF_t}{(1+r)^t}$$

在用净现值法进行决策时，如果投资方案的净现值大于零，则方案是可行的，净现值小于零的方案是不可行的。在有多个备选方案的互斥选择决策中，如几个方案的净现值都大于零，应选用净现值最大的方案。

在投资项目评价中，正确选择贴现率至关重要，它直接影响项目评价的结论。如果选择的贴现率过低，会导致一些经济效益较差的项目得以通过；如果选择的贴现率过高，会导致一些好的项目不能通过。在实务中，一般用以下方法计算贴现率：①以投资项目的资本成本率作为贴现率；②以投资的机会成本或行业平均收益率作为贴现率；③在不同阶段采用不同的贴现率。

采用净现值法决策的优点是：①考虑了资金的时间价值，增强了对投资经济性的评价；②考虑了项目计算期的全部现金净流量，体现了流动性和收益性的统一；③考虑了投资风险，风险越大的投资项目选择的贴现率越高。

采用净现值法决策的缺点是不利于反映投资项目的收益率水平。

【例4-5】根据例4-1的资料，假设资本成本率为10%，计算甲、乙两种设备的净现值。

甲设备NPV=NCF×（P/A，10%，5）-180 000

=69 000×3.791-180 000=81 579（元）

乙设备的NCF不相等，列表计算，见表4-5。

表4-5 乙设备净现值计算表 金额单位：元

年度	各年的NCF（1）	现值系数（2）	现值（3）=（1）×（2）
第1年	88 750	0.909	80 674
第2年	87 250	0.826	72 069
第3年	85 750	0.751	64 398
第4年	84 250	0.683	57 543
第5年	142 750	0.621	88 648
未来报酬的总现值			363 332
减：初始投资			260 000
净现值（NPV）			103 332

从上面的计算中可以看出，两种设备的净现值均大于零，都是可行的。乙设备的净现值大于甲设备，故大华公司应选用乙设备。

2）内含报酬率法

内含报酬率（internal rate of return，IRR）是使投资项目的净现值等于零的贴现率。内含报酬率实际上反映了投资项目本身的报酬率，目前越来越多的企业使用该指标对投资项目进行评价。内含报酬率的计算公式为：

$$\frac{NCF_1}{(1+IRR)^1}+\frac{NCF_2}{(1+IRR)^2}+\cdots+\frac{NCF_n}{(1+IRR)^n}-C=0$$

式中：NCF_n——第n年的现金净流量；IRR——内含报酬率；n——项目使用年限；C——初始投资额。

内含报酬率按下列步骤计算：第一步，先预估一个贴现率，并按此贴现率计算净现值。如果计算出的净现值为正数，则表示预估的贴现率小于该方案的内含报酬率，应提高贴现率，再进行测算；如果计算出的净现值为负数，则表示预估的贴现率大于该方案的内含报酬率，应降低贴现率，再进行测算。如此反复测算，找到净现值由正到负并且比较接近于零的两个贴现率。第二步，根据上述两个邻近的贴现率再用插值法计算出方案的内含报酬率。

在只有一个备选方案的采纳与否决策中，如果计算出的内含报酬率大于或等于企业的资本成本率或必要报酬率，就采纳；反之，则拒绝。在有多个备选方案的互斥选择决策中，不论是投资额不同还是寿命期不同，都应选用内含报酬率超过资本成本率或必要报酬率最多的方案。如果几个方案的内含报酬率都大于资本成本率，但投资额不同，应结合净现值法优选，或选择“投资额×（内含报酬率-贴现率）”最大的方案。

内含报酬率法考虑了货币时间价值因素，能从动态的角度直接反映投资项目本身的实际收益水平，不受行业基准收益率高低的影响，比较客观。但该指标的计算过程比较复杂，可能导致多个IRR出现。

【例4-6】根据例4-1的资料，计算甲、乙设备的内含报酬率。

$$(P/A, IRR, 5)=\frac{180\,000}{69\,000}=2.609$$

查年金现值系数表，可知（P/A，26%，5）=2.635，（P/A，28%，5）=2.532，2.609介于两者之间，则IRR在26%～28%之间，可以利用三角形相似原理（如图4-1所示），用插值法计算如下：

$$\frac{IRR-26\%}{28\%-26\%}=\frac{2.635-2.609}{2.635-2.532}$$

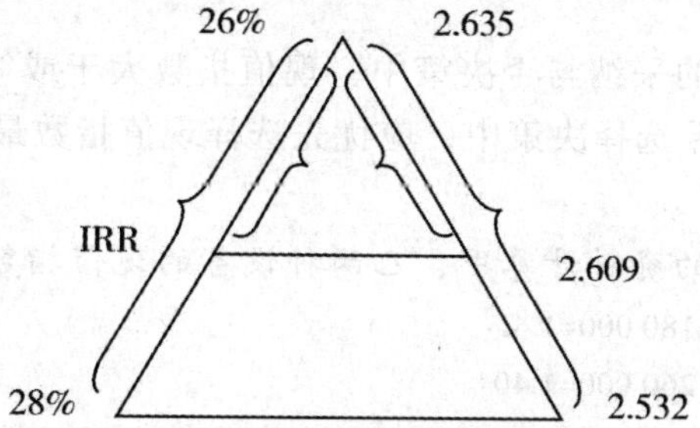

图4-1 插值法的三角形相似原理图

甲设备：内含报酬率=26%+0.5%=26.5%

乙设备：先按24%的贴现率进行测算，净现值为负数；再把贴现率调低到22%，进行第二次测算，净现值为9469.6元。这说明该设备的内含报酬率在22%～24%之间。测算过程详见表4-6。

表4-6 乙设备内含报酬率计算表 金额单位：元

年度	NCF_t	测算24%		测算22%	
		复利现值系数	现值	复利现值系数	现值
0	-260 000	1.000	-260 000	1.000	-260 000
第1年	88 750	0.806	71 532.5	0.820	72 775
第2年	87 250	0.650	56 712.5	0.672	58 632
第3年	85 750	0.524	44 933	0.551	47 248.3
第4年	84 250	0.423	35 637.8	0.451	37 996.8
第5年	142 750	0.341	48 677.8	0.370	52 817.5
NPV			-2 506.4		9 469.6

用插值法计算如下：

$$\frac{IRR-22\%}{24\%-22\%}=\frac{9\,469.6}{9\,469.6+2\,506.4}$$

乙设备的内含报酬率=22%+1.58%=23.58%

从以上计算可以看出，甲设备的内含报酬较高，故甲设备效率比乙设备高。

3）现值指数法

现值指数（profitability index，PI）是投资项目未来报酬的总现值与初始投资额的现值之比。其计算公式为：

$$PI=\left(\frac{NCF_1}{(1+r)^1}+\frac{NCF_2}{(1+r)^2}+\cdots+\frac{NCF_n}{(1+r)^n}\right)\div C$$

$$=\left(\sum_{t=0}^{n}\frac{NCF_t}{(1+r)^t}\right)\div C$$

现值指数的计算过程为：第一步，计算未来报酬的总现值，这与计算净现值所采用的方法相同。第二步，计算净现值率，即根据未来报酬的总现值和初始投资额计算现值指数。

在只有一个备选方案的采纳与否决策中，现值指数大于或等于1，则采纳；否则，就拒绝。在有多个方案的互斥选择决策中，应优先选择现值指数最大的方案，使追加投资效率最高。

【例4-7】根据例4-5的资料计算甲、乙两种设备的现值指数。

甲设备现值指数=261 579÷180 000=1.45

乙设备现值指数=363 332÷260 000=1.40

甲、乙两种设备的现值指数都大于1，故两种设备都可以进行投资，但因甲设备的现值指数更大，故应优先选择甲设备。

4）年均回收额法

许多企业的投资涉及两个或两个以上寿命期不同的投资项目的选择。由于寿命期不同，相对于寿命较长的项目来说，寿命较短的项目可以在寿命期后继续投资，直到与寿命长的项目有相同的寿命期，因而就不能对它们的净现值、现值指数、内含报酬率进行直接比较。为了使投资项目的各项指标具有可比性，必须设法使两个项目在相同的寿命期内进行比较。为此，可以考虑对两个项目的年均净现值进行比较，这种方法就是年均回收额法。

在特殊情况下，对于收入没有差别的方案选择，可以只比较其成本，如固定资产更新决策，于是就形成了年均成本法。

某一方案的年均回收额等于该方案的净现值除以相关的年金现值系数。若某方案净现值为NPV，设定折现率或基准折现率为r，项目计算期为n，则年均回收额按下式计算：

A=NPV/（P/A，r，n）

式中：A——方案的年均回收额；（P/A，r，n）——n年期折现率为r的年金现值系数。

在此方法下，所有方案中年均回收额最大的方案为最优。

【例4-8】某公司有两个互相排斥的投资项目，项目A的投资额为160 000元，寿命期为5年，5年中每年现金净流量为57 000元；项目B的投资额为200 000元，寿命期为8年，8年中每年现金净流量为52 000元。假设资本成本率为12%，该公司应如何进行决策？

A项目的净现值=57 000×（P/A，12%，5）-160 000

=57 000×3.605-160 000=45 485（元）

B项目的净现值=52 000×（P/A，12%，8）-200 000

=52 000×4.968-200 000=58 336（元）

从净现值指标看，B项目的净现值大于A项目的净现值。根据净现值决策规则，应选择B项目。但这种分析是不全面的，由于A项目的寿命比B项目短，A项目在寿命终结后还可进行再投资，因而，不能单纯地采用净现值指标进行比较，而应该运用年均净现值，即年均回收额来分析。

A项目的年均回收额=45 485/（P/A，12%，5）=12 617（元）

B项目的年均回收额=58 336/（P/A，12%，8）=11 742（元）

从上面的计算中可以看出，A项目的年均净现值大于B项目的年均净现值，该公司应选择A项目。

4.2.3 项目投资决策评价指标的运用

1）单一的独立投资项目的财务可行性评价

在只有一个投资项目可选的情况下，利用评价指标进行决策时，要注意以下要点：

（1）如果投资项目同时满足以下条件，就可断定该项目具有财务可行性，应接受：NPV≥0、PI≥1，及IRR≥i_c（i_c为行业基准贴现率）；投资回收期pp≤p/2（即经营期的一半）；投资报酬率ROI≥基准投资报酬率i。如果投资项目不同时满足上述条件，可断定该项目不具有财务可行性，应拒绝。

（2）当静态投资回收期或投资报酬率指标的评价结论与净现值指标的评价结论发生矛盾时，以净现值指标的评价结论为准。一般地，利用净现值、现值指数和内含报酬率指标对同一个独立方案进行评价，会得出相同的结论。

2）多个互斥方案的比较与优选

互斥方案的决策过程就是在每一个入选方案已具备财务可行性的前提下，利用具体决策方法比较各个方案的优劣，利用评价指标从各个备选方案中找出最优方案的过程。通常使用的方法有净现值法、现值指数法、内含报酬率法和年均回收额法等。

（1）净现值法和现值指数法适用于原始投资相同且项目计算期相等的多方案比较决策，选择净现值和净现值率大的方案作为最优方案。比如，甲、乙、丙三个方案都需要投资100万元，而只能选其一。甲方案的净现值$NPV_{甲}$为36万元，乙方案的净现值$NPV_{乙}$为17万元，丙方案的净现值$NPV_{丙}$为28万元。三个方案的净现值都大于零，都具有财务可行性，但是，只能从其中选择一个方案，应选净现值最大的，所以选择甲方案。通常最大的净现值符合企业价值最大化的观点，净现值越大，企业的收益越大。现值指数只反映投资回收的效率，不反映投资回收的效益。因此，在没有资本限量的互斥选择决策中，当净现值法与现值指数法得出的结论不同时，应以净现值大的方案为佳。在资本限量决策中，若是互斥方案，也应选用净现值大的方案。对于项目计算期不同的多方案比较决策，应采用年均回收额法。

（2）净现值与内含报酬率的比较。净现值和内含报酬率是评价投资方案的主要经济指标，一般来说，使用净现值和内含报酬率对投资方案的采纳与否所作出的决策是相同的。两个指标之间也存在区别。如果企业有两个互相排斥的方案，在以下两种情况下，应用这两个指标对方案进行评价时，可能得出相反的结论：①两个方案的初始投资不一样，一个方案的初始投资大于另一个方案的初始投资。②现金流入时间不一样，一个方案在最初几年流入的现金较多，另一个方案在最后几年流入的现金较多。引起差异的原因是两种方法假定用前期产生的现金流入量再投资时，会产生不同的报酬率。净现值法假定用前期产生的现金流入量再投资时会产生相当于其贴现率的报酬率，而内含报酬率法却假定用前期产生的现金流入量再投资时会产生与此方案特定的内含报酬率相同的报酬率。

【例 4-9】假设某公司只能投资项目 A 和项目 B 中的一个项目，该公司的资本成本率为 10%，两个项目的现金流量及评价指标见表 4-7。

表 4-7　　项目 A 与项目 B 的现金流量及评价指标　　金额单位：元

项　目	年　份	项目 A	项目 B
初始投资	0	-200 000	-155 000
营业现金流量	第 1 年	80 000	66 000
	第 2 年	80 000	66 000
	第 3 年	80 000	66 000
	第 4 年	80 000	66 000
	第 5 年	80 000	66 000
净现值		103 280	95 206
内含报酬率		28.67%	30.07%
现值指数		1.52	1.61

内含报酬率法告诉我们应选择项目 B，而净现值法则让我们选择项目 A。产生这种差异的根本原因在于内含报酬率法假定项目 B 前期产生的现金流入量再投资时，会产生与 30.07% 相等的报酬率；而项目 A 前期产生的现金流入量再投资时，则会得到 28.67% 的报酬率。与此相反，净现值法假定前期产生的现金流入量再投资的话，其报酬率应当相当于其资本成本率。本例中两个项目的净现值曲线相交于 16.82% 处，我们称之为净现值无差别点，如图 4-2 所示。

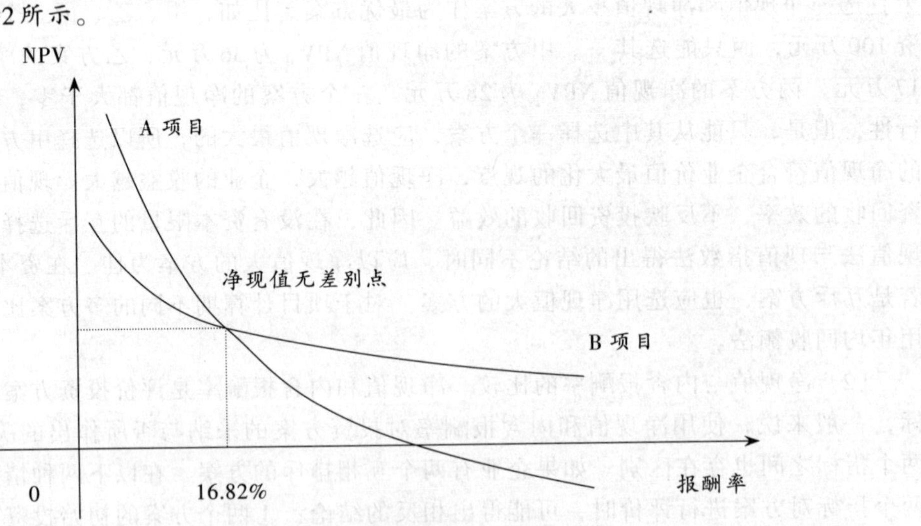

图 4-2　NPV 与报酬率关系图

当资本成本率低于 16.82% 时，项目 A 的净现值大于项目 B 的净现值，即项目 A 优于项目B；若资本成本率高于16.82%，则项目A的净现值小于项目B的净现值，即项目B优于项目A。因此，在资本成本率为10%时，项目A的净现值较高，是较优的项目；而当资本成本率高于16.82%时，无论是用净现值法还是用内含报酬率法，都会得出项目B优于项目A的结论。也就是说，净现值法总是正确的。在资本无限量的情况下，净现值法较内含报酬率法好。

3）多个投资方案组合的决策

这类决策涉及的多个项目之间不是相互排斥的关系，它们可以任意组合，又分两种情况：一是在资金总量不受限制的情况下，可按每一个项目的净现值排序，确定优先考虑的项目顺序。二是在资金总量受限制的情况下，按现值指数的大小，结合净现值进行各种组合的排队，从中选择能使累计净现值最大的组合。

4）项目投资与筹资的关系

本章讨论项目投资决策有一个全投资假设前提，也就是仅考虑投资项目经济上是否可行，不考虑项目所需资金是否能够筹集到和筹资成本。实际上，投资问题与筹资问题密切相关。首先，投资方案的评价需要用筹资成本作为参考。净现值法、现值指数法所采用的贴现率为投资者所要求的报酬率，内含报酬率法的评价标准是把项目自身产生的内含报酬率与投资者所要求的报酬率对比。确定投资报酬率的标准是其应该大于或至少等于该投资所使用的资本成本率。只有这样才能确保投资项目给企业带来新的财富——净现值的增加，进而增加股东财富；否则，项目产生的财富就会从股东手中转移到资金提供者手中。其次，人们认为投资项目具有可行性后，就要考虑用尽可能低的成本筹集所需资金。在项目收益确定的情况下，筹资成本越低，越能增加股东财富。不同资金筹集方式的成本也不同，需要进行比较，这部分属于筹资范畴，具体内容在第7章介绍。

4.2.4　数字经济的价值评价

上述是传统企业项目投资评价的方法，进入21世纪后，世界经济出现了一个新的特点：无形资产在经济中所占的比重越来越大。以苹果、微软、亚马逊、阿里巴巴、百度、腾讯为代表的新兴公司，市值动辄上千亿美元。这表明世界进入了新经济时代。新经济是以知识、信息和创新等无形资源为主导的经济发展模式，是我国近年来提出的“新技术、新产业、新业态、新模式”经济形态。新经济本质上是一种知识经济，是以智力、研发、创意、创新等无形资源为主要驱动因素，依靠信息技术进步和商业模式创新推动经济全球化的智慧型经济形态。数字经济是新经济最具代表性的发展标志。联合国在《2019年数字经济报告》中估计，全球数字经济规模占全球GDP的比重介于4.5%~15.5%，美国为6.9%~21.6%，中国为6%~30%。美国和中国共占有全球75%的区块链专利、50%的物联网支出、75%以上的云计算市场以及全球75家最大数据平台公司市值的90%。

自20世纪90年代以来，互联网呈现超乎寻常的指数增长趋势，爆炸性地向经济和社会各个领域进行渗透和扩张。互联网企业和平台越来越多。信息资源的特性在于它的消费过程不会被损耗，可以重复消费，而且信息消费过程很可能同时就是信息生产过程，它所包含的知识或感受在消费者那里催生出更多的知识或感受，消费它的人越多，它所包含的资源总量就越大。网络的节点数目越多，它对经济和社会的影响就越大。换句话说，互联网的价值等于其节点数目的平方，这就是梅特卡夫定律。

该定律是计算机网络先驱罗伯特·梅特卡夫提出的，揭示了互联网的价值随着用户数量的增加而呈算术级数增长或二次方程式增长的规则。其具体内容是：

网络的价值 $V=K\times N^2$

式中：K——价值系数；N——用户数量。

上式说明，网络的价值与网络节点数、联网用户数量的平方成正比。网络使用者越多，网络的价值越大。

梅特卡夫定律是基于每一个新上网的用户都因为别人的联网而获得了更多的信息交流机会，它指出网络具有极强的外部性和正向反馈性：联网的用户越多，网络的价值越大，联网的需求也就越大，消费者获得的效用不减反增，即需求创造了新的需求。梅特卡夫定律可用于评价互联网企业的投资。

和传统企业相比，互联网企业难以用传统的贴现现金流评价法和相对估值法进行投资评价。

（1）互联网产业发展周期短、企业更迭快、可比标的少。互联网本身就是新兴行业，创新商业模式频出，很多企业很快就被淘汰了，能长期存活的企业并不多。在互联网逐渐向传统产业渗透的过程中，很多新的商业模式无法找到“前辈”来比较，也很难找到合适的标杆来对比，更无法用具有可比性的市盈率、市净率估值。

（2）多数企业营利性弱，且变化幅度较大。由于成长中的互联网企业营利性比较弱，市盈率往往显得极高。互联网企业的增长往往存在一个拐点，在拐点之后，企业的业绩增速可能达100%以上，甚至几倍、几十倍增加。简单地以市盈率判断互联网企业的价值，难以反映其经营特点。

（3）对互联网企业的估值困难在于很难对其未来现金流进行预测。互联网环境剧烈变化，导致互联网企业产生现金流的数量和持续的时间都很难预测，因此，难以通过预测现金流对公司进行估值。

（4）财务报表上的资产反映不了现实情况。从财务报表来看，互联网公司是轻资产公司，如果以市净率来看，多数企业的市净率会高得离谱，跟传统企业完全没有可比性。如果引入智慧资本理念，会发现多数互联网公司真正重要的资产有两个：一是团队；二是用户。但是，团队的质量很难被量化，真正重要的“资产”就是用户，而现有的会计准则在资产层面完全忽视了这一点。

运用梅特卡夫定律对互联网企业估值时，首先应对其商业模式有清晰的认知。市场对互联网企业和对硬件制造商的估值体系相差极大。市场往往认为传统的硬件制造（如手机）并不是一个“好”的商业模式。其一，市场充分竞争，很难获得超额收益；其二，行业更迭速度极快，需要持续进行投资。市场对这样的企业估值时，往往基于现在的时点和未来一个较为稳定的增速，以线性思维进行估值。相应的估值指标有P/E等。然而，对于互联网企业的估值则不同，由于互联网企业发展周期短、企业更迭快、营利性变化较大，市场往往更在乎企业的未来而非现在，更期待企业爆发式增长。因此，如果仅以传统的估值方式去评价互联网企业，可能会进入误区。如苹果手机、小米手机都在构建生态系统，其价值高于其他制造硬件的手机制造企业。

其次要明确企业所处的发展阶段和变现能力模式。投资者在对互联网企业进行投资时，需要进一步考虑其在用户数量上的变现能力。决定变现能力的是企业独特的商业模式。如中国移动的主要收入来自通话费用及数据流量这两部分，比较传统，业务增速慢；而腾讯除了直接收费的产品服务外，其广告、流量和电商均能贡献营业收入，盈利能力强，潜力大，增速快，体现了梅特卡夫定律的魔力。

最后是定量指标，包括反映当前（或者过去）时点的用户数、流量和单用户收入，以及相关指标的变化趋势和市盈率。由于网络的规模效应，收购方往往愿意支付一个较高的溢价，并仍然能与被收购方获得双赢。

4.2.5　项目投资评价方法的应用实例

1）固定资产更新决策

科学技术的迅速发展使固定资产的更新周期缩短。在企业财务决策中经常遇到固定资产的更新问题。固定资产更新是用新的资产替换在技术上或经济上不宜继续使用的旧资产。固定资产更新后，可能提高企业的生产能力，增加企业的现金流入；也可能并不改变企业的生产能力，但会节约企业的付现成本。在分析固定资产更新决策的现金流量时，无论是旧固定资产还是可能取代它的新固定资产，都应把继续使用旧设备和购置新设备看成两个互斥方案，着重考虑其现在和未来的有关数据。旧设备的变价收入应看作继续使用旧设备的机会成本，可视为其初始现金流量，同时需要考虑所得税给现金流量带来的影响，如折旧对税收的影响、变现价值与账面净值差异的纳税影响额。税收影响之后的设备变现所产生的现金流量为：

设备变现产生的现金流量=设备售价-（设备售价-账面净值）×所得税税率

【例4-10】某公司有一台设备购于3年前，现正考虑是否更新。假设该公司所得税税率为25%，该公司最低投资报酬率为10%，旧设备按直线法计提折旧，新设备按年数总和法计提折旧，其他资料见表4-8。

表4-8　　新旧设备相关信息　　金额单位：元

项　目	旧设备	新设备
原始价值	60 000	50 000
税法规定残值（10%）	6000	5 000
税法规定使用年限（年）	6	4
已用年限（年）	3	0
尚可使用年限（年）	4	4
每年付现成本	8600	5 000
两年后大修理费	28 000	0
最终报废残值	7000	10 000
目前变现价值	10 000	50 000

（1）计算两设备的年折旧额

旧设备的年折旧额=（60 000-6 000）÷6=9 000（元）

旧设备现在的账面价值=60 000-9 000×3=33 000（元）

新设备第 1 年折旧额=（50 000−5 000）×4/10=18 000（元）

新设备第 2 年折旧额=（50 000−5 000）×3/10=13 500（元）

新设备第 3 年折旧额=（50 000−5 000）×2/10=9 000（元）

新设备第 4 年折旧额=（50 000−5 000）×1/10=4 500（元）

（2）计算现金净流量

在计算投资期现金流时，使用公式：

建设期某年的现金净流量=该年现金流入−该年现金流出=−该年发生的投资

在经营期计算现金流时，使用公式：

经营现金净流量=（营业收入−付现成本）×（1−所得税税率）+折旧×所得税税率

应逐项确定上述收入、付现成本。不过，在最后一年需要考虑资产残值收入以及残值与账面价值之间所得或者亏损对所得税所产生的影响。

由于使用新旧设备的收入没有差异，故收入对决策无影响，可以假定收入为任一特定数字a，为了便于计算，可以假定a=0。由于新旧设备残值账面价格与变现价格不一致，应将其变现价格调整为税后的变现价格。同样地，旧设备的变现价格与账面价格不一致，也要将其变现价格调整为税后的变现价格。在大修理时，由于大修理费可以在税前列支，可以使企业少交税，应把大修理费调整为税后的支出。最后分别计算两设备的现金净流量。

旧设备：

$NCF_0=CI_0-CO_0$=0−［10 000−（10 000−33 000）×0.25］=−15 750（元）

NCF_1=（0−8 600）×（1−0.25）+9 000×0.25=−4 200（元）

NCF_2=（0−8 600）×（1−0.25）+9 000×0.25−28 000×（1−0.25）=−25 200（元）

NCF_3=（0−8 600）×（1−0.25）+9 000×0.25=−4 200（元）

NCF_4=（0−8 600）×（1−0.25）+0×0.25+［7 000−（7 000−6 000）×0.25］=2 550（元）

新设备：

$NCF_0=CI_0-CO_0$=0−50 000=−50 000（元）

NCF_1=（0−5 000）×（1−0.25）+18 000×0.25=750（元）

NCF_2=（0−5 000）×（1−0.25）+13 500×0.25=−375（元）

NCF_3=（0−5 000）×（1−0.25）+9 000×0.25=−1 500（元）

NCF_4=（0−5 000）×（1−0.25）+4 500×0.25+［10 000−（10 000−5 000）×0.25］=6 125（元）

（3）分别计算新旧设备的净现值

新设备的净现值=−50 000+750×0.909−375×0.826−1 500×0.751+6 125×0.683=−46 571.13（元）

旧设备的净现值=−15 750−4 200×0.909−25 200×0.826−4 200×0.751+2 550×0.683=−41 795.55（元）

可见，继续使用旧设备的净现值大于使用新设备的净现值，因此，该公司不应更新设备。

【例 4-11】某公司正在考虑是否将现有的人工操作设备更新为全自动设备，有关资料见表 4-9。

已知该公司的资本成本率为 10%，适用的所得税税率为 25%。

要求：通过计算判断应否更新设备。

由于设备更新对于收入没有影响，因此可以只比较成本。在本例中，由于设备预计使用年限不同，因此不能采用净现值法比较，需要采用年均成本法。

表4-9 新旧设备有关资料 金额单位：元

目前状况		采用新设备的预计情况	
操作工人的年工资	24 000	操作工人的年工资	0（无须操作工人）
年运行成本（不含折旧与修理费的摊销）	6 000	年运行成本	20 000
年残次品成本（付现成本）	5 000	年残次品成本（付现成本）	2 500
旧机器当初购买成本	40 000	新设备购买价格	50 000
税法规定该类设备的折旧年限及计提方法	10年、残值率10%，直线折旧法	新设备运输费用	2 000
已经使用	5年	新设备安装费用	3 000
预计尚可使用年限	6年	税法规定该类设备的折旧年限及计提方法	11年、残值率10%，直线折旧法
两年后的大修理费用（在剩余4年内平均摊销）	10 000		
预计残值	0	预计使用寿命	10年
现有设备当前市值	10 000	预计最终残值	5 000

（1）继续使用旧设备的平均年成本（见表4-10）

表4-10 继续使用旧设备现值计算表 金额单位：元

项目	现金流量	时间	系数（10%）	现值
旧设备变现价值	−10 000	0	1	10 000
旧设备变现损失抵税	−3 600	0	1	−3 000
每年税后付现成本	−26 250	第1～6年	4.3553	−114 326.63
每年折旧抵税	3 600×25%=900	第1～5年	3.7908	3 411.72
大修理费用	−10 000	第2年	0.8264	−8 264
大修理费用摊销抵税	2 500×25%=625	第3～6年	3.1699×0.8264	1 637.25
残值变现收入	0	第6年	0.5645	0
残值变现损失抵税	4 000×25%=1 000	第6年	0.5645	564.5
现金流量现值合计				−129 977.16

旧设备年折旧=40 000×（1−10%）÷10=3 600（元）

目前的账面价值=40 000−3 600×5=22 000（元）

目前的变现损失抵税=（22 000−10 000）×25%=3 000（元）

大修理费用每年摊销额=10 000÷4=2 500（元）

每年税后付现成本=（24 000+6 000+5 000）×（1−25%）=26 250（元）

继续使用旧设备的平均年成本=129 977.16÷（P/A，10%，6）

=129 977.16÷4.3553=29 843.45（元）

(2) 使用新设备的平均年成本（见表4-11）

表4-11　　使用新设备现值计算表　　金额单位：元

项目	现金流量	时间	系数（10%）	现值
设备投资	-55 000	0	1	-55 000
每年税后付现成本	-16 875	第1～10年	6.1446	-103 690.13
每年折旧抵税	4 500×25%=1 125	第1～10年	6.1446	6 912.68
残值变现收入	5 000	第10年	0.3855	1 927.5
设备报废损失抵税	1 250	第10年	0.3855	481.88
现金流量现值合计				-149 368.07

新设备年折旧=（50 000+2 000+3 000）×（1-10%）÷11=4 500（元）

每年税后付现成本=（20 000+2 500）×（1-25%）=16 875（元）

终结点（使用10年后）新设备的账面价值=55 000-4 500×10=10 000（元）

终结点新设备报废损失抵税=（10 000-5 000）×25%=1 250（元）

更换新设备的平均年成本=149 368.07÷（P/A，10%，10）

=149 368.07÷6.1446=24 308.84（元）

因为更换新设备的平均年成本（24 308.84元）小于继续使用旧设备的平均年成本(29 843.45元)，故应更换新设备。

2）资本限量决策

在一段特定期间内，可用来投资的资金有预算约束时，就会出现资本限量问题。资本限量限制了企业的资本支出，使企业不能投资于所有可接受的项目。在资本限量条件下，虽然净现值仍为最好的指标，但企业应尽量选择获利能力最强的项目。现值指数是在资本限量条件下辨别最佳项目组合的有力工具，因为无论项目的规模如何，现值指数都可以测量每1元投资的效率。资本限量决策的程序是：先按各项目的现值指数大小排序，然后选择一组在资本限量内能使累计净现值最大的项目组合。

【例4-12】某公司有A、B、C、D、E五个互相独立的投资项目，其投资额、净现值、现值指数等资料见表4-12。请分别就资本限量为15万元、20万元、40万元、50万元、75万元作出投资决策。

表4-12　　各投资项目的投资额、净现值和现值指数　　金额单位：元

项　目	A	B	C	D	E
投资额	200 000	150 000	100 000	120 000	180 000
净现值	50 000	15 000	8 000	48 000	36 000
现值指数	1.25	1.10	1.08	1.40	1.20

上述五个项目的净现值均大于零，现值指数均大于1，在财务上都是可行的。在进行投资组合时，先将各项目按现值指数大小排序如下：D>A>E>B>C。应按照现值指数下降的顺序，将所有可行的投资项目在资本限量范围内进行组合，并计算出每一组合的累计净现值，按优化原则进行项目决策，选择投资项目，直到资本限量得到最大限度利用为止。

重新排列后见表4-13。

表4-13 **投资组合累计净现值计算表** 金额单位：元

项 目	D	A	E	B	C
投资额	120 000	200 000	180 000	150 000	100 000
净现值	48 000	50 000	36 000	15 000	8 000
现值指数	1.40	1.25	1.20	1.10	1.08
累计投资额	120 000	320 000	500 000	650 000	750 000
累计净现值	48 000	98 000	134 000	149 000	157 000

当资本限量为15万元时，应选择D项目，其净现值为48 000元，高于B项目。尽管B项目的原始投资额恰好为15万元，但是其净现值为15 000元，低于D项目。

当资本限量为20万元时，应选择A项目，其净现值为50 000元，高于其他项目。

当资本限量为40万元时，应选择D+A项目，其净现值为98 000元，高于D+E+C项目的净现值92 000元。

当资本限量为50万元时，应选择D+A+E项目，其净现值为134 000元，高于其他组合。

当资本限量为75万元时，可以认为投资没有超出限额，应选择上述全部项目，只不过在实施过程中，应优先安排净现值大的项目，顺序为：A>D>E>B>C。

可见，项目安排顺序是：在资本限量时，应效率（现值指数）优先，兼顾效益（净现值）；在资本没有限量时，应效益优先。

3）投资开发时机决策

【例4-13】某公司拟推出新产品。根据预测，该产品的价格在最近3年中保持相对稳定，每吨售价为0.1万元；3年后价格将一次性上涨10%，随后将以每年5%的速度连续上涨两年；此后在竞争压力下，价格稳定不变。若现在开发，初始投资为100万元；若3年以后开发，初始投资为105万元。无论何时投资开发，投资建设期均为1年，次年投产，投产时均须垫支营运资金10万元，投产后5年项目终结。假设年生产量为1 800吨，项目初期年付现成本为100万元，此后随着价格同幅度变化。该公司的所得税税率为25%，资本成本率为10%，项目结束时无残值，固定资产按直线法计提折旧。请决定何时开发好。

（1）计算现在开发的净现值

固定资产年折旧额=100÷5=20（万元）

计算现在开发各期营业现金净流量，结合初始现金流量和终结现金流量，编制现金流量表并贴现。计算过程见表4-14。

运用贴现率进行贴现，计算出现在开发的净现值为137.65万元。

（2）计算3年后开发的净现值

固定资产折旧额=105÷5=21（万元）

计算3年后开发各期营业现金净流量，结合初始现金流量和终结现金流量，编制现金流量表并贴现。计算过程见表4-15。

表4-14 **现在开发的现金流量和净现值计算表** 金额单位：万元

项 目	0	第1年	第2年	第3年	第4年	第5年	第6年
固定资产投资	−100						
营运资金垫支		−10					
销售收入			180	180	198	207.9	218.30
付现成本			100	100	110	115.5	121.28
折旧			20	20	20	20	20
税前利润			60	60	68	72.4	77.02
所得税			15	15	17	18.	19.26
税后利润			45	45	51	54.3	57.78
营业现金净流量			65	65	71	74.3	77.78
营运资金回收							10
现金净流量	−100	−10	65	65	71	74.3	87.78
贴现系数	1	0.909	0.826	0.751	0.683	0.621	0.565
现值	−100	−9.09	53.69	48.82	48.49	46.14	49.60
净现值				137.65			

注：第4年的收入=0.1×1 800×（1+10%）=198（万元）

第5年的收入=0.1×1 800×（1+10%）×（1+5%）=207.9（万元）

第4年的付现成本=100×（1+10%）=110（万元）

第5年的付现成本=100×（1+10%）×（1+5%）=115.5（万元）

第6年计算方法同上。

表4-15 **3年后开发的现金流量和净现值计算表** 金额单位：万元

项 目	第3年	第4年	第5年	第6年	第7年	第8年	第9年
固定资产投资	−105						
营运资金垫支		−10					
销售收入			207.9	218.30	218.30	218.30	218.30
付现成本			115.5	121.28	121.28	121.28	121.28
折旧			21	21	21	21	21
税前利润			71.4	76.02	76.02	76.02	76.02
所得税			17.85	19.01	19.01	19.01	19.01
税后利润			53.55	57.01	57.01	57.01	57.01
营业现金净流量			74.55	78.01	78.01	78.01	78.01
营运资金回收							10
现金净流量	−105	−10	74.55	78.01	78.01	78.01	88.01
贴现系数	0.751	0.683	0.621	0.565	0.513	0.467	0.424
现值	−78.86	−6.83	46.30	44.08	40.02	36.43	37.32
净现值	118.46						

注：第5年、第6年销售收入、付现成本的计算同表4-14。

通过比较，现在开发的净现值大于3年后开发的净现值，该公司应选择现在开发。

4.3 项目投资风险的处理

项目投资决策涉及的时间较长，风险也较大，常见的风险投资决策方法有风险调整贴现率法和肯定当量系数法。

4.3.1 风险调整贴现率法

风险调整贴现率法是将与投资项目有关的风险报酬率计入投资报酬率中，构成按风险调整的贴现率，并据以进行投资决策分析的一种方法。

风险调整贴现率法的基本思路是：对于高风险项目，采用较高的贴现率计算净现值，然后根据净现值的决策规则选择方案。由于贴现率提高，未来现金净流量的现值减少，净现值变小，可行项目也可能随之变得不可行。

风险调整贴现率的确定方法主要有两种：

1）用风险报酬率模型调整贴现率

前文已指出，一项投资的必要报酬率可分为无风险报酬率和风险报酬率两部分，如下所示：

$$r=r_F+r_R=r_F+bQ$$

式中：r——投资必要报酬率；r_F——无风险报酬率；b——风险报酬系数。

因此，确定特定项目必要报酬率的关键在于确定其风险报酬系数和风险程度。下面通过一个例子来说明如何用风险报酬率模型调整贴现率。

【例4-14】某公司的无风险报酬率为6%，现有三个投资方案，有关资料见表4-16。

表4-16 各方案现金流量及概率分布 金额单位：元

t（年）	A方案		B方案		C方案	
	NCF	概率P	NCF	概率P	NCF	概率P
0	-5 000	1.00	-2 000	1.00	-2 000	1.00
1	3 000	0.20				
	2 000	0.60				
	1 000	0.20				
2	4 000	0.25				
	3 000	0.50				
	2 000	0.25				
3	2 500	0.30	2 000	0.30	3 000	0.30
	2 000	0.40	4 000	0.40	4 000	0.40
	1 500	0.30	6 000	0.30	5 000	0.30

（1）风险程度的计算

第一步，计算A方案各年现金流量的期望值及期望值的现值。

$\overline{K_1}$=3 000×0.2+2 000×0.6+1 000×0.2=2 000（元）

$\overline{K_2}$=4 000×0.25+3 000×0.5+2 000×0.25=3 000（元）

$\overline{K_3}$=2 500×0.3+2 000×0.4+1 500×0.3=2 000（元）

其现值计算如下：

$$E(K)=\sum_{t=1}^{3}\frac{\overline{K_t}}{(1+i)^t}$$

$$E(K_A)=\frac{2\,000}{(1+6\%)^1}+\frac{3\,000}{(1+6\%)^2}+\frac{2\,000}{(1+6\%)^3}=6\,236（元）$$

第二步，计算A方案各年现金流量的标准差和整个方案的综合标准差。

$$\sigma_1=\sqrt{(3\,000-2\,000)^2\times0.2+(2\,000-2\,000)^2\times0.6+(1\,000-2\,000)^2\times0.2}=632（元）$$

$$\sigma_2=\sqrt{(4\,000-3\,000)^2\times0.25+(3\,000-3\,000)^2\times0.5+(2\,000-3\,000)^2\times0.25}=707.11（元）$$

$$\sigma_3=\sqrt{(2\,500-2\,000)^2\times0.3+(2\,000-2\,000)^2\times0.4+(1\,500-2\,000)^2\times0.3}=387.3（元）$$

其综合标准差计算如下：

$$\sigma_A=\sqrt{\sum_{t=1}^{3}\frac{\sigma_t^2}{(1+i)^{2t}}}$$

$$=\sqrt{\frac{632^2}{(1+6\%)^2}+\frac{707.11^2}{(1+6\%)^4}+\frac{387.3^2}{(1+6\%)^6}}=926.18（元）$$

第三步，计算A方案标准离差率，即风险程度（Q）。

$$Q_A=\frac{\sigma_A}{E(k_A)}=\frac{926.18}{6\,236}=0.15$$

用同样的方法计算出B方案和C方案的风险程度。

$\overline{K_B}$=2 000×0.3+4 000×0.4+6 000×0.3=4 000（元）

$\overline{K_C}$=3 000×0.3+4 000×0.4+5 000×0.3=4 000（元）

$$\sigma_B=\sqrt{(2\,000-4\,000)^2\times0.3+(4\,000-4\,000)^2\times0.4+(6\,000-4\,000)^2\times0.3}=1\,549.19（元）$$

$$\sigma_C=\sqrt{(3\,000-4\,000)^2\times0.3+(4\,000-4\,000)^2\times0.4+(5\,000-4\,000)^2\times0.3}=774.6（元）$$

$$Q_B=\frac{1\,549.19}{4\,000}=0.39$$

$$Q_C=\frac{774.6}{4\,000}=0.19$$

（2）确定风险报酬系数及风险调整贴现率

风险报酬系数是一个经验数据，它的高低反映风险程度变化对风险调整贴现率影响程度的大小。

假设该公司中等程度风险项目的预期报酬率为11%，风险程度为0.5，无风险报酬率为6%，则风险报酬系数=（11%-6%）÷0.5=0.1。据此，各方案按风险调整的贴现率为：

I_A=6%+0.1×0.15=7.5%

I_B=6%+0.1×0.39=9.9%

I_C=6%+0.1×0.19=7.9%

（3）用风险调整后的贴现率计算各方案的净现值

$$NPV_A=\frac{2\,000}{(1+7.5\%)^1}+\frac{3\,000}{(1+7.5\%)^2}+\frac{2\,000}{(1+7.5\%)^3}-5\,000=1\,065.94\text{（元）}$$

$$NPV_B=\frac{4\,000}{(1+9.9\%)^3}-2\,000=1\,013\text{（元）}$$

$$NPV_C=\frac{4\,000}{(1+7.9\%)^3}-2\,000=1\,184\text{（元）}$$

可见，三个方案的净现值均大于零，其优先顺序为：C>A>B。如果不考虑风险因素，三个方案的净现值分别为：

$$NPV_A=\frac{2\,000}{(1+6\%)^1}+\frac{3\,000}{(1+6\%)^2}+\frac{2\,000}{(1+6\%)^3}-5\,000=1\,236\text{（元）}$$

$$NPV_B=\frac{4\,000}{(1+6\%)^3}-2\,000=1\,360\text{（元）}$$

$$NPV_C=\frac{4\,000}{(1+6\%)^3}-2\,000=1\,360\text{（元）}$$

可见，不考虑风险因素就无法区分B方案和C方案的优劣。加入风险因素后，由于B方案的风险大，要求的报酬率高，净现值就比C方案小。

2）用资本资产定价模型调整贴现率

在资本资产定价模型分析中，非系统风险可以通过多元化经营来分散。因此，在进行投资分析时，对于每个投资项目，只依据其承受的系统风险大小给与相应的风险补偿。这时，按风险调整的贴现率为：

$$i=R_f+\beta\ (R_M-R_F)$$

式中：i——按风险调整的贴现率；R_f——无风险报酬率；β——项目自身的系统风险；R_M——所有项目平均期望报酬率。

4.3.2 肯定当量系数法

上述风险调整方法是对净现值计算公式的贴现率进行调整，调整的是计算公式的分母，此外，还可以通过调整计算公式的分子——现金流量的方式，来考虑风险的影响，这就是肯定当量系数法。肯定当量系数法的基本思路是：用一个系数将有风险的（不确定的）现金流量调整（折算）为无风险的（确定的）现金流量，然后用无风险贴现率计算其净现值，并以此分析评价投资方案的优劣。调整后的净现值计算公式如下：

$$NPV=\sum_{t=0}^{n}\frac{a_t\times NCF_t}{(1+i)^t}$$

式中：a_t——第t年现金流量的肯定当量系数，取值在0～1之间；NCF_t——第t年的期望现金流量；i——无风险报酬率。

肯定当量系数是指不确定的1元现金流量相当于使投资者满意的肯定金额的系数，其取值在0～1之间。其计算公式为：

$$a_t=\frac{\text{肯定的现金流量}}{\text{不肯定的现金流量}}$$

肯定当量系数是一个经验数据，它与标准离差率（风险程度）之间存在经验对照关系，详见表4-17。

表4-17 肯定当量系数与标准离差率的经验对照关系

肯定当量系数	1.0	0.9	0.8	0.7	0.6	0.5	0.4	…
标准离差率	0 ~ 0.07	0.08 ~ 0.15	0.16 ~ 0.23	0.24 ~ 0.32	0.33 ~ 0.42	0.43 ~ 0.54	0.55 ~ 0.70	…

【例4-15】依例4-14的资料，运用肯定当量系数法计算各方案的净现值。

运用肯定当量系数法的步骤是：首先，计算每一方案各年的期望现金流和标准离差，并求出每年的标准离差率；其次，按照肯定当量系数与标准离差率的经验对照关系，确定每年的肯定当量系数；最后，调整现金流量，并用无风险利率贴现，计算净现值。

（1）A方案

$$q_1=\frac{\sigma_1}{K_1}=\frac{632}{2\ 000}=0.316$$

$$q_2=\frac{\sigma_2}{K_2}=\frac{707.11}{3\ 000}=0.236$$

$$q_3=\frac{\sigma_3}{K_3}=\frac{387.30}{2\ 000}=0.194$$

查经验对照关系表可知 $a_1=0.7$，$a_2=0.7$，$a_3=0.8$，则有：

$$NPV_A=\frac{2\ 000\times0.7}{(1+6\%)}+\frac{3\ 000\times0.7}{(1+6\%)^2}+\frac{2\ 000\times0.8}{(1+6\%)^3}-5\ 000=-466.85\text{（元）}$$

（2）B方案

根据前面的计算结果，$q_b=0.39$，查经验对照关系表可知 $a=0.6$，则有：

$$NPV_B=\frac{4\ 000\times0.6}{(1+6\%)^3}-2\ 000=15.09\text{（元）}$$

（3）C方案

根据前面的计算结果，$q_b=0.19$，查经验对照关系表可知 $a=0.8$，则有：

$$NPV_C=\frac{4\ 000\times0.8}{(1+6\%)^3}-2\ 000=686.78\text{（元）}$$

方案的优先次序为：C>B>A（方案A已变得不可行），与风险调整贴现率法的次序（C>A>B）不同，差别在于A方案与B方案互换了位置。原因是风险调整贴现率法对远期现金流入予以较大的调整，使远期现金流入量大的B方案受到较大影响。

学思践悟

扎实推进项目前期工作，加快推进重大项目建设

为落实党中央、国务院关于积极扩大有效投资的决策部署，2022年6月29日上午，国家发展改革委召开扎实推进项目前期工作、加快推进重大项目建设电视电话会议。

会议指出，受到新冠肺炎疫情和乌克兰危机等超预期因素影响，我国经济下行压力明显加大，投资对于经济发展的支撑作用更加凸显。各级发展改革部门要充分认识扎实做好项目前期工作、加快推进重大项目建设的重要意义。加快推进重大项目建设，是扩大国内需求、稳住经济大盘的重要支撑，是优化供给结构、推动高质量发展的关键举措；扎实做好项目前期工作，是把握工程建设窗口、加快推进重大项目建设的先决条件。

会议要求，各级发展改革部门要把握关键环节，坚持问题导向，精准发力，有效破解资金落实难、要素保障难、审批办理难等突出问题。一是加大项目储备工作力度。二是加

强项目前期研究论证。三是做好投资咨询评估工作。四是加快推进项目审批和开工前准备工作。五是强化投资项目资金保障。六是加强重大项目用地、用能等要素保障。七是深化投资项目审批制度改革。

会议强调，各级发展改革部门要坚决贯彻党中央“疫情要防住、经济要稳住、发展要安全”的要求，加强组织领导，压实工作责任，强化协同发力，建立健全工作机制，扎实推进重大项目前期工作和建设实施。

请思考：上述材料中所提及的项目储备工作、项目前期研究论证、投资咨询评估工作与本章所介绍的项目投资评价有何关联？

本章小结

本章主要介绍了现金流量的计算、项目投资评价分析的方法和项目投资风险的调整。估计投资项目的现金流量、评估项目的优劣是项目投资的关键所在。评价投资项目经济效益时应以现金流量而不是会计利润为基础。现金流量包括现金流出量、现金流入量和现金净流量三个方面。为了便于估计现金流量，我们设定了财务可行性分析假设、全投资假设、时点指标假设、确定性假设等前提条件。在确定资本项目现金流量时，应遵循只有增量现金流量才是与投资方案相关的现金流量的基本原则，考虑机会成本，区分相关成本和非相关成本，考虑投资方案对公司其他部门的影响以及对营运资金的影响，采用公式逐年计算现金净流量。

项目投资评价方法主要有不考虑货币时间价值的非折现现金流量法和考虑货币时间价值的折现现金流量法。非折现现金流量法包括投资回收期法和会计收益率法。折现现金流量法主要有净现值法、内含报酬率法、现值指数法、年均回收额法。对于单一方案而言，如果投资项目满足以下条件，就可断定项目具有财务可行性：$NPV \geq 0$、$PI \geq 1$，及$IRR \geq i_c$（i_c为行业基准贴现率）；投资回收期$pp \leq n/2$（即项目经营期的一半）；投资报酬率ROI≥基准投资报酬率i。净现值法和现值指数法适用于原始投资相同且项目计算期相等的多方案比较决策，应选择净现值和净现值率大的方案作为最优方案。内含报酬率法适用于投资额不同或寿命期不同的方案之间的比较。年均回收额法适用于项目计算期不同的多方案比较决策。对于多个投资方案组合的决策，在资金总量不受限制的情况下，可按每一个项目的净现值排序，确定优先考虑的项目顺序；在资金总量受限制的情况下，按现值指数的大小，结合净现值进行各种组合的排序，从中选择能使累计净现值最大的组合。

常见的风险投资决策方法有风险调整贴现率法和肯定当量系数法。风险调整贴现率法是采用较高的贴现率计算项目净现值，然后根据净现值的决策规则选择方案。肯定当量系数法是用一个系数将有风险的（不确定的）现金流量调整（折算）为无风险的（确定的）现金流量，然后用无风险的贴现率计算其净现值，并以此分析评价投资方案的优劣。

重要概念

现金流入量　现金流出量　现金净流量　相关成本　非相关成本　机会成本　投资回收期　会计收益率　净现值　现值指数　内含报酬率　年均回收额　风险调整贴现率法　肯定当量系数法

本章案例

恒通公司新产品开发决策

恒通公司创建于2015年，总部设在武汉，主要生产洁雅洗衣粉，产品拥有大量忠实客户。2022年，其市场占有率比创建初期有了很大的提高，在中部地区居领先地位。在激烈的市场竞争和快速的技术革新面前，恒通公司在过去3年投入了大量资金开发一种新型高效浓缩液体洗涤剂——清雅。清雅比传统的洗涤用品有明显的优势：①清雅浓缩度高，普通洗衣量只需要57克，而传统洗衣粉需要227～340克。②可将液体清雅倒在污渍处或难洗处，免去了将洗衣粉化开的麻烦，洗净力大大超过洗衣粉。2023年1月15日下午，恒通公司董事长王强召集会议，研究是否生产清雅。除了董事长王强以外，参加会议的还有董事何明华、负责新产品推广的阮绪宁和财务主管葛虹。

董事长王强简要说明了会议议题后，阮绪宁发言。他首先介绍了新产品的市场前景，分析了其成本与收益，并给出了他估算的现金流量，见表4-18。

表4-18 清雅的现金流量（不考虑对现有产品销售的影响） 单位：万元

年份	第1年	第2年	第3年	第4年	第5年	第6年	第7年	第8年
NCF	70	70	70	80	80	80	80	80

阮绪宁进一步解释了这些数据的测算依据。关于投入情况，他认为清雅的初始投资包括200万元的专用设备和包装设备购置费，这些设备的预计使用寿命为8年；项目终止时，这些设备已无价值。初始投资还应包括5万元的市场测试费，这项活动已经于去年年底结束。阮绪宁认为市场变化比较快，对于现金流的预测，估计8年比较可行，超过8年比瞎猜强不了多少。他还补充道，清雅的上市会对老产品——洁雅系列产品产生冲击，挤占老产品的部分市场。为此，他给出了调整后的现金流量，见表4-19。

表4-19 清雅的现金流量（考虑对现有产品销售的影响） 单位：万元

年份	第1年	第2年	第3年	第4年	第5年	第6年	第7年	第8年
NCF	60	60	60	70	70	70	70	70

财务主管葛虹谈到恒通公司的投资报酬率为10%，并询问新项目是否考虑了对营运资金的影响。阮绪宁回答说，新项目需要追加20万元的营运资金，因为营运资金一直在公司内部流转，所以没有额外考虑。

董事何明华则提出为什么在项目预算中没有考虑厂房和其他设备的使用情况，这是生产产品必不可少的。阮绪宁回答说，因为现有的洗衣粉生产能力只利用了75%，有些设备可以用于生产清雅。他估计清雅的生产只占该公司生产能力的20%。因此，除了前面提到的专用设备，没有必要考虑新建厂房和添加其他设备。

何明华认为，这个项目利用了恒通公司现在未能充分利用的厂房和设备，相应地应付出一些代价。他的理由是，如果把闲置的厂房和设备出租，恒通公司会获得40万元的收益。但是董事长提醒他，基于商业竞争的考虑，恒通公司严禁把生产设备出租。

讨论一直在进行，焦点集中在市场测试费和营运资金上。

【思考】(1) 是否应该把市场测试费列入清雅的原始投资中？是否应该考虑营运资金

问题？

（2）在评价项目时，是否要考虑现有闲置厂房设备的利用问题？

（3）你赞同在计算现金流量时考虑新产品的推出给现有产品造成的影响这种做法吗？根据你的认识，计算该项目的净现值，并判断其是否可行。

（4）即使恒通公司不推出清雅，其他企业也会推出类似的新产品，通过计算说明恒通公司是否应该推出该产品。

自测题

一、即测即评

第4章单项选择题　　第4章多项选择题　　第4章判断题

二、计算题

1. 某公司准备购入一设备以扩充生产能力。现有甲、乙两个方案可供选择，甲方案需投资10 000元，使用寿命为5年，采用直线法计提折旧，5年后该设备无残值。5年中每年的销售收入为6 000元，每年的付现成本为2 000元。乙方案需投资12 000元，也采用直线法计提折旧，使用寿命也为5年，5年后该设备有残值收入2 000元。5年中每年的销售收入为8 000元，付现成本第1年为3 000元，以后随着设备陈旧，将逐年增加修理费400元，另需垫支营运资金3 000元。假设所得税税率为25%，贴现率为10%。计算两个方案的现金流量，分别用投资回收期、平均报酬率、净现值、现值指数、内含报酬率等指标对两个方案进行评价。

2. 某人计划购入一台空调。普通空调价格为2 200元，每年电费为1 000元，可用8年。节能空调价格为3 800元，每年电费为600元，可用10年。假设贴现率为12%，计算两种空调的年均成本，并作出评价。

3. 某公司现有A、B、C、D、E五个互相独立的方案，它们的投资额、净现值和现值指数资料见表4-20。资本限量分别为60 000元、100 000元、130 000元、150 000元时，该公司应如何选择投资组合？

表4-20　**各项目的投资额、净现值和现值指数**　金额单位：元

项目	A	B	C	D	E
投资额	60 000	40 000	40 000	20 000	20 000
净现值	24 000	8 000	18 000	5 000	6 000
现值指数	1.40	1.20	1.45	1.25	1.30

4. 某公司进行一项投资，正常投资期为5年，每年投资100万元，5年共需投资500万元，项目有效期为8年，每年营业现金流量为150万元。如果把投资期压缩为2年，每年需投资300万元，项目有效期和每年的营业现金流量不变。假设该公司要求的最低投资报酬率为12%，项目终结时无残值，不用垫支流动资金。分析是否应缩短投资期。

5.九江市气候、土壤等适宜优质茶叶的培育生产，交通便捷利于贸易，因此成为历史上三大茶市之一。在国际国内经济双循环和大众创业、万众创新的背景下，热爱茶文化的小王和几个朋友准备在九江市开一家茶叶公司，对庐山云雾茶进行创新、推广。通过调查研究，他们提出以下方案：

（1）设备投资。茶叶加工设备购价40万元，预计可使用5年，报废时无残值收入；按税法要求，该设备折旧年限为4年，采用直线法折旧，残值率为10%；计划在2020年1月1日购进并立即投入使用。

（2）厂房和店铺装修。装修费用预计10万元，在装修完工后支付；预计在2023年6月还要花10万元进行类似的装修以改善环境。

（3）收入和成本预计。预计2020年1月1日开业，前6个月每月收入8万元，以后每月收入10万元；鲜叶收购、加工和仓储管理等成本为收入的60%，水电费和房租等费用每月2万元（不含设备折旧及装修费摊销）。

（4）营运资金。开业时需垫支10万元周转资金。

（5）该公司符合小微企业认定标准，按照小微企业享受所得税优惠。按照国家对小微企业减税降费的规定，小型微利企业年应纳税所得额不超过100万元的部分，减按25%计入应纳税所得额，按20%的税率缴纳企业所得税；对年应纳税所得额超过100万元但不超过300万元的部分，减按50%计入应纳税所得额，按20%的税率缴纳企业所得税。

（6）小王投资茶叶公司的期望报酬率为10%。

要求：计算每年的现金流量，用净现值法评价该项目经济上是否可行。

6.某公司准备引进一条生产线，有两个方案供选择，现金净流量和概率分布见表4-21。假设无风险报酬率为10%，风险报酬系数为0.2。

表4-21 **甲、乙方案的现金净流量和概率分布**

年份	甲方案		乙方案	
	现金净流量（万元）	概率	现金净流量（万元）	概率
0	-400	1.0	-350	1.0
1	500	0.1	650	0.2
	500	0.8	400	0.6
	500	0.1	150	0.2
2	200	0.2	250	0.3
	300	0.6	200	0.4
	400	0.2	150	0.3

要求：（1）计算两个方案的风险调整贴现率和净现值，并判断哪个方案更佳。

（2）根据肯定当量系数与标准离差率的经验对照关系，运用肯定当量系数法对两个方案进行分析。

三、思考题

1.在计算现金流量时有哪些前提条件？应考虑哪些因素？

2. 静态投资指标与动态投资指标有何区别？为什么在长期投资决策中要考虑货币时间价值？

3. 从某种意义上是否可以说，投资回收期是一种会计保本点的测算？

4. 试比较四种动态投资评价指标间的联系和差异。

5. 如果说某项目的净现值是10 000元，其含义是什么？

第4章计算题参考答案

第4章思考题分析提示

第5章 证券价值评估与投资决策

【学习目标】

通过本章的学习，你要：

1. 熟悉与股票、债券价值评估以及基金投资相关的一些概念；
2. 熟练掌握股票价值评估的方法分类、原理及优缺点与适用性；
3. 熟练掌握债券价值评估的基本模型及其扩展应用；
4. 懂得如何进行股票投资的市盈率分析；
5. 较好地理解证券投资的收益与风险；
6. 了解证券投资基金的不同投资策略与评估。

5.1 股票价值评估

5.1.1 股票价值评估的相关概念

1）股票

股票是股份公司为筹集自有资金而发行的一种有价证券，股票持有者就是该公司的股东。按照公司章程，股东参与或监督公司经营管理，分享红利，并以购股额为限依法承担公司经营亏损的责任。

股票可以按不同的标准进行分类：按股东所享有的权利和义务不同，分为普通股和优先股；按股票票面是否标明持有者姓名，分为记名股票和不记名股票；按股票票面是否标明入股金额，分为有面值股票和无面值股票；按能否向股份公司赎回自己的财产，分为可赎回股票和不可赎回股票。目前，我国公司发行的大都是记名的、有面值的、不可赎回的普通股股票。

2）股利

股利是公司从其税后利润中分派给股东的一种投资回报，是股东所有权在分配上的体现。影响公司现金股利的因素主要有两个：一是公司的盈利；二是公司的股利政策。从长期来看，支付股利所需的现金必须来源于公司的盈利。以盈利向投资者发放股利时，公司还要考虑将其盈利的一定比例作为留存收益，以便为企业未来发展进行再投资，这个比例取决于公司的股利政策。

3）股票的价值

股票本身是没有价值的，它仅是一种凭证。股票的价值是指股票预期所能提供的所有未来收益的现值。对于投资者来说，股票投资的预期收益主要包括两部分：一是发行股票的公司派发的股利收益；二是买卖股票的价差收入，即资本利得。买进股票实际上是现在财富与未来财富的交换。现在财富即为购买股票的货币支出，未来财富则为未来各期的股利收益。将未来财富予以折现，即为现在的股票投资价值，它是股票的内在价值。

4）股票的价格

股票之所以有价格并可以在证券市场上自由买卖，是因为它能给持有人带来预期收益。同其他商品一样，股票价格也由供求关系决定。在一个完善的资本市场中，股票价格应与股票的内在价值一致。但信息不对称、流动交易者的存在等因素使股票一旦发行并上市买卖后，股票的价格就与其价值相背离。从长期来看，股票价格总是围绕股票的内在价值上下波动，总体趋于价值回归。当股票的市场价格低于其内在价值时，说明该股票的价格被低估，具有上涨的潜力，适合投资买进；反之，则相反。

5.1.2 股票价值评估方法分类

从资产评估的专业角度来说，资产价值评估的方法通常有三类：收益法、市场法和成本法。其中，收益法又称绝对估值法，它的技术思路是通过对评估对象的未来收益加以折现来评估其价值；市场法又称相对估值法，是将评估对象与可比标的资产或者可比交易案例进行比较以确定评估对象的价值；成本法又称重置成本法或成本途径法，是以估算获得标的资产的现实成本途径进行估价，即“在现实条件下重新购置或构造一个全新状态的评估对象，所需的全部成本减去评估对象的实体性陈旧贬值、功能性陈旧贬值和经济性陈旧贬值后的差额，以其作为评估对象的现实价值”。

股票也是资产，具有资产的一般特征，但它又与实物资产有区别，是一种特殊的资产。收益法、市场法和成本法在理论上同样适用于股票价值评估，但因重置成本法将历史成本调整为现实价值涉及企业会计准则的具体内容，也因股票的实体性贬值、功能性贬值和经济性贬值更难估算，所以不介绍这种方法。接下来，我们重点阐述股票价值评估的绝对估值法与相对估值法。

5.1.3 股票价值评估方法原理与应用

股票价值评估是现代市场经济的产物，是对评估基准日特定目的下的股票价值进行评定估算，实际上是一种模拟市场判断股票价值的过程。合理的估值是股票市场的稳定器，正确的估值是投资的前提。如何进行估值？怎样才能得到合理有效的估值结果？这些是各方共同关注并不断研究的重要话题。

1）绝对估值法——现金流量折现模型

现金流量折现（discounted cash flow，DCF）模型是一套严谨且具有严格科学体系的“绝对定价”估值方法，主导着当前的实务与教材。它的基本思想是增量现金流量原则和时间价值原则，也就是任何资产的价值是其产生的未来现金流量按照含有风险的折现率计算的现值总和。

（1）基本模型及原理

股票价值评估的现金流量折现模型就是对股票的未来现金流量及风险进行预期，然后选择合适的折现率，将未来现金流量折合成现值。当目标个股的股价高于折现现值时，意味着股价被高估，反之则意味着股价被低估。普通股股票价值的计算公式为：

$$V==\sum_{t=1}^{\infty}\frac{D_t}{(1+r_s)^t}$$

式中：V——普通股股票价值；D_t——第t年的现金流量；r_s——年折现率，一般采用该股票的必要报酬率；t——年份。

根据现金流量分布特征，现金流量折现模型一般分为永续增长模型与两阶段增长模型，后者相对而言更具现实意义。投资大师巴菲特曾表示，一家上市公司的内在价值是这家公司在其余下的寿命期中可以产生的现金流量的贴现值。一般而言，投资者对于一家上市公司的现金流量折现估值分为两部分：一部分是前5~10年的高速成长期的折现，另一部分是5~10年后的永续发展期的折现。投资者要想得出准确的DCF值，就需要对公司未来的发展情况有清晰的了解。得出DCF值的过程就是判断公司未来发展的过程。比如，计算一家上市公司未来5~10年的DCF值时，就需要在各种乐观、中性和悲观的假设条件下，推算其合理的股价。

假定公司股票的股利支付是增长的，且股利增长率为一常数（g），则有：

$$V=\sum_{t=1}^{\infty}\frac{D_0(1+g)^t}{(1+r_s)^t}=\frac{D_0(1+g)}{r_s-g}\times\sum_{t=1}^{\infty}\left[1-\left(\frac{1+g}{1+r_s}\right)^t\right]$$

当$g<r_s$时，$\frac{1+g}{1+r_s}<1$，上式可以简化为：

$$V=\frac{D_0(1+g)}{r_s-g}=\frac{D_1}{r_s-g}$$

但在现实生活中，公司股票的股利支付通常是不固定的，可能在一段时间里高速增长，而在另一段时间里固定不变或保持正常、稳定的增长。在这种情况下，就要分段计算分析，来确定股票的内在价值。

此外，根据现金流量的不同种类，股票估值的现金流量折现模型还可分为股利现金流量折现模型（简称股利现金流量模型）、股权现金流量折现模型（简称股权现金流量模型）和实体现金流量折现模型（简称实体现金流量模型）三种。其中，股利现金流量，是公司股票发放股利分配给股权投资人的现金流量。股权现金流量，是一定期间股票对应公司实体现金流量扣除对债权人支付后剩余的部分，也称为股权自由现金流量。这取决于公司的筹资和股利分配政策，如果股权现金流量全部作为股利分配，则股权现金流量模型与股利现金流量模型相同。实体现金流量，是公司全部现金流入扣除成本费用和必要的投资后剩余的部分，是公司一定期间可以提供给所有投资人（包括股权投资人和债权投资人）的税后现金流量。在数据相同的情况下，三种现金流量折现模型的评估结果是相同的。

（2）优缺点与适用性

就整体而言，股票价值评估现金流量折现模型在理论上比较健全，其对于上市公司股票内在价值的测算非常严谨和科学，适合业务简单、增长平稳、成长前景明朗、资本支出较少、现金流量稳定的上市公司，尤其适用于那些现金流量可预测度较高的行业，如公用事业、电信业等，但对于现金流量波动频繁、不稳定的行业，如科技行业，现金流量折现模型的准确性和可信度就会降低。

由于现金流量折现模型需要大量假设和推理，在不同基本面类型、不同行业、不同成长周期的企业估值上，衍生出的估值模型较为庞杂，仅适合对某一行业、某一企业基本面十分熟悉的投资者，对许多类型的股票来说实用度不高。

更为关键的是，在应用中还面临如何预计未来每年的股利以及如何确定折现率的问题，而这对投资者来说非常复杂并且要求极高。因对未来多年现金流量及其适用的折现率进行准确预测的难度极大，故现金流量折现模型较少单独作为唯一的估值方法来给股票定价。

通常情况下，现金流量折现模型被视为最保守的估值方法，其估值结果会作为目标价的底线。对于投资者来说，不论最终以哪种估值标准来给股票定价，建一套现金流量折现模型都有助于其对所投资公司的长期发展形成一个清醒的认知。

（3）应用实例

【例5-1】 某公司股票最近支付的股利为2元，若其以后股利支付每年都以4%的速度永续增长，市场必要报酬率为12%，则该公司股票的内在价值为：

$$V=\frac{2\times(1+4\%)}{12\%-4\%}=26（元）$$

【例5-2】 假设某公司的销售额以每年45%的速度增长，预期这一增长势头将使该公司在未来3年每年现金股利增长20%，此后转为正常增长，增长率为每年5%。该公司最近支付的股利为每股0.75元，股票的必要报酬率为10%。试估算该公司股票的内在价值。

第一步：计算非正常增长期的股利现值，见表5-1。

表5-1　**非正常增长期的股利现值**

年份	股利（元）	现值系数（10%）	现值（元）
0	0.75		
1	0.75×（1+20%）=0.9	0.909	0.818
2	0.9×（1+20%）=1.08	0.826	0.892
3	1.08×（1+20%）=1.296	0.751	0.973
3年股利现值合计	2.683		

第二步：计算第3年年底的股票价值。

$$V_3=\frac{(1+g)D_3}{r_s-g}=\frac{1.296\times(1+5\%)}{10\%-5\%}=27.216（元）$$

计算其现值：

27.216×（P/F，10%，3）=27.216×0.751=20.439（元）

第三步：计算股票当前的内在价值。

V=2.683+20.439=23.12（元）

（4）应用智能化

智能技术是当前科学技术发展中的一门新兴学科，是在计算机科学、控制论、信息论、生物学、神经心理学、哲学、语言学等多门学科研究的基础上迅速发展起来的前沿学科。随着智能技术的不断发展，越来越多的学者开始将智能技术应用于股票市场并取得了进展。凭借神经网络方法可任意逼近非线性连续函数的学习能力及突出的信息综合能力，国内许多学者已对神经网络的时间序列预测方法进行了研究，并根据股票的历史收盘价移动价格平均线指标，运用粗集理论与神经网络的结合来预测上证指数与股票未来价格。

除了神经网络方法的大量使用外，模糊控制理论由于可以将专业人员的经验制作成模糊规则库这个独特优势，也被广泛应用于股票价值评估与股价预测领域，如运用模糊评价法分析股票的纵向发展、运用模糊控制方法判断短线的投资策略、运用灰色模型对股票价值进行评估等。

在股票估值领域，引入智能技术的信息处理与分析挖掘技术，能发掘一些新思想和新办法，使原本复杂的问题得到较好解决。智能技术具有思维和判别能力，可以灵活、客观地依据专家的经验建立模型，并使之准确、实用。在股票估值领域，智能技术还没有足够多的研究成果。

2）相对估值法——市盈率模型

相对估值法分为两大类：一类是以股票市价为基础的模型，包括每股市价/每股收益、每股市价/每股净资产等模型；另一类是以公司实体价值为基础的模型，包括实体价值/实体现金流量、实体价值/息税折旧摊销前利润、实体价值/税后经营净利润等。这里只讨论其中最常用的市盈率模型。

（1）基本模型及原理

市盈率（Price to Earning Ratio，PE或P/E Ratio）也称股价收益比率或市价盈利比率，是普通股每股市价与每股收益的比率，是最常用的评估股价水平是否合理的指标之一。相关计算公式为：

市盈率=每股市价÷每股盈利

目标股票价值=可比股票市盈率×目标股票每股盈利

该模型假设每股市价是每股收益的一定倍数，每股收益越大，则每股价值越大。同类股票有类似的市盈率，根据证券机构或权威刊物提供的同行业公司股票过去若干年的平均市盈率，乘以某公司股票当前的每股盈利，便可以得出该公司股票的价值，再用它和该公司股票当前的市场价格进行比较，可以看出投资者所付价格是否合理。如果计算的结果为股票价格低于股票价值，说明股价有一定吸引力。

为什么市盈率可以作为计算股价的乘数呢？根据股利折现模型，处于稳定状态股票的每股价值为：

每股价值P_0=每股股利$_1$÷（股权成本-增长率）

两边同时除以每股收益$_0$，可以简单推导出一个根据当前市价与同期收益计算的市盈率，即本期市盈率的函数关系等式：

本期市盈率=［股利支付率×（1+增长率）］÷（股权成本-增长率）

这个公式表明，市盈率的驱动因素是股票的增长潜力、股利支付率和风险（股权成本的高低与其风险相关），这三个因素类似的股票，自然具有类似的市盈率，故而可以类比估算目标股票价值。需要指出的是，有时同行业企业的股票也不一定具有这种类似性，特别是其中关键的增长潜力。因为所谓的增长潜力类似，不仅指各企业具有相同的增长率，还包括其增长模式的类似性，故在具体运用中还需慎重。

（2）优缺点与适用性

股票价值评估的市盈率模型的优点在于：首先，其从每股收益的角度进行估值，反映了以当前收益，投资者需要多少年才能回本，能直观地反映投入与产出的关系以及同行业企业之间估值的高低。其次，市盈率模型中计算市盈率的数据相对容易取得，并且计算简单。相较于现金流量折现模型的繁琐，以及未来现金流量预测和风险报酬率的不确定性，相对估值法仅通过一个比例去衡量股票价值，在最简单的市盈率模型中，甚至不需要对遥远未来的公司业绩进行预测，比如动态市盈率只需要考虑下一个报告期的业绩预期就足以在实务中运用。另外，市盈率涵盖了风险、增长率、股利支付率的影响，具有很好的综合性。

股票估值的市盈率模型显然也是有缺陷的，如果收益是负值，负的市盈率无法从经济意义的角度进行解释，市盈率就失去了意义。因此，市盈率模型最适合连续盈利的企业。此外，市盈率无法区分经营性资产创造的盈利和非经营性资产创造的盈利，市盈率计算中每股收益的指标是净利润的派生指标，而上市公司的净利润很容易受到会计方法与会计准则的影响，这使得每股收益的可比性减弱，并容易使市盈率受到人为操控。

一般来说，股票的市盈率较高，表明投资者对公司的未来充满信心，但过高或过低的市盈率又并非好兆头。通常认为，市盈率在5～20倍是比较合理的，各行业的正常值区间也有所区别。当受到不正常因素干扰时，股价短期会被哄抬到“离谱”的高度，进而使市盈率变得超高，这很可能成为股价下跌的前兆。通常认为，超过30倍的市盈率是不正常的。若股票的市盈率比较低，表明投资者对公司的未来缺乏信心，这种股票风险也较大。通常认为，股票的市盈率在5倍以下甚至为负值的，公司前景比较黯淡。因此，最好能够通过研究拟投资股票市盈率的长期变化来估计其正常值，并以此作为分析决策的基础。

（3）应用实例

【例5-3】甲股票今年的每股收益为0.6元，分配的股利为0.42元/股，该公司净利润和股利增长率都是6%，β为0.75。政府长期债券利率为7%，市场风险溢价为5.5%。乙股票与甲股票类似，今年实际每股净利为1.5元。请根据甲股票的本期市盈率对乙股票进行估值，其股票价值为多少？

甲股票股利支付率=每股股利÷每股收益

=0.42÷0.6=70%

甲股票股权成本=无风险利率＋β×市场风险溢价

=7%＋0.75×5.5%=11.125%

甲股票本期市盈率=［股利支付率×（1+增长率）］÷（股权成本−增长率）

=［70%×（1+6%）］÷（11.125%−6%）=14.48

乙股票价值=目标企业本期每股收益×可比股票本期市盈率

=1.5×14.48=21.72（元/股）

需要指出的是，在进行股票价值评估时，目标股票的本期净利必须乘以可比股票本期市盈率，两者必须匹配。在实务中，股价通常取最新收盘价。而每股收益，若按已公布的上年度每股收益计算，称为历史市盈率；若按市场对今年及明年每股收益的预估值计算，则称为未来市盈率或预估市盈率。计算预估市盈率所用的每股收益预估值，一般采用市场平均预估，即追踪公司业绩的机构收集多位分析师的预测所得到的预估平均值或中值。

5.2 债券价值评估

5.2.1 债券价值评估的相关概念

1）债券

债券是发行者为筹集资金，向债权人发行的，在约定时间内支付约定利息，并在到期时偿还本金的一种有价证券。

债券可以按不同的标准进行分类。按是否有担保，分为信用债券和抵押债券；按债券票面是否标明持有者姓名，分为记名债券和无记名债券；按利率是否固定，分为固定利率债券（也叫普通债券）和浮动利率债券；按债券发行主体不同，分为政府债券、金融债券和公司债券。

2）债券面值

债券面值是设定的债券票面金额，它代表发行人借入并且承诺于未来某一特定日期偿付给债券持有人的金额。通常，美国公司发行的债券面值大多数为1 000美元，我国公司发行的企业债券面值大多为100元。

3）票面利率

债券的票面利率是指债券发行者预计一年内向债券持有人支付的利息占票面金额的比率。比如，上市公司中国铝业股份有限公司2009年5月发行的5年期、面值100元的企业债券，票面利率为3.8%。公司债券的计息和付息方式有多种，可能使用单利或复利计息，利息支付可能每半年一次或每季度一次，这就使得债券的票面利率可能不等于按复利计算的一年期实际利率。

4）债券的到期日

债券的到期日是指偿还本金的日期。债券一般都规定到期日，以便到期时归还本金，自此，债券协议中所规定的权利和义务终结。债券期限有的短至3个月，有的则长达30年。

5.2.2 债券价值评估模型及扩展

作为一种收益稳定的有价证券，债券的未来现金流入主要是利息和归还的本金。债券的价值就是按投资者要求的收益率对这些现金流量进行折现。如果投资者按照等于债券价值的价格购买了这种债券，他将获得预期的投资报酬率，即投资者要求的报酬率；如果投资者按照小于债券价值的价格购买了债券，他将获得高于预期的投资报酬率。

1）债券价值评估的基本模型

典型的债券是固定利率，每年计算并支付一次利息，到期归还本金。根据这种债券的现金流模式，其价值的计算公式如下：

$$V=\sum_{t=1}^{n}\frac{I_t}{(1+r_b)^t}+\frac{M}{(1+r_b)^n}$$

式中：V——债券的价值；I_t——第t年的票面利息；M——到期的本金；n——债券到

期前的年数；r_b——折现率，一般采用该债券的必要报酬率或当时的市场利率。

当债券的每期利息固定为I时，上述计算公式可表示为：

$$V=I\cdot(P/A,\ r_b,\ n)+M\cdot(P/F,\ r_b,\ n)$$

【例5-4】某公司拟于2023年9月1日发行面额为1 000元的债券，票面利率为8%，每年9月1日计算并支付一次利息，并于5年后的9月1日到期。假设该债券临近发行时，市场同等风险投资的必要报酬率为10%，试确定该债券的发行价格。

企业拟发行债券时，其票面利率是根据当时风险投资的必要报酬率确定的。如果债券印制或公告后必要报酬率发生了变动，通常的做法是先估算债券的内在价值，然后通过溢价或折价来调节发行价，而不是修改票面利率。

债券的价值 $V=1\ 000\times8\%\times(P/A,\ 10\%,\ 5)+1\ 000\times(P/F,\ 10\%,\ 5)$

$=80\times3.791+1\ 000\times0.621=924.28$（元）

在这种情形下，该债券只能折价发行，发行价格为924.28元。

如果该债券临近发行时，市场同等风险投资的必要报酬率为8%，同理计算分析可以得知，该债券将平价发行。

如果该债券临近发行时，市场同等风险投资的必要报酬率低于8%，同理计算分析可以得知，该债券的内在价值将高于其票面价值，债券将溢价发行。

由此可以看出，市场同等风险投资的必要报酬率是影响债券定价的一个重要因素。在其他条件相同的情况下，公司将根据票面利率大于、等于或小于债券临近发行时市场同等风险投资的必要报酬率的情况，相应进行溢价、平价或折价发行。

2）不同类型债券的价值评估

（1）纯贴现债券的估价。纯贴现债券是指发行者承诺在未来某一确定日期作某一单笔支付的债券。这种债券的持有人在债券到期前不能得到任何现金支付，因此也称为“零息债券”。零息债券没有标明计息规则的，通常采用按年计息的复利计息规则。纯贴现债券价值的计算公式为：

$$V=\frac{M}{(1+r_b)^n}$$

【例5-5】有一纯贴现债券，面值为1 000元，20年到期。假设必要报酬率为10%，则该债券的价值为：

$$V=\frac{1\ 000}{(1+10\%)^{20}}=148.6\text{（元）}$$

（2）平息债券的估价。平息债券是指利息在到期前平均支付的债券，其支付频率可能是一年一次、半年一次或每季度一次。平息债券价值的计算公式为：

$$V=\sum_{t=1}^{mn}\frac{\frac{I}{m}}{(1+\frac{r_b}{m})^t}+\frac{M}{(1+\frac{r_b}{m})^{mn}}$$

式中：m——债券的年付利息次数。

【例5-6】有一债券面值为1 000元，票面利率为8%，每半年支付一次利息，5年到期。假设必要报酬率为10%，该债券的价值为：

$V=I\times(P/A,\ 10\%\div2,\ 5\times2)+1\ 000\times(P/F,\ 10\%\div2,\ 5\times2)$

$=40\times7.7217+1\ 000\times0.6139=922.77$（元）

该债券的价值比例5-4每年付息一次的价值924.28元降低了。债券付息期越短价值越低的现象，仅出现在折价出售的情况下。如果债券溢价出售，则情况正好相反。

（3）永久债券的估价。永久债券是指没有到期日，永不停止定期支付利息的债券。例如，英国统一公债（CONSOL）、美国举债建造巴拿马运河的债券都是永久债券，它们没有最后支付日并永久有效。永久债券价值的计算公式为：

$$V=\frac{I}{r_b}$$

例如，市场利率是10%，每年能得到50元利息的政府永久债券的价值为：50÷10%=500（元）。

5.2.3 债券到期收益率

对于每一种债券，每个投资者要求的收益率都不相同，债券的收益水平通常用到期收益率来衡量。到期收益率是指以特定价格购买债券并持有至到期所能获得的收益率。它的实质是债券投资的内含报酬率。

到期收益率是使未来现金流量现值等于债券购入价格的折现率。计算到期收益率的方法是求解含有折现率的方程：

购进价格=每年利息×年金现值系数+面值×复利现值系数

$$V=I\cdot(P/A,\ r_b,\ n)+M\cdot(P/F,\ r_s,\ n)$$

【例5-7】ABC公司于2022年2月1日以平价购买了一张面额为1 000元的债券，票面利率为8%，每年2月1日计算并支付一次利息，并于5年后的1月31日到期。该公司持有该债券至到期，计算其到期收益率。

$$1\,000=1\,000\times8\%\times(P/A,\ r_b,\ 5)+1\,000\times(P/F,\ r_b,\ 5)$$

解该方程要用试误法。

用r_b=8%试算：

$$80\times(P/A,\ 8\%,\ 5)+1\,000\times(P/F,\ 8\%,\ 5)=80\times3.9927+1\,000\times0.6806=1\,000\text{（元）}$$

可见，平价购买每年付息一次的债券到期收益率等于票面利率。

如果债券的价格高于面值，情况将发生变化。例如，买价是1 105元，则：

$$1\,105=80\times(P/A,\ r_b,\ 5)+1\,000\times(P/S,\ r_b,\ 5)$$

通过前面的试算已知，r_b=8%时，等式右方为1 000元，小于1 105元，可判断收益率低于8%，故应降低折现率。

用r_b=6%试算：

$$80\times(P/A,\ 6\%,\ 5)+1\,000\times(P/F,\ 6\%,\ 5)=80\times4.212+1\,000\times0.747=1\,083.96\text{（元）}$$

由于试算结果仍小于1 105元，还应进一步降低折现率。

用r_b=4%试算：

$$80\times(P/A,\ 4\%,\ 5)+1\,000\times(P/F,\ 4\%,\ 5)=80\times4.452+1\,000\times0.822=1\,178.16\text{（元）}$$

试算结果高于1 105元，可以判断该收益率高于4%，但低于6%。用插值法计算其近似值：

$$\left\{\begin{matrix}\left\{\begin{matrix}4\% & 1\,178.16\\ r_b & 1\,105\end{matrix}\right\}\\ \begin{matrix}6\% & 1\,083.96\end{matrix}\end{matrix}\right\}$$

$$\frac{r_b - 4\%}{6\% - 4\%}=\frac{1\ 105 - 1\ 178.16}{1\ 083.96 - 1\ 178.16}$$

$$r_b=5.55\%$$

从此例可以看出，如果债券的购买价格和面值不等，则到期收益率和票面利率不同。

5.3 基金投资决策

5.3.1 基金投资的相关概念

1）证券投资基金

证券投资基金（简称基金）是一种利益共享、风险共担的集合证券投资方式，即通过公开发售基金份额募集资金，由基金托管人托管，交由基金管理公司将其分散组合投资于各种金融资产，如股票、债券、外汇、期货和期权等，投资所得的收益通过派发红利或再投资方式按出资比例进行分配，投资损失也由投资者自己承担。基金管理公司在这个过程中只作为资金管理者收取一定的管理费用，投资者的委托资金存放于指定的托管银行，与基金管理公司的自有资金相互独立，以保证投资者利益不受损害。

基金可以按不同的标准进行分类。按组织形态不同，分为契约型基金和公司型基金；按基金单位是否可以增加或赎回，分为开放式基金和封闭式基金；按投资风险与收益不同，分为成长型基金、平衡型基金和收益型基金；按投资对象及其比重不同，分为股票型基金、债券型基金、货币市场基金、指数基金和混合型基金，其中混合型基金又可分为偏股型基金、偏债型基金和配置型基金。

2）基金净值

基金净值是指在某一时点一个基金单位实际代表的价值。单位基金资产净值的计算公式为：

单位基金资产净值=（基金总资产–基金总负债）÷基金份额

基金总资产是指基金拥有的所有资产的价值，包括现金、股票、债券、银行存款和其他有价证券。基金资产并不完全属于基金投资者所有，这是因为基金在运作时会产生各种负债，如应付给基金管理公司的管理费、基金托管人的托管费以及基金投资活动的交易费用，这些费用在尚未支付时会形成基金的负债，投资者实际拥有的应该是扣除基金负债后的资产净值。

开放式基金的单位基金资产净值每天都会在全国性证券类报纸或者相关财经网站（如中国基金网）刊登，部分开放式基金的净值还可以通过交易所的行情显示系统看到，投资者可以及时了解基金的运作情况；封闭式基金由于不进行日常的申购与赎回，其单位基金资产净值只是每周公布一次。

3）基金的认购、申购与赎回

基金的认购是在基金募集期内，投资者到基金管理公司或选定的基金代销机构开设基金账户，按照规定的程序申请购买基金份额的行为。基金的申购是指投资者按照规定的程序申请购买已经成立的基金单位。基金的赎回是指投资者把手中持有的基金单位按规定的价格卖给基金管理公司并收回现金的过程，是与申购相对应的反向操作过程。

申购、赎回价格以当日基金资产净值加减一定手续费为基础计算。我国《开放式证券投资基金试点办法》第26条规定："申购开放式基金单位的份额和赎回基金单位的金额，依据申购赎回日基金单位资产净值加、减有关费用计算，具体计算方法应当在招募说明书中予以载明。基金单位资产净值，应当按照开放日闭市后基金资产净值除以当日基金单位的余额数量计算。具体计算方法应当在基金契约和招募说明书中予以载明。"

5.3.2 基金投资的特点及风险

1）基金投资的特点

与股票、债券等金融投资工具一样，证券投资基金也为投资者提供一定投资获利的渠道，但与其他投资相比，基金投资具有特殊性。

（1）专家管理，专业理财。基金管理公司作为证券投资基金的管理人，具有专业的投资分析和研究人员，能够对证券市场作出较为全面和准确的分析，并有效地防范和化解证券投资风险，保障基金投资者资金的长期稳定增值。普通投资者一般没有足够的时间、精力和专业知识从事证券投资分析，投资者购买基金，等于花很少的钱雇用了众多投资专家在所有的证券交易日全心全力地帮助其理财。

（2）组合投资，分散风险。基金管理公司将中小投资者的小额资金汇集成一笔数额较大的资金后，分散投资于不同地区、不同行业的多种股票、债券、期货等金融工具，可以最大限度地降低风险。因为不同地区的经济发展速度各异，而不同行业的不同企业受经济景气影响的性质和程度不同，投资组合中的某种证券市值的下降可以由另一些证券市值的上升来弥补，其风险远远低于小额投资者由于资金量的局限而投资于有限的证券上的风险。

（3）投资小，费用低。在我国，每份基金单位面值为人民币1元。证券投资基金最低投资额一般较低，目前我国封闭式基金最低可买100份基金单位或1手，开放式基金最低投资金额一般为1 000元。投资者可以根据自己的财力，多买或少买基金单位，从而解决了中小投资者"钱不多、入市难"的问题。此外，基金的费用通常比较低。根据国际市场的惯例，基金管理公司就提供基金管理服务而向基金投资者收取的管理费一般为基金资产净值的1%～2.5%；而投资者购买封闭式基金的交易费用通常为认购总额的0.25%，开放式基金的申购费用一般为认购金额的1%～1.5%，大大低于购买股票的费用。此外，由于基金集中了大量的资金进行证券交易，通常也能在证券交易佣金方面得到证券商的优惠。

（4）风险共担，收益共享。基金管理公司会将投资于证券市场获得的收益，通过派发红利或再投资方式按出资比例返还给基金投资者，基金管理公司只从其中收取一定比例的管理费用。一般而言，证券投资基金由于采取组合投资等策略，因此其风险低于股票，同时其收益一般高于债券，也高于同期银行存款利息。

2）基金投资的风险

一般来讲，基金投资者面临的风险主要来自以下几个方面：

（1）市场的风险。基金通过分散投资，虽然能够降低风险，但毕竟不能将风险降至零，而且分散投资仅能消除非系统风险。基金主要投资于证券市场，而证券市场存在系统风险和非系统风险。系统风险（如政策风险、经济周期波动风险、利率风险等）在缺乏做空机制的情况下，除了运用减少仓位的办法外，不能通过分散投资或组合投资来规避。

（2）基金机构的风险。基金管理公司的管理水平直接影响基金收益水平，管理经营不规范势必会给基金投资者带来损失，而不管赔赚，基金管理公司都将收取一定的手续费，这就大大增加了投资者的风险。为此，各国对证券投资基金普遍实行严格而全面的监管，包括实行严格的行业准入标准和审批程序、严格的基金产品审批制度、严密的日常行为监管以及严格的从业人员管理制度等。

（3）流动性风险。封闭式基金的投资者可能在某一价位上无法及时变现；开放式基金的投资者在赎回基金时，可能遇到暂停赎回。国外大多数基金投资者会选择明星级的基金经理，而国内的证券投资基金运行时间大多不长，投资者难以根据以往业绩或基金经理的表现作出投资决定。目前我国投资者的投机心理比较重，对开放式基金形成了庞大的赎回压力。

5.3.3 基金选择与评估

当投资者明确地将证券投资基金作为投资目标时，就要在众多基金中挑选出使自己满意的基金并有效规避投资基金的风险，这就需要投资者对基金进行深入分析与评估。

1）基金选择指标

目前，一般投资者在选择证券投资基金时往往仅凭其以往的业绩，的确，以往的业绩在评估基金时是一个非常重要的因素，但只靠它是远远不够的，因为基金管理公司在提供以往业绩数据时可能精心策划，突出业绩好的时期，淡化业绩差的时期，再加上某些媒体的过度渲染，会导致基金表面上的业绩大大超过其实际的业绩。因此，除了评估业绩指标外，还应当考查基金的结构指标。所谓基金的结构指标，是指影响基金业绩的潜在因素，主要包括以下几方面内容：

（1）基金的规模。较大型的股票投资基金对市场变化作出反应较为迟钝，比如一只拥有400亿元资产的基金，想把其中的1%投资于一个颇有增长潜力的小公司，可能遇到一个问题，即这家小公司没有那么多股份出卖，而且巨额的资金买卖必将大幅度影响股价，这对基金收益可能造成冲击。相比之下，小规模基金在投资这类小公司的股票时就具有相对优势，但小规模基金在实际操作中风险承受能力较弱，对投资者而言具有较高的风险。对那些追求高回报，也敢冒高风险的投资者来说，可以考虑那些小规模基金，尤其是那些大型基金联合体的组成部分或是由一家大型基金管理公司管理的小规模基金，因为其管理层有足够的资源和经验并以合理、高效的方式管理基金业务。

（2）现金流量。对于开放式基金而言，现金流量一般指投资于基金的现金净增长，也就是说，申购基金现金超出赎回基金现金的部分，或称净申购资金。现金流量在证券投资基金总资产中所占比重对选择基金的投资者来说，是一个非常重要的评价指标。20世纪60年代末，美国共同基金分析专家阿兰·波普通过研究发现，现金流量这一指标与证券投资基金的业绩有密切的关系。当某一基金有大量的现金注入时，基金的运作呈现良好的发展势头，基金的业绩也呈上升态势，但是如果这种大量的现金注入停止，基金业绩的上升势态也随之停止，甚至还有下降的趋势。因此，投资者应当特别警惕大规模现金流量的负增长。

（3）基金的资产结构。在不同的证券投资工具中，国债具有收益稳定、价格变化小、风险相对小的特点；而股票则具有价格波动大、收益不稳定的特点，是一种高收益、高风险的投资工具。正是由于不同的证券投资工具有不同的收益和风险，因此合理地搭配债券、现金等价物和股票的比例对风险防范有积极作用，特别是在中国股票市场波动较大、系统风险高的情况下。经验表明，中国股票市场和债券市场的收益是负相关关系。由于资金在两个市场间相互流动，股票市场火爆时，债券市场低迷；而债券市场火爆时，股票市场低迷。各证券投资基金经理在这两个市场不断进出，反映了各基金管理公司的投资风格和趋势。

（4）基金的股票行业结构。不同行业具有不同的风险和收益，人们对这些行业的预期也存在较大差异。证券投资基金在市场运作中的主要方式是组合投资，根据现代组合投资理论，系统风险无法通过购买多种证券来化解，而非系统风险可以通过证券投资的多元化来规避。投资者可以根据各基金管理公司公布的投资组合，有效地分析和追踪基金的业绩，判断基金管理者的管理水平和投资理念，从而进一步了解基金的投资战略、基金风险和基金收益。

2）基金评估的4R原则

评估基金主要是为投资者服务，一旦你发现基金值得投资，你就面临另一个问题：市场上有如此众多的基金，你如何选择？基金的业绩排名对投资者而言是选择基金的重要参考依据。此外，基金管理公司也要进行内部评比，通过业绩比较，实现优胜劣汰。通常情况下，挑选基金时可以考虑应用4R原则，即收益率、评级及风险度和支出比率（returns，rating，risk，expense ratio）。

（1）收益率。为了更客观地分析基金的历史表现，可以计算所有基金收益率的平均数，以便投资者将某一基金与平均数进行比较，并将基金最近3年的收益率进行统计学处理，将其收益率与同类其他基金比较所得的百分数排序，分别以1～100的数字代表，数字越小表明其过往的表现越好。例如，某基金的收益率百分比为99%，这就意味着该基金在过去3年的收益率比同类基金中99%的收益率都高，因而其排名就为“1”。

（2）评级及风险度。为了更全面地给各基金评级，可以对基金进行细致的划分，然后对各类基金再分别排名。晨星公司是美国最著名的基金评级公司，在晨星公司的评级体系中，最著名的是其3年“星级”评级，即在每类基金里，每一基金按照3年的实际表现排队。通过考查该指标，投资者可以在更大的范围内（包括国内股票基金、全球股票基金、需纳税债券基金和市政债券基金）综合判断基金的表现与抗风险能力。

（3）支出比率。支出比率是指基金的年度费用占资产的比例，如果某基金收取的费用高于平均水平，该基金的回报也应高于平均水平。有些基金收取销售费用，多数情况是因为这些基金是通过经纪人或财务顾问出售的，因此需要为这种服务付费。这些也是应该考虑的。

（4）其他因素。这包括“证券投资基金最差3个月的表现”和“基金管理者任期”两项内容。

5.3.4 基金投资策略

基金投资策略虽然千变万化，但总体而言可以分为两类：一类是积极的投资策略；另一类是消极的或被动的投资策略。采用积极投资策略的基金是想通过积极的组合管理和对市场时机的把握来获取高于市场平均收益率（即市场指数）的回报。而消极的投资策略是基于这样一种理念：长期而言，持续地战胜市场指数是十分困难的，因此最好的策略就是复制市场组合，争取获得同市场指数相同的回报。两种迥异的投资策略是基于投资者对市场效率的不同认识，认为市场定价有效率的投资者倾向于被动投资策略，而认为市场定价失效的投资者会采用积极投资策略。

1）积极投资策略

采用积极投资策略的投资者有两种方式构筑投资组合：一种是自下而上（bottom-up）；另一种是自上而下（top-down）。自下而上的投资组合构筑方式主要关注对个别股票的分析，而对宏观经济和资本市场的周期波动不是很重视。这种投资组合的管理者主要通过基本分析方法来预测股票的未来收益，然后根据股票所处的行业及其他一些参数确定股票的内在价值，通过比较股票的内在价值和现行市价决定是否将股票加入组合，最后的组合是满足这些选股条件的个别股票的集合。自下而上的投资策略的特点是股票品种较少，行业分布较不均匀。

此外，采用积极投资策略的投资经理还可以采取自上而下的投资策略来构筑投资组合。首先，基金管理公司对宏观经济环境进行评估，并预测近期经济前景，在此基础上决定资金在股票、债券和现金等价物等各种金融资产之间的分配，这一过程就是资产配置阶段。其次，基金管理公司对股票市场各个板块和行业进行分析，从中选出可以获取最高收益的市场板块和行业进行重点配置，即决定资金如何进一步在股票市场的不同板块和行业之间进行分配。最后，在决定了板块和行业的资金分布之后，再决定具体在相应板块和行业中个别股票的资金分布。自上而下投资策略的特点是股票的品种相对较多，且行业分布较均匀。

2）消极投资策略

根据现代投资组合理论，市场组合在定价有效率的市场中给单位风险提供了最高的收益率水平。市场组合在理论上包含整个市场的股票。构筑市场组合时，每只股票在组合中的权重应该是该股票的资本总额在整个资本市场资本总额中的比例。这种以市场组合为投资组合的消极投资策略称为指数化策略。

指数化概念最早起源于20世纪70年代中期，是诺贝尔经济学奖获得者萨缪尔森提出的。萨缪尔森注意到，尽管当时很多股票投资者试图战胜市场，但只有很少一部分人成功做到了这一点。指数化投资策略就是构筑这样的投资组合，该组合中的股票权重比例完全复制了某一市场基准指数，从而能够获得与市场基准指数相同或十分接近的收益。在美国，市场基准指数通常是标准普尔500指数，它是标准普尔公司选取美国500家大型公司的股票价格编制的指数。在中国，市场基准指数可以选择上证综合指数、深证综合指数或成份指数、上证180指数、上证50指数等。

指数化策略的优势在于它能够最大限度地减少交易，因此几乎可以消除管理费用并降低基金运作成本。指数基金的创始人鲍格尔指出，指数基金最吸引人的地方就是其先天的成本优势，平均起来，指数基金的费用每年要低2.1个百分点。从总的情况来看，指数化策略正得到越来越多人的支持。

学思践悟

政府规划带动概念公司股价上涨

2023年2月27日，中共中央、国务院印发了《数字中国建设整体布局规划》（以下简称《规划》）并发出通知，要求各地区各部门结合实际认真贯彻落实。《规划》指出，建设数字中国是数字时代推进中国式现代化的重要引擎，是构筑国家竞争新优势的有力支撑。加快数字中国建设，对全面建设社会主义现代化国家、全面推进中华民族伟大复兴具有重要意义和深远影响。

《规划》提出，到2025年，基本形成横向打通、纵向贯通、协调有力的一体化推进格局，数字中国建设取得重要进展；到2035年，数字化发展水平进入世界前列，数字中国建设取得重大成就。《规划》明确，数字中国建设按照"2522"框架进行布局，即夯实数字基础设施和数据资源体系"两大基础"，推进数字技术与经济、政治、文化、社会、生态文明建设"五位一体"深度融合，强化数字技术创新体系和数字安全屏障"两大能力"，优化数字化发展国内国际"两个环境"。要夯实数字中国建设基础，就要系统优化算力基础设施布局，促进东西部算力高效互补和协同联动，引导通用数据中心、超算中心、智能计算中心、边缘数据中心等合理梯次布局，推动公共数据汇聚利用，释放商业数据价值潜能，加快建立数据产权制度；要全面赋能经济社会发展，包括做强做优做大数字经济、发展高效协同的数字政务、打造自信繁荣的数字文化、构建普惠便捷的数字社会、建设绿色智慧的数字生态文明；要强化数字中国关键能力，构筑自立自强的数字技术创新体系和可信可控的数字安全屏障等。

"2522"框架涉及数字经济的各个细分产业链，全面利好数字经济发展及由此延伸、衍生、派生、催生、伴生的诸多相关题材概念。自《规划》出炉之日起，在股票市场上，与数字经济、大数据、人工智能、智慧城市、智慧政务、数据中心、数据确权、数字孪生、信创、信息安全、边缘计算、云计算、东数西算、软件服务等相关的概念上市公司的股票价格呈现"爆发性、间歇交替性、轮番循环性"等上涨态势。比如，熙菱信息（股票代码：300588）2023年3月1日股价快速上涨20%，次日股价一度连续上涨接近16%（虽然其财务报告显示连续亏损），之后股价连续3个交易日回落，累计回落幅度超过20%，再之后10个交易日，该公司股价震荡攀升接近30%。

请思考：重大利好政策出台如何引起相关题材概念上市公司的股价上涨？在股票投资决策中，如何挖掘并有效把握投资机会，又当如何有效规避投资风险？

资料来源 根据新华社、人民网、中国证券网等相关报道及数据资料整理。

本章小结

本章着重介绍了股票与债券估价的基本模型及扩展应用，股票投资的市盈率模型、债券与基金投资的基本策略，以及如何选择、评估证券投资基金。

股票价值评估实际上是一种模拟市场判断股票价值的过程，其中，现金流量折现模型是一套严谨且具有严格科学体系的绝对估值法，主导着当前的实务与教材。它是通过对股票的未来现金流量及风险进行预期，然后选择合适的折现率，将未来现金流量折合成现值。当目标个股的股价高于折现现值时，意味着股价被高估，反之则意味着股价被低估。另外，股票估值的市盈率模型也常被用于评估股价水平是否合理。

债券是发行者为筹集资金，向债权人发行的，在约定时间内支付约定利息，并在到期时偿还本金的一种有价证券。在其他条件相同的情况下，公司将根据票面利率大于、等于或小于债券临近发行时市场同等风险投资必要报酬率的情况，相应进行溢价、平价或折价发行。

证券投资基金是一种利益共享、风险共担的集合证券投资方式。基金投资具有专家管理，专业理财，组合投资，分散风险，投资小、费用低，风险共担，收益共享等特点。基金投资者也会面临来自市场、基金机构及流动性等方面的风险，投资者在选择基金时，需要考虑基金的规模、现金流量和基金的资产结构及股票行业结构，并遵循4R原则。基金的投资策略可以分为积极投资策略和消极或被动投资策略。

重要概念

内在价值　市盈率　必要报酬率　积极投资策略　消极或被动投资策略　自下而上　自上而下　到期收益率　指数化策略

本章案例

股票的挑选方法

美国专业机构的研究结果显示，真正推动股票价格上升的最重要因素，不是每股税后利润的多少，而是它的成长速度。理性投资人愿意为高成长率的股票付出高的股价，高成长率是高市盈率的基础。研究机构把这个发现称为股市中蕴含的一个运行逻辑，具体结论如下：

（1）市盈率比成长率高一些，乃股市的正常现象。如1995年的统计数据显示，美国可口可乐公司、微软公司股票的市盈率都高于成长率。

（2）市盈率与成长率处于同一水平，那是不错的投资机会。

（3）市盈率低于成长率，机会难得，别迟疑，赶紧买进。

需要说明的是，这里的成长率既不是指一年的成长率，也不是指两年的成长率，而是指长期成长率。关于时间的界定，专家的意见不完全相同。全球600位基金经理之一的投资顾问威廉·欧尼尔曾总结出一整套选择股票、判断大市行情的规则。他认为，一只好股票必须连续四五年税后利润都较上年显著增长。他相信已发生的事情。另一位美国著名股市研究专家布托·墨基尔曾热心提倡“股市漫步理论”，他笃信股票指数涨落无规律可循。他认为，股价高低和预期成长率密切相关，如果一家公司未来四五年持续高速成长，股价一定会大幅上升。这两位迥然不同的股市大师都相信市盈率与成长率关系密切。他们还有一个共同点，即认为一只好股票，其持续年成长率应达到25%～50%的水平。

此方法还有一个好处，就是不用太在意整个股市的行情起落，不必理会每日的涨跌，对中线投资者适用，对长线投资者效果更佳。此方法虽不能保证投资者赚钱，但作为一种在国外属新发现、在国内尚未流行的辅助选股参考，可以提高赚钱的概率。

资料来源　根据《国际金融报》2005年的相关系列报道整理而得。

【思考】（1）如何评价某上市公司股票的投资价值？

（2）怎样挑选一只好股票？

自测题

一、即测即评

第5章单项选择题　　第5章多项选择题　　第5章判断题

二、计算题

1.某企业计划利用一笔长期资金购买股票，现有甲公司股票和乙公司股票可供选择。已知甲公司股票现行市价为每股10元，上年每股股利为0.3元，预计以后每年以3%的增长率增长。乙公司股票现行市价为每股4元，上年每股股利为0.4元，股利分配将一直坚持固定股利政策。该企业所要求的投资必要报酬率为8%。

要求：(1) 利用股票估价模型，分别计算甲、乙公司股票价值。

(2) 代该企业进行股票投资决策。

2.某公司2023年1月1日发行5年期债券，面值为1 000元，票面利率为10%，每年12月31日付息一次，到期一次性还本。

要求：(1) 假定2023年金融市场上与该债券同类风险的投资利率是9%，则该债券的发行价应定为多少？

(2) 假定1年后该债券的市场价格为1 049.06元，该债券于2028年1月1日的到期收益率是多少？

3.假设市场无风险利率为6%，股票的平均必要报酬率为10%。已知某公司股票目前的β系数为2.0，预计下一年的股利支付为1.5元/股。若该公司的股利支付在未来3年零增长，但从第4年起每年增长6%，同时β系数变为1.5，其他条件不变。试估算该股票的内在价值。

三、思考题

1.你认为股票价格应如何评价？债券价格又如何评价？两者有哪些异同点？

2.简述股票投资的优缺点。

3.简述债券投资的优缺点。

4.证券投资基金作为一种有价证券，与股票、债券的区别有哪些？

5.投资基金时，应该注意哪些问题？

第5章计算题参考答案　　第5章思考题分析提示

第6章　营运资产管理

【学习目标】

通过本章的学习，你要：

1.了解营运资产的概念及构成；

2.熟悉现金、应收账款及存货管理的目标与内容；

3.掌握确定最佳现金持有量的四种基本方法；

4.理解信用政策的概念和内容，包括信用标准、信用条件和收账政策；

5.熟练掌握存货经济订货量分析的基本模型及其扩展应用；

6.懂得如何做好现金、应收账款及存货的日常管理。

6.1　现金管理

现金是可以立即用来购买物品、支付各项费用支出或偿还债务的交换媒介或支付手段，主要包括库存现金、银行活期存款及其他货币资金，有时也将即将到期的票据视为现金。另外，短期金融资产，特别是能够随时变现的有价证券等，因其易变现特征而成为现金的替代品。

6.1.1　现金管理的目标与内容

作为比较特殊的一类资产，现金的流动性最强，但同时其收益性也最弱。现金管理就是在现金的流动性和收益性之间进行合理选择，即在保证企业正常开展经营活动的前提下，尽可能降低现金占用量，并从暂时闲置的现金中获得最大的投资收益。

凯恩斯在其经典著作《就业、利息和货币通论》一书中，提出3种流动性持有动机：交易动机、预防动机和投机动机。对应地，企业置存现金主要满足交易性需要、预防性需要和投机性需要。

交易性需要，是指企业置存一定的现金以满足日常支付的需要（如支付工资、偿还债务、缴纳税款、派发股利等）。企业的现金收入与现金支出，在时间和数量上经常不同步。收入多于支出，形成现金置存；收入少于支出，需要借入现金。企业必须维持适当的现金余额，才能使业务活动正常地进行下去。

预防性需要，是指企业置存一定的现金以防止发生意外支付的需要。企业在生产经营过程中，难免发生一些意外事件（如生产事故、主要客户未能及时付款等），致使现金收支出现不平衡。企业预留一些额外的现金，可以使这些意想不到的支出得到妥善安排。现金流量的不确定性越大，现金的预防性需要越大；反之，企业现金流量的可预测性强，则现金的预防性需要相对就小。

投机性需要，是指企业置存一定的现金以用于不寻常的购买机会或投资机会。比如，遇有廉价原材料或其他资产供应的机会，便可用手头现金大量购入；再如，在适当时机购入价格有利的股票和其他有价证券等，以获得意想不到的收益。当然，若非金融和投资公司，一般企业专为投机性需要而特殊置存的现金通常不会太多，因为即便遇到不寻常的购买机会，也可设法临时筹集资金。

然而，如果考虑到现金的直接收益率几乎为零（在通货膨胀的经济环境中，现金的实际收益率为负），企业就应该尽可能少地置存现金，即使不将其投入本企业的经营周转，也应尽可能将其投资于能产生相对较高收益的其他资产，避免资金闲置而带来的损失。但企业置存现金太少，又可能因现金短缺而对企业正常的生产经营活动不利。

这样，企业便会面临现金过量与现金不足的两难境地，就需要通过现金管理，在两者之间做好平衡。进一步地，现金管理的内容主要包括：①编制现金计划或预算，以便合理估计未来的现金需求（本章从略）；②用特定的方法确定适当的目标现金余额或最佳现金持有量；③对日常的现金收支进行监管，有效控制现金收支。

6.1.2 最佳现金持有量的确定

企业出于各种需求而持有现金，但持有过多或过少通常会让企业陷入困境，必须确定适当的现金持有量，即最佳现金持有量。下面是当前应用较为广泛的确定最佳现金持有量的几种方法。

1）现金周转模式

现金周转模式是根据现金周转期来确定最佳现金持有量的一种方法。现金周转期是指从现金投入生产经营活动开始，到收回现金为止平均所需的时间。在企业全年现金需求总量一定的情况下，现金周转期越短，企业所需现金持有量就越小。以现金周转模式确定最佳现金持有量的步骤如下：

（1）确定现金周转期。现金周转期的计算公式为：

现金周转期=应收账款周转期-应付账款周转期+存货周转期

式中：应收账款周转期是指从应收账款发生开始到收回应收账款平均所需的时间；应付账款周转期是指从收到尚未付款的材料开始到偿还货款支付现金所需的时间；存货周转期是指从生产投入材料开始到产品出售为止所需的时间。

（2）确定现金周转率。现金周转期就是现金周转一次所需的天数。根据现金周转期可以计算现金周转率，即在1年中现金周转的次数。其计算公式为：

现金周转率=360÷现金周转期

（3）确定最佳现金持有量。在企业全年现金需求总量确定后，可以根据现金周转期或者现金周转率来计算最佳现金持有量。其计算公式为：

最佳现金持有量=年现金需求总量÷现金周转率

【例6-1】某企业的材料采购和产品销售都采用赊销方式，其应收账款周转期为60天，应付账款周转期为46天，存货周转期为58天。预计该企业2023年的现金需求总量为720万元，以现金周转模式确定该企业2023年的最佳现金持有量。

首先，计算该企业的现金周转期：

现金周转期=60−46+58=72（天）

其次，计算该企业的现金周转率：

现金周转率=360÷72=5（次）

最后，确定该企业2023年的最佳现金持有量：

最佳现金持有量=720÷5=144（万元）

以现金周转模式确定最佳现金持有量，方法简单明了，但要求企业的生产经营活动相对稳定，并保持长期稳定的信用政策，否则计算出来的最佳现金持有量就是不确定的。

2）成本分析模式

成本分析模式是根据持有现金的相关成本来确定最佳现金持有量的一种方法。在这里，最佳现金持有量是对应企业持有现金的总成本最低的现金持有量。一般地，企业持有现金的成本包括：

（1）机会成本。现金作为企业的一项资金占用是有代价的，这种代价就是占用在现金资产上的资金用于其他投资可以获得的收益，一般以某个基准收益率来反映。现金持有量越大，持有现金的机会成本就越高；反之，则越低。因此，现金的机会成本属于变动成本，它与现金持有量有关。

（2）管理成本。现金管理成本是指因持有现金而发生的管理费用，如管理现金人员的工资、安全措施费用等。现金管理成本一般与持有现金的数额无关，属于现金持有成本中的固定成本。

（3）短缺成本。现金短缺成本是指因持有现金不足，不能应付业务开支的需要而使企业蒙受的损失或为此付出的代价（比如，企业因不能偿还到期债务而支付的罚金）。现金短缺成本随现金持有量的增加而下降，随现金持有量的减少而上升。

上述三项成本之和最小的现金持有量，就是最佳现金持有量。按照成本分析模式，可以分别确定不同现金持有方案的机会成本、管理成本和短缺成本，然后比较不同方案的现金持有总成本，确定最佳现金持有量。

【例6-2】某企业有四个现金持有方案，各自的机会成本、管理成本、短缺成本资料见表6-1。

表6-1　现金持有方案资料　单位：元

项目＼方案	甲	乙	丙	丁
现金持有量	20 000	40 000	60 000	80 000
机会成本	2 000	4 000	6 000	8 000
管理成本	15 000	15 000	15 000	15 000
短缺成本	10 000	4 000	2 500	1 200

注：机会成本即该企业的资本收益率10%。

根据表6-1的资料，计算各方案现金持有总成本，见表6-2。

表6-2　　现金持有总成本　　单位：元

项目＼方案	甲	乙	丙	丁
机会成本	2 000	4 000	6 000	8 000
管理成本	15 000	15 000	15 000	15 000
短缺成本	10 000	4 000	2 500	1 200
总成本	27 000	23 000	23 500	24 200

将以上各方案的总成本加以比较可知，持有现金40 000元时，现金持有成本为23 000元，在甲、乙、丙、丁四种方案中总成本是最低的，因此，乙方案为最优方案。

3）存货决策模式

确定最佳现金持有量的存货决策模式又称鲍莫尔模式，最早是由美国经济学家威廉·鲍莫尔（William J. Baumol）于1952年提出的。考虑到企业持有的现金类似于存货，可以借用存货的经济订货量模型来确定最佳现金持有量。

利用存货决策模式确定最佳现金持有量的假设条件有：①一定时期现金需求总量确定；②每天现金需求量均匀、稳定并可预测；③预测期企业不发生现金短缺，并可以通过出售有价证券来补充现金。由于现金每天需求量均匀、稳定，因此每次变现有价证券后现金持有量达到最高点。随着每天现金的耗用，现金持有量呈直线下降趋势，当现金持有量下降为零时，再变现一批有价证券，现金持有量又重新恢复到最高点，如此循环往复。因此，平均现金持有量可以按每次有价证券变现数量的1/2计算。现金持有量变动情况如图6-1所示。

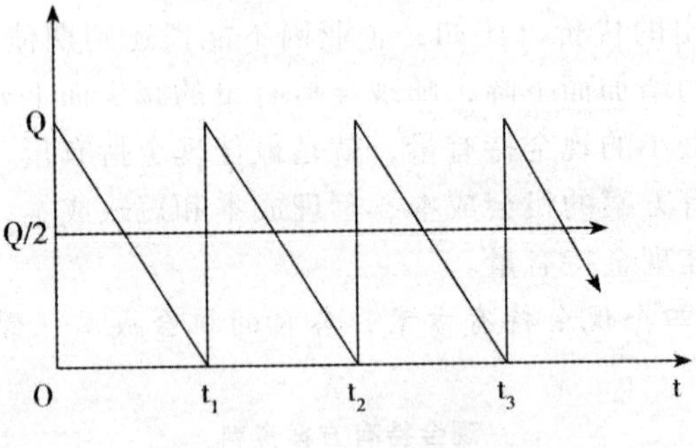

图6-1　现金持有量变动示意图

这样一来，若不考虑大体上固定不变的管理成本，与最佳现金持有量相关的成本主要包括机会成本和转换成本。前面已经介绍，持有现金的机会成本与现金持有量成正比，持有量越大，持有现金的机会成本就越高；而现金的转换成本（企业将有价证券转换为现金所发生的费用）则跟现金与有价证券的转换次数密切相关。在全年现金需求总量一定的情况下，现金持有量越大，现金与有价证券的转换次数就越少。这样，现金的机会成本与转换成本就呈反方向变化。机会成本与转换成本之和最小时的现金持有量即企业的最佳现金持有量。存货决策模式下的最佳现金持有量可以用图6-2表示。

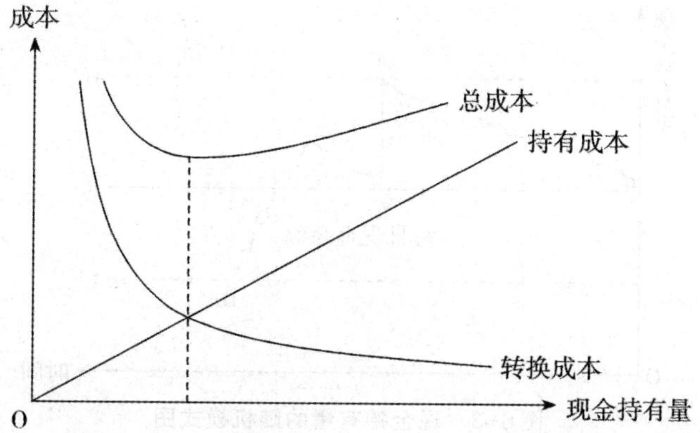

图6-2　存货决策模式下的最佳现金持有量

假设C为持有现金的总成本，i为持有现金的机会成本率，b为现金与有价证券的转换成本，D为一定时期的现金需求总量，Q为最佳现金持有量，则持有现金的总成本可用下式表示：

$$C=\frac{Q}{2}i+\frac{D}{Q}b$$

通过一次求导可得：

$$C'=\left(\frac{Q}{2}i+\frac{D}{Q}b\right)'=\frac{i}{2}-\frac{Db}{Q^2}$$

令$C'=0$，即$\frac{i}{2}-\frac{Db}{Q^2}=0$，求得最佳现金持有量为：

$$Q=\sqrt{\frac{2Db}{i}}$$

【例6-3】某企业的现金流量稳定，预计全年的现金需求总量为250 000元，现金与有价证券每次转换成本为500元，有价证券的年收益率为10%。采用存货决策模式确定该企业的最佳现金持有量。

$$Q=\sqrt{\frac{2\times250\,000\times500}{10\%}}=50\,000\text{（元）}$$

该企业最佳现金持有量为50 000元。

4）随机模式

随机模式是在现金需求难以预知的情况下进行现金持有量控制的方法。虽然企业无法确切地预知每日现金实际收支状况，但若现金流量服从正态分布，且现金与有价证券之间能够自由兑换，则企业可根据历史经验和现实需要，测算出一个现金持有量的控制范围，即制定出现金持有量的上限和下限，将现金量控制在上下限之内。当现金量达到控制上限时，用现金购入有价证券，使现金持有量下降；当现金量降到控制下限时，抛售有价证券换回现金，使现金持有量回升。若现金量在控制的上下限之内，则不必进行现金与有价证券的转换，保持它们各自的现有存量。这种对现金持有量的控制如图6-3所示。

从图6-3中可以看到，企业的现金存量（表现为现金每日余额）是随机波动的。当其达到A点时，即达到了现金控制的上限（H），企业应用现金购买有价证券，使现金持有量回落到现金返回线（R）的水平；当现金存量降至B点时，即达到了现金控制的下限（L），企业应转让有价证券换回现金，使其存量回升至现金返回线的水平。现金存量在上下限之

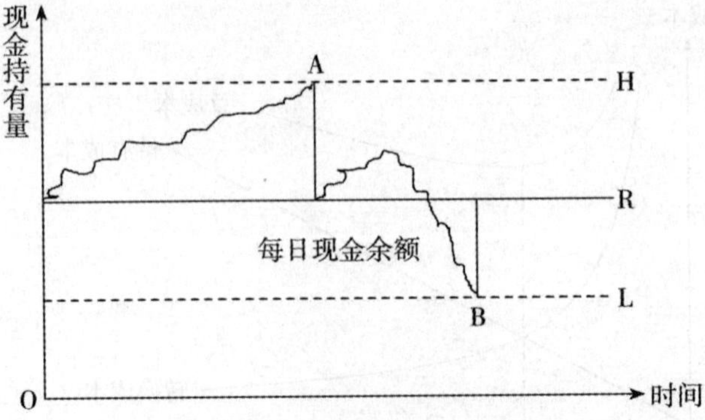

图6-3 现金持有量的随机模式图

间的波动属控制范围内的变化，是合理的，不予理会。以上关系中的上限H、现金返回线R可按下列公式计算：

$$R=\sqrt[3]{\frac{3b\delta^2}{4i}}+L$$

$$H=3R-2L$$

式中：b——每次有价证券的固定转换成本；i——有价证券的日利息率；δ——预期每日现金余额变化的标准差（可根据历史资料测算）。

现金持有量控制下限L的确定受到企业每日最低现金需要、管理人员的风险承受倾向等因素的影响。

【例6-4】假定某公司有价证券的年利率为9%，每次固定转换成本为50元，该公司认为任何时候其银行活期存款及现金余额不能低于1 000元，又根据以往经验测算出现金余额波动的标准差为800元。试计算最优现金返回线和现金控制上限。

有价证券日利率=9%÷360=0.025%

$$R=\sqrt[3]{\frac{3b\delta^2}{4i}}+L=\sqrt[3]{\frac{3\times 50\times 800^2}{4\times 0.025\%}}+1\ 000=5\ 579\text{（元）}$$

$$H=3R-2L=3\times5\ 579-2\times1\ 000=1\ 4737\text{（元）}$$

当该公司的现金余额达到14 737元时，即应以9 158元（14 737-5 579）的现金投资于有价证券，使现金持有量回落到5 579元；当该公司的现金余额降至1 000元时，则应转让4 579元（5 579-1 000）的有价证券，使现金持有量回升到5 579元。这个过程可以用图6-4表示。

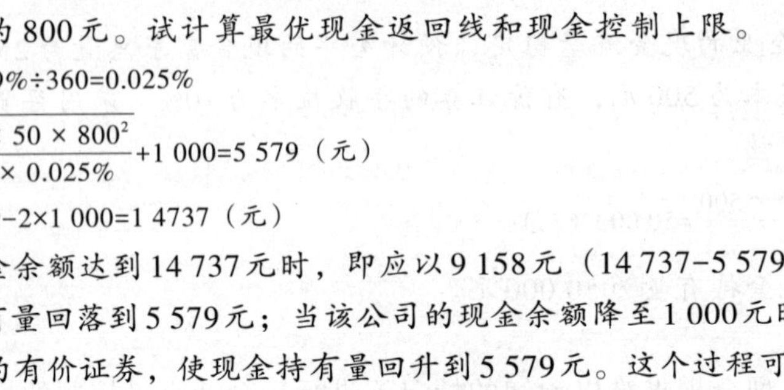

图6-4 现金持有量随机模式的示例（单位：元）

随机模式建立在企业现金未来需求总量和收支不可预测的前提下，因此计算出来的现金持有量比较保守。

6.1.3 现金的日常管理

为了进一步提高现金的使用效率及安全，还需要合理利用现金浮游，强化现金内部牵制，及时清理现金，力争现金流动同步，做好闲置资金的投资管理。

1）合理利用现金浮游

由于企业支付、收款与银行转账之间存在时滞，本应显示同一余额的企业账簿与银行记录之间就会出现差异，即现金浮游，也就是企业和银行之间的未达账项。充分利用现金浮游是西方企业广泛采用的一种提高现金利用效率、节约现金支出总量的有效手段，但是，在利用现金浮游时，一定要控制好使用的时间，否则会发生银行存款透支现象。另外，为了保障企业安全运作，财务人员必须对现金浮游数量有清楚的了解，避免因此而高估或低估企业现金余额进而造成不利影响。当然，随着电子商务的应用，互联网能够完成资金划拨信息的实时、高效传输，在一定程度上消除了现金浮游的适用环境和条件。随着电子付款方式的日益普及，企业试图推迟支付以利用现金浮游的余地也在减小。

2）强化现金内部牵制

在现金管理中，要实行钱、账分管，出纳人员和会计人员分设，做到管钱的不管账、管账的不管钱，相互牵制、互相配合、互相监督，保证现金资产的正确核算与安全。凡有现金收支必须坚持复核，以减少差错，堵塞漏洞。在现金转移或出纳人员调换时，必须办理交接手续，做到责任清楚。

3）及时清理现金

在现金的日常管理中，要严格现金存取手续，及时进行现金清理。开户单位收入的现金应于当日及时送存银行；当日送存银行确有困难的，由开户银行确定送存银行的时间。企业不得从销售取得的现金中直接支付交易款，不得将单位收入的现金以个人的名义存入银行。同时，库存现金收支应做到日清月结，确保库存现金的账面余额与实际库存数额相符，银行存款余额与银行对账单余额相符，现金、银行存款日记账数额分别与现金、银行存款总账数额相符。

4）力争现金流动同步

一般来说，准确预测企业的现金流入与流出还是很难的，为了应对这种不确定性可能带来的问题，企业往往需要保留比最佳现金持有量多一点的现金余额。如果要尽量减少这个额外增量持有现金带来的成本增加和盈利减少，那就需要企业财务人员进一步提高预测和管理能力，使现金流入与流出能够合理匹配，实现同步化的理想效果，从而使企业的现金余额减到最低。

5）做好闲置资金的投资管理

现金流入与流出在时间上和数量上的同步是不易做到的，有时资金不足，有时出现暂时的资金剩余。在出现资金剩余时，可进行短期有价证券投资，以获取一定的收益；当资金不足时，可将有价证券变现，以满足生产经营的需要。若将暂时闲置的资金投资有价证券，应优先考虑安全性和流动性，以便在需要现金时能迅速地将其变为现金，而不应过分追求收益性。

6.2 应收账款管理

市场经济内在的商业竞争会迫使企业采取赊销、分期收款等方式促进销售，进而形成应收账款。近年来，随着市场经济的发展与商业信用的推行，企业应收账款数额明显增多，已成为短期资产管理中一个日益重要的问题。

6.2.1 应收账款管理的目标

一方面，作为扩大销售的重要手段之一，赊销的好处还是较为明显的。特别是在市场疲软、银根紧缩、资金匮乏的情况下，以及在企业销售新产品、开拓新市场时，赊销在促进产品销售的同时，还能减少产成品存货，把存货转化为应收账款，并减少与存货相关的仓储费、管理费、保险费等支出。

另一方面，作为一种商业信用，赊销所要付出的代价也是客观存在的，主要体现为应收账款的机会成本、管理成本及坏账成本。其中，应收账款的机会成本是企业资金因投放于应收账款而放弃的本可用于其他投资所能获得的收益，这种成本一般按有价证券的收益率计算；应收账款的管理成本主要包括客户资信调查费用、账簿记录费用、账款催收费用以及其他用于应收账款的管理费用等；应收账款的坏账成本主要考量应收账款因故不能收回所造成的损失。上述三项成本一般都与应收账款的数额成正比。

因此，应收账款管理的基本目标就是通过制定、实施合理的信用政策，在充分发挥应收账款功效的基础上，降低应收账款的机会成本、管理成本与坏账成本，使提供商业信用促进销售所增加的收益尽可能多地大于相关的成本。

6.2.2 应收账款信用政策的确定

应收账款信用政策是企业财务政策的一个重要组成部分。企业要管好、用好应收账款，首先要制定合理的信用政策，主要包括信用标准、信用条件和收账政策等。

1）信用标准

信用标准是指客户获得企业商业信用所应具备的条件。如果客户的财务能力未达到企业规定的标准，便不能享受企业的商业信用或只能享受较少的信用优惠。企业在确定信用标准时，应充分考虑多种因素的影响。合理、可行的信用标准必须涉及如下五个方面（通常称为“5C”标准）：

（1）品质（character）。这一标准主要针对客户是否自觉遵守还款协议而言，企业必须设法了解客户过去的付款记录，看其是否有按期如数付款的一贯做法，以及与其他供货企业的关系是否良好等，以此评价其品质信用的高低。

（2）能力（capacity）。这一标准主要针对客户的偿债能力而言，主要考查其流动资产的数量和质量。流动资产越多，转换为现金支付款项的能力越强。同时，还要看流动资产的质量，看其是否有存货过多、过时或质量下降，影响其变现能力和支付能力的情况。

（3）资本（capital）。这一标准主要针对客户的财务实力和财务状况而言，表明客户偿还债务的可能性，一般可根据客户的资产价值、所有者权益与负债水平等进行评价。

（4）抵押（collateral）。这一标准主要针对客户拒付款项或无力支付款项时能被用作抵押的资产而言，这一点对于不知底细或信用状况有争议的客户尤为重要。如果这类客户不能提供足够的抵押担保，就不能向其提供商业信用。

（5）条件（conditions）。这一标准主要针对可能影响客户付款能力的经济环境而言，就是经济不景气会对客户付款产生什么影响，由此了解客户在过去困难时期的付款历史。如果客户从事生产经营的外部经济环境较好，那么其财务状况和还款能力都相对要好。

公司可以利用可获得的所有客户信息，为“5C”标准的每一项打分，分值在1（非常差）到10（非常好）的范围内，再将这些分值加总得出信用评分，然后根据经验选择对信用评分在某个值（比如说30分）以上的客户授信。

2）信用条件

信用条件即信用规定，是指企业接受客户信用订单时所提出的具体付款条件，主要包括信用期限和现金折扣。信用条件通常采用“3/20，2/30，N/40”的形式，其含义为：20天内付款，可享受3%的现金折扣优惠，即只需支付原价的97%；30天内付款，可享受2%的现金折扣优惠；40天为付款的最后信用期限，此时付款无优惠。信用期限越长、现金折扣比率越高，越有利于增加销售，但同时又会增加应收账款的机会成本、坏账成本和现金折扣成本等。

（1）信用期限。信用期限是企业提供给客户从购买货物到支付货款的限定时间。客户必须在信用期限内支付货款，超过信用期限就属于违约。信用期限是企业信用政策的一项重要内容，对企业的产品销售及应收账款的资金占用都会产生影响。延长信用期限可以在一定程度上扩大产品销售量，但是也会相应地延长应收账款的平均收账期，增加应收账款的资金占用额，引起应收账款成本的增加。因此，企业必须权衡利弊，确定合理的信用期限。一般来说，如果企业延长信用期限所增加的边际收入大于增加的边际成本，就可以延长信用期限；否则，就不应当延长信用期限。

（2）现金折扣。现金折扣是企业提供给客户在规定的优惠期限内支付货款所享受的价格扣减。采用现金折扣的目的是鼓励客户尽快支付货款。这种措施可以大大缩短应收账款的平均收现期，降低应收账款成本，提高资金周转速度，但现金折扣减少了产品的实际销售收入。因此，是否提供现金折扣以及提供多大比例的现金折扣直接关系到企业的收益。企业在确定现金折扣时，应当比较提供现金折扣的成本与收益。如果提供现金折扣的成本小于其带来的收益，提供现金折扣就是合理的；否则，提供现金折扣就是不合理的。

不论是信用期限还是现金折扣，都可能给企业带来收益，但也会增加成本。当企业向客户提供某种信用条件时，应当考虑收益与成本孰高孰低，权衡利弊，作出抉择。

【例6-5】 某企业的销售利润率为20%，同期有价证券的年利息率为15%。在信用标准一定的情况下，有两种信用条件可供选择，有关资料见表6-3。试分析该企业采用哪一种信用条件更好。

根据表6-3计算两种不同信用条件下的利润，见表6-4。

从表6-4可知，选择A方案可以实现15 675元利润，而选择B方案可以实现23 600元利润，比A方案多7 925元，因此，选择B方案更好，即采用带有现金折扣的信用条件。

表6-3　　两种不同信用条件下的有关资料

项目	A方案	B方案
信用条件	无现金折扣，50天内付清	3/30，N/50
销售收入	100 000元	150 000元
应收账款的平均收现期	75天	60天
需付现金折扣的比例	0	40%
应收账款的管理成本	1 200元	850元

表6-4　　两种不同信用条件下的利润　　单位：元

项目	A方案	B方案	差额
销售利润	100 000×20%=20 000	150 000×20%=30 000	10 000
应收账款机会成本	100 000×15%×75÷360=3 125	150 000×15%×60÷360=3 750	625
现金折扣成本	0	150 000×3%×40%=1 800	1 800
应收账款管理成本	1 200	850	-350
应收账款成本总额	4 325	6 400	2 075
利润额	15 675	23 600	7 925

3）收账政策

企业在决定向客户提供商业信用时，实际上就已经承担了客户违反信用条件、拖欠货款的风险，因此，企业在制定信用政策时，就应当考虑到客户违反规定的信用条件、拖欠货款时的收账政策。对于客户拖欠的应收账款，无论企业采用何种收账方式进行催收，都要付出一定的代价，即收账费用（如收账发生的邮电通信费用、收账人员的差旅费、法律诉讼费等）。严格的收账政策有利于尽快收回账款，减少应收账款的资金占用，减少坏账损失，但也需要付出较多的收账费用；反之，则相反。

在确定收账政策时，必须比较增加的收账费用与减少的应收账款成本的大小。一般来说，收账费用越多，坏账成本越少，但两者并不一定是线性关系。开始花费一些收账费用，坏账成本的减少幅度很小；继续增加收账费用，坏账成本会明显降低；收账费用达到一定限度后，继续增加收账费用，坏账成本又不再明显降低（如图6-5所示）。

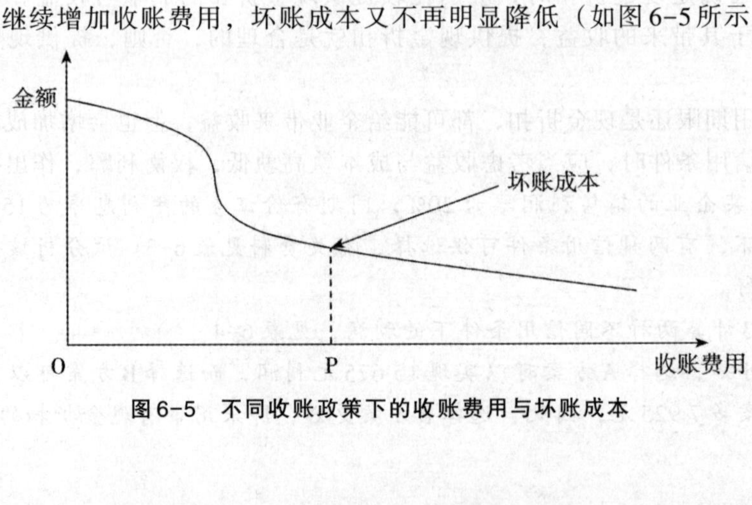

图6-5　不同收账政策下的收账费用与坏账成本

从图6-5可以看出，当收账费用增加到P点后，继续增加收账费用，坏账成本不再明显降低，此时，继续增加收账费用，收效甚微。因此，收账费用有一个最佳点，企业应比较不同收账政策下的收账费用和坏账成本，以确定最佳的收账策略。

6.2.3 应收账款的日常管理

应收账款作为一种商业信用，是有很大风险的。为保证所确定的信用政策能够得到有效实施，企业还应做好应收账款的日常管理，做到事前预防、事中监控、事后管理，对应收账款进行全过程、全方位管理。

1）事前预防

（1）建立销售责任制和赊销审批制。对应收账款的回收，应明确规定谁经办、谁负责，对销售人员实行销售量与货款回笼双向考核，建立催收账款奖惩制度。此外，企业还应明确规定各级销售人员拥有的赊销权限，对于权限以外的赊销必须报请批准。

（2）加强合同管理和审查。与客户商谈业务的情况应及时以协议或书面合同的形式记录下来，以制约少数客户的赖账行为，并为日后的诉讼提供法律凭据。对销售合同的审查主要考查合同标的是否正确完整、价格和结算方式是否合理、违约责任是否明确等。

（3）积极开展信用调查和信用评估工作。信用调查是获取客户信用资料的基础性工作；信用评估则是根据信用调查收集到的信用资料，采用一定的方法来估计客户的信用状况。只有了解客户的信用状况，才能正确制定和及时调整对客户的信用政策。

2）事中监控

企业已发生的应收账款中，有的时间长，有的时间短；有的尚未超过收款期，有的则超过了收款期。应收账款一旦为客户所欠，赊销企业就必须考虑如何按期足额收回的问题，否则会因拖欠时间过长而发生坏账。一般来讲，拖欠时间越长，款项收回的可能性越小，形成坏账的可能性越大。对此，企业应实施严密的监督，随时掌握货款回收情况，这可以通过编制账龄分析表进行。

账龄分析表是根据应收账款在外天数（账龄）而编制的表格，其一般格式见表6-5。其中，第一列为应收账款账龄，第一行依次列出的项目为各账龄类别的客户数量、欠款金额及欠款金额在应收账款总额中所占的比例。

表6-5 应收账款账龄分析表

2022年12月31日

应收账款账龄	客户数量	欠款金额（千元）	所占比例（%）
信用期以内	180	80	40
超过信用期1～20天	100	38	19
超过信用期21～40天	55	22	11
超过信用期41～60天	28	20	10
超过信用期61～80天	20	18	9
超过信用期81～100天	11	12	6
超过信用期100天以上	6	10	5
合计	400	200	100

利用账龄分析表，企业可以了解以下情况：

其一，有多少欠款可能很快追回（尚未超过信用期或超过信用期在20天以内）；

其二，有多少欠款可能很难追回（超出信用期较长，在21～100天之间）；

其三，有多少欠款可能成为坏账（超出信用期很长，在100天以上）。

在此基础上，企业可制定相应的措施：对信用期内的欠款继续跟踪；对信用期以外的欠款及时催讨；对超过信用期较长时间的欠款要考虑产生坏账的可能性，及时调整信用政策。

3）事后管理

（1）做好悬账、呆账的清算工作。悬账是指公司与客户因业务纠纷而引起结算过程中断，从而暂时无法收回的账款，常由客户拒付而引起。呆账是指公司长期逾期未清的账款。悬账和呆账拖延越久，转变为坏账的可能性越大。企业应加强悬账和呆账的清算工作，根据账龄分析表确定收账政策，对超过信用期时间长短不同的应收账款采取不同的催收方式进行催讨工作，特别要防止应收账款账龄超过两年的情况，规避可能发生的损失。

（2）坏账损失的处理。坏账损失有时无法避免，为了使公司的收入和费用相匹配，企业常按期预提坏账准备金。企业可根据具体情况，采用应收账款余额百分比法、账龄分析法、个别认定法等方法先预提坏账准备金，计入当期的资产减值损失。在实际发生坏账时，再冲减坏账准备金。至于每期计提坏账准备金的比例，企业应根据各项应收账款回收可能性的大小予以确定。对于客户确实遇到困难、无力偿还欠款的，要及时同对方达成清算协议，重新安排债务关系，把坏账损失降到最低限度。

6.3 存货管理

存货是指企业在生产经营过程中为生产或销售而储备的物资，包括库存中的、加工中的、在用的各种商品、材料、燃料、包装物、低值易耗品、在产品、产成品等。由于存货在流动资产中所占的比重较大，因此，存货管理在营运资产管理中占有非常重要的地位。

6.3.1 存货管理的目标

一方面，储存一定数量的存货对企业来说是必需的，也是必要的，能给企业带来一些好处，反之企业可能会因存货不足而受损。首先，储存必要的存货可以保证生产或销售的顺利进行，特别是在生产不均衡或市场供求关系波动时，必要的存货可以有效缓解压力。其次，留有各种存货的保险储备，可以防止意外事件造成的损失。企业很少能做到随时购入生产所需的各种物资，企业距供货点较远，还有必要的途中运输，也可能出现运输故障，一旦生产所需物资短缺造成停产，就可能给企业造成巨大的经济损失。从价格角度考虑，批量购买相比零售购买通常会有价格上的优惠。

另一方面，企业持有一定数量的存货，所要付出的成本也是客观存在的。存货成本主要体现为采购成本、订货成本、储存成本、短缺成本等。

采购成本，是构成存货本身价值的成本，主要包括买价、运杂费等。该项成本是采购数量与单位采购成本的乘积，与采购数量成正比。在存货市价稳定的情况下，如果一定时期的存货总需求量固定，则存货的总采购成本也是固定的，与采购批次及每批的采购量无关。

订货成本，是企业为组织订购存货而发生的各种费用支出，如为订货而发生的差旅费、邮资、通信费、专设采购机构的经费等。该项成本按其总额与订货次数的关系，分为变动性订货成本和固定性订货成本。变动性订货成本与订货次数成正比，而与每次订货数量关系不大，如采购人员的差旅费、通信费等；固定性订货成本与订货次数无关，如专设采购机构的经费支出等。

储存成本，是在存货储存过程中发生的各种费用支出，如仓储费、保管费、保险费、占用资金支付的利息费、存货残损变质损失、仓库折旧费和维修费等。存货的储存成本也分为变动性储存成本和固定性储存成本。变动性储存成本与储存存货的数量成正比，如保险费、存货残损变质损失等；固定性储存成本与存货的储存数量无关，如仓库折旧费、仓库保管人员的固定月工资等。

短缺成本，是因存货数量短缺不能及时满足企业生产和销售的需要而给企业造成的经济损失，如原材料储备不足造成的停工损失、商品储备不足造成销售中断的损失等。存货的短缺成本与存货的数量成反比，存货数量越多，存货的短缺成本就越小；反之，则相反。

存货管理的基本目标就是通过经济订货量合理控制存货水平，在充分发挥存货功效的基础上，尽可能降低存货成本，实现两者的最佳结合。

6.3.2 存货的经济订货量分析

按照存货管理的目标，企业需要确定并保持合理的存货量，而控制存货量的关键在于确定合理的进货批量和进货时间，使一定时期存货的相关总成本最低，该进货批量即为经济订货量。

1）经济订货量的基本模型

影响存货总成本的因素很多，为了解决比较复杂的问题，有必要简化或舍弃一些变量，先解决简单的问题，然后再扩展到复杂的问题。经济订货量基本模型假设：

（1）企业一定时期内存货的需求量均匀、稳定，并且能准确预测；

（2）企业能够及时补充存货，即需要订货时便可立即取得存货；

（3）每次订货可以一次到位，无须陆续入库；

（4）不允许缺货，即无缺货成本；

（5）存货的价格稳定，并且不存在数量折扣；

（6）所需资金、市场供应及仓储条件不受限制，不会买不到存货，也不会出现存货没地方存的情况。

在上述假设下，由于存货每天需要量均匀、稳定，因此每次到货后存货量达到最高点，随着每天存货的耗用，存货量呈直线下降趋势，当存货降至零时，提出要货，并且立即到货，存货量又重新恢复到最高点，如此循环往复。因此，平均存货量可以按每次订货量的1/2计算。

此外，在上述假设下，在存货的经济订货量基本模型中，采购成本、短缺成本、固定性订货成本和固定性储存成本与存货订货量的决策是无关的，属于无关成本，可以不予考虑。这样，在存货的经济订货量基本模型中，相关成本只包括变动性储存成本和变动性订货成本。其中，变动性订货成本与每次订货量成反比，变动性储存成本与每次订货量成正比。从节约变动性订货成本的角度，要求每次订货量越多越好；从节约变动性储存成本的角度，则要求每次订货量越少越好。

设：D为一定时期存货需求总量；Q为每次订货量；K_c为单位变动性储存成本；K为每次变动性订货成本；T为存货相关总成本，则有：

$$T=\frac{DK}{Q}+\frac{QK_c}{2}$$

当D、K、K_c为常数时，T的大小取决于Q。在经济订货量基本模型中，经济订货量就是能够使一定时期存货相关总成本T最低的每次订货量。为了求得T的极小值，对其求导演算：

$$T'=\left(\frac{QK_c}{2}+\frac{DK}{Q}\right)'=\frac{K_c}{2}-\frac{DK}{Q^2}$$

令$T'=0$，即$\frac{K_c}{2}-\frac{DK}{Q^2}=0$，则有：

$$Q^*=\sqrt{\frac{2DK}{K_c}}$$

进一步地，每年最佳订货次数为：

$$N^*=\frac{D}{Q^*}=\frac{D}{\sqrt{\frac{2DK}{K_c}}}=\sqrt{\frac{DK_c}{2K}}$$

与经济订货量有关的存货总成本为：

$$T=\frac{DK}{Q^*}+\frac{Q^*K_c}{2}=\sqrt{2DKK_c}$$

【例6-6】某企业每年耗用某材料3 600千克，该材料单位采购成本为20元，每次订货成本为400元，平均变动性储存成本为8元。请计算该材料的经济订货量。

经济订货量$Q^*=\sqrt{\frac{2DK}{K_c}}=\sqrt{\frac{2\times 3\,600\times 400}{8}}=600$（千克）

经济订货批次$N^*=3\,600\div 600=6$（次）

2）有数量折扣的经济订货量

在实际工作中，供应商为了鼓励客户一次大量购买，有时会给客户提供不同程度的数量折扣，即当客户的一次采购量达到一定数量时，可以给予价格上的优惠。一次订货量越大，价格折扣也越大。在这种情况下，确定存货经济订货量，不仅要考虑订货成本和储存成本，还要考虑采购成本。

根据经济订货量的基本模型，当每次订货量为不考虑数量折扣的经济订货量时，变动性订货成本和变动性储存成本之和最低；订货量越大于或小于不考虑数量折扣的经济订货量，变动性订货成本和变动性储存成本之和越高。因此，在数量折扣起点大于不考虑数量折扣的经济订货量时，只需在以数量折扣起点为订货量的相关总成本与不考虑数量折扣的经济订货量的相关总成本之间做比较，其中总成本最低的订货量即为经济订货量。有数量折扣的经济订货量一般按以下步骤进行决策：

第一，按照存货经济订货量的基本模型计算在没有数量折扣情况下的经济订货量及存货总成本；

第二，依不同数量折扣的不同优惠价格，计算在不同折扣起点数量订货的相关总成本；

第三，比较不考虑数量折扣的经济订货量与各折扣起点订货量的存货总成本，其中总成本最低的批量就是最佳订货量。

【例6-7】某企业每年耗用某材料9 600千克，单价为10元，每次订货成本为400元，单位存货年平均变动性储存成本为单价的30%。供货单位提出，如果一次订货2 400千克，在价格上可以享受2%的折扣；如果一次订货4 800千克，在价格上可以享受3%的折扣。请确定该材料的经济订货量。

首先，计算不存在折扣情况下的经济订货量（Q）及其相关总成本（T）。

经济订货量 $Q^*=\sqrt{\dfrac{2DK}{K_c}}=\sqrt{\dfrac{2\times 9\,600\times 400}{10\times 30\%}}=1\,600$（千克）

相关总成本 $T=\sqrt{2\times 9\,600\times 400\times 10\times 30\%}+9\,600\times 10=100\,800$（元）

其次，计算一次订货量为2 400千克和4 800千克时的相关总成本。

当Q=2 400千克时：

单位变动性储存成本=10×（1−2%）×30%=2.94（元）

相关总成本 T=9 600×400÷2 400+2 400×2.94÷2+9 600×10×（1−2%）

=99 208（元）

当Q=4 800千克时：

单位变动性储存成本=10×（1−3%）×30%=2.91（元）

相关总成本 T=9 600×400÷4 800+4 800×2.91÷2+9 600×10×（1−3%）

=100 904（元）

最后，比较总成本并确定经济订货量。

由于订货量为2 400千克时的总成本最低，因此应按2 400千克组织订货。

3）一次订货分批送货情况下的经济订货量

经济订货量的基本模型假设每次订货后集中一次到货，实际上，订货后供应商可能分批送货。分批送货一般是在订货间隔期内分次平均供应，设M为每次订货的送货次数，则存货相关总成本为：

$$T=\frac{DK}{Q}+\frac{QK_c}{2M}$$

经济订货量是能够使一定时期存货相关总成本T最低的每次订货量。当D、K、K_c、M为常数量时，T的大小取决于Q。为了求得T的极小值，对其求导演算：

$$T'=\left(\frac{QK_c}{2M}+\frac{DK}{Q}\right)'=\frac{K_c}{2M}-\frac{DK}{Q^2}$$

令 $T'=0$，即 $\dfrac{K_c}{2M}-\dfrac{DK}{Q^2}=0$，则有：

$$Q^*=\sqrt{\frac{2DKM}{K_c}}$$

这就是一次订货分批送货情况下的经济订货量。

【例6-8】某企业每年耗用某材料10 800千克，该材料每次订货成本为400元，单位存货年平均变动性储存成本为6元。通过与供货商协商，每次订货分4次平均供货。请确定该材料的经济订货量。

$$Q^*=\sqrt{\frac{2DKM}{K_c}}=\sqrt{\frac{2\times 10\,800\times 400\times 4}{6}}=2\,400\text{（千克）}$$

与经济订货量有关的存货总成本为：

T=10 800×400÷2 400+2 400×6÷（2×4）

=3 600（元）

全年经济订货次数为：

N^*=10 800÷2 400=4.5（次）

4）订货提前期、再订货点

经济订货量的基本模型假设可以立即到货，实际上，企业的存货不能做到随用随时补充，因此不能等到存货用完再去订货，而需要在没有用完时提前订货。在提前订货的情况下，企业再次发出订单时尚有的存货库存量称为再订货点。这样，当下批订货到达时，原有存货刚好用完。此时，与存货有关的每次订货批量、订货次数、订货间隔时间等并无变化。也就是说，订货提前期对经济订货量并无影响，只不过在达到再订货点时及时发出订单罢了。

设：R——再订货点；d——每天平均需要量；L——订货提前期。

如果不考虑保险储备，再订货点为：

R=L·d

然而，每天存货的需要量可能是不均匀的，存货的在途时间也可能由于种种原因被拖延，因此，确定再订货点时应当考虑必要的保险储备。保险储备是为了防止存货耗用突然增加或交货延期而建立的最低储备量，它取决于订货提前期及每天存货需求的变化情况。

在不允许缺货的情况下，保险储备为：

u=（m-d）·L

式中：m——每天最大需要量。

如果考虑保险储备，再订货点为：

R=L·d+u=m·L

【例6-9】某企业每天正常耗用某材料50千克，该材料从发出订单到货物验收入库需要15天，该材料每天最大需要量估计为100千克。该材料的保险储备量为多少？

u=（m-d）·L=（100-50）×15=750（千克）

该材料的再订货点为：

R=L·d+u=50×15+750=1 500（千克）

6.3.3 存货的日常管理

存货的日常管理是指企业在日常生产经营过程中，按照存货计划的要求，对存货的采购、使用和周转情况进行组织、调节和监控。

1）存货的归口分级管理

存货的归口分级管理是企业加强存货日常管理的一种重要方法，在财务部门集中管理的前提下，实行存货的归口分级管理包括以下三项内容：

（1）实行存货资金的集中统一管理。财务部门的职能决定了它应当集中统一管理企业的存货资金，促进供、产、销互相协调，实现企业资金使用的综合平衡，加速资金周转。财务部门集中管理存货资金，应当负责以下具体工作：①根据国家财务制度和企业具体情况，统一制定并组织执行企业存货管理制度；②认真核定和平衡各项存货资金定额，汇总编制存货资金计划；③将各项存货资金计划指标进行分解，并分配落实到各有关职能部门；④统筹调度各项资金的使用，对各职能部门的资金运用情况进行检查和分析，实现资金收支平衡。

（2）实行存货资金的归口管理。按照使用资金与管理资金相结合、物资管理和资金管理相结合的原则，将存货管理落实到各个部门。每项存货资金由哪个部门使用，就归口给哪个部门负责管理。各项资金归口管理的分工一般如下：①原材料、辅助材料、燃料、包装物等占用的资金归供应部门管理；②在产品和自制半成品等占用的资金归生产部门管理；③产成品和外购商品等占用的资金归销售部门管理；④办公用品等占用的资金归行政部门管理。

（3）实行存货资金的分级管理。各归口管理部门应根据本部门的具体情况，将存货资金计划指标进行分解，分配给所属单位或者个人，层层落实，实行分级管理。具体分解过程可按如下方式进行：①原材料资金计划指标可分配给供应计划、材料采购、仓库保管各业务组管理；②在产品资金计划指标可分配给各车间、半成品库管理；③成品资金计划指标可分配给销售、仓库保管、成品发运各业务组管理。

2）存货的ABC分类管理

企业的存货品种繁多，有的存货数量少，但价值很高；有的存货数量多，但价值较低。因此，对存货的管理不必事无巨细、面面俱到，而应当分清主次。存货的ABC分类管理由意大利经济学家帕累托于19世纪首创，后经不断发展和完善，已广泛用于存货管理、成本管理、生产管理等。

存货的ABC分类管理就是根据一定的标准，按照重要性，将企业存货划分为A、B、C三类，区别对待，分类管理，分别实行按品种重点管理、按类别一般控制、按总额灵活掌握。其基本步骤如下：

（1）编制品种序列表

品种序列表是将存货按其金额或耗用额从大到小排列而编制的表格。由于存货品种很多，逐一排列可能非常麻烦，为此也可以将存货按照金额或耗用额进行适当分层后，再按照金额从大到小的顺序进行排列。

【例6-10】H企业存货分层后，编制的品种序列表见表6-6。

表6-6 H企业存货品种序列表

分层范围	品种数（种）	品种比重（%）	金额（万元）	金额比重（%）
10万元以上	15	3	470	47
5万～10万元	25	5	180	18
1万～5万元	80	16	220	22
0.5万～1万元	100	20	80	8
0.1万～0.5万元	150	30	40	4
0.1万元以下	130	26	10	1
合计	500	100	1 000	100

（2）进行A、B、C分类

在品种序列表中自上至下依次找出A、B、C三类物资，其划分标准见表6-7。

表6-7 存货ABC分类标准

类别	品种比重（%）	金额比重（%）
A	5～10	70～75
B	10～20	10～20
C	70～75	5～10

需要指出的是，上述标准是有一定灵活性的，分类时应重点掌握金额比重这一标准，以确保通过管好A类存货，使存货在最大程度上得到有效控制。总的原则是A类存货应体现关键的少数、C类存货应体现次要的多数这一特点。

如上例，把金额在5万元以上的作为A类存货，品种比重为8%，金额比重为65%，基本上符合A类存货的特征；把金额在1万～5万元之间的存货作为B类存货，品种比重为16%，金额比重为22%，基本上符合B类存货的特征；其余的为C类存货。这样，可编制存货的ABC分类表，见表6-8。

表6-8 H企业的存货ABC分类表

类别	品种	品种比重（%）	金额比重（%）
A	金额在5万元以上的存货	8	65
B	金额在1万～5万元之间的存货	16	22
C	金额在1万元以下的存货	76	13

（3）确定管理标准

一般来说，A类存货应作为管理的重点，应严格按照经济订货量组织订货，还要经常检查其存货数量。C类存货采取宽松的管理，无须逐项计算其经济订货量和再订货点，可增大每次订货量，减少订货次数，可以采取定期检查的方式。B类存货可以一般对待，有的可以宽一些，有的可以严一些。

3）存货的适时制管理

适时制（just in time，JIT）是存货在需要时才取得并进入生产过程的一种存货管理和控制方法。在JIT下，小批量、按订单组织生产的生产方式代替了传统的大批量、连续式的生产方式，形成适时生产系统，但其运转要有十分准确的生产和存货信息系统、高效率的采购系统、可靠的供应商网络和有效率的存货处理系统。

传统观点认为，企业持有一定存货可以平衡生产准备成本和储存成本，随时满足客户的需要，按时交货；避免生产中断、设备闲置，还可以获取数量折扣的好处，避免原材料价格上扬的损失。存货的适时制管理主张零存货，认为存货大量占用企业资源（如现金、人力、空间），隐藏了企业生产效率的低下，进而提出在存货以外解决上述问题的方法。

（1）生产准备成本与储存成本的平衡协调。传统的存货管理允许生产准备成本的存在，但在存货的适时制管理下不允许其存在，方法是可以与供应商签订长期合约，供应商根据合约及时供应企业所需材料。这样可以消除订货成本（准确地说是将订货成本最大限度地进行压缩，以至可以将其忽略不计）。此外，采用适时制管理存货的企业往往自动化程度极高，它们可通过电脑辅助设计完成产品的设计，通过电脑辅助工程系统完成对产品设计的测试，通过电脑自动化控制完成设备的调试，从而使生产准备成本大大降低。例如，美国的Harley-Davidson公司采用了适时制以后，将机器设备的调试准备时间降低了75%。

（2）交货日期的解决方法。传统的存货管理为了保证及时交货而持有存货，存货的适时制管理认为，为一个客户加工的产品不可能满足其他客户的需要，因为市场需求不仅瞬息万变，而且千差万别，所以，事先生产出产品，然后等待客户购买，就像守株待兔一样。对于已有订单，也不必早早地把产品生产出来等待取货，而应尽量缩短前置时间（产品自开工生产到产品完成交货准备的时间），力求做到在客户取货时完成发运货物前的各项准备工作。

（3）避免停工的方法。传统的存货管理认为，持有存货可以避免停工造成的损失。存货的适时制管理认为，存货不能解决这个问题，只是掩盖了这个问题。若将湖中的岩石比喻为问题，湖水就相当于存货，如果湖水很深，岩石被水淹没无法露出水面，因而不易被发现，但岩石无法露出水面并不等于不存在岩石。同样，当存货很多时，即使机器出现故障、原材料不良或运输出现问题，也不会影响对下一环节的供应，因而问题不易被外部发现，管理人员可聊以自慰，甚至对问题视而不见。但在零存货下，一旦机器出现故障、原材料不良或运输出现问题，将直接影响对下一环节的供应，问题马上会被外部发现。在存货的适时制管理下，通过全面预防性维护杜绝设备故障，通过全面质量控制杜绝劣质材料或产品进入企业或下一环节，通过建立与供应商的稳固关系和推行看板管理，可确保材料或产品的及时供应。

（4）折扣与涨价问题的解决方法。传统的存货管理认为，持有存货可以获得数量折扣、减少涨价带来的损失。存货的适时制管理解决折扣与涨价问题的方法是挑选较为邻近的供应商，与其谈判并签订长期合约，与供应商维持紧密关系。在选择供应商时，不以价格为主要依据，而以零件或材料的品质、如期交货的能力、随时供应的承诺为准绳。由于与供应商有长期稳定的购销关系，一方面，采购价格可能是较为优惠的；另一方面，由于所供货物的品质与价格均在合约上加以规定，同样可以减少材料价格上扬造成的损失。

学思践悟

资金管理专项指导助力央企高质量发展

财务管理是企业管理的中心，资金管理是财务管理的核心。随着数字信息技术快速演进、金融支付手段更新迭代，以及企业转型升级和创新发展加快，传统的资金管理模式已难以适应新的发展形势。2022年国资委印发《关于推动中央企业加快司库体系建设 进一步加强资金管理的意见》，指出“中央企业要充分认识加快推进司库体系建设的必要性和紧迫性，主动把握新一轮信息技术革命和数字经济快速发展的战略机遇，围绕创建世界一流财务管理体系，将司库体系建设作为促进财务管理数字化转型升级的切入点和突破口，重构内部资金等金融资源管理体系，进一步加强资金的集约、高效、安全管理，促进业财深度融合，推动企业管理创新与组织变革，不断增强企业价值创造力、核心竞争力和抗风险能力，夯实培育世界一流企业的管理基础”，并指导中央企业全面整合资金管理，加快与生产等业务信息系统兼容互通、数据共享，实现全集团“一张网、一个库、一个池”，打通各应用系统壁垒，确保数据流转实时准确、高效顺畅，消除信息孤岛和数据烟囱。在此前后，国资委还先后适时印发了《关于加强中央企业资金内部控制管理有关事项的通知》《关于中央企业加快建设世界一流财务管理体系的指导意见》《关于加强中央企业资金管理有关事项的补充通知》等，分别就“如何实现对集团资金的集约管理与动态监控，提高资金运营效率”“如何推进司库管理体系落地实施”“如何加强资金内控管理，堵塞管理漏洞”等方面适时指引和指导中央企业全面加强资金管理与财务风险防范，为中央企业高质量发展保驾护航。

2022年11月6日至8日，第五届中国企业论坛举办期间，国务院国资委研究中心发布的《中央企业高质量发展报告（2022）》显示，一批企业综合实力达到全球同行业领先水平，进入《财富》世界500强的中央企业从2012年的43家增长到2022年的47家，发电、航运、船舶等行业中央企业主要效率指标达到世界一流水平；一批企业自主创新能力显著增强，电网、通信等行业企业专利数量和质量位居全球同行业领先水平，航天、深海、能源、交通、国防军工等领域涌现出一批世界级原创性科技创新成果；一批企业品牌影响力和国际化水平明显提升，进入全球品牌价值500强的中央企业从2012年的13家增长到2022年的21家，打造了高铁、核电、特高压等一批具有自主知识产权的“国家名片”，培育了一批具有行业话语权和美誉度的企业品牌。国有企业特别是中央企业在推动经济社会发展、抗击新冠肺炎疫情的大战大考中“顶梁柱”作用充分彰显，在落实国家重大战略、服务构建新发展格局中主力军作用充分发挥，在承担急难险重任务、保障和改善民生中姓党为民政治本色充分体现。

请思考：中央企业资金管理具有哪些“中国特色”？在当前全球经济形势持续低迷的情形下，中央企业为什么能够获得强劲的高质量发展？

资料来源　根据中华人民共和国中央人民政府、国务院国有资产监督管理委员会等官网相关资料以及新华社、人民网等相关报道整理。

本章小结

本章介绍了现金、应收账款和存货管理的目标与内容，如何加强现金、应收账款和存货的日常管理，并着重介绍了如何确定企业的应收账款管理政策、最佳现金持有量及存货经济订货量。

企业持有现金是为了满足交易性需要、预防性需要及投机性需要。现金周转模式、成本分析模式、存货决策模式和随机模式是四种行之有效的确定最佳现金持有量的方法。企业应合理利用现金浮游、加强现金内部牵制、及时清理现金、力争现金流动同步、做好闲置资金的投资管理来加强现金的日常管理。

企业发生应收账款主要考虑的是促进销售、减少存货，但同时也为其存在付出一定代价。应收账款管理的目标就是在比较应收账款信用政策增加的盈利与这种政策的成本的基础上，制定合理的信用政策，并从中获得最大收益。为了保证所确定的信用政策能够得到有效实施，企业还应做好应收账款的日常管理，做到事前预防、事中监控、事后管理。

企业储备一定数量的存货有利于保证生产经营活动正常进行，但存货过多也会影响企业的经济效益。按照存货管理的目标，企业需要确定并保持合理的存货量，而控制存货量的关键在于确定存货的经济订货量。存货的归口分级管理、存货的ABC分类管理和存货的适时制管理使企业存货的日常管理有了选择余地。

重要概念

最佳现金持有量　机会成本　短缺成本　信用政策　信用标准　信用条件　信用期限　现金折扣　账龄分析　经济订货量　再订货点　ABC分类管理　适时制

本章案例

戴尔公司的库存管理模式

戴尔公司于1984年由迈克尔·戴尔创立，目前已成为全球领先的计算机系统直销商，跻身业内主要制造商之列。迈克尔·戴尔承认，创办公司之初，他最简单的想法就是把组装好的电脑卖到大学校园以外的地方。他认为只要有一条组装电脑的生产线，就能把为客户提供电脑产品这件事玩转，公司所要做的就是集中精力组装电脑和开发销售电脑的市场，并根据销售需要来安排组装电脑下线的数量。此外，戴尔公司在争取做到产成品零库存这一点上，采用了创新的方式——直销，实行“按需定制”，保证在明确客户需求后能够迅速作出回应，并向客户直接发货。目前，戴尔公司利用互联网进一步推广其直线订购模式，其推出的得到PowerEdge服务器运作支持的www.dell.com网站销售额已占到公司总收益的40%～50%。此外，戴尔公司还比其他电脑制造商更进一步，把“随订随组”的作业效率扩展到供应体系之中。为了实现零库存，戴尔公司建立了一个组织严密的供应商网络，其95%的物料来自这个供应商网络，其中75%来自30家最大的供应商，另外25%来自规模略小的20家供应商。戴尔公司几乎每天都要与这50家主要供应商分别交流一次或多次信息。在生产运营中，如果生产线上某一部件由于需求量突然增大导致原料不足，主管人员就会立刻联系供应商，确认对方是否可能增加下一次发货的数量。如果问题涉及硬盘之类的通用部件，主管人员就会立即与后备供应商协商。如果穷尽了可供选择的所有供应渠道后仍然没有收获，主管人员就会与公司内部的销售和营销人员磋商，通过直线订购渠道与客户联系，争取把客户对于某些短缺部件的需求转向那些备货充足的部件。所有这些操作都能在几个小时内完成，再加上通过网络技术与供应商之间保持的完善沟通，主管人员始终知道库存情况与补货需求。最后，戴尔公司通过采用合理的管理体制和构建整个供应链的利润分配机制，与其供应商建立了良好的战略合作伙伴关系，多方面照顾供应商的利益，支持供应商的发展。比如，在利润上，戴尔公司除了要补偿供应商的全部物流成本（包括运输、仓储、包装等费用）外，还让其享受供货总额3%～5%的利润，充分调动供应链上各个企业的积极性，发挥整个供应链的能量。也正因为如此，在竞争日趋激烈的计算机制造行业，戴尔公司总能取得骄人的业绩。

资料来源　根据www.icxo.com与www.hf56.net的相关资料整理而得。

【思考】(1) 戴尔公司零库存管理模式为何能够成功？

(2) 如何理解零库存的成本与收益？

(3) 你认为什么样的库存状态为最优？

自测题

一、即测即评

第6章单项选择题　　第6章多项选择题　　第6章判断题

二、计算题

1.假设某企业现金收支平衡，预计全年（按360天计算）现金需要量为250 000元，现金与有价证券的转换成本为每次500元，有价证券年利率为10%。

要求：(1) 计算最佳现金持有量；

(2) 计算最佳现金持有量下的全年有价证券交易次数和有价证券交易间隔期。

2.已知某企业与库存有关的信息如下：

(1) 年需求总量为30 000单位（假设每年360天）；

(2) 购买价格为每单位100元；

(3) 单位变动性储存成本是买价的0.3%；

(4) 订货成本为每次60元；

(5) 该企业希望的保险储备为750单位；

(6) 订货至到货的时间间隔为15天；

(7) 订货量只能按1 000的倍数（四舍五入）确定。

要求：(1) 经济订货量是多少？

(2) 存货水平为多少时应补充订货？

3.某公司每年需用某材料6 000件，每次订货成本为150元，每件材料的年储存成本为5元，该材料的采购价为20元/件，一次订货量在2 000件以上时可获2%的折扣、在3 000件以上时可获5%的折扣。请问：该材料每次采购多少时成本最低？

三、思考题

1.现金管理应遵守的规定有哪些？如何加强现金收入和支出管理？

2.如何确定最佳现金持有量？

3.应收账款的信用政策包括哪些内容？不同信用政策有什么不同影响？

4.如何确定经济订货量？

5.在存货的适时制管理下，如何解决传统的存货管理所面临的问题？

第6章计算题参考答案　　第6章思考题分析提示

第7章　融资决策

【学习目标】

通过本章的学习，你要：

1. 了解企业融资的含义及融资方式；

2. 熟悉资本成本的含义及计算原理；

3. 掌握并能运用企业资金需要量预测的销售百分比法和资金习性法；

4. 掌握短期与长期借款融资、商业信用融资、债券融资、普通股融资、优先股融资、留存收益融资的含义，以及融资成本的计算和优缺点；

5. 掌握综合资本成本与边际资本成本的计算方法；

6. 了解不同类型的营运资本筹集政策。

7.1　资金需要量预测

融资（又称筹资）是指融通或筹集投资和运营所需要的资金。企业融资（又称企业筹资）是指企业根据其生产经营、对外投资以及调整资本结构等需要，通过一定的渠道，采取一定的方式，从企业外部有关单位或个人以及从企业内部筹措和集中生产经营所需资金的活动。

资金需要量预测就是采用一定的方法估算和预计企业在未来一定时期内所需要筹集的资金的规模或金额。预测方法有定性预测法和定量预测法两大类。

7.1.1　定性预测法

定性预测法亦称直观判断预测法，主要是利用有关资料，依靠个人经验和知识，对企业未来的资金需要量进行测定、分析和判断的预测方法。定性预测法具体包括专家会议法、头脑风暴法和德尔菲（Delphi）法等。

采用德尔菲法进行预测时，首先邀请多名熟悉财务或生产经营情况的专家发表个人预测的初步意见，然后主持人收齐这些初步意见并进行汇总整理，再把不同意见以匿名的形式反馈给各位专家，如此反复几次，直到各位专家的意见趋近一致，得到预测的最终结果。定性预测法简单实用，但它不能从数量上揭示资金需要量与有关因素之间的函数关系，主观性强，一般在企业缺乏完备、准确的历史资料时采用。

7.1.2 定量预测法

定量预测法主要有销售百分比法和资金习性法。

1）销售百分比法

销售百分比是指资产负债表和利润表有关项目与销售收入的比率。资金需要量预测的销售百分比法，是假定资产、负债和费用与销售收入存在稳定的百分比关系，根据预计销售额和相应的百分比来预计资产、负债和所有者权益，然后利用会计等式确定融资需求。销售百分比法又可以细分为总额法和增加额法。

（1）总额法

总额法的步骤如下：

①确定敏感项目和非敏感项目。

敏感项目是指与销售收入成比例变动的资产负债表项目，否则为非敏感项目。敏感项目包括资产类敏感项目，如现金、银行存款、应收账款、存货等；负债类敏感项目，如应付账款、预提费用等。绝大部分流动资产和部分负债等是敏感项目。所有者权益类项目都属于非敏感项目。比较特殊的是固定资产（净值），在生产能力范围之内，增加销售量一般不需要增加固定资产，这时固定资产是非敏感项目；如果在生产能力已经饱和的情况下继续增加产销量，则需（按一定比例）增加固定资产投资额，这时固定资产是敏感项目。

②根据资产负债表资料，计算资产类敏感项目销售百分比、负债类敏感项目销售百分比。其计算公式为：

$$资产类敏感项目销售百分比=\frac{资产类敏感项目金额}{销售收入}\times 100\%$$

$$负债类敏感项目销售百分比=\frac{负债类敏感项目金额}{销售收入}\times 100\%$$

③计算资产类敏感项目预计数和负债类敏感项目预计数。其计算公式为：

资产类敏感项目预计数=预计销售收入×资产类敏感项目销售百分比

负债类敏感项目预计数=预计销售收入×负债类敏感项目销售百分比

④计算预计资产总额、预计负债总额和预计所有者权益总额。其计算公式为：

预计资产总额=预计敏感资产+基期非敏感资产

预计负债总额=预计敏感负债+基期非敏感负债

预计所有者权益总额=基期所有者权益+预计净利润×留存收益率

其中：

预计净利润=预计销售收入×销售净利率

销售净利率=净利润/销售收入

留存收益率=1-股利支付率

$$股利支付率=\frac{股利支付额}{净利润}\times 100\%=\frac{每股现金股利}{每股收益}\times 100\%$$

销售净利率和股利支付率都按基期计算。

⑤计算预测期外部融资额。其计算公式为：

预测期外部融资额=预计资产总额-预计负债总额-预计所有者权益总额

【例7-1】九华公司2022年资产负债表见表7-1。

表7-1　　　　　　　　　　　　　**资产负债表**　　　　　　　　　　　　单位：万元

资　　产	金　额	负债及所有者权益	金　额
货币资金	100	短期借款	20
存货	40	应付票据	30
应收账款	60	应付账款	40
		应交税费	10
		非流动负债	100
固定资产	200	股本	160
无形资产	100	资本公积	25
		留存收益	115
资产总计	500	负债及所有者权益总计	500

该公司2022年销售收入为2 000万元，净利润为100万元，支付股利70万元，目前固定资产生产能力未饱和。预计2023年销售收入为3 000万元，股利支付率和销售净利率不变。请采用销售百分比法预测2023年的外部资金需要量。

①敏感项目包括货币资金、存货、应收账款、应付票据、应付账款、应交税费，其余项目为非敏感项目。

②资产类敏感项目销售百分比=（100+40+60）÷2 000×100%=10%

负债类敏感项目销售百分比=（30+40+10）÷2 000×100%=4%

③资产类敏感项目预计数=3 000×10%=300（万元）

负债类敏感项目预计数=3 000×4%=120（万元）

④预计资产总额=300+（200+100）=600（万元）

预计负债总额=120+（20+100）=240（万元）

销售净利率=100÷2 000×100%=5%

股利支付率=70÷100×100%=70%

预计所有者权益总额=（160+25+115）+3 000×5%×（1-70%）=345（万元）

⑤预测期外部融资额=600-240-345=15（万元）

（2）增加额法

增加额法的步骤如下：

①确定敏感项目和非敏感项目。

②计算资产类敏感项目销售百分比、负债类敏感项目销售百分比。

③计算预计需要增加的资产、（自然）增加的负债、增加的留存收益。其计算公式为：

增加的资产=增量销售收入×资产类敏感项目销售百分比

（自然）增加的负债=增量销售收入×负债类敏感项目销售百分比

增加的留存收益=预计利润×（1-股利支付率）

=预计销售收入×销售净利率×（1-股利支付率）

④计算预计需要增加的资金数额（即预测期需要增加的资金数额）。其计算公式为：

预计需要增加的资金数额=增加的资产-（自然）增加的负债

⑤计算预测期外部融资额。其计算公式为：

预测期外部融资额=预计需要增加的资金数额-增加的留存收益

值得一提的是，在实践中，通常省略步骤④，直接计算预测期外部融资额。其计算公式为：

预测期外部融资额=增加的资产-（自然）增加的负债-增加的留存收益

【例 7-2】基本资料同例 7-1，采用销售百分比增加额法预测 2023 年的外部资金需要量。

①同例 7-1 的步骤①。

②资产类敏感项目销售百分比=（100+40+60）÷2 000×100%=10%

负债类敏感项目销售百分比=（30+40+10）÷2 000×100%=4%

这表示，销售收入每增加 100 元，必须增加 10 元资金需要，同时增加 4 元资金来源。因此，每增加 100 元销售收入，企业必须再取得 6 元（（10%-4%）×100）资金。

③增加的资产=（3 000-2 000）×10%=100（万元）

（自然）增加的负债=（3 000-2 000）×4%=40（万元）

增加的留存收益=3 000×5%×（1-70%）=45（万元）

④预计需要增加的资金数额=100-40=60（万元）

⑤预测期外部融资额=60-45=15（万元）

或者省略步骤④直接计算：

预测期外部融资额=100-40-45=15（万元）

2）资金习性法

资金习性是指资金的变动同业务量变动之间的依存关系。资金习性法就是利用资金与业务量之间的依存关系预测企业资金需要量的一种方法。

按照资金习性，可以将资金分为不变资金和变动资金。不变资金是指在一定的业务量范围内，不受业务量变动影响而保持固定不变的那部分资金。变动资金是指随业务量的变动而同比例变动的那部分资金。三者的关系是：资金总额=不变资金总额+变动资金总额。

资金习性法的预测模型（即资金总额方程）为：

$$Y=a+bX$$

式中：Y——资金需要总量；a——不变资金；b——单位业务量所需变动资金（简称单位变动资金）；X——一定时期的业务量。

根据求解该方程的具体方法不同，资金习性法又可以细分为高低点法和回归分析法。

（1）高低点法，是用最高业务量与最低业务量及其相对应的资金占用量，计算出不变资金 a 和单位变动资金 b，从而预测资金需要量的一种方法。其计算公式为：

$$b=\Delta Y/\Delta X=\frac{Y_H-Y_L}{X_H-X_L}$$

$$a=Y_H-bX_H$$

或

$$a=Y_L-bX_L$$

式中：Y_H——最高业务量的资金占用量；Y_L——最低业务量的资金占用量；X_H——最高业务量；X_L——最低业务量。

【例7-3】2018—2022年九华公司销量与资金占用量统计资料见表7-2。预计2023年该公司的销量为14万台，预测2023年资金需要量。

表7-2 九华公司销量与资金占用量资料

年度	销量x（万台）	资金需要量y（万元）
2018	8	300
2019	9	290
2020	10	310
2021	11	330
2022	12	340

根据高低点法得：

$$b=\frac{340-300}{12-8}=10$$

$$a=340-10\times12=220$$

或

$$a=300-10\times8=220$$

资金需要量模型为：

$$Y=220+10x$$

2023年资金需要量 $Y=220+10\times14=360$（万元）

（2）回归分析法也称回归直线法，是根据有关历史资料，运用最小二乘法原理，用回归方程求得资金需要量的方法。其计算公式为：

$$a=\frac{\sum x^2\sum y-\sum x\sum xy}{n\sum x^2-(\sum x)^2}$$

或

$$a=\frac{\sum y-b\sum x}{n}$$

$$b=\frac{n\sum xy-\sum x\sum y}{n\sum x^2-(\sum x)^2}$$

【例7-4】基本资料同例7-3，用回归分析法预测2023年资金需要量。

①根据表7-2计算出有关数据，见表7-3。

表7-3 资金需要量回归分析计算表

年度	销量x（万台）	资金需要量y（万元）	xy	x^2
2018	8	300	2 400	64
2019	9	290	2 610	81
2020	10	310	3 100	100
2021	11	330	3 630	121
2022	12	340	4 080	144
n=5	$\sum x=50$	$\sum y=1\ 570$	$\sum xy=15\ 820$	$\sum x^2=510$

②将表7-3的数据代入公式得：

$$b=\frac{5\times 15\,820-50\times 1\,570}{5\times 510-50^2}=12$$

$$a=\frac{1\,570-12\times 50}{5}=194$$

③资金需要量模型为：

Y=194+12x

④2023年资金需要量Y=194+12×14=362（万元）

7.2 资本成本

7.2.1 资本成本的含义

资本成本（又称资金成本）是指企业为筹集和使用资本（资金）而付出的代价，具体包括用资费用与筹资费用两部分。

①用资费用，又称资金占用费，是指企业在投资、生产经营过程中因使用资金而支付的费用，如向债权人支付的利息。

②筹资费用，又称资金筹集费，是指企业在筹集资金过程中为取得资金而支付的费用，如向银行支付的借款手续费。

资本成本可以用绝对数表示，但通常用相对数表示，用相对数表示时又称资本成本率。

资本成本按照用途不同，可以分为个别资本成本、综合资本成本和边际资本成本。个别资本成本主要用于比较各种融资方式的资本成本，综合资本成本主要用于资本结构决策，边际资本成本用于追加筹资决策。

7.2.2 资本成本的计算原理

个别资本成本是指企业各种长期资本的成本率。资本成本率是用资费用与实际筹得资金（筹资总额减去筹资费用）的比率，其计算公式如下：

$$资本成本率=\frac{年用资费用}{筹资总额-筹资费用}\times 100\%=\frac{年用资费用}{筹资总额\times(1-筹资费用率)}\times 100\%$$

个别资本成本率是使各年支付的报酬和本金的现值之和等于所筹资本时的折现率，其计算原理如下：

$$企业所筹资本\ P_0=\sum_{t=1}^{n}\frac{C_t}{(1+K)^t}$$

式中：C_t——企业在第t年向资本提供者支付的报酬和偿还的本金；K——个别资本成本率。

个别资本成本主要包括长期借款成本、债券成本、普通股成本、优先股成本、留存收益成本等，具体计算分别见本章第4、5节内容。一般来说，个别资本成本从低到高排序为：长期借款<债券<优先股<留存收益<普通股。

7.3 短期负债融资

短期负债是指需要在1年内或超过1年的一个营业周期内偿还的债务。短期负债融资是指通过增加短期负债来筹集资金的融资方式，主要包括短期借款和商业信用。

7.3.1 短期借款

短期借款是指借款人向银行或其他金融机构等借入的、需要在一定期限内偿还本金和支付利息的款项。

1）短期借款的信用条件

银行发放短期借款往往带有一些信用条件，主要包括：

（1）信贷额度，又称信贷限额，是银行对借款人规定的无担保贷款的最高限额。一般来说，企业可以在批准的信贷限额内随时使用银行借款，但是银行并没有必须提供全部信贷限额的义务。如果有证据表明企业信誉恶化，银行可以减少对企业的贷款金额，这时银行不承担法律责任。

（2）周转信贷协定，是指银行具有法律义务承诺提供不超过某一最高限额的贷款协定。在协定的有效期内，只要企业的借款总额未超过最高限额，银行就必须满足企业任何时候提出的借款要求。企业采用转信贷协定时，通常要就贷款限额的未使用部分付给银行一笔承诺费。

【例7-5】九华公司与中国建设银行的周转信贷协定规定2022年度最高限额为5 000万元，承诺费率为0.4%，九华公司在2022年度共使用了4 000万元贷款。请计算承诺费。

未使用部分的金额=5 000−4 000=1 000（万元）

九华公司2022年度向银行支付的承诺费=1 000×0.4%=4（万元）

（3）补偿性余额，是指银行要求借款企业在银行中保持按贷款限额或实际借用额一定百分比（即补偿性余额比率，一般为10%～20%）的最低存款余额。对银行来说，补偿性余额可降低贷款风险。对借款企业来说，补偿性余额变相地提高了银行借款筹资的资本成本（即借款的实际利率）。实际利率的计算公式为：

$$实际利率=\frac{借款金额\times 名义利率}{借款金额-补偿性余额}\times 100\%=\frac{名义利率}{1-补偿性余额比率}\times 100\%$$

其中：

$$补偿性余额比率=\frac{补偿性余额}{借款金额}$$

【例7-6】九华公司向中国建设银行借款2 000万元，名义年利率为10%，补偿性余额比率为15%。请计算该笔贷款的实际利率。

补偿性余额=2 000×15%=300（万元）

$$贷款实际利率=\frac{2\,000\times 10\%}{2\,000-300}\times 100\%=\frac{10\%}{1-15\%}\times 100\%=11.76\%$$

（4）借款抵押。银行向财务风险较大的企业或对其信誉没有把握的企业发放贷款，有时需要抵押品。短期借款的抵押品通常是借款企业的应收账款、存货、股票、债券等。银行接受抵押品后，通常按抵押品价值的一定比例（这一比例的高低主要取决于抵押品的变现能力和银行的风险偏好，一般为30%～90%）发放贷款金额。

（5）偿还条件。贷款的偿还有到期一次性偿还和在贷款期内定期（每月、季）等额偿还两种方式。

（6）其他承诺。银行有时还要求企业为取得贷款而作出其他承诺，如及时提供财务报表。若企业违背承诺，银行可要求企业立即偿还全部贷款。

2）利息的支付方法

一般来讲，借款企业可以采取三种方法支付银行贷款利息，具体采用哪种方法，通常由银行和借款企业商定，并体现在贷款合同上。

（1）收款法，也称利随本清法，是在借款到期时企业向银行一次性归还借款本金和利息的方法。银行向工商企业发放的贷款大都采用这种方法收息。采用收款法时，企业借款的名义利率和实际利率一致。其计算公式为：

$$实际利率=\frac{利息}{借款金额}\times100\%=名义利率$$

【例7-7】九华公司从中国建设银行取得1年期借款200万元，借款合同中规定的利率为8%。如果用收款法支付利息，计算该笔贷款的利息和实际利率。

利息=200×8%=16（万元）

$$实际利率=\frac{16}{200}\times100\%=8\%=名义利率$$

（2）贴现法，是银行向企业发放贷款时，先从本金中扣除利息部分，而到期时借款企业只需偿还贷款全部本金的一种计息方法。采用这种方法时，企业可利用的贷款额只有本金减去利息后的差额，因此贷款的实际利率高于名义利率。其计算公式为：

$$实际利率=\frac{利息}{借款金额-利息}\times100\%=\frac{名义利率}{1-名义利率}\times100\%$$

【例7-8】基本资料同例7-7，如果用贴现法支付利息，计算该笔贷款的利息和实际利率。

利息=200×8%=16（万元）

$$实际利率=\frac{16}{200-16}\times100\%=\frac{8\%}{1-8\%}\times100\%=8.70\%$$

（3）加息法，是指借款本金分期等额偿还，利息却按全部本金计算的方法。采用加息法时，企业实际上只平均使用了贷款本金的半数，却支付全额利息，从而企业所负担的实际利率是名义利率的2倍。其计算公式为：

$$实际利率=\frac{利息}{借款金额\div2}\times100\%=2\times名义利率$$

【例7-9】基本资料同例7-7，如果借款分12个月等额偿还本金，利息支付方式为加息法，计算其实际利率。

$$实际利率=\frac{200\times8\%}{200\div2}\times100\%=2\times8\%=16\%$$

3）短期借款筹资的优缺点

优点：①筹资速度快。与发行证券相比，短期借款一般所需时间较短，可以迅速地获取资金。②借款弹性好。企业与出借方可根据实际情况，通过协商确定或更改借款的时间、数额和利率等条款。

缺点：①财务风险较大。企业对外借款，必须定期还本付息，在经营不善的情况下，可能发生不能偿付的风险，甚至导致破产。②限制条件较多。企业对外签订的借款合同一般会有一些限制条款，妨碍企业的筹资和投资活动。③筹资数额有限。

7.3.2 商业信用

商业信用是指在商品交易中由于延期付款或预收货款所形成的企业间的债权债务关系（实质上是资金的借贷关系）。商业信用的具体形式有预收货款、应付账款、应付票据、应付费用等。商业信用的应用十分广泛，在短期负债筹资中占有相当大的比重。

1）商业信用的条件

商业信用的条件是指销货人对付款时间和现金折扣所做的具体规定，主要有以下几种形式：

（1）预收货款（销售方）。这是企业在销售商品时，要求买方在卖方发出货物之前支付货款的情形。在这种信用条件下，销货单位可以提前获得资金，购货单位则要预先垫支一笔资金。

（2）延期付款，但不涉及现金折扣（购货方）。这是指企业购买商品时，卖方允许企业在交易发生后一定时期内按发票金额支付货款的形式。如“客户订单”上的“net 40”是指在40天内按发票金额付款，没有现金折扣。此时，买方可以因延期付款而延长保有此笔资金。

（3）延期付款，但早付款可享受现金折扣（购货方）。在这种条件下，买方若提前付款，卖方可给予一定的现金折扣；如买方不享受现金折扣，也必须在一定时期内付清账款。这种信用条件包括三部分内容：①信用期限（N），是允许买方延期付款的最长期限。②现金折扣，是指卖方为了鼓励买方提前还款，而给予买方在价款总额上的优惠，即少付款的百分比（一般为1%～5%）。③折扣期限，是卖方允许买方享受现金折扣的期限，折扣期限小于信用期限。如（2/10，N/30）表示在10天内付款可以享受2%的现金折扣（即少付2%），10天为折扣期；在10～30天付款没有折扣（即全额付款），30天为信用期，即必须在30天内付清账款。

2）现金折扣成本

（1）放弃现金折扣成本的计算

在卖方提供了信用条件的情况下，买方应尽量获得规定的现金折扣，放弃现金折扣是有机会成本的。放弃现金折扣的机会成本（简称现金折扣成本）通常用相对数表示，也称现金折扣成本率。其计算公式为：

$$现金折扣成本率=\frac{现金折扣率}{1-现金折扣率}\times\frac{360}{信用期限-折扣期限}\times 100\%$$

（2）决策原则

①若放弃现金折扣成本率>短期融资成本率，则选择在折扣期付款。

②若放弃现金折扣成本率<短期融资成本率，则选择在信用期付款。

【例7-10】九华公司采购了一批零件，价款为500万元，供应商给九华公司的付款条件为“2/10，1/20，N/30”。10天之内付款，付490万元；20天之内付款，付495万元；30

天之内付款，付500万元。假设同期银行贷款利率为10%，计算放弃现金折扣的成本（比率），并确定对九华公司最有利的付款日期。

九华公司有四种付款日期的选择，分析如下：

第一种：10天折扣期内付款（即10天内付款）。好处：享受2%折扣；弊端：少占用20天资金。

$$放弃10天现金折扣成本率=\frac{2\%}{1-2\%}\times\frac{360}{30-10}\times100\%=36.7\%>10\%$$

第二种：20天折扣期内付款（即10～20天付款）。好处：享受1%折扣；弊端：少占用10天资金。

$$放弃20天现金折扣成本率=\frac{1\%}{1-1\%}\times\frac{360}{30-20}\times100\%=36.4\%>10\%$$

第三种：超过折扣期但不超过信用期付款（即20～30天付款）。好处：保持信用，多占用20天资金；弊端：丧失折扣。

第四种：超过信用期，长期拖欠（即30天以后付款）。好处：长期占用资金；弊端：丧失信用，一般不被采用。

综上所述，九华公司应选择在10天内付款，金额为490万元。

3）商业信用筹资的优缺点

优点：①筹资方便。商业信用随商品交易自然产生，属于自然性筹资，不需要进行事先的规划，方便灵活。②限制条件少。③筹资成本低，甚至不发生筹资成本。

缺点：①商业信用的时间一般较短。②有一定的风险。付款方如果到期不支付货款而长时间拖欠货款，势必影响付款方的信誉。

7.3.3 营运资本筹集政策

营运资本筹集政策主要是就如何安排临时性流动资产和永久性流动资产的资金来源而言的，其核心问题是在筹集流动资产所需资金时，如何合理安排短期资金和长期资金的结构比例关系。营运资本筹集政策一般分为三种类型，即配合型筹资政策、激进型筹资政策和稳健型筹资政策。

（1）配合型筹资政策。其特点是：对于临时性流动资产，运用临时性负债筹集资金满足其需要；对于永久性流动资产和固定资产，运用长期负债、自发性负债和权益资本筹集资金满足其需要，如图7-1所示。

（2）激进型筹资政策。其特点是：临时性负债不但融通临时性流动资产的资金需要，还解决部分永久性流动资产的资金需要。该筹资政策下临时性负债在企业全部资金来源中所占比重大于配合型筹资政策，如图7-2所示。

（3）稳健型筹资政策。其特点是：临时性负债只融通部分临时性流动资产的资金需要，另一部分临时性流动资产和永久性流动资产和固定增产则由长期负债、自发性负债和权益资本作为资金来源，如图7-3所示。

一般来说，如果企业能够驾驭资金的使用，采用收益和风险配合得较为适中的配合型筹资政策是比较有利的。

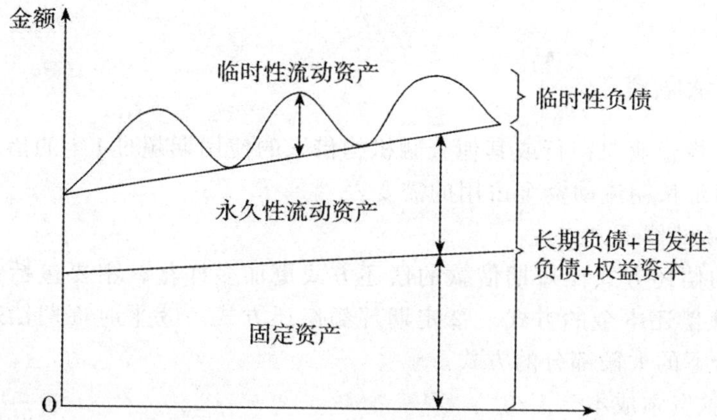

图7-1　配合型筹资政策

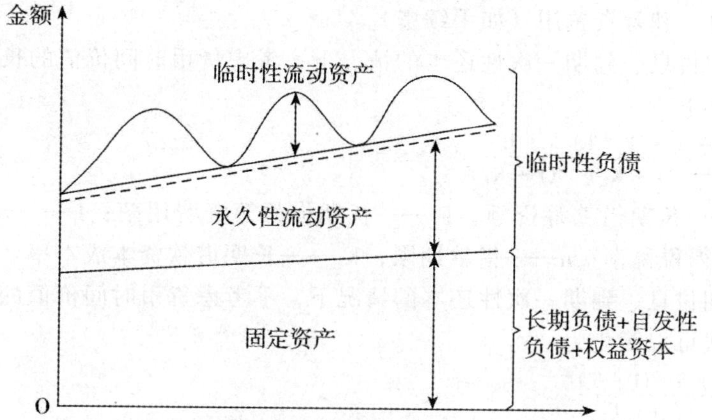

图7-2　激进型筹资政策

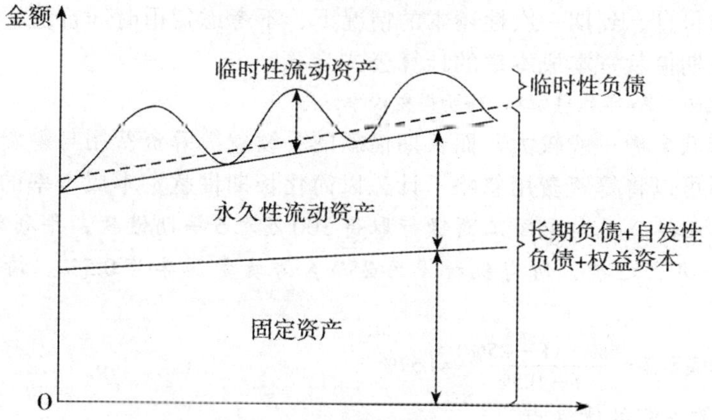

图7-3　稳健型筹资政策

7.4　长期负债融资

长期负债是指还款期限超过1年的负债。长期负债筹资是指通过增加长期负债来筹集资金的融资方式。

7.4.1 长期借款融资

长期借款是指企业向银行或其他金融机构借入的使用期超过1年的借款，主要用于购建固定资产和满足长期流动资金占用的需要。

1）长期借款的偿还方式

长期借款的偿还方式比短期借款的偿还方式更加多样化，主要包括：①定期支付利息、到期一次性偿还本金的方式。②定期等额偿还方式。③平时逐期偿还小额本金和利息，期末偿还余下的大额部分的方式。

2）长期借款资本成本

长期借款资本成本是指企业向银行等资本提供者支付的报酬，主要包括借款的用资费用（如借款利息）和筹资费用（如手续费）。

（1）在分期付息、到期一次性还本的情况下，考虑货币时间价值的长期借款资本成本率的计算原理如下：

$$L\times(1-F_L)=\sum_{t=1}^{n}\frac{I_t\times(1-T)}{(1+K_L)^t}+\frac{L}{(1+K_L)^n}$$

式中：L——长期借款筹资额；F_L——长期借款筹资费用率；I_t——长期借款第t期的利息；T——所得税税率；n——借款期限；K_L——长期借款资本成本率。

（2）在分期付息、到期一次性还本的情况下，不考虑货币时间价值的长期借款资本成本率的计算公式可以简化为：

$$K_L=\frac{I\times(1-T)}{L-F}=\frac{i\times(1-T)}{1-F_L}$$

式中：F——筹资费用总额；I——长期借款年利息；i——长期借款年利率。

（3）在分期付息、到期一次性还本的情况下，不考虑货币时间价值，并且将筹资费用忽略不计时，长期借款资本成本率的计算公式为：

长期借款资本成本率=年利息率×（1-所得税税率）

由于长期借款金额一般较大，而长期借款的手续费等筹资费用与筹资额相比很少，所以在很多情况下可以将筹资费用忽略不计，以简化长期借款资本成本率的计算。

【例7-11】九华公司向中国工商银行取得300万元5年期借款，年利率为6%，每年付息一次，到期一次性还本，所得税税率为25%，筹资费用率为0.5%。请计算该长期借款资本成本率。

$$长期借款资本成本率=\frac{6\%\times(1-25\%)}{1-0.5\%}=4.52\%$$

3）长期借款筹资的优缺点

与其他长期负债筹资相比，长期借款筹资的优点主要有：①筹资速度快。②借款弹性较大。③借款成本较低。④可以发挥财务杠杆的作用。

长期借款筹资的缺点主要有：①筹资风险较高。长期借款通常有固定的利息负担和固定的偿付期限，故长期借款的筹资风险较高。②长期借款的限制条件较多，影响企业以后的筹资和投资活动。③筹资数量有限。

7.4.2 债券融资

债券是债务人为筹集负债资本而发行的、承诺在一定期限内还本付息、用以记载和反映债权债务关系的有价证券或凭证。由非公司制企业发行的债券称为企业债券，由公司制企业（包括股份有限公司和有限责任公司）发行的债券称为公司债券。本书所说的债券指的是期限超过1年的公司债券。

债券融资是指筹资企业通过发行还款期限超过1年的债券来筹集资金的融资方式。

1）债券的发行条件与发行方式

《证券法》对公开发行公司债券的公司在净资产额、累计债券总额、最近3年平均可分配利润、所筹集资金的投向、债券利率等方面都有具体的规定。

公司债券的发行方式包括委托发行和自行发行。委托发行是指委托银行、投资公司或其他金融机构承销全部债券，然后再分售给投资个人及单位、代理发售公司债券的机构。自行发行是指不经过金融机构，由债券发行公司直接配售给投资个人和单位。

2）债券的要素

（1）面值，是债券持有人借以生息的本金或债券到期时偿还债务的金额。

（2）期限，是债券从发行日开始至债券到期日截止的时间。

（3）票面利率，是债券票面上注明的利率。票面利率可以是固定利率，也可以是浮动利率，而且一般为年利率。债券利息是债券面值与票面利率的乘积。

（4）偿还方式，包括到期还本付息、分期还息、以新换旧等方式。

（5）发行价格，即发行时债券的购买价格。发行价格包括平价、溢价和折价。平价是指以债券的面值为发行价格，即面值=发行价格；溢价是指以高出债券面值的价格为发行价格，即发行价格>面值；折价是指以低于债券面值的价格为发行价格，即发行价格<面值。

债券发行价格受诸多因素影响，其中主要是票面利率与市场利率的一致程度。分期付息、到期一次性还本时，债券发行价格的计算公式为：

$$债券发行价格=\frac{面值}{(1+市场利率)^n}+\sum_{t=1}^{n}\frac{面值\times票面利率}{(1+市场利率)^t}$$

式中：n——债券期限；t——付息期数。

市场利率是指债券发行时的市场利率。

【例7-12】九华公司拟发行每张面值1 000元的5年期债券，债券的票面利率为15%，每年年底付息一次，到期一次性还本。请计算市场利率分别为10%、15%和20%时债券的发行价格。

①当市场利率为10%时：

$$发行价格=\frac{1\,000}{(1+10\%)^5}+\sum_{t=1}^{5}\frac{1\,000\times15\%}{(1+10\%)^t}=1\,189.52（元）$$

②当市场利率为15%时：

$$发行价格=\frac{1\,000}{(1+15\%)^5}+\sum_{t=1}^{5}\frac{1\,000\times15\%}{(1+15\%)^t}=1\,000（元）$$

③当市场利率为20%时：

$$发行价格=\frac{1\,000}{(1+20\%)^5}+\sum_{t=1}^{5}\frac{1\,000\times15\%}{(1+20\%)^t}=850.49（元）$$

3）债券资本成本

债券资本成本是指企业向债券持有者支付的报酬，主要包括债券的用资费用（如债券的利息）和筹资费用（如债券发行的手续费）。

（1）在分期付息、到期一次性还本的情况下，考虑货币时间价值的债券资本成本率的计算原理如下：

$$B\times（1-F_B）=\sum_{t=1}^{n}\frac{I_t\times(1-T)}{(1+K_B)^t}+\frac{B}{(1+K_B)^n}$$

式中：B——债券筹资额；F_B——债券筹资费用率；I_t——债券第t期的利息；T——所得税税率；n——借款期限；K_B——债券资本成本率。

（2）当债券期限很长，且每年利息相同时，或者在分期付息、到期一次性还本，且不考虑货币时间价值的情况下，债券资本成本率的计算公式可以简化为：

$$K_b=\frac{I\times(1-T)}{B\times(1-F_b)}$$

其中：

债券利息I=债券面值×利率

筹资总额B=债券实际发行价格×发行数量

【例7-13】九华公司发行5年期债券，面值为300万元，票面利率为12%，每年付一次利息，发行价为380万元，发行费率为4%，所得税税率为25%。请计算该债券资本成本率。

$$债券资本成本率=\frac{300\times12\%\times(1-25\%)}{380\times(1-4\%)}=7.40\%$$

4）债券筹资的优缺点

优点：①可利用财务杠杆。②可以保障股东控制权。③便于调整资本结构。在公司发行可转换债券以及可提前赎回债券的情况下，公司可灵活地调整资本结构。

缺点：①债券有固定的到期日，要承担还本付息的义务，财务风险高。②限制条件多。③筹资额有限。《中华人民共和国公司法》（以下简称《公司法》）规定，发行公司流通在外的债券累计总额不得超过公司净资产的40%。④与短期负债筹资和其他长期负债筹资方式相比，债券筹资的成本更高。

7.4.3 融资租赁

租赁是指出租人在承租人给予一定报酬（表现为租金）的条件下，在契约或合同规定的期限内，授予承租人占有和使用财产权利的一种经济行为。

1）融资租赁的含义与形式

租赁按其性质，可分为经营租赁和融资租赁。经营租赁是由租赁公司向承租单位在短期内提供设备，并提供维修、保养、人员培训等的一种服务性业务，又称服务性租赁。融资租赁又称财务租赁、资本租赁，是指由租赁公司按承租单位要求出资购买设备，在较长的契约或合同期内（一般在1年以上）提供给承租单位使用的信用业务。融资租赁的主要目的是融通资金，只不过以实物资产租赁的形式表现出来（即融资租赁的对象是实物），所以融资租赁是融资与融物相结合的、带有商品销售性质的借贷活动，是企业筹集（长期）资金的一种新方式。

融资租赁按照租赁手段，又可细分为直接租赁、售后租回和杠杆租赁。

①直接租赁是融资租赁的典型形式，通常所说的融资租赁就是指直接租赁形式。

②售后租回是指制造企业按照协议先将其资产卖给租赁公司，再作为承租企业将所售资产租回使用，并按期向租赁公司支付租金。

③杠杆租赁是由资金出借人为出租人提供部分购买资产的资金，再由出租人将资产租给承租人的方式。

2）融资租赁的成本——租金

租金是承租企业占用出租人的资产而向出租人付出的代价，是租赁决策的重要考虑因素。

（1）决定租金的基本因素。

①租赁资产的成本。租赁资产的成本大体由资产的购买价（若出租人是资产的生产商，则为出厂价）、运杂费、运输途中的保险费等项目构成。如果资产由承租人负责运输和安装，运杂费、运输途中的保险费等便不包括在租金中。

②预计设备残值。设备残值是指设备租赁期满后，出售可得的市价。

③租赁资产的成本利息。租赁资产的成本利息是指租赁公司为承租企业购置设备垫付资金所应支付的利息。

④租赁手续费。租赁手续费是指出租人承办租赁设备所发生的营业费用，不包括维修、保养费用，可包括出租人向承租企业提供租赁服务所赚取的利润。

（2）确定租金的方法。

①平均分摊法，是在不考虑货币时间价值的前提下，先以商定的利息率和手续费率计算租赁期间的利息和手续费，然后连同租赁资产的成本按支付次数平均计算。

②等额年金法，是在考虑货币时间价值（贴现率通常是根据利率和手续费率确定的租费率）的前提下，运用年金现值的计算原理计算每期应付租金的方法。

（3）租金的计算和收取方式。

①租金包括租赁资产的成本、成本利息、租赁手续费，采取期初或期末等额或不等额的方式支付。

②租金包括租赁资产的成本、成本利息，采取期初或期末等额或不等额的方式支付，租赁手续费单独一次性付清。

③租金仅含租赁资产的成本，采取期初或期末等额或不等额的方式支付，成本利息和手续费均单独计算和支付。

在三种方式中，用得最多的是第一种方式。在没有特别说明的情况下，租金一般包括租赁资产的成本、成本利息、租赁手续费。

（4）租金包括租赁资产的成本、成本利息、租赁手续费，采取期初或期末等额的方式支付时租金的计算。

①等额租金支付发生在每期期末，租金采用普通年金法计算，公式如下：

$$\text{年租金（A）}=\frac{\text{租赁资产价款(P)}}{(P/A,\ i,\ n)}$$

式中：（P/A，i，n）——普通年金现值系数。

②等额租金支付发生在每期期初，租金采用先付年金（也称预付年金）法计算，公式

如下：

$$年租赁费（A）=\frac{租赁资产价款(P)}{(P/A,\ i,\ n)\times(1+i)}=\frac{P}{[(P/A,\ i,\ n-1)+1]}$$

式中：［（P/A，i，n−1）+1］——先付年金现值系数。

【例7-14】九华公司采用融资租赁方式于2022年1月1日从某租赁公司租入一台机床，设备市价为9 000元，融资成本为700元，租赁手续费为300元，租期为5年，到期后机床归九华公司所有，双方商定的折现率为15%。

要求：(1) 确定租金总额。

(2) 如果租金为每年年末等额支付，计算年租金。

(3) 如果租金为每年年初等额支付，计算年租金。

计算如下：

(1) 租金总额=9 000+700+300=10 000（元）

(2) 租金为每年年末等额支付时：

$$年租金=\frac{10\ 000}{(P/A,\ 15\%,\ 5)}=2\ 983（元）$$

(3) 租金为每年年初等额支付时：

$$年租金=\frac{10\ 000}{(P/A,\ 15\%,\ 5)\times(1+15\%)}=\frac{10\ 000}{(P/A,\ 15\%,\ 4)+1}=2\ 594（元）$$

3）融资租赁的优缺点

优点：①能迅速获得所需资产。②融资租赁限制较少。③免遭设备陈旧过时的风险。④租金费用可在所得税前扣除，能享受税收利益。

缺点：①成本较高，租金总额通常高于设备价值的30%。②不利于对资产进行技术更新或技术改造。在租赁期内，未经出租人同意，承租人一般不得随意对所租入的资产进行技术更新或技术改造。

7.4.4 发行可转换债券

1）可转换债券的含义

可转换债券又称可转换公司债券，是一种根据合同或约定，债券持有人可在特定时间按规定价格或其他条件转换为普通股股票的特殊公司债券。

2）可转换债券的特征

可转换债券的持有人在一定时期内，可以按规定的价格或一定比例，自由地将其转换为普通股。可转换债券兼有债券和股票的双重特性，发行可转换债券筹得的资金具有负债资本和权益资本的双重性质。

3）可转换债券筹资的优缺点

优点：①可节约利息支出，筹资成本较低。②与发行股票相比，更有利于稳定股票价格并减少对每股收益的稀释。③发行公司可以获得股票溢价收益，即转换成普通股时享受股价上升带来的资本收益。

缺点：①股价大幅度上升时，存在减少筹资数量的风险。②可能给发行公司带来财务风险。发行可转换债券后，如果公司业绩不佳，股价长期低迷，或虽然公司业绩尚可，但股价随大盘下跌，持有者没有如期转换成普通股，则会增加公司偿还债务的压力。

7.5 股权融资

股权融资是指所筹集到的资本属于股权资本的融资方式。非股份制企业以签订投资协议的形式吸收投资者直接投入的资本，而股份制企业则以发行股票的形式获取投资者直接投入的资本。

7.5.1 吸收直接投资

1）吸收直接投资及出资方式

吸收直接投资是指非股份制企业按照“共同投资，共同经营，共担风险，共享利润”的原则，吸收国家、法人、个人和外商等投入资本的一种融资方式。它不以证券为媒介，可以在企业设立时进行，也可以在企业存续期间进行。

吸收直接投资时，投资者可以采取以现金出资、以实物出资、以工业产权出资和以土地使用权出资等方式。

2）吸收直接投资的优缺点

优点：①吸收直接投资所筹集的资金属于企业的自有资金，与借入资金相比，它能提高企业的资信和借款能力。②吸收直接投资不仅可以筹集现金，而且能够直接获得所需的先进技术和先进设备，与仅筹集现金的筹资方式相比，它能尽快地形成生产经营能力。③财务风险较低。

缺点：①资本成本较高。②容易分散企业控制权。

7.5.2 普通股融资

股票是股份有限公司（简称股份公司）为筹措股权资本而发行的有价证券，是公司签发的证明持股人拥有公司股份的凭证。按股东权利和义务的不同，股票可分为普通股和优先股。发行普通股筹集资金称为普通股融资，发行优先股筹集资金称为优先股融资。

1）股票的分类

（1）如前所述，股票可分为普通股和优先股。普通股是股份有限公司发行的无特别权利和义务、股利不固定的股票，是最基本的、标准的股票。优先股又称特别股，是指股份有限公司发行的、优先于普通股股东分配公司收益和剩余财产的股票。

（2）按股票是否标明金额，可将股票分为面值股票和无面值股票。面值股票是在票面上标有一定金额的股票。无面值股票是不在票面上标出金额，只载明所占公司股本总额的比例或股份数的股票。《公司法》规定，股票应记载股票的面额，并且其发行价格不得低于票面金额。

（3）按投资主体不同，可将股票分为国家股、法人股、个人股等。国家股是有权代表国家投资的部门或机构以国有资产向股份公司投资而形成的股份。法人股是企业法人依法以其可支配的财产向股份公司投资而形成的股份，或具有法人资格的事业单位和社会团体以国家允许用于经营的资产向股份公司投资而形成的股份。个人股是社会个人或公司内部职工以个人合法财产投入股份公司而形成的股份。

（4）按发行对象和上市地区，可将股票分为A股、B股、H股和N股等。A股是在上海或深圳上市，以人民币标明票面金额并以人民币认购和交易的股票。B股、H股和N股是以人民币标明票面金额但以外币认购和交易的股票。其中，B股在上海和深圳上市，H股在中国香港上市，N股在纽约上市。

2）股票的发行与上市

股份有限公司在设立时须公开发行股票（简称新设发行）。公司设立之后，为了扩大经营或改善资本结构，也可以增资发行新股（简称增资发行）。

股票上市是指股份有限公司公开发行的股票经批准在证券交易所挂牌交易。只有公开募集发行并经批准上市的股票才能进入证券交易所流通转让。经批准在证券交易所上市交易的股票称为上市股票。

我国《公司法》、《证券法》和《股票发行与交易管理暂行条例》对股票发行条件、上市条件、发行程序、发行方式、销售方式、发行价格都有详细的规定。

股票发行方式是指公司通过何种途径发行股票。发行方式包括：①公开发行，是指通过中介机构，公开向社会公众发行股票。②定向募集，是指不公开对外发行股票，只向少数特定的对象直接发行，所以无须经中介机构承销。

股票的销售方式是指股份公司向社会公开发行股票时所采取的股票销售方法，包括：①自销方式，指发行公司自己直接将股票销售给认购者。目前《公司法》不允许发行公司采用自销方式销售股票。②承销方式，指发行公司将股票销售业务委托给证券经营机构（即证券公司等）代理。股票承销又分为包销和代销。所谓包销，是根据承销协议商定的价格，证券经营机构一次性购进发行公司公开募集的全部股份，然后以较高的价格出售给社会上的认购者。所谓代销，是证券经营机构代替发行公司销售股票，并由此获取一定的佣金，但不承担股款未募足的风险。

股票的发行价格是股票发行时所使用的价格，也就是投资者认购股票时所支付的价格。股票发行价格通常由发行公司根据股票面额、股市行情和其他有关因素决定。股票的发行价格有三种：①等价，即以股票票面所标明的金额为发行价格，也称为平价发行或面值发行。②时价，也称市价，即以股份公司股票在流通市场上买卖的实际价格为基准确定的股票发行价格。③中间价，即以时价和等价的中间值确定的股票发行价格。

3）发行价格的确定方法

在整个股票发行过程中，股票发行价格的确定十分关键，其方法有以下几种：

（1）市盈率定价法，是指依据发行公司的盈利情况计算发行公司的每股收益，然后根据二级市场的平均市盈率、所属的行业状况、经营状况和未来的成长情况拟定其市盈率。其计算公式为：

发行价格=每股收益×市盈率

（2）净资产倍数法，也称资产净值法，是指通过资产评估和相关会计手段确定发行公司拟募股后的每股净资产，然后根据发行公司和证券市场的具体情况，确定一定的倍数。其计算公式为：

发行价格=每股净资产×溢价倍数

（3）现金流量折现法，又称贴现现金流量定价法，是通过预测公司未来现金净流量情况，然后按照一定的折现率计算出每股净现值，以此作为股票发行价格的依据。其关键在于能够用公平合理的方法预测发行公司每个项目若干年内每年的现金净流量，能够确定一个公允的折现率。

4）普通股资本成本

普通股资本成本就是普通股投资的必要收益率。其计算方法有三种：股利折现模型、资本资产定价模型和无风险利率加风险溢价法。

（1）股利折现模型

①如果每年股利固定不变，可视为永续年金，计算公式为：

$$普通股资本成本率=\frac{预计每股股利}{普通股每股市价}\times 100\%$$

②如果每年股利固定不变，考虑筹资费用，计算公式为：

$$普通股资本成本率=\frac{预计每股股利}{普通股每股市价\times(1-筹资费用率)}\times 100\%$$

③如果股利逐年增长，同时考虑筹资费用，计算公式为：

$$普通股资本成本率=\frac{预计第1年每股股利}{普通股每股市价\times(1-筹资费用率)}\times 100\%+股利逐年增长率$$

【例7-15】九华公司发行普通股，每股市价为13元，第1年每股股利为1.3元，筹资费用率为5%，预计未来股利每年增长率为2%。请计算普通股资本成本率。

$$普通股资本成本率=\frac{1.3}{13\times(1-5\%)}\times 100\%+2\%=12.53\%$$

（2）资本资产定价模型

资本资产定价模型给出了普通股筹资成本K_c与它的市场风险β之间的关系：

$$K_c=R_f+\beta\ (R_m-R_f)$$

式中：K_c——普通股筹资成本；R_f——无风险报酬率；R_m——市场报酬率或市场投资组合的期望收益率；β——某公司股票收益率相对于市场投资组合期望收益率的变动幅度。

（3）无风险利率加风险溢价法

由于持有普通股股票的风险要大于持有债券的风险，因此股票持有人必然要求获得一定的风险补偿。普通股筹资成本的计算公式为：

$$K_c=R_f+R_p$$

式中：R_p——风险报酬率。

5）普通股融资的优缺点

优点：①所筹资本具有永久性，无固定的到期日，不需偿还。②没有固定的股利负担，筹资风险小。③能增强公司的偿债和举债能力。发行普通股筹集的资金是公司的权益资本或自有资金，这是公司偿债的真正保障，是公司其他方式筹资的基础。

缺点：①普通股的资本成本较高。首先，从投资者的角度讲，投资普通股风险较高，相应地要求有较高的投资报酬率。其次，对筹资公司来讲，普通股股利从税后利润中支付，不具有抵税作用。此外，普通股的发行费用也高于其他证券。②分散公司的控制权，削弱原有股东对公司的控制。③普通股的增发可能引发股价下跌。

7.5.3 优先股融资

1）优先股融资的含义与性质

发行优先股筹集资金称为优先股融资。优先股是一种具有双重性质的证券：一方面，它和普通股有许多相似之处，如优先股的股利不能像债务利息那样在税前扣除，而必须从净利润中支付。另一方面，它又有债券的某些特征，如优先股有固定的股利，这与债券利息相似；优先股对盈利的分配和剩余资产的求偿具有优先权，这也类似于债券。所以，优先股常被看成一种混合证券，但从法律上讲，优先股属于自有资金。

2）优先股资本成本

公司发行优先股筹资需支付发行费用等筹资费用，还要定期支付股利（优先股股利通常是固定的）。其计算公式为：

$$优先股资本成本率=\frac{优先股每年股利}{筹资总额\times(1-筹资费用率)}\times100\%$$

式中：筹资总额应按优先股的发行价格确定。

【例7-16】九华公司按面值发行6 000万元的优先股股票，共支付筹资费用60万元，年优先股利率为8%。请计算优先股资本成本率。

$$优先股资本成本率=\frac{6\,000\times8\%}{6\,000-60}\times100\%=8.08\%$$

3）优先股融资的优缺点

优点：①优先股一般没有固定的到期日，不用偿付本金。②股利支付既固定，又有一定的弹性。③有利于增强公司的信誉和举债能力。④能保持普通股股东的控制权。

缺点：①筹资成本高于债券。②筹资限制多。

7.5.4 留存收益融资

1）留存收益融资的含义

股份公司的留存收益又称保留盈余，是指减去分配给股东的现金股利和通过送红股缴入资本账户后的累计净收益。留存收益融资是指企业税后利润留归企业使用的资金，这也是一种长期筹资方式，是企业资金的主要来源之一。

2）留存收益资本成本

公司的留存收益是由公司税后净利润形成的，属于普通股股东。表面上看，公司使用留存收益似乎不花费什么成本，但实际上，股东将其留用于公司而不作为股利取出投资于别处，总是要求得到与普通股等价的回报。因此，留存收益也有成本，只不过是一种机会成本，其计算方法应与普通股相同（只是没有筹资费用）。下面只介绍股利增长模型法。

（1）如果每年股利固定不变，则有：

$$留存收益资本成本率=\frac{每股股利}{普通股每股市价}\times100\%$$

（2）如果股利逐年增长，则有：

$$留存收益资本成本率=\frac{预计第1年每股股利}{普通股每股市价}\times100\%+股利逐年增长率$$

【例7-17】基本资料同例7-15，假设九华公司留存收益为80万元。请计算留存收益资本成本率。

$$留存收益资本成本率=\frac{1.3}{13}\times100\%+2\%=12\%$$

3）留存收益融资的优缺点

优点：①实际筹资成本很低，几乎等于零。②可获得税收上的好处，减少股东因收到股利所缴纳的个人所得税。③可保持普通股股东的控制权。④可增强公司的信誉。

缺点：①采用留存收益筹资的公司，股本扩张后会稀释每股收益，资本公积转增股本也一样会稀释每股收益。②对筹资数额有限制。

7.6 混合融资决策

混合融资是指企业混合采用多种筹资方式筹集所需资金。在实务中，几乎所有企业的筹资方式都是多样化的。在进行混合融资决策时，关键是在控制风险的基础上尽量降低企业的综合资本成本；在进行追加融资决策时，重点考虑追加融资的边际资本成本。

7.6.1 综合资本成本

综合资本成本是以各种资金所占的比重为权数，对各种长期资金的成本进行加权平均计算出来的，也称为加权平均资金成本（WACC）。其计算公式为：

$$WACC=\sum(某种资金来源的个别资金成本\times个别资金占全部资金的比重)$$

个别资金占全部资金的比重可按账面价值权数、市场价值权数或目标价值权数来计算得到。一般来说，当账面价值与实际价值偏差较大时，不宜采用账面价值权数。

【例7-18】九华公司共筹集资金5 000万元，其中债券1 000万元、优先股1 500万元、普通股2 500万元。各种资金的成本分别为：债券资本成本$K_b=6\%$，优先股资本成本$K_p=12\%$，普通股资本成本$K_s=15\%$。求该公司的加权平均资金成本。

（1）各种筹资方式所筹资金的比重计算如下：

债券的比重$W_b=1\ 000\div5\ 000\times100\%=20\%$

优先股的比重$W_p=1\ 500\div5\ 000\times100\%=30\%$

普通股的比重$W_s=2\ 500\div5\ 000\times100\%=50\%$

（2）计算加权平均资金成本：

$$WACC=W_bK_b+W_pK_p+W_sK_s=20\%\times6\%+30\%\times12\%+50\%\times15\%=12.3\%$$

7.6.2 边际资本成本

边际资本成本是指企业追加筹资时，资金每增加一个单位而增加的成本，是追加筹资时所使用的加权平均成本。

在计算边际资本成本时，至少要分两步来完成：

1）计算筹资突破点

筹资突破点也称筹资总额分界点，是指在保持某种筹资方式资本成本率不变的条件下，可以筹集到的资金限额。在筹资突破点范围内筹资，原来的资本成本率不会改变；一旦筹资额超过筹资突破点，资本成本率则发生改变。其计算公式为：

$$\text{筹资突破点}=\frac{\text{某种筹资方式的筹资限额}}{\text{该种方式追加的资金占全部追加资金的比重}}$$

2）计算边际资本成本

根据筹资突破点可得出若干组筹资范围，对各组筹资范围分别计算加权平均资本成本，即可得到各组筹资范围的边际资本成本。

【例7-19】九华公司采取长期借款和发行普通股两种方式筹集所需资金，相关资料见表7-4。

表7-4　**九华公司筹资相关资料**

筹资方式	目标资本结构（%）	新筹资的数额范围	资金成本（%）
长期借款	30	≤12万元	8
		12万～60万元	9
		>60万元	10
普通股	70	≤21万元	18
		21万～70万元	19
		>70万元	20

要求：（1）计算筹资突破点。

（2）计算各组筹资总额范围的边际资本成本。

第一步：计算九华公司的筹资突破点，计算过程及结果见表7-5。

表7-5　**筹资总额分界点计算表**

筹资方式及目标资金结构	资金成本（%）	个别筹资方式的筹资范围	筹资突破点（万元）	筹资总额的范围
长期借款30%	8	≤12万元	12÷30%=40 60÷30%=200	≤40万元
	9	12万～60万元		40万～200万元
	10	>60万元		>200万元
普通股70%	18	≤21万元	21÷70%=30 70÷70%=100	≤30万元
	19	21万～70万元		30万～100万元
	20	>70万元		>100万元

第二步：按筹资突破点大小对筹资总额顺序重新分组，可以得到五组筹资总额的范围：①30万元以内；②30万～40万元；③40万～100万元；④100万～200万元；⑤200万元以上。

第三步：对上述五组筹资总额范围分别计算加权平均资本成本（即各种筹资总额范围的边际资本成本），计算过程及结果见表7-6。

表7-6 边际资本成本计算表

筹资总额的范围	筹资方式	资本结构	个别资本成本	边际资本成本
30万元以内	长期借款	30%	8%	30%×8%+70%×18%=15.0%
	普通股	70%	18%	
30万~40万元	长期借款	30%	8%	30%×8%+70%×19%=15.7%
	普通股	70%	19%	
40万~100万元	长期借款	30%	9%	30%×9%+70%×19%=16.0%
	普通股	70%	19%	
100万~200万元	长期借款	30%	9%	30%×9%+70%×20%=16.7%
	普通股	70%	20%	
200万元以上	长期借款	30%	10%	30%×10%+70%×20%=17.0%
	普通股	70%	20%	

学思践悟

全面注册制：中国资本市场发展的里程碑式改革

2023年2月1日，中国证监会就全面实行股票发行注册制相关的《首次公开发行股票注册管理办法》等主要制度规则草案公开征求意见。2月17日，中国证监会正式发布全面实行股票发行注册制相关制度规则，自公布之日起施行。

全面注册制改革的本质是监管放权市场。在全面注册制下，资本市场采取“交易所审核、证监会注册”的原则，证券交易所成为审核主体，审核标准从注重持续盈利能力等实质性要求转变为注重信息披露等要求。在全面注册制下，注册程序更为简便，发审效率大大提高。全面注册制改革对企业融资方式决策、资本市场效率和宏观经济具有重要而深远的影响，被称为中国资本市场发展的里程碑式改革。

请思考：相比于核准制，全面注册制改革具有哪些优势？与其他国家的注册制相比，我国注册制具有哪些中国特色？全面注册制改革的影响主要体现在哪些方面？

本章小结

企业融资是指企业根据其生产经营、对外投资以及调整资本结构等需要，通过一定的渠道，采取一定的方式，从企业外部有关单位或个人以及从企业内部筹措和集中生产经营所需资金的活动。在整个融资过程中，涉及对融资方式的选择、对资金需要量和资本成本的计算。企业的融资方式主要包括短期借款、商业信用、长期借款、发行债券、融资租赁、发行可转换债券、吸收直接投资、发行普通股、发行优先股、留存收益融资。每种融资方式在融资成本、融资难易度、融资风险等方面各有优缺点。资金需要量的定量计算方法主要有销售百分比法和资金习性法。进行融资决策时，要计算融资成本，通过计算综合资本成本和边际资本成本进行混合融资决策。

重要概念

短期借款　商业信用　长期借款　公司债券　融资租赁　吸收直接投资　普通股融资　优先股融资　可转换债券　留存收益融资　资本成本　个别资本成本　综合资本成本　边际资本成本

本章案例

九鑫公司的融资决策

九鑫公司2022年12月31日拥有的长期资金为4 000万元，其中长期借款1 000万元、普通股股本3 000万元。该公司的理想资本结构为长期负债：普通股=40%：60%。2023年该公司拟筹集资金1 800万元，筹资后达到最优资本结构。有关资料见表7–7。

表7–7　**九鑫公司筹资情况表**

筹资方式	目标资本结构（%）	新筹资的数量范围（万元）	资本成本（%）
长期负债	40	≤1 300	10
		>1 300	15
普通股	60	≤600	12
		>600	18

【思考】（1）九鑫公司应该如何安排筹资？

（2）筹资的边际资本成本是多少？

自测题

一、即测即评

第7章单项选择题　　第7章多项选择题　　第7章判断题

二、计算题

1. 某上市公司计划建造一项固定资产，寿命期为5年，需要筹集资金600万元。该公司所得税税率为25%。

资料一：普通股目前的股价为20元/股，筹资费用率为4%，刚刚支付的股利为每股3元，股利固定增长率为2%。

资料二：如果向银行借款，手续费率为1%，年利率为5%，期限为5年，每年结息一次，到期一次性还本。

资料三：如果发行债券，债券面值为1 000元、期限为5年、票面利率为6%，每年结息一次，发行价格为1 200元，发行费率为5%。

要求：（1）根据资料一计算留存收益和普通股筹资成本。

（2）根据资料二计算长期借款筹资成本。

（3）根据资料三计算债券筹资成本。

2.假设某公司的流动资产和流动负债均随销售收入的变化同比例变化，该公司2022年的财务数据见表7-8。

表7-8 某公司2022年财务数据 单位：万元

项　目	金额	项　目	金额
流动资产	4 000	净利润	200
长期资产	8 000	分配股利	60
流动负债	400	留存收益	140
长期负债	6 000	销售收入	4 000

要求：（1）2023年预计销售收入达到5 000万元，销售净利率和收益留存比率维持2022年的水平，计算需要补充多少外部资金。

（2）如果留存收益比率为100%，销售净利率提高到6%，目标销售收入为4 800万元，计算需要补充多少外部资金。

3.某公司拟发行8年期债券筹资，票面金额为1 200元，票面利率为10%，当时市场利率为10%。计算以下两种情况下该公司债券发行价格为多少才是合适的：

（1）单利计息，到期一次性还本付息。

（2）每年付息一次，到期一次性还本。

4.某企业采用融资租赁方式于2023年1月1日融资租入一台设备，设备价款为60 000元，租期为10年，到期后设备归该企业所有。计算并回答下列问题：

（1）租赁双方商定采用的折现率为20%，计算每年年末等额支付的租金额。

（2）租赁双方商定采用的折现率为18%，计算每年年初等额支付的租金额。

（3）如果该企业的资本成本率为16%，哪种支付方式对该企业有利？

5.某公司欲采购一批材料，A、B两家供应商提供了不同的信用条件。A供应商的信用条件为“3/10，N/40”，B供应商的信用条件为“2/20，N/40”。请回答以下问题并说明理由：

（1）已知该公司目前有一个投资机会，投资收益率为40%。该公司是否应享受A供应商提供的现金折扣？

（2）如果该公司准备放弃现金折扣，那么应选择哪家供应商？如果该公司准备享受现金折扣，那么应选择哪家供应商？

三、思考题

1.企业的主要融资方式有哪些？它们的优缺点如何？

2.什么是资本成本？资本成本有哪几种类型？

3.营运资本筹集政策有哪几种类型？它们分别具有什么特点？

第7章计算题参考答案

第7章思考题分析提示

第8章　资本结构与杠杆效应

【学习目标】

通过本章的学习，你要：

1. 了解资本结构的概念；
2. 掌握经营杠杆系数、财务杠杆系数及联合杠杆系数的计算方法；
3. 理解经营杠杆与经营风险、财务杠杆与财务风险的对应关系；
4. 懂得具有不同经营风险的企业如何选择财务杠杆；
5. 熟悉五种有代表性的资本结构理论的基本观点；
6. 懂得在资本结构决策中应考虑哪些基本因素；
7. 掌握确定企业最优资本结构的三种基本方法。

8.1　资本结构的概念

资本结构是指各种不同来源的筹措资金在企业总资本中的构成比例，该构成比例关系到资本成本和财务风险，影响企业价值。企业应综合考虑有关影响因素，运用适当的方法确定最优资本结构，并保持相对不变。如果企业目前的资本结构不合理，可以通过筹资活动进行调整，使其趋于合理。

各种筹资方式的不同组合决定企业资本结构及其变化。企业的筹资方式有多种，但总的来看，可分为负债资本和权益资本两类，因此，资本结构问题总的来说就是负债资本的比例问题，即负债在企业全部资本中所占的比重。

资本结构有广义和狭义之分。广义的资本结构是指企业全部资本价值的构成及其比例关系，不仅包括长期资本，还包括短期资金。狭义的资本结构是指企业各种长期资本筹集来源的构成及其比例关系，尤其是指长期债务资本与权益资本的构成及其比例关系。考虑到短期资金的需要量和筹集形式经常变化，且在整个资本总量中所占比重不稳定，因此，短期资金一般不列入狭义的资本结构管理范围。本章所指资本结构是指狭义的资本结构。

8.2　杠杆效应

物理学中的杠杆效应是指人们利用杠杆可以用较小的力量移动较重的物体。财务管理中的杠杆效应是指由于固定经营性成本或固定资本性成本的存在而导致的，当某一财务变量变动1%时，另一相关财务变量的变动≥1%的现象。财务管理中的杠杆效应有三种形式，即经营杠杆、财务杠杆和复合杠杆。

8.2.1　经营风险与经营杠杆

1）经营风险与经营杠杆的概念

经营风险又称商业风险，是指企业因生产经营方面的原因导致的利息及税前预期收入（简称息税前利润或EBIT）的不确定性。影响企业经营风险的因素有很多，主要包括：

（1）产品需求的变化。在其他条件不变的情况下，市场对企业产品的需求越不稳定，企业的经营风险越大；反之，市场对企业产品的需求越稳定，企业的经营风险就越小。

（2）产品售价的变化。产品售价经常变动的企业，通常比产品售价稳定的同类企业承担更高的经营风险；反之，产品售价比较稳定的企业，其经营风险也相对较小。

（3）产品成本的变化。在销量和产品售价一定的情况下，成本是影响利润的关键因素。产品成本比较稳定的企业相对于那些产品成本不稳定的企业来说，承担的经营风险较小。

（4）固定成本的比重。企业的全部成本包括固定成本和变动成本。固定成本是指在一定的业务范围内不随业务量的变化而变化的成本。在企业的总成本中，固定成本所占的比重越大，企业的经营风险越大；固定成本所占的比重越小，企业的经营风险越小。

上述影响企业经营风险的因素中，固定成本比重的影响尤为重要。在其他条件不变的情况下，销售收入的增加虽然不会改变固定成本总额，但会降低单位固定成本，从而提高单位利润，使息税前利润的增长率大于销售收入的增长率；反之，销售收入的减少会提高单位固定成本，降低单位利润，使息税前利润下降率大于销售收入下降率。如果不存在固定成本，所有成本都是变动的，息税前利润变动率就同销售收入变动率完全一致。这种由于固定成本的存在而导致息税前利润变动率大于销售收入变动率的杠杆效应，称为经营杠杆。由于经营杠杆对经营风险的影响具有综合性，因此，经营杠杆常被用来衡量经营风险的大小。

2）经营杠杆的计量

经营杠杆具有放大企业经营风险的作用，只要企业存在固定成本，就存在经营杠杆效应。计量经营杠杆最常用的指标是经营杠杆系数。经营杠杆系数又称经营杠杆度，是指息税前利润变动率相当于销售收入变动率的倍数。其计算公式为：

$$DOL=\frac{\text{息税前利润变动率}}{\text{销售收入变动率}}=\frac{\Delta EBIT \div EBIT}{\Delta S \div S}$$

式中：DOL——经营杠杆系数；ΔEBIT——息税前利润变动额；EBIT——变动前的息税前利润；S——变动前的销售收入；ΔS——销售收入变动额。

【例8-1】假设ABC企业只生产甲产品，基年销售50 000件，单价为10元，单位变动成本为6元，固定成本总额为100 000元。第2年（预测年度）预计销售量为60 000件，单价、固定成本总额和单位变动成本与基年相同。

要求：计算经营杠杆系数。

为计算经营杠杆系数，根据资料计算列表，见表8-1。

表8-1　**息税前利润及销售收入变动情况计算表**　金额单位：元

项目	基期	预测值	变动额	变动率（%）
销售额	500 000	600 000	100 000	20
变动成本	300 000	360 000	60 000	20
固定成本	100 000	100 000	—	—
息税前利润	100 000	140 000	40 000	40

$$DOL=\frac{40\%}{20\%}=2$$

计算经营杠杆系数主要是为了预测经营风险，因而该系数应在预测前计算。为便于根据当前的资料计算经营杠杆系数，我们对上述经营杠杆系数的计算公式进行推导变换。假设：Q为销售量；P为销售单价；V为单位变动成本；F为固定成本总额；S为销售收入总额。

$$\because EBIT=Q\cdot(P-V)-F$$

$$\Delta EBIT=\Delta Q\cdot(P-V)$$

$$S=QP$$

$$\Delta S=\Delta QP$$

$$\therefore DOL=\frac{\frac{\Delta EBIT}{EBIT}}{\frac{\Delta S}{S}}=\frac{\frac{\Delta Q\cdot(P-V)}{Q\cdot(P-V)-F}}{\frac{\Delta QP}{QP}}=\frac{Q\cdot(P-V)}{Q\cdot(P-V)-F}$$

例8-1中，ABC企业的经营杠杆系数为：

$$DOL=\frac{50\,000\times(10-6)}{50\,000\times(10-6)-100\,000}=2$$

3）经营杠杆与经营风险的关系

引起企业经营风险的主要原因是市场需求和成本等因素的不确定性，经营杠杆本身并不是息税前利润不稳定的主要根源，但是，经营杠杆放大了市场需求和成本等不确定性因素对息税前利润的影响。经营杠杆系数越大，息税前利润变动越剧烈，企业的经营风险就越大。因此，影响企业经营杠杆的因素就成为影响企业经营风险的主要因素。

从经营杠杆系数的计算公式可以看出，影响经营杠杆系数的因素包括产品销售量、产品销售价格、单位变动成本及固定成本总额等。在其他因素一定的情况下，固定成本总额越高，经营杠杆系数越大，企业经营风险也越大。如果影响经营杠杆系数的因素发生变动，经营杠杆系数也会发生变动，从而产生不同程度的经营风险。

8.2.2　财务风险与财务杠杆

1）财务风险与财务杠杆的概念

财务风险又称筹资风险，是指因负债筹资而引起的税后每股净收益（简称每股收益或EPS）的不确定性。虽然各种筹资都有风险，但从股东的角度分析，负债筹资的风险最终由股东承担，而企业最终归股东所有的真正收益是税后利润，它是息税前利润减去负债利息和缴纳所得税后的剩余收益。由于经营风险的存在，息税前利润是不确定的，但在债务一定的情况下，企业需要支付的利息则是固定的。也就是说，不论息税前利润是多少，债务利息总是固定的，这就进一步加大了税后利润的不确定性。这种因负债筹资而引起的股东收益的不确定性，就是企业的财务风险。决定财务风险大小的重要因素是财务杠杆。

财务杠杆是指因使用债务资金而引起的普通股每股收益变动率大于息税前利润变动率的杠杆效应。其基本原理是：在资本总额及其结构既定的情况下，企业需要从息税前利润中支付的债务利息通常是相对固定的，当息税前利润增大时，每1元盈余负担的固定财务费用（如利息、融资租赁租金等）就会相对减少，从而给普通股股东带来更多的盈余；反之，每1元盈余所负担的固定财务费用就会相对增加，从而大幅度减少普通股的盈余。

2）财务杠杆的计量

只要在企业的筹资方式中有固定财务费用支出的债务，就会存在财务杠杆效应。计量财务杠杆最常用的指标是财务杠杆系数。财务杠杆系数又称财务杠杆度，是指企业税后利润（或每股收益）的变动率相当于息税前利润变动率的倍数。其计算公式为：

$$DFL=\frac{每股收益变动率}{息税前利润变动率}=\frac{\Delta EPS \div EPS}{\Delta EBIT \div EBIT}$$

式中：DFL——财务杠杆系数；EPS——变动前的每股收益额；ΔEPS——每股收益变动额；EBIT——变动前的息税前利润；ΔEBIT——息税前利润变动额。

为了便于计算，财务杠杆系数的计算公式可以进一步推导变换。

假设：I为债务资本的利息；T为所得税税率；N为流通在外的普通股股数。

$$\because EPS=\frac{(EBIT-I)(1-T)}{N}$$

$$\Delta EPS=\frac{\Delta EBIT(1-T)}{N}$$

$$\therefore DFL=\frac{\Delta EPS \div EPS}{\Delta EBIT \div EBIT}=\frac{\dfrac{\Delta EBIT(1-T)\div N}{(EBIT-I)(1-T)\div N}}{\dfrac{\Delta EBIT}{EBIT}}=\frac{EBIT}{EBIT-I}$$

【例8-2】假设ABC企业的长期资本总额为1 000 000元，其中普通股股本为800 000元、长期债务为200 000元。长期债务的利率为10%。当该企业销售收入为500 000元时，息税前利润为100 000元。

要求：计算财务杠杆系数。

$$DFL=\frac{100\,000}{100\,000-200\,000\times 10\%}=1.25$$

当该企业的息税前利润增长1倍时，普通股收益将以1.25倍的幅度增长；同样，当息税前利润下降1倍时，普通股收益将以1.25倍的幅度下降。

3）财务杠杆与财务风险的关系

财务杠杆的高低决定了企业财务风险的大小。在其他因素不变的情况下，财务杠杆系数越大，企业的财务风险也越大；反之，财务杠杆系数越小，企业的财务风险越小。根据财务杠杆系数的计算过程可以看出，当企业负债为0时，财务杠杆系数为1。在这种情况下，企业既没有财务杠杆利益，也不存在财务风险，普通股的收益与息税前利润以同样的幅度变化。

另外，根据财务杠杆系数的基本计算公式可知，财务杠杆系数主要受两个因素的影响，即债务资本的利息和息税前利润，这两个因素在实质上决定了企业财务风险的大小。由于债务资本的利息取决于债务资本的大小和债务利息率的高低，因此，在其他条件不变的情况下，债务资本在总资本中的比重越大，债务资本的利息率越高，财务杠杆系数越大，企业的财务风险也越大。息税前利润也是影响财务杠杆系数的一个主要因素，而且息税前利润越大，财务杠杆系数越小，企业的财务风险也就越小。可见，扩大销售量，增加息税前利润，不仅可以提高权益资本的收益，而且可以降低企业的财务风险。

8.2.3 联合杠杆

1）联合杠杆的概念

如前所述，由于固定成本的存在所产生的经营杠杆效应，使得销售收入变动对息税前利润变动有放大作用；由于固定财务费用的存在所产生的财务杠杆效应，使得息税前利润对普通股每股收益有放大作用。如果这两种杠杆共同起作用，那么，销售额的细微变动就会使每股收益产生更大的变动，通常把这两种杠杆的联合作用称为联合杠杆效应，用来衡量企业的整体风险。

联合杠杆也称复合杠杆或总杠杆，是指由于固定生产经营成本和固定财务费用的共同存在而导致的普通股每股收益变动率大于销售收入变动率的杠杆效应，它是企业经营杠杆和财务杠杆的复合与叠加。如果将经营杠杆与财务杠杆比喻为两个放大器，那么，联合杠杆就相当于这两个放大器的叠加，一次放大以后再放大一次，如图8-1所示。

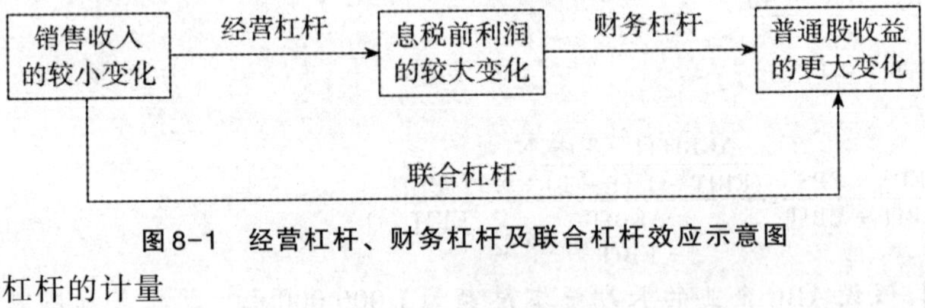

图8-1　经营杠杆、财务杠杆及联合杠杆效应示意图

2）联合杠杆的计量

只要企业同时存在固定生产经营成本和固定财务费用等财务支出，就会存在联合杠杆效应。计量联合杠杆最常用的指标是联合杠杆系数。联合杠杆系数又称联合杠杆度，是指每股收益变动率相当于销售收入变动率的倍数。其计算公式为：

联合杠杆系数=经营杠杆系数×财务杠杆系数

DTL=DOL×DFL

为了便于计算，联合杠杆系数的计算公式可以进一步推导变换。

$$\because DOL=\frac{\Delta EBIT \div EBIT}{\Delta S \div S}$$

$$DFL=\frac{\Delta EPS \div EPS}{\Delta EBIT \div EBIT}$$

$$\therefore DTL=DOL\times DFL$$

$$=\frac{\Delta EBIT \div EBIT}{\Delta S \div S}\times\frac{\Delta EPS \div EPS}{\Delta EBIT \div EBIT}$$

$$=\frac{\Delta EPS \div EPS}{\Delta S \div S}$$

即：

$$DTL=\frac{每股收益变动率}{销售收入变动率}$$

$$\because DOL=\frac{Q(P-V)}{Q(P-V)-F}$$

$$DFL=\frac{EBIT}{EBIT-I}$$

$$\therefore DTL=\frac{Q(P-V)}{Q(P-V)-F}\times\frac{EBIT}{EBIT-I}$$

$$=\frac{Q(P-V)}{Q(P-V)-F}\times\frac{Q(P-V)-F}{Q(P-V)-F-I}$$

$$=\frac{Q(P-V)}{Q(P-V)-F-I}$$

式中：Q——销售量；P——销售单价；V——单位变动成本；F——固定成本总额；I——长期债务的利息。

根据例8-1和例8-2的资料，ABC企业的经营杠杆系数为2，财务杠杆系数为1.25，联合杠杆系数可计算如下：

$$DFL=2\times1.25=2.5$$

联合杠杆系数既揭示了经营杠杆系数与财务杠杆系数的关系，又可以用来估计销售收入变动对企业税后利润的影响程度。在前例中，ABC企业的联合杠杆系数为2.5，表明当销售收入增长1倍时，其税后利润以2.5倍的幅度增长；反之，当销售收入下降1倍时，其税后利润以2.5倍的幅度下降。

8.3 资本结构的相关理论

关于资本结构与资本成本和企业价值的关系，西方已形成若干理论，统称为资本结构理论。以1958年MM理论的形成为标志，资本结构理论大致可以划分为早期资本结构理论和现代资本结构理论。早期资本结构理论的代表有净收益理论、净营业收益理论和传统理论，现代资本结构理论的代表有MM理论和权衡理论。

8.3.1 净收益理论

净收益理论认为，利用债务可以降低企业的综合资本成本。负债程度越高，企业的综合资本成本越低，企业价值越大。该理论主要基于以下两个基本假设：一是债务资本成本和权益资本成本均不受财务杠杆的影响，无论负债程度多高，企业的债务资本成本和权益资本成本都不会变化；二是在企业的筹资方式中，长期债务成本总是低于权益资本成本。

这样，当负债比率达到100%时，企业价值将达到最大。

如果用K_b表示债务资本成本、K_s表示权益资本成本、K_w表示综合资本成本、V表示企业总价值，净收益理论可用图8-2来描述。

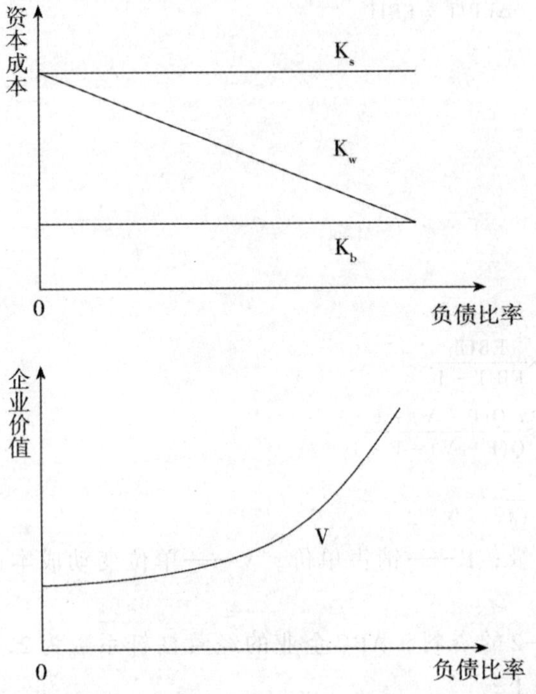

图8-2　净收益理论下资本结构与资本成本、企业价值的关系

净收益理论是一种极端的资本结构理论，它虽然考虑了负债的财务杠杆利益，但忽略了负债的财务风险因素，认为负债对企业总是有利的，负债为100%时企业价值最大。这种结论与现实是不相符的。事实上，如果企业的负债比率过高，企业的综合平均资本成本就会上升，企业的价值会下降。

8.3.2　净营业收益理论

净营业收益理论认为，不论负债比率如何变化，企业的综合资本成本总是保持不变，资本结构与企业价值无关，决定企业价值大小的关键因素是企业的净营业收益。如果企业增加成本较低的债务资金，即使债务成本不变，但由于增加了股东承担的风险，权益资本要求的报酬率随之上升；又因为负债的成本总是低于权益资本的成本，那么负债比重上升对降低综合资本成本的好处恰好被上升的权益资本成本所抵消。因此，资本结构的变化不会影响企业的综合资本成本，也不会影响企业总价值，企业总价值的大小总是取决于企业的净营业收益。净营业收益理论可用图8-3来描述。

净营业收益理论是另一种极端的资本结构理论，它虽然认识到负债会产生财务风险，也可能影响企业权益资本成本，但实际上企业的综合资本成本不可能是一个常数。企业净营业收益的确会影响企业价值，但企业价值不完全取决于净营业收益的大小。净营业收益理论纯粹是定义性的，缺乏行为方面的现实意义。

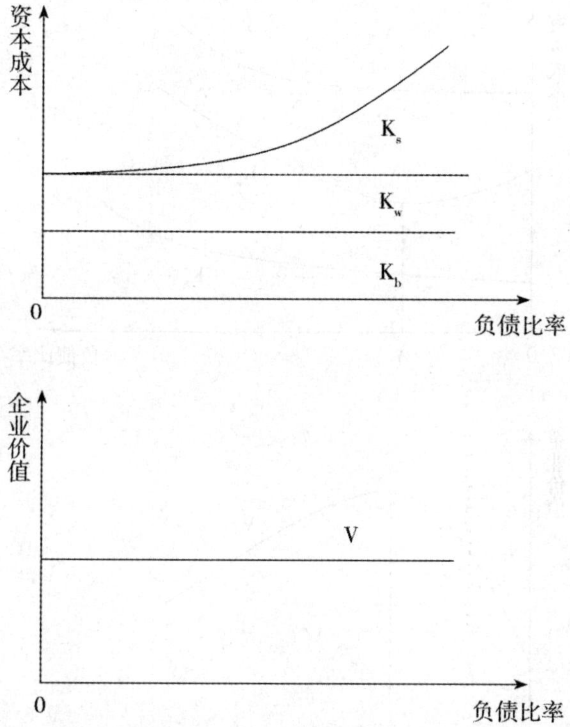

图8-3 净营业收益理论下资本结构与资本成本、企业价值的关系

8.3.3 传统理论

传统理论也称折中理论，是对上述净收益理论和净营业收益理论的一种折中。该理论认为，利用财务杠杆尽管会导致权益资本成本上升，但在一定程度内不会完全抵消因利用成本相对较低的债务所带来的好处，从而可以使综合资本成本下降，企业总价值上升。但是，超过一定限度利用财务杠杆，权益资本成本的上升就会完全抵消并超过使用债务所带来的好处，企业的综合资本成本开始上升。一旦债务成本也开始上升，并和权益资本成本的上升共同作用，综合资本成本就会加快上升，从而使企业价值降低。综合资本成本从下降变为上升的转折点是综合资本成本的最低点，这时的负债比率就是企业的最优资本结构。因此，企业可以通过选择适当的负债比率来提高企业总价值。传统理论可用图8-4来描述。

8.3.4 MM理论

现代资本结构研究的起点是MM理论。1958年，美国著名财务学家莫迪利亚尼和米勒联合发表了《资本成本、公司价值和投资理论》一文，探讨了企业价值与资本结构的关系，确立了MM理论的基本体系。MM理论的提出奠定了西方现代资本结构理论的基础，使资本结构理论逐渐成为一种科学的理论。

在资本市场完善、利率一致、资本可以自由流通、预期报酬率相同的证券价格相同、不存在公司和个人所得税等一系列假定之下，MM理论提出了两个重要命题：

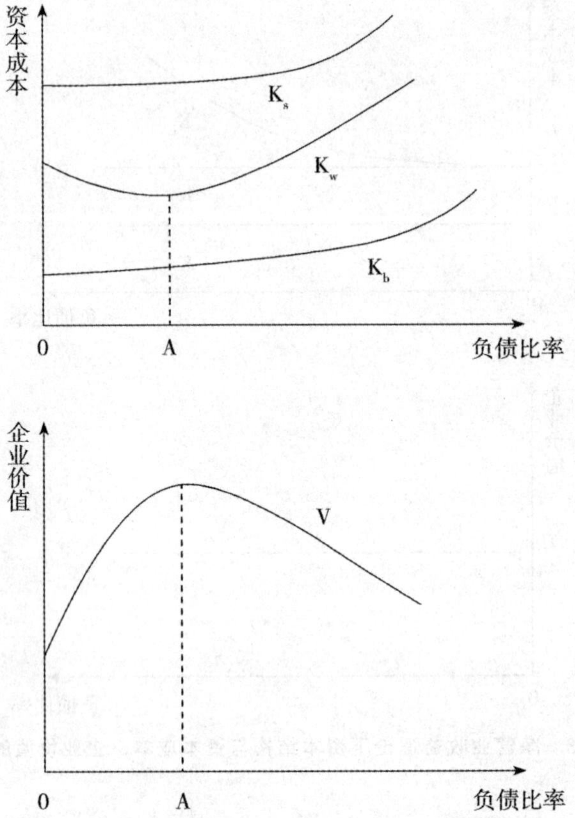

图8-4 传统理论下资本结构与资本成本、企业价值的关系

注：图中A点对应企业的最优资本结构和企业的最大价值。

命题Ⅰ：企业总价值由预期的息税前利润按其适用的风险等级的折现率折现后决定，不论有无负债资本，只要预期的息税前利润相等，处于同一风险等级的企业总价值相等。也就是说，综合资本成本的高低由企业的经营风险决定，有负债企业的综合资本成本与具有相同风险等级的没有负债企业的权益资本成本相等，企业总价值不受资本结构的影响。

命题Ⅱ：有负债企业的权益资本成本等于无负债企业的权益资本成本加上风险报酬，而风险报酬的大小由负债融资程度和无负债企业权益资本成本及债务资本成本之差决定。有负债企业的权益资本成本会随负债融资程度的上升而增加，但企业总价值不会随负债的增加而上升，因为便宜的负债给企业带来的财务杠杆利益被上升的权益资本成本所抵消。其结果是有负债企业的综合资本成本等于无负债企业的权益资本成本，企业总价值不受资本结构的影响。

修正的MM理论提出，有负债企业的价值等于有相同风险但无负债企业的价值加上债务的节税利益。在考虑企业所得税的情况下，由于负债利息的税负抵减效应，企业价值与企业资本结构密切相关，而且负债比率越高，综合资本成本越大，企业价值也越大。

8.3.5 权衡理论

MM理论的根本缺陷在于假定资本市场是完善的，在考虑税收因素后，又过度突出了负债的减税利益对提升企业价值的作用，忽视了由负债引起的财务风险可能给企业带来的成本或损失，这些成本或损失主要包括财务拮据成本和代理成本。在不完善的资本市场中，财务拮据成本和代理成本的存在抵消了一部分负债的减税利益。在进行资本结构决策时，必须在负债的减税利益与财务拮据成本和代理成本之间进行权衡，由此形成了资本结构的权衡理论。

财务拮据成本是指因负债引起的财务风险使企业存在破产的可能性而产生的损失，包括直接破产费用和财务拮据的间接成本（如企业不得以高利率借款来清偿到期债务）。代理成本是指债权人为了防止其利益被伤害，在同企业签订的债务合同中提出的一些限制性条款（如限制企业进一步举借新债）的执行或监督而最终增加的企业成本。

与财务拮据成本一样，代理成本也随着债务的增大而增大，并相应地降低企业价值。然而，财务拮据成本和代理成本与债务资本对权益资本的比率并不是一种线性关系，而是到了一定阶段之后就以递增的比率上升。其结果是，财务拮据成本和代理成本按加速的方式上升，由此抵消了一部分负债所产生的企业价值。负债对企业价值正反两方面的作用就形成了权衡理论的基本模型（如图8-5所示），这一模型揭示了负债的减税利益、财务拮据成本和代理成本对有负债企业价值的影响。

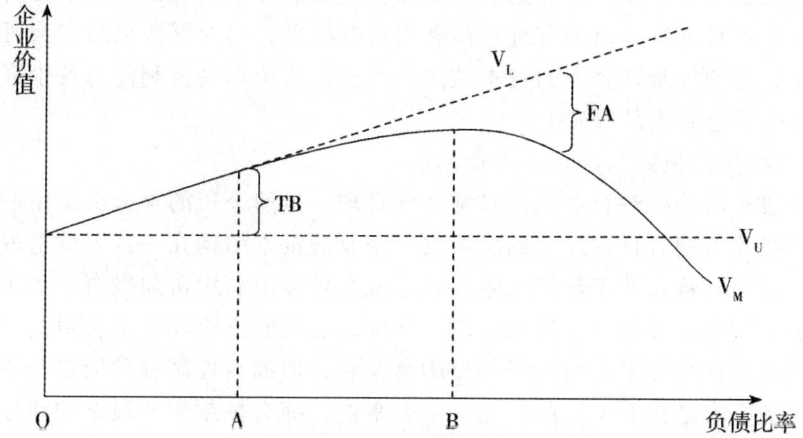

图8-5　权衡理论下的企业价值模型及与资本结构的关系

注：图中：V_L——只有负债减税利益而没有财务拮据成本和代理成本的企业价值；V_U——无负债时的企业价值；V_M——同时存在负债减税利益、财务拮据成本和代理成本的企业价值；TB——负债减税利益的现值；FA——财务拮据成本和代理成本；A——财务拮据成本和代理成本变得重要时的负债水平；B——最优资本结构。

从图8-5可以看出，当负债比率较低时，负债的减税利益发挥主要作用，企业价值由MM理论决定；当负债比率上升到A点后，财务拮据成本和代理成本开始产生影响，抵消部分减税利益，使企业价值低于按MM理论确定的价值，但减税利益仍然大于财务拮据成本和代理成本，负债对公司还是有益的。一旦负债比率达到B点，负债的减税利益将完全被财务拮据成本和代理成本所抵消，这一点是负债比率的临界值。负债比率超过B点，企业价值将下降。在B点处，企业价值达到最大，此时的资本结构就是企业的最优资本结构。

权衡理论充分考虑了负债所引起的财务拮据成本和代理成本，在进行资本结构决策时，应在负债的减税利益与财务拮据成本和代理成本之间进行权衡，并找到资本结构最优的那一点。在权衡理论所建立的企业价值模型中，虽然可以定性地认为财务拮据成本和代理成本会随负债的上升而增加，却难以准确地进行计算，因此该模型的可操作性受到一定的限制。

8.4 资本结构的管理

8.4.1 影响资本结构决策的因素分析

根据前面的分析可知，影响企业资本结构的因素很多，不同因素在不同经济环境中对资本结构的影响也不相同。一般地，资本结构决策中需要考虑的因素主要有：

1）企业的财务状况和成长潜力

如果企业的财务状况良好、盈利能力强、未来成长潜力大，就容易利用负债融资，这类发展良好而迅速的企业也希望较多地利用债务融资，将企业的资本结构维持在一个合理的水平上。但是，财务状况较差、盈利水平低、发展潜力不大的公司就不容易利用债务融资。就这些企业本身来讲，也不宜进一步利用债务融资，因为财务风险增大可能导致企业陷入财务困境，必须控制好企业的资本结构。当然，对于那些盈利能力特别强的企业，也可以通过留存收益进行内部融资。

2）经营者的风险偏好与股东的投资动机

经营者受股东的委托对企业进行日常经营管理，虽然公司的重大决策由股东决定，但作为代理人的经营者拥有日常经营的决策权。企业的资本结构在一定程度上取决于经营者的风险偏好。如果经营者敢于承担风险，企业就会较多地利用负债融资；如果经营者追求稳健经营，企业就会较多地进行股权融资。此外，股东的投资动机也会对资本结构产生重要影响。虽然绝大多数股东进行投资的目的是获利，但拥有控制权的股东与不拥有控制权的股东对公司的资本结构有不同的影响。一般来讲，拥有控制权的股东往往很重视控制权问题，为了防止控制权被稀释，他们会尽量避免通过发行新股筹资，而是更多地采用优先股或发行债券的方式筹资。不拥有控制权的股东更重视公司的市场价值，这些股东接受所有能提升公司价值的筹资方式。

3）企业的信用等级与债权人的态度

企业的信用等级直接影响债权人对企业的投资选择。债权人一般不愿将资金投向信用等级比较低的企业，换言之，信用等级比较高的企业更容易利用负债筹资。企业负债比率的高低又影响企业的信用等级。在其他条件相同的情况下，负债比率越高，企业的信用等级越低；负债比率越低，企业的信用等级越高。如果负债比率较高，企业是难以进一步利用负债融资的，债权人更愿意将资金投向负债比率较低的企业。

4）行业因素

企业的资本结构在很大程度上与其所处的行业有关。一般来讲，服务行业、矿业公司以及大多数成长迅速的高新技术企业，长期负债比率相对比较低；公用事业企业、运输公司以及一些成熟的资本密集型制造业企业，长期负债比率都比较高。不同行业负债比率的差别主要是由于其承担风险的能力不同。高成长性的高新技术企业因为经营风险较大，只有通过降低负债比率来降低财务风险，才能使企业的总风险降低；公用事业等行业的企业由于经营收入比较稳定，承担风险的能力较强，因而可以维持相对较高的负债水平。

5）税收政策

国家的税收政策也是影响企业资本结构的一个重要因素，企业利用负债融资可以获得减税利益，而且所得税税率越高，负债的减税利益越大。在其他因素一定的情况下，所得税税率越高，为了获得更多的减税利益，企业越倾向于负债融资。

除上述因素外，国民经济发展状况、资本市场发展水平以及市场利率水平等也会对企业的资本结构产生一定的影响。

8.4.2 最优资本结构的确定

所谓最优资本结构，是指在一定条件下能使企业综合资本成本最低、企业价值最大的资本结构。任何企业都有最优资本结构，它不一定是在确切的某一点上，但总有一个最优资本结构区间。下面介绍几种主要的确定最优资本结构的方法。

1）每股收益无差别点法

由此前的分析可知，每股收益的高低主要受资本结构和销售水平的影响。资本结构是否合理可以通过分析每股收益的变化来衡量，能提高每股收益的资本结构就是合理的资本结构。按每股收益大小判断资本结构的优劣，可以运用每股收益无差别点法。所谓每股收益无差别点，是指每股收益不受融资方式影响的销售水平。根据每股收益无差别点，可以分析在什么样的销售水平下适于采用何种筹资方式，进而决定什么样的资本结构更合理。

每股收益无差别点可以通过计算得出。

首先，每股收益的计算公式为：

$$EPS=\frac{(S-V-F-I)(1-T)}{N}=\frac{(EBIT-I)(1-T)}{N}$$

式中：S——销售额；V——单位变动成本；F——固定成本总额；I——债务利息；T——所得税税率；N——流通在外的普通股股数；EBIT——息税前利润。

在每股收益无差别点上，无论采用负债融资还是权益融资，每股收益都是相等的。若以EPS′代表负债融资，以EPS″代表权益融资，有：

$$EPS'=EPS''$$

$$\frac{(S'-V'-F'-I')(1-T)}{N'}=\frac{(S''-V''-F''-I'')(1-T)}{N''}$$

在每股收益无差别点上，S′=S″，则有：

$$\frac{(S-V'-F'-I')(1-T)}{N'}=\frac{(S-V''-F''-I'')(1-T)}{N''}$$

能使上述条件公式成立的销售额（S）即为每股收益无差别点销售额。

【例8-3】 某公司原有资本700万元，其中债务资本200万元（每年需负担利息24万元）、普通股股本500万元（发行普通股10万股，每股面值50元）。因扩大业务需要，追加融资300万元，现有两种融资方式：一是全部发行普通股（增发6万股，每股面值50元）；二是全部筹借长期债务（债务利率仍为12%，利息每年36万元）。该公司的变动成本率为60%，固定成本为180万元，所得税税率为25%。计算每股收益无差别点销售额和每股收益。

将有关数据代入条件公式：

$$\frac{(S-0.6S-180-24)\times(1-25\%)}{10+6}=\frac{(S-0.6S-180-24-36)\times(1-25\%)}{10}$$

S=750（万元）

此时的每股收益为：

$$\frac{(750-750\times0.6-180-24)(1-25\%)}{16}=4.50\text{（元）}$$

上述每股收益无差别点分析如图8-6所示。

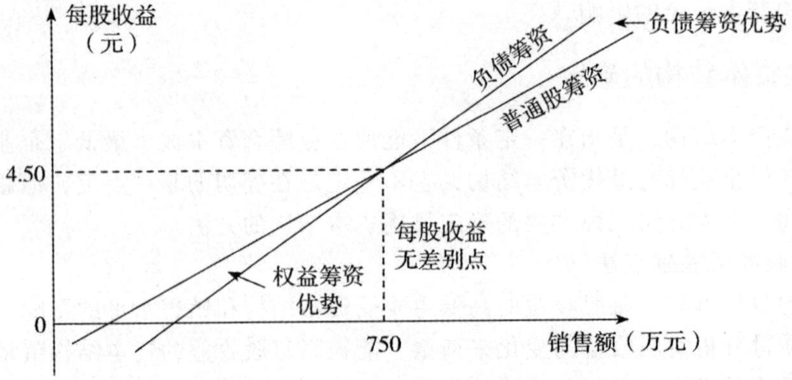

图8-6　每股收益无差别点分析图

从图8-6可以看出，当销售额高于750万元（每股收益无差别点的销售额）时，运用负债筹资可以获得较高的每股收益；当销售额低于750万元时，运用权益筹资可以获得较高的每股收益。

运用每股收益无差别点法进行资本结构决策，计算过程比较简单，原理也比较容易理解，但是，这种方法只考虑了资本结构对每股收益的影响，并假定每股收益越大，企业价值越大，这是有一定局限性的。这种方法只考虑了负债对公司的好处，却没有考虑负债的财务风险，其决策目标实际上是每股收益最大化而不是企业价值最大化。事实上，企业负债增加会导致财务风险增大，从而降低企业价值。

2）比较资本成本法

根据前面的分析可知，企业在进行筹资决策时，由于负债的减税利益，债务资本成本一般低于权益资本成本。保持一定比例的负债有利于降低企业的综合资本成本，提高企业价值。虽然权益资本成本会随负债比例的上升而上升，但在一定范围内，权益资本成本上升对综合资本成本的影响总是低于债务资本成本下降对综合资本成本的影响，从而使企业的综合资本成本下降。但是，如果企业负债超出了一定限度，就会使企业财务风险急剧增大，权益资本成本和债务资本成本同时大幅上升，导致企业综合资本成本上升。由此可见，这一负债限度实际上就是企业最优资本结构，在这一点上，企业综合资本成本最低，相应地，企业价值也最大。

企业选择最优资本结构，就是比较不同资本结构方案的综合资本成本。一般情况下，综合资本成本最低的资本结构就是企业最优资本结构。采用比较资本成本法确定企业最优资本结构，可分为企业初始筹资和追加筹资两种情况来说明。

（1）初始筹资最优资本结构的确定。企业在初始筹资时，一般根据需要筹集的资本总额选择多种筹资方式。不同筹资方式的资本成本不同，通过确定不同的资本构成比例，可比较不同资本结构下的综合资本成本，综合资本成本最低的资本结构即为最优资本结构。

【例8-4】H企业现有的经营规模需要长期资本1 000万元，该企业拟采用普通股、优先股和长期债券三种方式筹资。现有三种筹资方案（资本结构不同）可供选择：

方案Ⅰ：普通股占40%，优先股占30%，长期债券占30%。

方案Ⅱ：普通股占50%，优先股占10%，长期债券占40%。

方案Ⅲ：普通股占60%，优先股占20%，长期债券占20%。

假定在上述三种筹资方案所涉及的负债范围内，普通股、优先股和长期债券的资本成本分别为15%，13%和8%。为确定最优资本结构，我们分别计算三种筹资方案的综合资本成本。

方案Ⅰ的综合资本成本=40%×15%+30%×13%+30%×8%=12.3%

方案Ⅱ的综合资本成本=50%×15%+10%×13%+40%×8%=12%

方案Ⅲ的综合资本成本=60%×15%+20%×13%+20%×8%=13.2%

结果表明，在三种筹资方案中，方案Ⅱ的综合资本成本最低，该企业应该选择方案Ⅱ。

（2）追加筹资最优资本结构的确定。追加筹资不仅会引起企业资本总量的变化，而且可能引起各种筹资方式资本成本的变化。尤其是在增加负债筹资时，由于财务风险增大，投资者要求的投资报酬率也随之提高，这必然引起各种筹资方式资本成本的上升。追加筹资的资本成本是企业的边际资本成本，通过比较不同追加筹资方案的边际资本成本，可确定追加筹资的最优资本结构。

【例8-5】H企业拟追加筹资500万元，可采用普通股、优先股、长期债券三种方式筹资。现有两种追加筹资方案可供选择，有关资料见表8-2。

表8-2　**H企业两种追加筹资方案的资本结构及资本成本**　金额单位：万元

筹资方式	方案Ⅰ			方案Ⅱ		
	追加筹资额	比重	资本成本（%）	追加筹资额	比重	资本成本（%）
长期债券	200	0.4	9	300	0.6	10
优先股	50	0.1	13	50	0.1	13
普通股	250	0.5	15	150	0.3	16
合计	500	1.0	—	500	1.0	—

根据表8-2的资料，分别计算两种追加筹资方案的边际资本成本。

方案Ⅰ的边际资本成本 $=9\%\times\frac{200}{500}+13\%\times\frac{50}{500}+15\%\times\frac{250}{500}=12.4\%$

方案Ⅱ的边际资本成本 $=10\%\times\frac{300}{500}+13\%\times\frac{50}{500}+16\%\times\frac{150}{500}=12.1\%$

计算结果表明，方案Ⅱ的边际资本成本低于方案Ⅰ的边际资本成本，该企业应该选择方案Ⅱ。

追加筹资后，企业的资本总额发生了变化，各种筹资方式的数额及比重也发生相应的变化。该企业原有长期资本1 000万元，追加500万元长期资本后，长期资本总额为1 500

万元，各种筹资方式的资本额及比重也发生了相应的变化，长期债券、优先股和普通股的资本额分别为700万元、150万元和650万元，比重分别为46.67%、10%和43.33%，这就是企业追加筹资后的最优资本结构。

由于比较资本成本法通俗易懂，计算过程也不太复杂，因此成为确定最优资本结构的一种常用方法，但因所拟订的方案数量有限，故有可能把最优方案漏掉。同时，该方法仅以资本成本最低为决策标准，没有具体测算财务风险，其决策目标实际上是利润最大化而不是企业价值最大化，只适用于资本规模较小、资本结构较为简单的非股份制企业。

3）比较公司价值法

采用每股收益无差别点法和比较资本成本法确定企业的资本结构，主要缺陷是没有充分考虑公司的财务风险。随着负债比重增大，企业的财务风险也会相应增大，从而影响企业价值。在进行资本结构决策时，应充分考虑资本成本和财务风险对企业价值的影响，通过比较不同资本结构下的公司价值，选择公司价值最大时的资本结构作为最优资本结构。比较公司价值法的计算过程包括以下三个步骤：

（1）测算公司价值。公司价值包括股票的价值和债券的价值。股票和债券的价值实际上是股票和债券未来能够为公司带来的现金流量的现值，具体可用下面的公式表示：

$$V=B+S$$

式中：V——公司的总价值；S——公司股票的现值；B——长期债券的现值。

根据公司价值实际上是其未来现金流量的现值这一基本原理，股票和债券的价值都应按其未来现金流量进行折现。为了简化计算，可假设债券的现值就是其面值。另外，假设公司未来各年的息税前利润是一个常数并全部用于发放现金股利，公司未来各年的负债利息和所得税税率不变，股票的现值按公司未来净收益的折现值计算如下：

$$S=\frac{(EBIT-I)(1-T)}{K_s}$$

式中：EBIT——公司未来的年息税前利润；I——负债的年利息；T——公司适用的所得税税率；K_s——股东要求的投资报酬率。

K_s代表普通股的资本成本，实际上也是股东要求的投资报酬率，可按照资本资产定价模型计算：

$$K_s=R_f+\beta\ (R_m-R_f)$$

式中：R_f——无风险报酬率；R_m——资本市场的平均报酬率；β——公司股票的β系数。

（2）测算公司的综合资本成本。根据前述假定，在公司总资本包括长期债务和普通股的情况下，公司的综合资本成本就是长期债务资本成本和普通股资本成本的加权平均数。其计算公式为：

$$K_w=K_b\ \left(\frac{B}{V}\right)\ (1-T)\ +K_s\ \left(\frac{S}{V}\right)$$

式中：K_w——公司的综合资本成本；K_b——债券税前资本成本；K_s——普通股资本成本。

（3）确定公司最优资本结构。根据上述原理和方法，分别测算不同资本结构下的公司价值和综合资本成本，选择公司价值最大、综合资本成本最低的资本结构作为最优资本结构。

【例8-6】某公司目前的资本全部由普通股组成，股票的账面价值为2 000万元，预计年息税前利润为500万元，适用的所得税税率为25%。决策者认为目前的资本结构不太合理，准备通过发行长期债券购回部分股票的办法予以调整。经过调查和测算，目前的债务资本成本和权益资本成本情况见表8-3。

表8-3　**不同债务规模下的债务资本成本和权益资本成本**

B（百万元）	K_b（%）	β	R_f（%）	R_m（%）	K_s（%）
0	—	1.20	10	14	14.8
2	10	1.25	10	14	15.0
4	10	1.30	10	14	15.2
6	12	1.40	10	14	15.6
8	14	1.55	10	14	16.2
10	16	2.10	10	14	18.4

根据表8-3的资料，可计算不同债务规模下的公司价值和综合资本成本，见表8-4。

表8-4　**不同债务规模下的公司价值和综合资本成本**

B（百万元）	S（百万元）	V（百万元）	K_b（%）	K_s（%）	K_w（%）
0	25.34	25.34	—	14.8	14.80
2	24.00	26.00	10	15.0	14.42
4	22.70	26.70	10	15.2	14.05
6	20.58	26.58	12	15.6	14.11
8	17.96	25.96	14	16.2	14.44
10	13.86	23.86	16	18.4	15.72

从表8-4中可以看出，当公司没有负债时，公司总价值就是其原有普通股股票的价值，其综合资本成本就是普通股的资本成本。当公司在总资本中逐步增加负债的比重、降低股票的比重时，随着负债的增加，公司价值逐步上升，综合资本成本逐步下降。在负债资本达到400万元时，公司总价值最大，综合资本成本最低。负债资本超过400万元后，公司总价值开始下降，综合资本成本开始上升。因此，负债资本为400万元时的资本结构是该公司的最优资本结构。

比较公司价值法全面考虑了资本成本和财务风险对公司价值的影响，以公司价值最大化作为确定最优资本结构的标准，符合企业财务管理的基本目标，但其测算原理及测算过程较为复杂，通常用于资本规模较大的上市公司。

学思践悟

国有资本布局优化和结构调整新动向

2023年2月23日，国务院新闻办公室举行“权威部门话开局”系列主题新闻发布会。国务院国资委副主任翁杰明表示，以市场化方式进行战略性重组和专业化整合，是国有经济布局优化和结构调整的有效途径。党的十八大以来，中央企业先后完成27组49家战略性重组和专业化整合，国务院国资委新组建、接收13家企业，监管中央企业的数量从116家调整至98家，国有经济竞争力、创新力、控制力、影响力和抗风险能力明显增强。这主要表现在四个方面：一是增强了重要能源资源的支撑托底能力；二是提高了国有资产资源配置效率；三是提升了产业竞争力；四是推动了新兴产业布局。

下一步，国资委和中央企业将持续用好重组整合这个重要抓手，加快国有资本布局优化和结构调整，重点做好以下工作：一是坚持以市场化原则来推进；二是瞄准国有企业的功能定位来推进；三是围绕建设现代化产业体系来推进；四是聚焦资源高效配置来推进。翁杰明表示，下一步将主抓专业化整合和产业化整合，具体来说：一方面，要大力推进中央企业和地方国有企业内部的专业化整合，实现“一企一业、一业一企”，提高企业集中度，增强集约化管理水平；另一方面，要大力推进产业化整合，不仅要在央企和国企内部，而且要采取市场化方式与其他所有制企业开展股权合作，共同推进战略性新兴产业发展。

请思考：央企、国企和其他所有制企业在资本结构调整方面可以开展哪些形式的合作？通过何种方式可以实现优势互补、共同推进创新驱动发展战略的实现？

本章小结

本章介绍了资本结构、经营杠杆、财务风险、财务杠杆、复合杠杆等概念，以及五种有代表性的资本结构理论，着重介绍了确定企业最优资本结构的三种基本方法。

资本结构是指各种不同来源的筹措资金在企业总资本中的构成比例。资本结构有广义和狭义之分。广义的资本结构是指企业全部资本价值的构成及其比例关系；狭义的资本结构是指企业各种长期资本筹集来源的构成及其比例关系，尤其是指长期债务资本与权益资本的构成及其比例关系。

经营杠杆具有放大企业经营风险的作用，只要企业存在固定成本，就存在经营杠杆效应。经营杠杆系数越大，企业的经营风险就越大。只要在企业的筹资方式中有固定财务费用支出的债务，就会存在财务杠杆效应。财务杠杆系数越大，企业的财务风险就越大。联合杠杆是企业经营杠杆和财务杠杆的复合与叠加。

以1958年MM理论的形成为标志，资本结构理论大致可以划分为早期资本结构理论和现代资本结构理论。早期资本结构理论的代表有净收益理论、净营业收益理论和传统理论，现代资本结构理论的代表有MM理论和权衡理论。

影响企业资本结构的因素很多，不同因素在不同经济环境中对资本结构的影响程度也不相同。资本结构决策中需要考虑的因素主要有：企业的财务状况和成长潜力、经营者的风险偏好与股东的投资动机、企业的信用等级与债权人的态度、行业因素、税收政策等。最优资本结构是指在一定条件下能使企业综合资本成本最低、企业价值最大的资本结构。确定最优资本结构的主要方法有每股收益无差别点法、比较资本成本法和比较公司价值法。

重要概念

资本结构　经营风险　财务风险　经营杠杆　财务杠杆　联合杠杆　减税利益　财务

拮据成本　代理成本　最优资本结构　每股收益无差别点

本章案例

应该选择哪种融资方案？

小李是刚毕业的计算机专业大学生，他与几个同学非常看好网络游戏市场，准备组建一家专门开发游戏软件的公司。公司创立需要1 000万元，为了迅速、有效地筹集所需资金，公司的合伙人特地聘请了对风险投资和公司创立时期的财务管理具有丰富经验的小王担任公司的财务主管。小王上任后不久，就说服了当地一家风险投资公司向该公司提供资金。这家风险投资公司提出了两种融资方案。方案A（高财务杠杆融资方案）：债务融资600万元，利率为14%；普通股股权融资400万元，每股面值20元。方案B（低财务杠杆速效方案）：债务融资200万元，利率为11%；普通股股权融资800万元，每股面值20元。两种方案的债务都要求采用偿债基金方式每年偿还10%，该公司适用的所得税税率为25%。

【思考】(1) 计算两种融资方案的每股收益无差别点。

(2) 如果公司的息税前利润预计长期维持在130万元，哪种融资方式下的每股收益高？

(3) 如果公司的息税前利润预计长期维持在130万元的同时，对方案A要求的市盈率（股票市价/每股收益）为18，对方案B要求的市盈率为14。此时，你推荐哪种融资方案？为什么？

(4) 当息税前利润为130万元时，在方案A下，应获得多高的市盈率才能使股票价格与方案B相同？

自测题

一、即测即评

第8章单项选择题　　第8章多项选择题　　第8章判断题

二、计算题

1.某企业年销售额为210万元，息税前利润为60万元，变动成本率为60%，全部资本为200万元，负债比率为40%，负债利息率为8%。

要求：计算该企业的经营杠杆系数、财务杠杆系数和联合杠杆系数。

2.某公司目前拥有资金1 500万元。其中，长期借款800万元，年利率为10%；优先股200万元，年股息率为15%；普通股50万股，每股市价10元。该公司变动成本率为40%，固定成本为60万元，所得税税率为25%。现准备追加筹资360万元，有两种筹资方式可供选择：一是发行债券360万元，年利率为12%；二是发行普通股360万元，增发30万股，每股发行价12元。

要求：(1) 计算两种筹资方式每股收益无差别点的销售收入。

（2）如果该公司预计销售收入为400万元，确定最佳筹资方案。

（3）如果息税前利润为180万元，计算按最佳筹资方案筹资后的经营杠杆系数、财务杠杆系数和联合杠杆系数。

三、思考题

1. 什么是经营风险？影响经营风险的因素有哪些？

2. 什么是财务风险？影响财务风险的因素有哪些？

3. 什么是经营杠杆、财务杠杆与联合杠杆？

4. 为什么说财务杠杆效应是一把“双刃剑”？

5. 早期资本结构理论与现代资本结构理论的主要区别有哪些？

6. 企业最优资本结构如何界定？如何确定最优资本结构？

7. 影响企业资本结构决策的因素有哪些？

第8章计算题参考答案

第8章思考题分析提示

第9章 股利政策

【学习目标】

通过本章的学习，你要：

1. 了解股利的含义、种类，以及股利分配的程序和股利理论；
2. 掌握各种股利政策的基本原理、优缺点和适用范围；
3. 掌握制定股利政策时应考虑的影响因素；
4. 掌握股票股利和股票分割的含义及对公司的影响；
5. 掌握股票股利和股票分割的联系和区别；
6. 熟悉股票回购的含义、方式及对公司的影响。

9.1 股利的概念与种类、股利支付的程序及股利理论

9.1.1 股利的概念

股利是股息和红利的总称（或统称），是股东依据其拥有的公司股份（或投资额）从公司分得的利润，是董事会正式宣布从公司净利中分配给股东的，作为股东对公司投资的一种报酬。

股息和红利都是股东投资的收益，在本质上并无差别，但在形式上，它们还是有不同之处的。股息是指优先股股东按照固定比例定期提取的公司经营收益，这一固定比例同债券利息率一样，是事先约定的，并且在一定时期内固定不变，公司只要在营业年度有可进行分配的收益，就要分配股息。红利则不同，红利是指普通股股东在分派股息之后从公司剩余利润中分配获得的不定期收益。红利的分配额完全取决于公司当年的盈利状况，其分配比例不是事先约定的，通常公司盈利越多，红利也就越多。公司的收益分配之所以存在股息和红利两种不同形式，除公司章程的规定外，还与股份的类型（即普通股和优先股）有关。股息一般是优先股股东获取收益的一种方式，公司只要在营业年度有可进行分配的盈利，就要优先分配优先股股东的股息。然而，即使公司在营业年度内盈利很多，优先股股东也只能按约定的比例分配股息。红利一般是普通股股东获取收益的一种方式，公司的盈利在给优先股股东分配股息后，剩余部分再由普通股股东按股份比例分取红利。由于我国上市公司发行优先股尚不普遍，因此人们对股息和红利并不做严格区分，而是用“股

利”这一概念代表上市公司的利润分配。

9.1.2 股利的种类

股利支付方式有实际收益式股利、股票股利和负债股利三种，其中实际收益式股利又包括现金股利和财产股利两种主要形式。

1）现金股利

现金股利（cash dividends）是以现金支付的股利，是股利支付的最主要方式。公司支付现金股利除了要有累计盈余（特殊情况下可用弥补亏损后的盈余公积支付）外，还要有足够的现金。

2）财产股利

财产股利（property dividends）是以现金以外的财产支付的股利，主要包括实物股利和证券股利。其中，实物股利是把公司拥有的实物资产用于支付股利，由于实物资产不便于分配和携带，因而极少采用；证券股利是把公司拥有的其他企业的有价证券，如股票、债券等，作为股利支付给股东。

3）负债股利

负债股利（liability dividends）是公司以负债支付的股利，通常将公司的应付票据支付给股东，特殊情况下也可发行公司债券以抵付股利。这种形式会增加公司的负债，改变公司的资本结构。

4）股票股利

股票股利（stock dividends）是以增发股票作为股利的支付方式。对公司而言，股票股利不需要使用公司的资金，不会导致公司资产的流出或负债的增加，同时，股票股利也不增加公司的资产，不直接增加股东的财富（即股东权益总额），但会使股东权益各项目的结构发生变化。对股东而言，发放股票股利只是增加了股东持有股票的股数，并没有现实的股利收入，带有一定的“欺诈性”。

9.1.3 股利支付的程序

股份有限公司向股东支付股利，主要经历以下几个关键日期：股利宣告日、股权登记日、除权日和股利支付日。

（1）股利宣告日，是指企业宣告发放股利的日期。

（2）股权登记日，是指登记应分股利的股东名单的日期，通常在股利宣告日之后的2~4周内。只有在股权登记日之前持有公司股票的股东，才有权分得本期股利。

（3）除权日，也称除息日，是指领取股利的权利与股票彼此分开的日期，通常为股权登记日的下一个工作日。在这一天，股票的所有权和领取股利的权利分离，这一天以前交易的股票带有股利价值，这一天以后交易的股票是不带股利的。通常，这一天股票的价格要下跌，下跌幅度大约等于每股股利。

（4）股利支付日，是指企业实际支付股利的日期。

【例9-1】九华公司2022年11月20日发布公告：“本公司董事会在2022年11月20日的会议上决定，本年度发放每股为0.2元的股利；本公司将于2023年1月8日将上述股利支付给已在2022年12月11日登记为本公司股东的人士。”请问：九华公司的股利支付程序是怎样的？

根据股利支付程序各关键日期的定义可知，2022年11月20日为九华公司的股利宣告日，2022年12月11日为其股权登记日，2022年12月12日为其除息日（股权登记日的下一个工作日），2023年1月8日为其股利支付日。

9.1.4 股利理论

关于股利与股票市价间的关系，目前存在几种不同的观点，形成了不同的股利理论。股利理论主要包括股利无关论、股利相关论、所得税差异理论及代理理论。

1）股利无关论

股利无关论（也称MM理论）认为，在一定假设条件的限定下，股利政策不会对公司的价值或股票的价格产生任何影响。一个公司的股票价格完全由公司投资项目的获利能力和风险组合决定，而与公司的利润分配政策无关。该理论是建立在完全市场理论之上的，假定条件包括：①市场具有强式效率。②不存在任何公司或个人所得税。③不存在任何筹资费用，包括发行费用和各种交易费用。④公司的投资决策与股利决策彼此独立，即公司的股利政策不影响投资决策。

2）股利相关论

股利相关论认为，企业的股利政策会影响股票价格。其主要观点有以下两种：

（1）股利重要论，又称“在手之鸟”理论。股利重要论认为，用留存收益再投资给投资者带来的收益具有较大的不确定性，并且投资的风险随着时间的推移会进一步增大，因此，投资者更喜欢现金股利，而不愿意将收益留存在公司内部而去承担未来的投资风险。

（2）信号传递理论。信号传递理论认为，在信息不对称情况下，公司可以通过股利政策向市场传递有关公司未来盈利能力的信息，从而影响公司的股价。一般来讲，预期未来盈利能力强的公司往往愿意通过相对较高的股利支付水平，把自己同预期未来盈利能力差的公司区别开来，以吸引更多的投资者。

3）所得税差异理论

所得税差异理论认为，由于普遍存在税率的差异及纳税时间的差异，资本利得收入比股利收入更有助于实现收益最大化目标，企业应当采用低股利政策。

4）代理理论

代理理论认为，股利政策有助于缓解管理者与股东之间的代理冲突，股利政策是协调股东与管理者之间代理关系的一种约束机制。

9.2 股利政策及其影响因素

股利政策是指以公司发展为目标，在权衡企业近期利益与长远利益和平衡企业内外部相关各方利益的基础上，对于净利润在提取了各种公积金后，如何在发放股利和留在公司用于将来再投资之间进行分配而采取的方针政策。股利政策的核心内容是股利支付采取什么样的策略和采用多高的股利支付率。

9.2.1 股利政策的种类

在实务中，公司常用的股利政策主要有以下四种：剩余股利政策、固定股利或持续增长股利政策、固定股利支付率政策、低正常股利加额外股利政策。

1）剩余股利政策

（1）剩余股利政策的含义

剩余股利政策（residual dividend）是指当公司存在较好的投资机会时，将提取盈余公积、公益金之后的利润先满足公司投资项目对权益资本的需要，如果有剩余，再将剩余部分向股东发放股利；如果没有剩余，则不发放股利。

可见，采用剩余股利政策的前提条件是公司有良好的投资机会，并且该投资机会的预期收益率高于股东要求的必要收益率。只有这样，股东才会同意公司将净利润优先满足投资需要，然后将剩余部分发放现金股利，甚至不发放股利。

（2）剩余股利政策的理论依据

剩余股利政策以股利无关论（MM理论）为依据。该理论认为股利是否发放以及发放多少对公司价值以及股价不会产生影响，投资人也不关心公司股利的分配。因此，企业可以始终把保持最优资本结构放在决策的首位，在最优资本结构下，企业的加权平均资本成本最低，同时企业价值最大。

（3）剩余股利政策的实施步骤

①确定目标资本结构或最优资本结构，即确定企业权益资本和债务资本的比例关系，具体方法主要有比较资本成本法、每股收益无差别点法和比较公司价值法。

②确定最优资本结构下投资项目所需要的权益资本数额（或股东权益数额），即根据投资总额和权益资本与债务资本的最优比例关系，确定投资项目所需要的权益资本的数额。计算公式为：

投资项目所需要的权益资本数额=项目投资总额×最优资本结构下权益资本占总资本的比重

③最大限度地使用保留盈余（即提取公积金、公益金之后的税后净利润）来满足投资项目对权益资本的需要。

④在满足投资项目对权益资本的需要后，如果没有剩余净利润，就不发放股利；如果有剩余净利润，就将剩余净利润作为股利发放给股东。计算公式为：

剩余净利润（股利发放额）=提取公积金、公益金之后的税后净利润-投资项目所需要的权益资本

【例9-2】九华公司2022年提取公积金、公益金之后的税后净利润为5 000万元，目前的资本结构（权益资本占70%，债务资本占30%）是最优资本结构，该公司流通在外的普通股为4 000万股，采用剩余股利政策，预计2023年项目投资总额为6 000万元。请问：如果保持资本结构不变，2023年项目投资所需资金该如何筹集？普通股每股股利是多少？

在保持最优资本结构不变的前提下，该公司可通过留存收益和对外举债两种筹资方式来筹集2023年项目投资的资金，其中：

留存收益筹资金额=6 000×70%=4 200（万元）

对外举债筹资金额=6 000×30%=1 800（万元）

可供分配的税后净利润=5 000-4 200=800（万元）

普通股每股股利=800÷4 000=0.2（元）

(4) 剩余股利政策的优缺点及适用范围

剩余股利政策的优点主要有：①在剩余股利政策下，公司能够充分利用留存收益来满足投资项目对权益资本的需求，不仅筹资成本低，而且可以保持最优资本结构。②采用剩余股利政策的企业，因其具有良好的投资机会，投资者对公司未来的获利能力有较好的预期，其股票价格会上升，有利于企业的长远发展。

剩余股利政策的缺点主要有：①在剩余股利政策下，股利发放额每年随投资机会和公司盈利水平的变化而波动，不能与盈余较好地配合，导致各期股利忽高忽低，因而不会受到希望有稳定股利收入的投资者的欢迎。②根据股利相关论，公司价值（或者股票价格）不仅由公司投资项目的获利能力所决定，还受股利政策和股东偏好等因素的影响，公司在制定股利政策时，必须考虑对股东理财活动可能产生的影响。如果执行剩余股利政策，股利发放额就会随着每年投资机会和盈利水平的波动而变化。即使在盈利水平不变的情况下，股利也将与投资机会的多寡成反方向变动。投资机会越多，股利发放额越少；反之，投资机会越少，股利发放额越多。而在投资机会不变的情况下，股利发放额将因公司每年盈利的波动而同方向变化。所以，剩余股利政策不利于股东（投资者）安排收入与支出，也不利于公司树立良好的形象。

剩余股利政策主要适用于处于初创阶段或高速成长阶段的公司。

2) 固定股利或持续增长股利政策

(1) 固定股利或持续增长股利政策的含义

固定股利或持续增长股利政策（steadily increasing dividend）是指公司将每年发放的股利固定在某一特定水平上，并在较长的时期内保持不变，只有当公司认为未来盈余会显著地、不可逆转地增长时，才会提高股利发放额。一般情况下，不论企业经营业绩如何，公司每期的股利都固定在某一水平上保持不变。

(2) 固定股利或持续增长股利政策的理论依据

固定股利或持续增长股利政策以股利相关论为基础，该理论认为股利政策会影响公司的价值和股票的价格，投资人关心股利是否发放及发放多少。

(3) 固定股利或持续增长股利政策的优缺点及适用范围

固定股利或持续增长股利政策的优点有：①有利于稳定股价。稳定的股利向市场传递公司正常发展的信息，有利于树立公司的良好形象，增强股东和投资者对公司的信心，进而稳定公司股票的价格。②稳定的股利有利于投资者安排股利收入和支出，对股利有很强依赖性的股东更欢迎这种股利政策。

固定股利或持续增长股利政策的缺点有：①这种股利政策下的股利支付额只升不降，股利支付与公司盈利相脱离。当盈余降低时，公司不得不采取负债、发行新股等外部筹资方式。这不仅要发生额外的筹资成本，不能像剩余股利政策那样保持较低的资本成本，还可能导致资金短缺，影响公司的最优资本结构。②在公司困难时期执行这种股利政策，派发的股利金额将大于公司实现的盈利，必然侵蚀公司的留存收益，影响公司的后续发展。

采用固定股利或持续增长股利政策，公司最初的固定股利额不应太高，使其既不影响公司当期的形象，又为未来股利的稳定支付留有余地，以免陷入无力支付股利的被动局面。固定股利或持续增长股利政策一般适用于收益比较稳定或正处于成长期的公司。

3）固定股利支付率政策

（1）固定股利支付率政策的含义

固定股利支付率政策（fixed pay-out ratio）是指公司将每年净收益的某一固定百分比作为股利分派给股东。这一百分比称为股利支付率。股利支付率一经确定，一般不得随意变更。每年发放的股利额都等于净利润乘以固定的股利支付率。不同年度的股利会随公司经营业绩的好坏而上下波动。

（2）固定股利支付率政策的理论依据

固定股利支付率政策的理论依据是“在手之鸟”理论。根据投资者厌恶风险、喜欢现在收益的特性，通过派发股利满足投资者的愿望，使公司股价处于较高的水平，从而实现公司股价最大化。

（3）固定股利支付率政策的优缺点和适用范围

固定股利支付率政策的优点：①采用固定股利支付率政策，股利与公司盈余紧密配合，真正体现“多盈多分，少盈少分，无盈不分”的股利分配原则。②在固定股利支付率政策下，实现净利润多的年份向股东发放的股利多，实现净利润少的年份向股东发放的股利少，所以不会给公司带来固定的财务负担。从企业支付能力的角度看，这是一种稳定的股利政策。

固定股利支付率政策的缺点是：①容易使公司面临较大的财务压力。根据固定股利支付率政策，公司实现的利润越多，派发的股利也应当越多，但公司实现的利润多，并不代表公司有充足的现金派发股利，只表明公司盈利状况较好而已。如果公司的现金流量状况并不好，却还要按固定比率派发股利，就很容易对公司造成较大的财务压力。②使公司财务缺乏弹性。在不同发展阶段，公司应当根据自身的财务状况制定不同的股利政策，这样更有利于实现公司的财务目标。但是在固定股利支付率政策下，公司丧失了利用股利政策的优势，可能导致财务缺乏弹性。③确定合理的固定股利支付率难度很大。如果股利支付率太低，就不能满足投资者对现实股利的要求；反之，若固定股利支付率确定得过高，没有足够的现金派发股利时会给公司带来巨大的财务压力，还会导致大量现金流出，从而制约公司的后续发展。④固定股利支付率政策传递的信息容易成为不利因素。大多数公司每年的收益很难保持稳定不变，如果公司每年的收益不同，固定股利支付率政策将导致公司每年股利分配额频繁变化，容易给投资者留下公司经营状况不稳定、投资风险较大的不良印象，不利于股票价格的稳定。

固定股利支付率政策一般适用于发展稳定且财务状况也较稳定的公司。

4）低正常股利加额外股利政策

（1）低正常股利加额外股利政策的含义

低正常股利加额外股利政策（lower normal plus extra dividend）是指企业在一般情况下，每年只向股东支付某一固定的、金额较低的股利（这部分股利称为正常股利）；在盈利情况较好、资金较为充裕的年度，除发放正常股利外，企业还根据实际情况向股东额外发放金额较大的股利（这部分股利称为额外股利）。额外股利并不固定化，如果某一年度企业盈利状况不太好，企业就只支付原来确定的较低的正常股利。

（2）低正常股利加额外股利政策的理论依据

低正常股利加额外股利政策的理论依据是“在手之鸟”理论和信号传递理论。由于公司派发的股利固定在一个较低的水平上，在公司盈利较少或需用较多的保留盈余进行投资时，公司仍能按照既定的股利水平派发股利，这体现了“在手之鸟”理论；一旦公司盈利较多且有剩余现金，就可派发额外股利，这体现了信号传递理论，有利于股票价格上扬。

（3）低正常股利加额外股利政策的优缺点

低正常股利加额外股利政策的优点：①具有较强的灵活性，使公司在股利发放上留有余地并具有较大的财务弹性，同时，每年可以根据公司的具体情况，选择不同的股利发放水平，以完善公司的资本结构。②有助于稳定股价，增强投资者的信心。当企业盈利较少或投资需要的资金较多时，可维持原定的较低但正常的股利，股东不会有股利跌落感，这有助于维持公司股票的现有价格；当企业盈余有较大幅度增加时，可在原定的较低但正常的股利基础上，向股东增发额外的股利，额外股利信息的传递有助于公司股票的股价上扬，增强投资者的信心。③可使偏好发放股利的投资者每年至少得到虽然较低但比较稳定的股利收入，从而吸引这部分投资者。

低正常股利加额外股利政策属于折中的股利政策，介于稳定型股利政策与变动型股利政策之间，既吸收了稳定型股利政策的优点（如对股东投资收益的保障），又摒弃了其对公司所造成的财务压力方面的不足。

低正常股利加额外股利政策的缺点：①不同年度公司盈利的波动使得额外股利不断变化，或时有时无，造成不同年度分派的股利额不同，容易给投资者以公司收益不稳定的感觉。②当公司在较长时期持续发放额外股利后，这部分额外股利可能被股东误认为是“正常股利”，而一旦取消了这部分额外股利，可能使股东认为这是公司财务状况恶化的表现，进而会引起公司股价下跌等不良后果。

低正常股利加额外股利政策适用于盈利经常波动且不易准确预测的公司。

9.2.2　股利政策的影响因素

公司是在特定环境下的一个利益集合体，股利政策的制定必须考虑这些环境因素和利益相关人的态度。

1）法律因素

股利分配政策将影响公司的投资机会和财务状况，并与股东和债权人的福利密切相关。为了保护各方利益，尤其是债权人和股东的利益，《公司法》《证券法》和税法等相关法律、法规对公司的股利政策都进行了规范，对企业利润分配予以一定的硬性限制。这些限制主要表现在以下几个方面：

（1）资本保全约束。资本保全约束规定公司不能将资本（包括股本和资本公积）用于分配，或者说，用于股利分配的资金只能是公司的当期利润或留存收益。当公司当年无累计利润（指当期利润与过去的留存收益之和）时，原则上不得向投资者分配股利（但在用盈余公积弥补亏损后，经股东大会特别决议，可以按照不超过股票面值6%的比例用盈余公积分配股利），贯彻“无利不分”的原则；否则，在当年无累计利润时强行分配股利，将视同投资者抽回资本金。这一规定的目的是防止企业任意减少资本结构中股东权益的比例，使公司有足够的资本，以维护债权人的利益。

（2）偿债能力约束。偿债能力是指企业按时足额偿还到期债务的能力。为了保障债权人的利益，有关法律规定，如果公司已经无力偿还债务或因发放股利将极大影响公司的偿债能力，则禁止发放股利，否则属于违法行为。

（3）资本积累约束。《公司法》规定，公司在分配利润前，必须按照一定比例和基数提取各种法定盈余公积和公益金，这是为了增强企业抵御风险的能力，维护投资者的利益。

（4）超额累积利润约束。在市场经济发达国家，不同所得税税率的档次需要缴纳的所得税差别较大。比如在美国的所得税中，经营所得（股利所得）的税率较高，资本利得（卖出价和买入价之差）的税率较低，即股东接受股利要缴纳的所得税高于其进行股票交易的资本利得税。因此，许多公司通过累积利润使股价上涨方式帮助股东避税。许多西方国家在法律上明确规定公司不得超额累积利润，一旦公司的保留盈余大大超过公司目前及未来投资的需要，或者超过法律认可的水平，将被加征额外税收。目前，我国法律尚未对公司累积利润作出限制性规定。

2）契约因素

一般来说，提高股利发放水平会加大公司的破产风险，这会损害债权人的利益。公司的债权人为保障其利益，通常会在借款合同、债券契约、优先股协议，以及租赁合约中加入关于股利政策的条款，以限制公司的股利发放。这些条款主要表现在：规定公司的盈利在达到某一水平之前不得发放现金股利；规定股利支付率的上限；规定如果营运资本低于一定的数额，不得发放股利。确定契约性限制条款、限制公司股利发放的目的在于促使公司将利润的一部分进行再投资，以便增强公司的经济实力和竞争能力，从而保证债务本息如期偿还，维护债权人的利益。这些限制条款也影响公司股利政策的制定。

3）股东因素

股利政策最终要由代表股东利益的董事会决定，股东在税负、投资机会、股权控制、规避风险等方面的意愿和态度会对公司的股利政策产生重要影响。

（1）稳定的收入和避税

由于股利收入的税率高于资本利得的税率，因此公司的股利政策会受其股东所得税状况的影响。一些依靠股利维持生活的股东（可称为相对穷股东）往往要求公司支付稳定的股利，若公司留存较多的利润，将受到这部分股东的反对。另外，一些高股利收入的股东（可称为相对富股东）会因为达到个人所得税的某种界限而按高税率课税，出于避税的考虑，相对富股东往往反对公司发放较多的股利。

一个公司到底是倾向于多发放股利还是少发放股利，关键取决于公司的相对穷股东和相对富股东的控股权比例。如果相对富股东的控股权比例大于相对穷股东的控股权比例，公司的股利政策将倾向于多留盈利、少派股利，因为低股利政策可以为这些相对富股东带来更多的资本利得，从而达到节税的目的。相反，如果一个公司的相对穷股东的控股权比例大于相对富股东的控股权比例，相对穷股东所适用的个人所得税税率比较低，税负状况并不是他们关心的主要内容，他们会要求公司制定更高的股利支付率。

（2）股东的外部投资机会

如果公司将留存收益用于再投资所得报酬率（可称为对内投资报酬率）低于股东个人单独将股利收入投资于公司外部其他投资机会所得的报酬率（可称为对外投资报酬率），公司就不应多留存盈利，而应多发放现金股利给股东。尽管公司难以对每位股东的对外投资机会及其投资报酬率进行评估，但至少应对风险相同的企业外部投资机会可获得的投资报酬率进行评估。若评估结果显示，对内投资报酬率小于对外投资报酬率，公司应选择多发放现金股利、少留存盈利的股利政策，反之亦然。

（3）股权控制要求

以现有股东为基础组成的董事会在长期经营中可能形成了一定的有效控制格局，他们也会将股利政策作为维持其控制地位的工具。

当公司有好的投资机会需筹集所需资金而外部又无适当的资金来源可供利用时，为避免增发新股，以免让许多新股东参加到公司中来，打破已形成的控制格局，他们会选择低股利支付率甚至不分配股利，以便从内部取得所需资金；否则，高股利支付率会导致内部筹资额减少，这样公司就不得不通过发行新股来筹集投资所需的资金了。

即使公司没有很好的投资机会，不需筹集更多的资金，持有控制权的股东也倾向于低股利支付率甚至不分配股利。这是因为若股利支付率较高，必然导致公司盈余减少，这就意味着将来依靠发行股票等方式筹集资金的可能性增大。而发行新股，尤其是普通股，流通在外的普通股股数必然增加，这就意味着企业控制权有旁落的可能，因为发行新股必然稀释公司控制权，这是持有控制权的股东所不愿看到的局面。因此，若他们拿不出更多的资金购买新股以满足公司的需要，他们就倾向于通过少分配甚至不分配股利来防止将来可能的新股发行。

（4）规避风险

对于某些股东来说，未来获得的收益分为两部分，即现金股利（经营所得）和资本利得。其中，资本利得是未来才获得的，是有风险的，而现金股利是确定的、无风险的。正因为资本利得的风险大于经营所得的风险，出于逃避风险的考虑，这些股东要求支付更多的股利。这些股东是“在手之鸟”理论的支持者。

4）公司因素

资金的灵活周转是公司生产经营得以正常进行的必要条件，因此，公司正常的经营活动对资金的需求便成为影响股利政策的重要因素。这一因素对股利政策的影响程度取决于公司资产的流动性、投资机会、筹资能力、盈利的稳定性以及股权控制要求等。

（1）盈利的稳定性

公司能否获得长期稳定的盈利是其股利政策的重要基础，所以公司的股利政策在很大程度上会受盈利稳定性的影响。

一般而言，公司的盈利越稳定，其股利支付率越高。这是因为，从稳定股票价格、树立良好形象的目的出发，公司总是力图维持稳定的股利，股利政策的制定从一开始就要考虑此项政策长期维持下去的可能性，盈利稳定的公司对保持较高的股利支付率更有信心。此外，收益稳定的公司由于经营风险和财务风险小，因而比收益不稳定的公司能以更低成本从其他渠道筹集资金（如负债资金）。

盈利不稳定的公司一般采取低股利政策。这是因为，对于盈利不稳定的公司来讲，低股利政策可以减少因盈利下降造成的股利无法支付、股价急剧下降的风险，还可将更多的盈利用于再投资，以提高公司权益资本比重，降低财务风险。

（2）资产的流动性

资产的流动性是指资产转化为现金的难易程度。如前所述，资金的灵活周转是公司生产经营得以正常进行的必要条件，而现金股利的分配代表公司现金的流出，所以现金股利的分配必须以不危及公司经营为前提。如果一个公司资产的流动性较高，即持有大量的货币资金和其他流动资产，资产变现能力强，现金来源充裕，公司的股利支付能力就强，就可以采取较高的股利支付率分配股利；反之，资产流动性弱的公司应该采取低股利支付率。

（3）筹资能力（也称举债能力）

不同公司的筹资能力不同，而股利政策受公司目前筹资能力的影响。对于具有较强筹资能力的公司来说，由于它能够及时筹措到所需的资金，也就具有较强的股利发放能力，从而有可能采取宽松的股利政策（即多发放股利的政策）；而筹资能力弱的公司不得不多保留盈余，因而往往采取偏紧的股利政策（即少发放股利的政策）。

反过来，股利政策也会影响公司未来的筹资能力。公司目前采取宽松的股利政策，多发放现金股利（即增加了外部筹资成本），有利于公司在未来以较有利的条件发行新证券筹集资金，从而增强公司的未来筹资能力；如果公司目前采取偏紧的股利政策，少发放现金股利，尽管可暂时节约外部筹资成本，但很可能会对未来较长一段时期的筹资环境造成不良影响，从而降低公司的未来筹资能力。

（4）未来投资机会

公司的股利政策应以其未来的投资需求为基础确定，不同的公司面临不同的投资机会，所采用的股利政策也会有所不同。

对于缺乏良好投资机会的公司（如处于经营收缩阶段的公司）来说，未来的资金需求较小，保留大量现金会造成资金闲置，于是倾向于采用高股利支付率、低盈利留存比率的股利政策，将大部分盈余用来分配股利。而对于有良好投资机会的公司来说，由于未来投资需要较多的资金，往往会采用低股利支付率、高盈利再投资比率的股利政策，将大部分盈余用于投资。尤其是处于成长期的公司，投资机会较多，往往处于资金紧缺状态，所以一般较少支付股利，而是将较大比例的盈余留存下来用于再投资。这样不仅满足了公司发展的需求，还可以扩大公司的权益基础，有助于改善资本结构，进一步提高公司的资金筹集能力。

（5）资本结构和资本成本

增发普通股和利用留存收益是筹集自有资金的两种方式。与增发普通股相比，保留盈余不需花费筹资费用，是一种比较经济的筹资渠道。所以，从资本成本方面考虑，在筹集自有资金（权益资金）时，应该采用低股利政策，尽量利用保留盈余。

公司的资本结构合理与否也会影响资本成本的高低。资产负债率是衡量一个公司资本结构的重要指标，当资产负债率达到最优时，公司的资本成本最低。股利政策导致公司的留存收益发生变动，改变了公司的资产负债率，影响公司未来的筹资成本，因而公司的资本成本也会发生相应的变动。在制定股利政策时，应协调好股利支付和筹资的关系。

（6）债务偿还需要

具有较高债务偿还需要的公司可以通过举借新债、发行新股筹集资金偿还债务，也可直接用经营积累偿还债务。如果公司认为后者适当的话（前者资本成本高或受其他限制难以进入资本市场），将会减少股利支付。

（7）公司规模和所处的行业

上市公司规模大小对其股利政策有较大影响。当上市公司股本规模达到一定程度时，由于股利的基数大，要保持每股净利润的同步增长，需要公司有很高的成长性。相对来说，小盘股股本扩张潜力较大，股利的增长性也相对较好。

所处行业也会影响上市公司的股利政策。比如，朝阳行业发展速度快，获利能力强，每年的新增利润较多，有能力发放较多的股利；而夕阳行业日益萎缩，获利能力差，每年的利润很少甚至亏损，没有能力发放较多的股利。另外，公用事业往往现金充裕，投资机会较少，发放现金股利的可能性较大。

5）其他因素

（1）通货膨胀

当发生通货膨胀时，折旧储备资金（即折旧基金）的购买力下降，会导致没有足够的资金来源重置固定资产。公司为了维持原有的生产能力，需要从保留盈余中予以补充，这时公司可能采取偏紧的股利政策以加大内部筹资的比重。

（2）国家宏观经济环境

经济发展具有周期性，经济周期的不同发展阶段对企业股利政策的制定也会产生较大的影响。

（3）资本市场的融资环境

股利政策与融资政策会相互影响。当一国存在多种融资渠道和融资方式可供利用时（相当于这时公司的筹资能力较强），公司就不一定非要采取内部筹资方式，而是可以更多地采取外部筹资方式筹集公司发展所需要的资金，这样，公司就可以把税后利润的更大比例作为股利发放给股东；相反，若融资环境差，资本市场没有效率，公司就只能更多地采用内部筹资方式，少发放甚至不发放股利。

9.3　股票股利和股票分割

9.3.1　股票股利

1）股票股利的含义

股票股利是公司以发放股票作为股利的支付方式，是一种特殊形式的股利。当年可供分配的利润以及公司的盈余公积和资本公积都可用于发放股票股利。

股票股利并不直接增加股东的财富，不会导致公司资产的流出或负债的增加，因而不是公司资金的使用，也不因此而增加公司的财产，不改变每位股东的股权比例。发放股票股利后，通常公司每股市价和每股收益会降低，资产负债表中股东权益总额不变，但股东权益各账户的余额和股东权益各账户之间的比例关系会发生变化（即将资金从留存收益账户转移到其他所有者权益账户）。

【例9-3】九华公司日前宣布发放股票股利，其配股说明书规定："本次配股以2022年12月31日公司总股本（全部为普通股）5 000万股为基数，按每10股配2股的比例向全体普通股股东配售，可配售股份总额为1 000万股。"该公司股票面值1元，目前股票市价为12元，发放股票股利前的股东权益情况见表9-1。

要求：计算发放股票股利后股东权益各项目的金额。

表9-1 发放股票股利前的股东权益 单位：万元

股东权益项目	金额
普通股	5 000
资本公积	1 000
未分配利润	14 000
股东权益合计	20 000

（1）随着股票股利的发放，需减少“未分配利润”项目的金额，同时增加“普通股”项目的金额。

未分配利润减少额=12×5 000×20%=12 000（万元）

（2）股票面额（1元）不变，发放1 000万股股票股利，即股票股利按面值记入“普通股”项目。

普通股增加额=1×1 000=1 000（万元）

（3）其差额应作为股票溢价增加“资本公积”项目。

资本公积增加额=12 000-1 000=11 000（万元）

发放股票股利后，股东权益各项目见表9-2。

表9-2 发放股票股利后的股东权益 单位：万元

股东权益项目	金额
普通股	6 000
资本公积	12 000
未分配利润	2 000
股东权益合计	20 000

可见，发放股票股利后，股东权益总额不变，但股东权益结构（即各股东权益项目的构成比例）会发生变化。

2）股票股利对每股收益和每股市价的影响

发放股票股利对每股收益和每股市价的影响可以通过对每股收益、每股市价的调整直接计算出来。相关计算公式为：

发放股票股利后的股份总数=N_0×（1+D_s）

发放股票股利后的每股收益=$\frac{E_0}{1+D_s}$

发放股票股利后的每股市价=$\frac{P_0}{1+D_s}$

式中：N_0——发放股票股利前公司发行在外的股份总数；D_s——股票股利发放率（即配股比例）；E_0——发放股票股利前的每股收益；P_0——发放股票股利前的每股市价。

需要注意的是，股票的每股市价会受到公司业绩因素和非业绩因素（如股东心理）的影响，以上公式中所指发放股票股利后的每股市价，是指在其他因素不变的前提下，发放股票股利对公司产生影响后的每股市价。

【例9-4】基本资料同例9-3，假设九华公司2022年度盈余为12 000万元。

要求：计算发放股票股利后的股份总数、每股收益、每股市价、公司股价总额。

发放股票股利后的股份总数=5 000×（1+20%）=6 000（万股）

发放股票股利前的每股收益=12 000÷5 000=2.4（元）

发放股票股利后的每股收益=$\frac{2.4}{1+20\%}$=2（元）

发放股票股利后的每股市价=$\frac{12}{1+20\%}$=10（元）

发放股票股利前的股价总额=发放股票股利前的股价×发放股票股利前的股份总数

=12×5 000=60 000（万元）

发放股票股利后的股价总额=发放股票股利后的股价×发放股票股利后的股份总数

=10×6000=60 000（万元）

具体影响见表9-3。

表9-3 发放股票股利对九华公司的影响

项目	发放前	发放后	有无影响
股份总数（万股）	5 000	6 000	有
每股收益（元）	12 000÷5 000=2.4	12 000÷6 000=2	有
每股市价（元）	12	12÷（1+20%）=10	有（在其他因素不变的前提下）
股价总额（万元）	12×5 000=60 000	10×6 000=60 000	无（在其他因素不变的前提下）

3）股票股利的意义

（1）股票股利对股东的意义

①公司发放股票股利后，有时其股价并不成比例下降，这时股东可得到股票价值相对上升的好处。

②发放股票股利通常是处于快速成长阶段的公司的股利发放行为，因此投资者往往认为发放股票股利预示着公司将有较大发展，利润将大幅度增长，足以抵消增发股票带来的消极影响。

③避免股东增加税收负担。对股东来说，现金股利需要缴纳个人所得税，而股票股利不需要纳税，即使将来出售需要缴纳资本利得税，其税率也较低，这使得股东可以获得纳税的好处。

（2）股票股利对公司的意义

①保留现金。发放现金股利会使公司的现金大量减少，可能使公司由于资金短缺而丧失投资良机或增加公司的财务负担；而发放股票股利可使股东分享公司的盈余而无须分配现金，不仅不会减少公司的现金持有量，而且使股东获得投资收益，有利于公司将更多的现金用于再投资和扩展业务。

②在盈余和现金股利不变的情况下，发放股票股利可以增加公司流通在外的股份数，使公司股价降低至一个便于交易的范围之内，有利于吸引更多的中小投资者，减轻股市大户对股票的冲击。

③发放股票股利会向社会传递公司将继续发展的信息，从而提高投资者对公司的信心，在一定程度上稳定股票价格。

9.3.2 股票分割

1）股票分割的含义

股票分割（stock split）又称股票拆细，是指将公司原来面额较大的股票按一定比例拆分成新的面额较小的股票的行为，这个“比例”称为拆股比例，其数值大于1。

股票分割也不直接增加股东的财富，不会导致公司资产的流出或负债的增加，不改变每位股东的股权比例。股票分割对公司的资本结构不会产生任何影响。实施股票分割后，公司发行在外的股份总数增加，每股市价和每股收益降低，而资产负债表中股东权益总额、股东权益各账户（股本、资本公积、留存收益）的余额、股东权益各账户之间的比例关系都保持不变。

2）股票分割对每股收益和每股市价的影响

股票分割对公司发行在外的股份总数、每股面额、每股收益和每股市价的影响可以通过对公司股票分割前公司发行在外的股份总数、每股面额、每股收益和每股市价的调整直接计算出来。相关计算公式为：

$$股票分割后发行在外的股份总数=N_0\times R_S$$

$$股票分割后的每股面额=\frac{M_0}{R_s}$$

$$股票分割后的每股收益=\frac{E_0}{R_s}$$

$$股票分割后的每股市价=\frac{P_0}{R_s}$$

式中：N_0——股票分割前发行在外的股份总数；R_S——拆股比例（即1股原股票换成R_S股新股票）；M_0——股票分割前的股票面额；E_0——股票分割前的每股收益；P_0——股票分割前的每股市价。

需要注意的是，以上公式中所说股票分割后的每股市价，是指在其他因素不变的前提下，股票分割对公司产生影响后的每股市价。

【例9-5】九鑫公司2022年年底流通在外的普通股总数为1 000万股，股票面额为5元，2022年度净利润为2 000万元，目前股票市价为10元，现准备按1股换5股的比例（即拆股比例是5）进行股票分割。

要求：分析股票分割对股东权益总额和普通股、资本公积、未分配利润的影响，并计算股票分割后的股份总数、每股面额、每股收益、每股市价、股价总额。

（1）股票分割不影响股东权益总额和资本公积、未分配利润等项目的金额，但会影响普通股股票的面额和股数。

（2）股票分割后发行在外的股份总数=1 000×5=5 000（万股）

$$股票分割后的每股面额=\frac{5}{5}=1（元）$$

$$股票分割后的每股收益=\frac{2}{5}=0.4（元）$$

$$股票分割后的每股市价=\frac{10}{5}=2（元）$$

股票分割后的股价总额=2×5 000=10 000（万元）=股票分割前的股价总额

股票分割对股份总数、每股面额、每股收益、每股市价、股价总额的影响见表9-4。

表9-4 股票分割对股份总数、每股面额、每股收益、每股市价、股价总额的影响

项目	发放前	发放后	有无影响
股份总数（万股）	1 000	5 000	有
每股面额（元）	5	1	有
每股收益（元）	2 000÷1 000=2	2 000÷5 000=0.4	有
每股市价（元）	10	10÷5=2	有（在其他因素不变的前提下）
股价总额（万元）	10×1 000=10 000	2×5 000=10 000	无（在其他因素不变的前提下）

3）股票分割的意义

（1）股票分割会使公司每股市价降低，买卖该股票所需要的资金量减少，有利于该股票在投资者之间换手，可以使更多的资金实力有限的潜在股东变成持股股东。因此，股票分割可以促进股票的流通和交易。

（2）股票分割虽然没有给投资者带来现实的利益，但是投资者持有的股票数增加了，给投资者带来了今后可多分股息和取得更多收益的希望，即股票分割可以向投资者传递公司发展前景良好的信息，有助于提高投资者对公司的信心，有利于稳定公司价值。

（3）股票分割可以为公司发行新股做准备。公司股票价格太高，会使许多潜在投资者力不从心而不敢轻易对公司的股票进行投资。在新股发行之前，利用股票分割降低股票价格，可以促进新股的发行。

4）股票分割与股票股利的比较

（1）股票分割与股票股利的联系与区别

从以上分析可以看出，股票分割与股票股利对公司的每股市价、每股收益、资产负债表中股东权益总额等项目的影响十分相似；当然，两者也存在一些区别（见表9-5）。

表9-5 股票分割与股票股利的联系与区别

项目	股票股利	股票分割	备注
股权比例	不变	不变	
股东权益总额	不变	不变	
每股市价（股价）	下降	下降	股票分割的影响程度更大
每股收益	下降	下降	股票分割的影响程度更大
股份总数	增加	增加	股票分割的影响程度更大
股东权益各账户余额	发生变化	不变	
股东权益各账户之间的比例关系	发生变化	不变	

（2）股票分割与股票股利的区分标准

由于实施股票分割与发放股票股利的效果非常接近，如果没有一定的区分标准，很难把股票分割与股票股利区分开来。区分标准一般由国家证券管理等有关部门以法律、法规形式来确定。例如，有些国家证券交易机构规定，发放25%以上的股票股利即属于股票分割。目前我国还没有这样的规定。

(3) 股票分割与股票股利的适用范围

股票分割与股票股利都适合在公司股价相对较高的时候采用，考虑到两者对股价产生影响的程度不一样（股票分割的影响程度要大一些），所以两者的适用范围也有所不同。一般来讲，只有在公司股价暴涨且预期难以下降时，才采用股票分割的办法降低股价；而在公司股价上涨幅度不大时，往往通过发放股票股利将股价维持在理想的范围之内。

相反，若公司认为自己的股票价格过低，为了提高股价，会采取反分割（也称股票合并）措施。反分割是股票分割的相反行为，即将数股面额较低的股票合并为一股面额较高的股票。例如，九鑫公司将原面额5元、发行1 000万股、每股市价10元的股票，按2股换成1股的比例进行反分割，该公司的股票面额将为10元，股数将为500万股，在其他因素不变的前提下，每股市价将上升为20元。

9.4 股票回购

股票回购起源于发达国家，至今已有近百年的历史，现在已经成为世界各国公司法所普遍规定的制度，被上市公司广泛使用。1994年，上海陆家嘴股份有限公司回购2亿股国家股，开创了我国上市公司股份回购实践的先河。

9.4.1 股票回购的含义及相关规定

股票回购也称股份回购，是指公司利用自有现金或债务融资，通过一定方式，以一定的价格将其发行的流通在外的股票赎回的一种资本运作方式。公司可以将赎回的股票注销，也可以将其作为库藏股（发行以后又由公司购回加以保留的股票）。

《公司法》规定，一般情况下，公司不得收购本公司股份。但是，有下列情形之一的除外：①减少公司注册资本。②与持有本公司股份的其他公司合并。③将股份奖励给本公司职工。④股东因对股东大会作出的公司合并、分立决议持异议，要求公司收购其股份。

9.4.2 股票回购的动机

公司回购股票的动机和原因很多，归纳起来，大致有以下几个：

(1) 现金股利的替代方式。对公司来讲，派发现金股利会对公司产生未来的派现压力，而股票回购不会对公司产生未来的派现压力。当公司有富余资金但又不希望通过派现方式进行分配的时候，股票回购可以作为现金股利的一种替代方式。进行股票回购时，公司和股东都有一定的选择性。对公司来说，如果采取公开市场回购方式进行股票回购，公司不必承担必须回购的义务；对股东来说，对于任何股票回购的出价，股东可根据自己对股票的价值判断决定是否出售所持有的股票。

(2) 提高每股收益。每股收益与流通在外的股份数成反比例关系，其计算公式为：每股收益=收益总额/流通在外的股份数。有些公司出于提升自身形象等方面的考虑，可能采取股票回购的方式来减少实际支付股利的股份数，从而提高每股收益。

(3) 优化资本结构。股票回购可以改变公司的资本结构，提高财务杠杆水平。股票回购可以减少股东权益（所有者权益），从而提高产权比率。当公司目前的产权比率低于最优产权比率（资本结构最优时的产权比率），就可以利用股票回购来优化公司的资本结构。

(4) 传递真实的公司价值信息，以稳定或提高公司股价。由于信息不对称和预期差异，证券市场上的公司股票价格可能被低估，而过低的股价将对公司产生负面影响。如果公司认为股价被低估，可以回购本公司的股票，向市场传递真实的公司价值信息，以稳定或提高公司股价。

(5) 保持对公司的控制权。股份公司的大股东为了保证其对公司的控制权不被改变或稀释，可能通过股票回购的方式来巩固或维持其对公司的控制权。

(6) 防止敌意收购。股票回购有助于防止公司被外部单位恶意收购，因为股票回购可以使公司流通在外的股份数变少，股价上升，收购方要获得控制公司的法定股份比例就变得更加困难。

9.4.3 股票回购的影响

1) 股票回购对上市公司的影响

(1) 进行股票回购时，公司需要支付大量现金，容易造成资金紧张，降低公司资产流动性，影响公司的后续发展。

(2) 进行股票回购，相当于股东退股和公司资本减少，在一定程度上削弱了对债权人利益的保障。

(3) 股票回购容易导致公司操纵股价。公司回购自己的股票，容易利用内幕消息进行炒作，或操纵财务信息，使投资者蒙受损失。

2) 股票回购对股东的影响

(1) 与现金股利相比，股票回购可以节约股东个人的税收。从纳税角度考虑，对现金股利应征收20%的个人所得税，而资本利得税的税率低于股利所得税税率，且只有增值的已实现的回购部分才征收资本利得税，所以通过出售所持有的股票收回现金比获得现金股利要少交税。

(2) 与现金股利相比，在股票回购过程中，股东有更大的选择权。股东对公司派发的现金股利没有是否接受的可选择性，而对股票回购具有选择权，需要现金的股东可选择卖出股票，而不需要现金的股东可继续持有股票。

3) 公司股票回购的方式及其优缺点

(1) 公开市场回购

公开市场回购是指公司与任何潜在投资者一样，在证券交易所按照公开的股票当前市场价格购买自己的股票。从美国的实践来看，大多数进行股票回购的公司都采用公开市场回购方式。

优点：公司不用支付比市价更高的价格就能回购股票，有助于支撑公司股价。

缺点：有可能抬高公司股价，从而增加回购成本（包括回购股票的股价本身和相应的交易税、佣金等）；通常无法在短期内完成回购任务。

(2) 现金要约回购

现金要约回购是指以既定价格发出回购要约，平等地向全体股东提供出售所持有股票的机会。现金要约回购还可以细分为固定价格要约回购和荷兰式拍卖回购。

①固定价格要约回购，即公司在特定时间发出以固定价格购买既定数量的股票的要约，股东可以自行决定以此价格出售股票或继续持有股票。当回购的股票数量不足时，公司可取消回购计划或延长要约的有效期；如果股东提供的股票超过要约数量，对超额的部分，公司可以自行决定是否购买，股东不能要求企业必须购买。

②荷兰式拍卖回购，是指公司明确提出期望回购的股票数量和回购价格范围，股东在设定的价格范围内提出其所能接受的最低出售价格和愿意出售的股票数量，进行投标。公司汇总所有有效投标数量和价格，按照从低到高的顺序排列，根据计划回购数量确定最低回购价，支付给报价低于或等于该价格的股东。如果此类股东提供的股票数量多于公司计划回购的数量，公司就可能按比例回购；如果此类股东提供的股票数量不足，公司可能取消此次回购，也可能以设定的价格购买股东提供的所有股票。

优点：通常能在短期内完成回购任务，而且对股东来说，出售股票的机会是均等的。

缺点：现金要约回购的成本通常比公开市场回购的成本高，其中固定价格要约回购的成本又高于荷兰式拍卖回购的成本；现金要约回购的定价通常比公开市场回购的定价要难，其中固定价格要约回购的定价又比荷兰式拍卖回购的定价更难一些。

（3）协议回购

协议回购又称私下协议批量购买，是指在证券交易所外私下与持有本公司股票的股东协商购回本公司股份。协议回购通常作为公开市场收购方式的补充而非替代，尤其适用于公司希望从一个或几个主要股东手中回购一定数量的股票的情况。

优点：协议回购比其他回购方式引起市场关注的程度低，保密性较好，尤其适用于防止敌意收购和巩固控制权。

缺点：协议回购不利于稳定或抬高公司股价。

（4）交换要约

在这种回购方式下，公司通过向股东发售债券或优先股作为交换，购回股东所持本公司的股票，通常是现金回购的替代方案。

优点：由于不需动用现金进行回购，因此可以减轻公司的现金压力。

缺点：由于两种证券的流动性不同，公司向股东提供流动性较差的证券交换股票，比现金回购要支付更高的对价作为补偿，成本相对较高。

（5）可转让出售权

可转让出售权是指进行股票回购的公司赋予股东在一定的期限内以特定价格向公司出售其所持股票的权利，该权利可以同所依附的股票相分离，并可以在市场上自由买卖和流通。认为股票价格低于此出售价格的股东会成为可转让出售权的购买者，并接受回购要约；认为股票价格高于此价格的股东会继续持有股票并出售手中的可转让出售权。

优点：可转让出售权赋予股东更长时间的选择权，满足了各类股东的不同要求；通常能够以既定的价格完成回购任务；可转让出售权的发行数量限制了股东出售股票的数量，避免股东过度接受要约的风险。

缺点：回购成本一般较高。

学思践悟

公司分红是投资者保护的重要途径

2021年5月15日，中国证监会副主席阎庆民在2021年“515全国投资者保护宣传日”活动上表示，上市公司理性分红是保护公司投资者的重要途径，中国证监会将继续引导上市公司通过现金分红、股份回购等方式切实回报投资者。

近年来，在中国证监会监督和资本市场的引导下，我国上市公司股利分配行为日益规范化和理性化，资本市场投资者保护水平得到有效提升。在股利分配方面，以下几种股利分配现象得到有效缓解：一是“有分红能力的公司不分红”现象；二是“不具有派现能力的公司热衷于分红”现象；三是“股利分配政策缺乏连续性和稳定性”现象。我国上市公司股利分配逐步由不稳定转向稳定、由随意行为转变为理性行为。

请思考：为什么公司理性分红是投资者保护的重要途径？上市公司投资者保护的途径还有哪些？我国在投资者保护方面具有哪些制度优势？

本章小结

股利政策是指以公司发展为目标，在权衡企业近期利益与长远利益和平衡企业内外部相关各方利益的基础上，对于净利润在提取了各种公积金后，如何在发放股利和留在公司用于将来再投资之间进行分配而采取的方针政策。其核心内容是股利支付采取什么样的策略和采用多高的股利支付率。公司要综合考虑有关的法律因素、契约因素、股东因素和公司因素，从剩余股利政策、固定股利或持续增长股利政策、固定股利支付率政策、低正常股利加额外股利政策四种类型中选择合适的股利政策。在发放股利时，可采取现金股利或财产股利、股票股利、负债股利等方式。此外，公司可通过股票分割或股票回购达到调整股票市价的目的。

重要概念

现金股利　财产股利　股票股利　负债股利　股利政策　剩余股利政策　固定股利或持续增长股利政策　固定股利支付率政策　低正常股利加额外股利政策　股票分割　股票回购　股利无关论　股利相关论

本章案例

东湖汽车股份有限公司的利润分配政策

东湖汽车股份有限公司2017年实现利润总额548 795 971元，实现净利434 335 308元。2017年年末总股本为20亿股，负债总额为5 919 565 564元，股东权益总额为4 811 153 765元。

由于未来几年我国汽车行业前景看好，而且该公司产品适销对路，因此准备在2018年新上一条汽车零配件生产线，需投资2亿元；另外，2018年拟收购襄樊某汽车公司，需要资金约1亿元。该公司目标资本结构（权益资本：负债资本）为60%：40%。

东湖汽车股份有限公司2015年、2016年每股现金股利为0.10元（含税）、0.11元（含税）。2017年年底，经股东大会讨论决定：

（1）2017年度利润分配方案为：年初可供分配利润为1 831 846 525元，计提法定盈余公积43 433 531元（434 335 308×10%），未计提法定公益金和职工奖励、福利基金，经会计师事务所审计，可供股东分配的利润为1 788 412 994元（1 831 846 525−43 433 531），按每10股派发现金1.2元（含税）向全体股东分配红利，合计派发现金股利2.4亿元，剩余未分配利润1 388 412 994元结转下年度，不进行资本公积转增股本。

（2）2018年投资所需资金的10%准备以银行借款方式解决，不足部分由留存收益解决。

（3）实施细则：

①对于持有公司股份的自然人股东和证券投资基金，根据《关于上市公司股息红利差别化个人所得税政策有关问题的通知》（财税〔2015〕101号）、《关于实施上市公司股息红利差别化个人所得税政策有关问题的通知》（财税〔2012〕85号）的有关规定，在公司派发现金红利时暂不扣缴所得税，待实际转让股票时根据持股期限计算应纳税额，实际每股派发现金红利0.10元。

自然人股东和证券投资基金在股权登记日后转让股票时，中国证券登记结算有限公司上海分公司根据其持股期限计算实际应纳税额，由证券公司等股份托管机构从个人资金账户中扣收并划付中国证券登记结算有限公司上海分公司，中国证券登记结算有限公司上海分公司于次月5个工作日内划付至公司账户，公司在收到税款当月的法定申报期内向主管税务机关申报缴纳。具体实际税负为：股东的持股期限在1个月以内（含1个月）的，其股息红利所得全额计入应纳税所得额，实际税负为20%；持股期限在1个月以上至1年（含1年）的，暂减按50%计入应纳税所得额，实际税负为10%；持股期限超过1年的，股息红利所得暂免征收个人所得税。

②对于持有公司股份的其他机构投资者和法人股东，公司不代扣代缴所得税，由纳税人按税法规定自行缴纳所得税，实际每股派发现金红利0.12元。

资料来源　根据东湖汽车股份有限公司公告和新浪财经频道文章整理。

【思考】（1）该公司采用的是何种股利政策？

（2）该股利政策对该公司2018年的发展和资本结构会产生怎样的影响？

（3）该股利分配方案对股东收益有何影响？对个人投资者和机构投资者是否有不同的影响？

自测题

一、即测即评

第9章单项选择题　　第9章多项选择题　　第9章判断题

二、计算题

1. 某公司成立于2021年1月1日，2021年度实现净利润1 000万元，分配现金股利550万元，提取盈余公积450万元（所提盈余公积均已指定用途）。2022年实现净利润900万元（不计提盈余公积）。2023年计划增加投资，所需资金为700万元。假定该公司目标资本结构为自有资金占60%、借入资金占40%。

要求：（1）在保持目标资本结构的前提下，计算2023年投资方案所需的自有资金额和需要从外部借入的资金额。

（2）在保持目标资本结构的前提下，如果该公司执行剩余股利政策，计算2022年度应分配的现金股利。

（3）在不考虑目标资本结构的前提下，如果该公司执行固定股利政策，计算2022年度应分配的现金股利、可用于2023年投资的留存收益和需要额外筹集的资金额。

（4）在不考虑目标资本结构的前提下，如果该公司执行固定股利支付率政策，计算该公司的股利支付率和2022年度应分配的现金股利。

（5）假定该公司2023年从外部筹资发生困难，只能从内部筹资，不考虑目标资本结构，计算在此情况下2022年度应分配的现金股利。

2.某公司股票的现行市价为22元/股，年终收益分配前的股东权益项目资料如下：股本（普通股）400万元（每股面值2元，200万股），资本公积160万元，留存收益1 440万元，股东权益合计2 000万元。

要求：（1）计划按每10股送1股的方案发放股票股利，并按发放股票股利后的股数派发每股现金股利0.5元，股票股利的金额按股票面值计算，计算完成这一分配方案后的股东权益各项目数额。

（2）假设收益分配不改变市净率（每股市价/每股净资产），该公司按每10股送1股的方案发放股票股利，并按新股数发放现金股利，希望普通股市价达到每股17.6元，计算发放的每股现金股利。

3.A公司本年实现税后净利润5 000万元，按照10%的比例提取法定盈余公积，按照5%的比例提取任意盈余公积，年初未分配利润为200万元，发行在外的普通股为1 000万股（每股面值4元），利润分配之前的股东权益为10 000万元，每股现行市价为32元。

要求：（1）计算提取的法定盈余公积和任意盈余公积数额。

（2）假设按照1股换2股的比例进行股票分割，股票分割前从本年度净利润中发放的现金股利为800万元，计算股票分割后的普通股股数、每股面值、股本以及股东权益；假设利润分配和股票分割前后“每股市价/每股股东权益”不变，计算股票分割后的每股市价。

（3）假设按照目前的市价回购100万股，尚未进行利润分配，计算股票回购后的每股收益（净利润/普通股股数）和每股股东权益。

4.某公司2022年流通在外的普通股为1 000万股，无优先股，2022年可用于分配股利的盈余为2 000万元。2023年有一个很好的投资项目，项目投资所需资金为1 500万元。该公司目标资本结构（权益资本：负债资本）为65%：35%。

要求：采用剩余股利政策，在保持资本结构不变的前提下，每股普通股应发放多少股利？

三、思考题

1.股票股利和股票分割的区别和联系有哪些？

2.股利政策有哪几种类型？每种股利政策的特点及适用性如何？

3. 影响股利政策的因素有哪些？

4. 在恶性通货膨胀时期，公司的股利政策会受到怎样的影响？

5. 股票回购对公司的影响有哪些？

6. 企业在行业生命周期不同阶段的股利政策有何差异？

7. 股利无关论的前提假设主要有哪些？

8. 企业提高股利发放额能向投资者传递哪些信号？哪些是负面信号？哪些是正面信号？

9. 固定股利政策的利弊分别有哪些？

10. 在我国上市公司中，曾经出现过有盈利而不发放股利的“铁公鸡”现象，也出现过恶意发放股利的现象，这些现象背后的原因是怎样的？

第9章计算题参考答案

第9章思考题分析提示

第10章　财务分析与业绩评价

【学习目标】

通过本章的学习，你要：

1. 理解公司的基本财务报表，了解财务报表分析的含义和内容，了解财务分析的依据、意义和局限性；

2. 掌握财务分析的比较分析法、比率分析法、因素分析法和趋势分析法；

3. 掌握反映企业偿债能力、营运能力、获利能力和发展能力的相关指标的计算方法；

4. 掌握综合财务分析方法；

5. 熟悉业绩评价的含义和内容；

6. 熟悉成本中心、利润中心、投资中心的评价指标、评价标准、评价方法和综合评价报告；

7. 了解EVA业绩评价。

10.1　财务分析概述

10.1.1　财务分析的含义

财务报表分析简称财务分析，是分析主体以企业财务报表及其辅助资料为主要依据，按照一定的程序，采用一定的专门方法，对企业一定时期内的经营成果、财务状况和资产管理水平等方面进行的综合评价和剖析。

10.1.2　财务分析的依据

财务分析的依据包括内部信息资料和外部信息资料两部分。

1）内部信息资料

财务分析的主要依据是企业内部的会计核算资料，包括：

(1) 财务报告的主表、附表和会计报表附注。主表包括资产负债表、利润表、现金流量表、所有者权益变动表等。附表是为了让报表使用者更详细地了解报表数据，从而有助于进一步对企业会计数据进行分析而附送的报表。如资产负债表的附表主要包括存货明细表、应收账款账龄分析表、固定资产及累计折旧明细表等；利润表的附表包括利润分配表、营业收支明细表、制造费用明细表、管理费用明细表、销售费用明细表、主要产品单位成本表、营业外收支明细表和投资收益明细表等。会计报表附注是为了帮助理解会计报表的内容而对报表项目等所作的解释，能为财务分析提供具有参考价值的重要资料和情况。其主要内容有：所采用的主要会计处理方法及其变更情况、变更原因以及对财务状况和经营成果的影响，非经常性项目的说明，会计报表中有关重要项目的明细资料，其他有助于解释和分析会计报表的说明事项等。

（2）日常核算资料。为了更详细地了解企业的经营活动，有时还会用到企业的日常会计核算资料，如会计凭证、会计账簿、财产清查资料、成本计算资料等。

（3）标准、计划、定额等资料。在进行比较分析或分析各项财务指标的完成情况时，常常以各种计划值、定额等作为比较分析的基准，如成本定额、目标利润等，在此基础上对企业的实际经营情况进行评价。

（4）上市公司公开披露的信息，包括招股说明书、上市公告书、定期报告（中期报告和年度报告）、临时报告等。

（5）非财务信息。财务会计系统是建立在货币计量这一会计假设基础上的，但并非所有经济业务都能用货币反映，如人员素质、产品质量、市场份额、研发状况等，进行财务分析时也需要考虑这些非财务信息。

2）外部信息资料

在进行财务分析时，还应该结合各种能够获得的社会评价报告，如会计师事务所的年检报告和审计报告、资产评估报告、投资项目可行性报告、行业发展分析报告、宏观经济形势分析报告和市场风险调查报告等。为了分析和判断企业在行业中所处的地位，还有必要获取主要竞争对手的数据等。总的来看，外部信息资料分为宏观经济信息（如国内生产总值、失业率、通货膨胀率、利率、汇率等）和微观经济信息。宏观经济信息主要从政府有关部门（如统计局、商务部等）或协会（如各行业协会）获取，微观经济信息主要通过调研（包括委托专业的调查机构调研和公司自己指派人员进行调研）获取。

10.1.3 财务分析的意义

财务分析是企业财务工作的一项重要内容，是对已完成的财务活动的总结，又是财务预测的前提，在财务管理循环中起着承上启下的作用。具体来说，财务分析的意义主要体现在以下几点：

（1）财务分析是评价财务状况、衡量经营业绩的重要依据。通过对企业财务报表等核算资料进行分析，可以了解企业的偿债能力、营运能力和盈利能力，便于企业管理当局及其他报表使用人了解企业的财务状况和经营成果，并通过分析将影响财务状况和经营成果的主观因素与客观因素、微观因素与宏观因素区分开来，以划清经济责任，合理评价经营者的工作业绩，据此奖优罚劣，促使经营者不断改进工作。

（2）财务分析是挖掘潜力、改进工作、实现理财目标的重要手段。企业理财的根本目标是企业价值最大化。通过对财务指标的计算和分析，可以了解企业的盈利能力和资产周转状况，不断挖掘企业改善财务状况、扩大财务成果的内部潜力，充分认识未被利用的人力资源和物质资源，找出利用不当的部分及原因，发现进一步提高利用效率的可能性，以便从各方面揭露矛盾、找出差距、寻求措施，促使企业生产经营活动按照企业价值最大化的目标实现良性运行。

（3）财务分析是合理实施投资决策的重要步骤。投资者及潜在投资者是企业外部重要的报表使用人，财务报表的局限性使他们必须借助财务评价来决定自己的投资方向和投资数额。投资者通过对财务报表进行分析，可以了解企业获利能力的高低、偿债能力的强弱及营运能力的大小，可以了解投资后的收益水平和风险程度，并据此决定其授信额度、利率水平和付款条件等。

（4）通过财务分析，可以检查企业财务计划的执行情况，监督企业遵守国家政策、法令和规章制度，加强各部门的经济责任制。

10.1.4 财务分析的局限性

财务分析的局限性主要是由于财务报表数据本身的局限性所导致的，具体表现为：

（1）会计处理方法不同，会使不同企业同类报表数据缺乏可比性，从而使财务分析结果有差异。根据现行会计制度的规定，企业的存货发出计价方法、固定资产折旧方法、坏账处理方法、对外投资核算方法、外币报表折算汇率、所得税会计核算方法等可以有不同的选择。如存货发出计价方法有先进先出法、后进先出法、加权平均法、分批实际法等多种方法。即使两个企业的实际经营情况完全相同，不同的方法对期末存货及销售成本水平也有不同的影响。因此，财务报表中的有关数据会有所不同，使得两个企业的财务分析结果被歪曲。

（2）会计报表中的有些数据是通过估计得来的，受会计人员主观因素的影响较大。如固定资产折旧年限，在不同企业可能有较大的差异。

（3）通货膨胀会使资产负债表、利润表中的各项数据被严重歪曲。会计核算以货币计量为基本前提，币值稳定是货币计量假设的内容之一。而现实情况是，通货膨胀普遍存在，币值稳定假设受到严峻挑战。正如美国通货膨胀会计学家斯威尼[①]所言，会计的真实性在很大程度上依靠货币的真实性，但货币是一个说谎者，它所说的和其实际含义是不相同的。

（4）会计报表中的有些数据会受到人为操纵。在财务分析的诸多指标中，凡是以时点指标为基础计算的结果大都可以进行人为操纵。如企业为表现良好的偿债能力和营运能力，可以在报表日前放宽信用条件，扩大销售，增加销售收入，抛售短期有价证券，提前办理大额增资并偿还部分流动负债，期末压缩或延缓进货等。

（5）表外因素的存在可能导致财务报告中的数据并不全面，主要表现在：①未作记录的或有负债，依据企业会计准则，除已贴现的商业承兑汇票作为资产负债表的一个附注反映外，其他或有负债，如可能的质量事故赔偿、未决诉讼及经济纠纷等在报表中均无反映，而一旦成为事实上的负债，如企业败诉，其债务负担必然加大。②担保责任引起的负债。企业有权以自己所拥有的资产为其他主体提供担保，这种担保也是企业潜在的负债。③经营租赁带来的影响。从现行会计制度看，由于经营租赁的资产不在资产负债表中反映，因此，在一定程度上，若某企业大量依靠经营租赁开展生产经营，其资产总额相对于销售收入来说就会偏低，而使这类企业资产周转率被高估。

① 斯威尼．稳定币值会计［M］．王昌锐，李成艾．译．上海：立信会计出版社，2017.

10.2 基本财务报表

财务报表是最直观的财务信息之一，它通过对财务数据的统计、汇总和集中处理来综合、系统地反映企业的财务状况和盈利状况。我国现行的基本财务报表包括资产负债表、利润表、现金流量表和所有者权益变动表。

下面以XYZ集团股份有限公司（以下简称XYZ公司）2022年度财务报告为例，介绍我国上市公司的基本财务报表。

10.2.1 资产负债表

资产负债表是反映企业在某一个特定时点，通常是某日（如年末、半年末、季度末、月末等）的全部资产、负债和所有者权益等财务状况的报表，它静态地反映了企业目前所拥有的资产、所承担的负债及所有者权益的数量及结构。

资产负债表的基本原理是“资产=负债+所有者权益”。在资产负债表中，左方为资产，右方为负债和所有者权益；资产按照流动性高低顺序排列，负债按偿债期长短顺序排列，所有者权益按稳定性排列。上市公司一般同时披露合并资产负债表及母公司资产负债表。合并资产负债表的格式见表10-1。

表10-1 合并资产负债表

会合01表

编制单位：XYZ集团股份有限公司　　2022年12月31日　　单位：元

资产	期末余额	年初余额	负债和所有者权益（或股东权益）	期末余额	年初余额
流动资产：			流动负债：		
货币资金	39 524 425 339	24 035 913 502	短期借款	6 309 015 120	2 296 428 613
结算备付金*			向中央银行借款*		
拆出资金*			拆入资金*		
交易性金融资产	4 219 723 807	3 225 635 698	交易性金融负债		
衍生金融资产	632 301 345	709 064 394	衍生金融负债		
应收票据及应收账款	8 505 978 670	8 993 678 808	应付票据及应付账款	17 858 063 411	15 945 644 280
其中：应收票据	97 926 236	1 771 431 273	其中：应付票据	964 550 015	866 552 787
应收账款	8 408 052 434	7 222 247 535	应付账款	16 893 513 396	15 079 091 493
预付款项	1 309 827 405	759 965 260	预收款项	0	0
应收保费*			卖出回购金融资产款*		
应收分保账款*			吸收存款及同业存放*	6 473 637 333	4 936 488 258
应收分保合同准备金*			代理买卖证券款*		

续表

资产	期末余额	年初余额	负债和所有者权益（或股东权益）	期末余额	年初余额
其他应收款	5 433 341 802	5 174 430 955	代理承销证券款*		
买入返售金融资产*			应付职工薪酬	3 368 610 990	2 882 607 943
存货	12 361 829 533	8 110 960 354	应交税费	762 750 292	918 079 961
合同资产	0	0	其他应付款	10 177 914 014	9 269 390 117
持有待售资产	0	0	应付手续费及佣金*		
一年内到期的非流动资产	4 599 475 608	3 342 200 292	应付分保账款*		
其他流动资产	15 205 269 480	6 839 797 824	合同负债	1 943 158 272	2 626 901 731
流动资产合计	91 792 172 989	61 191 647 087	持有待售负债		
非流动资产：			一年内到期的非流动负债	8 148 826 734	8 019 035 993
发放贷款和垫款*	0	1 119 741 616	其他流动负债	1 534 119 915	1 911 681 649
债权投资	345 883 119	315 274 484	流动负债合计	56 576 096 081	48 806 258 545
其他债权投资	1 102 108 430	875 723 067	非流动负债：		
长期应收款	4 872 447 974	5 675 876 885	保险合同准备金*		
长期股权投资	37 788 357 746	36 904 565 728	长期借款	4 853 550 744	2 702 120 983
其他权益工具投资	611 517 940	721 978 862	应付债券	1 297 401 612	4 265 317 597
其他非流动金融资产	2 169 234 614	1 945 626 523	其中：优先股	0	0
投资性房地产	1 019 895 056	1 871 623 541	永续债	0	0
固定资产	19 283 528 186	17 507 186 749	长期应付款	89 897 460	82 090 000
在建工程	2 713 198 811	3 123 334 681	预计负债	682 268 217	559 341 053
生产性生物资产	0	0	递延收益	2 295 259 456	2 521 818 036
油气资产	0	0	递延所得税负债	132 399 865	144 418 263
无形资产	16 121 976 160	15 382 790 763	其他非流动负债	1 845 584 941	2 520 439 184
开发支出	3 751 655 472	3 489 342 308	非流动负债合计	11 196 362 295	12 795 545 116
商誉	103 180 790	104 504 775	负债合计	67 772 458 376	61 601 803 661
长期待摊费用	543 874 454	389 012 744	所有者权益（或股东权益）：		
递延所得税资产	3 715 494 353	2 833 924 651	实收资本（或股本）	10 487 163 691	10 370 592 825
其他非流动资产	4 086 221 308	744 409 203	其他权益工具	0	223 865 674
非流动资产合计	98 228 574 413	93 004 916 580	其中：优先股	0	0
			永续债	0	0

续表

资产	期末余额	年初余额	负债和所有者权益（或股东权益）	期末余额	年初余额
			资本公积	41 240 555 091	24 002 631 254
			减：库存股	293 582 847	509 485 637
			其他综合收益	51 703 417	86 992 612
			盈余公积	5 498 401 539	5 498 401 539
			一般风险准备*	539 251 154	413 798 316
			未分配利润	55 711 189 168	50 172 489 745
			归属于母公司所有者权益（或股东权益）合计	113 234 681 213	90 259 286 328
			少数股东权益	9 013 607 813	2 335 473 678
			所有者权益（或股东权益）合计	122 248 289 026	92 594 760 006
资产总计	190 020 747 402	154 196 563 667	负债和所有者权益（或股东权益）总计	190 020 747 402	154 196 563 667

公司负责人：　　　　　　主管会计工作负责人：　　　　　　会计机构负责人：

注：标注“*”的项目为金融企业专用项目。

10.2.2 利润表

利润表又称损益表，是反映企业一定时期内（通常是1年、半年、一个季度或一个月）的经营活动成果的会计报表，它动态地反映了企业本期营业收入实现情况、成本和费用控制情况及利润实现情况，反映了公司在一段时期内使用资产从事经营活动所产生的净利润或净亏损。

在利润表中，从上往下按营业收入、营业利润、利润总额、净利润、每股收益的顺序排列。上市公司一般同时披露合并利润表与母公司利润表。合并利润表的格式见表10-2。

表10-2　　　　　　　　　　合并利润表

会合02表

编制单位：XYZ集团股份有限公司　　　　2022年12月31日　　　　单位：元

项　　目	2022年度	2021年度
一、营业总收入	110 006 436 957	75 675 765 001
其中：营业收入	109 334 684 606	75 110 156 960
利息收入*	671 752 351	565 608 041
已赚保费*		
手续费及佣金收入*		
二、营业总成本	113 954 481 370	80 522 174 696
其中：营业成本	101 688 748 390	69 163 698 227

续表

项 目	2022年度	2021年度
利息支出*	101 403 616	100 351 426
手续费及佣金支出*		
退保金*		
赔付支出净额*		
提取保险责任准备金净额*		
保单红利支出*		
分保费用*		
税金及附加	2 242 200 811	1 823 821 369
销售费用	4 228 463 932	4 339 755 866
管理费用	4 167 799 679	3 933 906 282
研发费用	1 706 789 843	988 697 734
财务费用	−180 924 901	171 943 792
其中：利息费用	328 066 228	449 399 242
利息收入	480 923 488	287 336 385
资产减值损失	−3 023 175 165	−688 974 075
信用减值损失	−634 640 552	−143 467 546
加：其他收益	1 058 098 944	1 001 374 784
投资收益（损失以“−”号填列）	14 317 327 955	11 814 196 505
其中：对联营企业和合营企业的投资收益	14 149 940 751	11 392 467 258
汇兑收益（损失以“−”号填列）*	0	0
净敞口套期收益（损失以“−”号填列）	0	0
公允价值变动收益（损失以“−”号填列）	−318 656 752	−22 307 325
资产处置收益（损失以“−”号填列）	4 659 112	30 976 152
三、营业利润（亏损以“−”号填列）	7 455 569 129	7 145 388 800
加：营业外收入	83 872 905	116 146 977
减：营业外支出	76 929 699	24 655 040
四、利润总额（亏损总额以“−”号填列）	7 462 512 335	7 236 880 737
减：所得税费用	−535 540 360	−154 116 933
五、净利润（净亏损以“−”号填列）	7 998 052 695	7 390 997 670
（一）按经营持续性分类		
1.持续经营净利润（净亏损以“−”号填列）	7 998 052 695	7 390 997 670
2.终止经营净利润（净亏损以“−”号填列）	0	0

续表

项　目	2022年度	2021年度
（二）按所有权归属分类		
1.归属于母公司所有者的净利润（净亏损以“–”号填列）	8 068 192 246	7 334 915 288
2.少数股东损益（净亏损以“–”号填列）	–70 139 551	56 082 382
六、其他综合收益的税后净额	–42 227 347	–302 675 635
（一）归属于母公司所有者的其他综合收益的税后净额	–40 274 639	–304 462 496
1.不能重分类进损益的其他综合收益	–45 065 864	–303 339 101
（1）重新计量设定受益计划变动额	1 647 500	–4 240 000
（2）权益法下不能转损益的其他综合收益	58 553 765	–64 742 649
（3）其他权益工具投资公允价值变动	–105 267 129	–234 356 452
（4）企业自身信用风险公允价值变动	0	0
2.将重分类进损益的其他综合收益	4 791 225	–1 123 395
（1）权益法下可转损益的其他综合收益	–30 219	111 980
（2）其他债权投资公允价值变动	–2 987 086	1 675 918
（3）金融资产重分类计入其他综合收益的金额	0	0
（4）其他债权投资信用减值准备	969 780	384 367
（5）现金流量套期储备	0	0
（6）外币财务报表折算差额	6 838 750	–3 295 660
（7）其他	0	0
（二）归属于少数股东的其他综合收益的税后净额	–1 952 708	1 786 861
七、综合收益总额	7 955 825 348	7 088 322 035
（一）归属于母公司所有者的综合收益总额	8 027 917 607	7 030 452 792
（二）归属于少数股东的综合收益总额	–72 092 259	57 869 243
八、每股收益：		
（一）基本每股收益（元/股）	0.78	0.72
（二）稀释每股收益（元/股）	0.77	0.71

公司负责人：　　　　　主管会计工作负责人：　　　　　会计机构负责人：

注：标注“*”的项目为金融企业专用项目。

10.2.3　现金流量表

现金流量表是以现金为基础编制的财务状况变动表，是反映企业在一定会计期间由于从事经营活动、投资活动、筹资活动而产生的现金和现金等价物流入及流出的报表，表明企业获得现金和现金等价物的能力，反映企业现金流量的过程及原因。

在现金流量表中，把企业的现金流量按经营活动产生的现金流量、投资活动产生的现金流量、筹资活动产生的现金流量的顺序从上往下排列，除此之外，还附有一些补充资料，对有关情况进行更详细的说明。上市公司一般同时披露合并现金流量表及母公司现金流量表。合并现金流量表的格式见表10-3。

表10-3 合并现金流量表

会合03表

编制单位：XYZ集团股份有限公司 2022年12月31日 单位：元

项目	2022年度	2021年度
一、经营活动产生的现金流量：		
销售商品、提供劳务收到的现金	129 439 004 893	88 766 672 619
客户存款和同业存放款项净增加额*	1 542 448 793	−2 842 177 529
向中央银行借款净增加额*	−171 948 454	167 848 454
向其他金融机构拆入资金净增加额*		
收到原保险合同保费取得的现金*		
收到再保险业务现金净额*		
保户储金及投资款净增加额*		
处置交易性金融资产净增加额		
收取利息、手续费及佣金的现金*	578 758 731	587 934 285
拆入资金净增加额*		
回购业务资金净增加额*		
代理买卖证券收到的现金净额*		
收到的税费返还	1 441 891 648	490 870 020
收到其他与经营活动有关的现金	7 327 565 856	5 608 823 984
经营活动现金流入小计	140 157 721 467	92 779 971 833
购买商品、接受劳务支付的现金	114 527 964 609	75 518 992 326
客户贷款及垫款净增加额*	4 173 764 333	1 748 470 125
存放中央银行和同业款项净增加额*	463 540 165	−50 320 000
支付原保险合同赔付款项的现金*		
为交易目的而持有的金融资产净增加额*		
拆出资金净增加额*		
支付利息、手续费及佣金的现金*	97 969 664	86 664 816
支付保单红利的现金*		
支付给职工以及为职工支付的现金	8 414 184 343	7 215 819 103
支付的各项税费	5 026 001 291	4 039 340 241
支付其他与经营活动有关的现金	12 803 174 845	9 810 267 189
经营活动现金流出小计	145 506 599 250	98 369 233 800
经营活动产生的现金流量净额	−5 348 877 783	−5 589 261 967
二、投资活动产生的现金流量：		
收回投资收到的现金	4 255 706 582	5 206 305 912
取得投资收益收到的现金	13 726 633 007	11 397 781 745

续表

项　　目	2022年度	2021年度
处置固定资产、无形资产和其他长期资产收回的现金净额	140 909 835	124 963 792
处置子公司及其他营业单位收到的现金净额	0	0
收到其他与投资活动有关的现金	39 434 404	748 315 636
投资活动现金流入小计	18 162 683 828	17 477 367 085
购建固定资产、无形资产和其他长期资产支付的现金	8 013 513 573	6 242 944 156
投资支付的现金	9 633 060 584	9 061 923 782
质押贷款净增加额		
取得子公司及其他营业单位支付的现金净额	10 745 123	0
支付其他与投资活动有关的现金	4 339 157 580	523 613 693
投资活动现金流出小计	21 996 476 860	15 828 481 631
投资活动产生的现金流量净额	−3 833 793 032	1 648 885 454
三、筹资活动产生的现金流量：		
吸收投资收到的现金	22 323 753 769	113 710 995
其中：子公司吸收少数股东投资收到的现金	20 894 049 282	31 500 000
取得借款收到的现金	24 042 661 515	8 249 489 989
发行债券收到的现金		
收到其他与筹资活动有关的现金	5 665 274 184	4 515 757 866
筹资活动现金流入小计	52 031 689 468	12 878 958 850
偿还债务支付的现金	20 504 002 932	8 906 051 702
分配股利、利润或偿付利息支付的现金	3 388 353 057	2 839 257 038
其中：子公司支付给少数股东的股利、利润	78 217 023	64 794 559
支付其他与筹资活动有关的现金	3 862 080 578	1 060 811 833
筹资活动现金流出小计	27 754 436 567	12 806 120 573
筹资活动产生的现金流量净额	24 277 252 901	72 838 277
四、汇率变动对现金及现金等价物的影响	44 436 819	−84 219 518
五、现金及现金等价物净增加额	15 139 018 905	−3 951 757 754
加：期初现金及现金等价物余额	22 339 527 812	26 291 285 566
六、期末现金及现金等价物余额	37 478 546 717	22 339 527 812

公司负责人：　　　　　主管会计工作负责人：　　　　　会计机构负责人：

注：标注“*”的项目为金融企业专用项目。

10.2.4　所有者权益变动表

所有者权益变动表是反映构成所有者权益的各组成部分当期增减变动情况的财务报表。

所有者权益变动表反映企业年末所有者权益（或股东权益）变动的情况，表中各项目应根据当期净利润、直接计入所有者权益的利得和损失项目、所有者投入资本和提取盈余公积、向所有者分配利润等情况分析填列。上市公司一般同时披露合并所有者权益变动表及母公司所有者权益变动表。合并所有者权益变动表的格式见表10-4。

表 10-4

合并所有者权益变动表

会合04表

编制单位：XYZ集团股份有限公司　　　　2022年度　　　　单位：元

本年金额

项目	归属于母公司所有者权益：实收资本（或股本）	其他权益工具：优先股	其他权益工具：永续债	其他权益工具：其他	资本公积	减：库存股	其他综合收益	盈余公积	一般风险准备*	未分配利润	其他	小计	少数股东权益	所有者权益合计
一、上年年末余额	10 370 592 825			223 865 674	24 002 631 254	509 485 637	41 988 644	5 498 401 539	413 798 316	50 172 489 745	0	90 259 286 328	2 335 473 678	92 594 760 006
加：会计政策变更														0
前期差错更正														0
其他														0
二、本年年初余额	10 370 592 825	0	0	223 865 674	24 002 631 254	509 485 637	41 988 644	5 498 401 539	413 798 316	50 172 489 745	0	90 259 286 328	2 335 473 678	92 594 760 006
三、本年增减变动金额（减少以“－”号填列）	116 570 866	0	0	-223 865 674	17 237 923 837	-215 902 790	-40 274 639	0	125 452 838	5 538 699 423	0	22 975 394 885	6 678 134 135	29 653 529 020
（一）综合收益总额							-40 274 639			8 068 192 246	0	8 027 917 607	-72 092 259	7 955 825 348
（二）所有者投入和减少资本	116 570 866	0	0	-223 865 674	17 237 923 837	-215 902 790	0	0	0	0	0	17 346 531 819	6 827 034 412	24 173 566 231
1.所有者投入的普通股	23 206 034				14 753 907 792							14 777 113 826	6 966 741 222	21 743 855 048
2.其他权益工具持有者投入资本	93 364 832			223 865 674	1 508 119 908							1 377 619 066		1 377 619 066
3.股份支付计入所有者权益的金额	0				295 268 248							295 268 248		295 268 248
4.其他	0				680 627 889	-215 902 790	0	0	0	0	0	896 530 679	-139 706 810	756 823 869
（三）利润分配	0	0	0	0	0	0	0	0	125 452 838	-2 529 492 823	0	-2 404 039 985	-78 664 002	-2 482 703 987

上年金额

项目	归属于母公司所有者权益：实收资本（或股本）	其他权益工具：优先股	其他权益工具：永续债	其他权益工具：其他	资本公积	减：库存股	其他综合收益	盈余公积	一般风险准备*	未分配利润	其他	小计	少数股东权益	所有者权益合计
一、上年年末余额	10 349 696 817	0	0	240 641 814	23 029 972 713	509 485 637	406 221 000	5 498 401 539	413 798 316	44 850 165 072		84 321 007 368	2 338 596 626	86 659 603 994
加：会计政策变更												0		0
前期差错更正												0		0
其他												0		0
二、本年年初余额	10 349 696 817	0	0	240 641 814	23 029 972 713	509 485 637	406 221 000	5 498 401 539	413 798 316	44 850 165 072	0	84 321 007 368	2 338 596 626	86 659 603 994
三、本年增减变动金额（减少以“－”号填列）	20 896 008	0	0	-16 776 140	972 658 541	0	-364 232 356	0	0	5 322 324 673	0	5 938 278 960	-3 122 948	5 935 156 012
（一）综合收益总额							-304 462 496			7 334 915 288		7 030 452 792	57 869 243	7 088 322 035
（二）所有者投入和减少资本	20 896 008	0	0	-16 776 140	972 658 541	0	0	0	0	0	0	976 778 409	-1 971 950	974 806 459
1.所有者投入的普通股	0				0	0						0	71 742 470	71 742 470
2.其他权益工具持有者投入资本	12 765 743			-16 776 140	185 691 819							181 681 422		181 681 422
3.股份支付计入所有者权益的金额	8 130 265				581 495 445							589 625 710		589 625 710
4.其他					205 471 277							205 471 277	-73 714 420	131 756 857
（三）利润分配	0	0	0	0	0	0	0	0	0	-2 072 360 475	0	-2 072 360 475	-59 037 970	-2 131 398 445

续表

项目	本年金额														上年金额													
	归属于母公司所有者权益												少数股东权益	所有者权益合计	归属于母公司所有者权益												少数股东权益	所有者权益合计
	实收资本（或股本）	其他权益工具			资本公积	减：库存股	其他综合收益	盈余公积	一般风险准备*	未分配利润	其他	小计			实收资本（或股本）	其他权益工具			资本公积	减：库存股	其他综合收益	盈余公积	一般风险准备*	未分配利润	其他	小计		
		优先股	永续债	其他												优先股	永续债	其他										
1.提取盈余公积								0		0		0		0								0		0		0		0
2.提取一般风险准备*									125 452 838	-125 452 838		0		0									0	0		0		0
3.对所有者（或股东）的分配										-2 403 559 483		-2 403 559 483	-78 217 023	-2 481 776 506										-2 070 613 155		-2 070 613 155	-57 623 009	-2 128 236 164
4.其他										-480 502		-480 502	-446 979	-927 481										-1 747 320		-1 747 320	-1 414 961	-3 162 281
（四）所有者权益内部结转	0	0	0	0	0	0	0	0	0	0	0	0	0	0	0	0	0	0	0	0	-59 769 860	0	0	59 769 860	0	0	0	0
1.资本公积转增资本（或股本）												0		0												0		0
2.盈余公积转增资本（或股本）												0		0												0		0
3.盈余公积弥补亏损												0		0												0		0
4.设定受益计划变动额结转留存收益												0		0												0		0
5.其他综合收益结转留存收益												0		0							-59 769 860			59 769 860		0		0
6.其他												0		0												0		0
四、本年年末余额	10 487 163 691	0	0	0	41 240 555 091	293 582 847	1 714 005	5 498 401 539	539 251 154	55 711 189 168	0	113 234 681 213	9 013 607 813	122 248 289 026	10 370 592 825	0	0	223 865 674	24 002 631 254	509 485 637	41 988 644	5 498 401 539	413 798 316	50 172 489 745	0	90 259 286 328	2 335 473 678	92 594 760 006

注：标注"*"的项目为金融企业专用项目。

10.3　财务报表分析

财务分析主要包括四个方面：偿债能力分析、营运能力分析、盈利能力分析、发展能力分析，在此基础上进行企业财务状况的趋势分析和综合分析。

10.3.1　财务分析方法

1）比较分析法

比较分析法是通过对比企业财务报表中的有关数据或有关财务指标，发现和确定其中的差异，分析造成差异的原因，进而了解企业财务状况及其变化趋势的一种分析方法。按比较对象（跟谁比），可以细分为以下几种：

（1）实际与计划（或预算）比，可以揭示实际与计划的差异，了解计划完成情况。

（2）同一指标纵向对比，即本期实际与上期实际或本企业历史最高水平、历史平均水平比。通过比较，可以确定前后不同时期有关指标的变动情况，了解企业生产经营管理的发展趋势和管理工作的改进情况。

（3）同一指标横向对比，即与同类企业比。与同行业平均水平或先进企业横向比较，可以确定企业在行业中的位置，发现差距与问题，并采取对策加以改进。

2）比率分析法

比率分析法是利用财务报表中两个相互联系的（财务报表）项目数据，进行对比得出比率，并以此来揭示企业财务状况和经营成果及其变动趋势的一种分析方法。比率有构成比率、效率比率、相关比率三类。

（1）构成比率，又称结构比率，是某个财务指标的各组成部分数值占总体数值的百分比，反映部分与总体的关系，如负债比率、所有者权益比率等。利用构成比率，可以考查总体中某个部分的形成和安排是否合理。

（2）效率比率，是指企业在某项经济活动中的所费与所得的比率（如投资报酬率），反映投入与产出的关系。利用效率比率，可以进行得失比较，考查经营成果，评价经济效益。

（3）相关比率，是指同一时期财务报表或其他财务资料中的某个项目数值与其相互依存或相互联系但又不同的另一个项目的数值的比率（如资产负债率是资产总额与负债总额的比率）。利用相关比率，可以考查企业相互关联的业务安排是否合理，能更深入地认识财务状况和经营成果。

3）因素分析法

因素分析法又称因素替代法，是依据分析指标与其影响因素的关系，从数量上确定各个因素对分析指标的影响方向和影响程度的方法。

因素分析法的基本原理是，当有若干因素对某个分析指标产生影响时，假定其他各个因素都无变化，顺序确定每个因素单独变化对这一指标产生的影响。替代的先后顺序是：先数量因素后质量因素，先实物因素后价值因素，先主要因素后次要因素。

因素分析法的计算步骤如下：

（1）确定分析对象。分析对象通常是分析指标变动的差异。

（2）列出分析指标与其影响因素的分解公式。

（3）对影响这个指标的各因素进行分析，决定每一因素的替代顺序。

（4）按顺序逐项替代，计算各因素的影响方向和影响程度。

（5）验证各因素影响方向和影响程度计算的正确性。

【例10-1】某企业2022年销售收入、销量、单价的计划及实际情况见表10-5。

表10-5 销售收入变动的因素分析

项　目	计划数	实际数	差异（实际数-计划数）
销量（件）	100	120	+20
单价（元/件）	9	8	-1
销售收入（元）	900	960	+60

要求：运用因素分析法分析销售量和单价对销售收入的影响。

（1）分析对象是实际销售收入与计划销售收入的差异，即实际比计划多取得的销售收入60元（960-900）。

（2）销售收入、销量、单价之间的关系是：销售收入=销量×单价。

（3）替代顺序是先销量，后单价。

（4）从计划指标开始，按顺序逐项替代如下：

计划指标：100×9=900（元）　①

第一次替代（实际销售量替代计划销售量）：120×9=1 080（元）　②

第二次替代（实际单价替代计划单价）：120×8=960（元）　③

销量对销售收入的影响额=②-①=1 080-900=180（元）

这说明由于销售量实际超过计划20件（120-100），使销售收入增加了180元。

单价对销售收入的影响额=③-②=960-1 080=-120（元）

这说明由于价格实际比计划下降了1元，使销售收入下降了120元。

（5）验证：

销量和单价对销售收入的综合影响为：180+（-120）=60（元）=分析对象，说明计算无误。

4）趋势分析法

趋势分析法又称水平分析法，是通过对比两期或连续数期财务报告中的相同指标，确定其增减变动的方向、数额和幅度，从而揭示企业财务状况或经营成果的增减变动及发展趋势的方法。

在采用趋势分析法时，需要注意以下问题：①用于对比的各个时期的指标在计算口径上必须一致。②应剔除偶发性项目的影响，使用来分析的数据能反映企业正常的（而不是偶然的）经营状况。③应用例外原则，对某项有显著变动的指标作重点分析，研究其产生的原因，以便采取对策，趋利避害。

10.3.2 财务指标分析

1）偿债能力分析

偿债能力是指企业偿还到期债务（包括本息）的能力。偿债能力指标包括短期偿债能力指标和长期偿债能力指标。

（1）短期偿债能力分析

短期偿债能力是指企业流动资产对流动负债按时足额偿还的保证程度，是衡量企业当前财务能力，特别是流动资产变现能力的重要标志。短期偿债能力指标主要有流动比率、速动比率、现金比率等。

①流动比率，是在某一时点上企业流动资产与流动负债的比率。它表明企业每1元流动负债有多少流动资产作为偿还保证。其计算公式为：

$$\text{流动比率}=\frac{\text{流动资产}}{\text{流动负债}}$$

一般情况下，流动比率越高，说明企业短期偿债能力越强，但流动比率也不能过高，国际上通常认为流动比率为2比较适当。此外，不同行业、不同企业、不同时期对流动比率的要求是不同的。

$$\text{XYZ公司2022年年底流动比率}=\frac{91\ 792\ 172\ 989}{56\ 576\ 096\ 081}=1.62$$

②速动比率，也称酸性试验比率，是在某一时点上企业速动资产与流动负债的比率。所谓速动资产，是指那些不需要变现或变现过程很短，可以很快用来偿还债务的流动资产，也就是流动资产扣除变现能力较差且不稳定的存货、预付账款等项目后的余额。其计算公式为：

$$\text{速动比率}=\frac{\text{速动资产}}{\text{流动负债}}$$

速动比率越高，说明企业偿还流动负债的能力越强。国际上通常认为速动比率等于1比较适当。当然，行业不同，速动比率会有很大差别。例如，采用大量现金销售的商店几乎没有应收账款，大大低于1的速动比率是很正常的。

XYZ公司2022年年底的速动比率计算如下：

$$\text{速动资产}=91\ 792\ 172\ 989-12\ 361\ 829\ 533-1\ 309\ 827\ 405$$

$$=78\ 120\ 516\ 051\text{（元）}$$

$$\text{速动比率}=\frac{78\ 120\ 516\ 051}{56\ 576\ 096\ 081}=1.38$$

③现金比率，是企业现金类资产与流动负债的比率。现金类资产包括企业所拥有的货币资金和现金等价物（如交易性金融资产），也就是速动资产扣除应收账款后的余额。其计算公式为：

$$\text{现金比率}=\frac{\text{现金}+\text{现金等价物}}{\text{流动负债}}=\frac{\text{速动资产}-\text{应收账款}}{\text{流动负债}}$$

一般认为现金比率在0.2左右比较合适。

$$\text{XYZ公司2022年年底现金比率}=\frac{78\ 120\ 516\ 051-8\ 408\ 052\ 434}{56\ 576\ 096\ 081}=1.23$$

（2）长期偿债能力分析

长期偿债能力是指企业偿还长期负债的能力。企业的长期负债主要包括长期借款、应付长期债券、长期应付款等。

①资产负债率，又称负债比率，是企业负债总额与资产总额的比率，反映企业资产对债权人权益的保障程度。其计算公式为：

$$资产负债率=\frac{负债总额}{资产总额}\times 100\%$$

一般情况下，资产负债率越小，表明企业债务越少，自有资金越雄厚，企业长期偿债能力越强。国际上通常认为资产负债率等于50%比较合适。

$$XYZ公司2022年年底资产负债率=\frac{67\ 772\ 458\ 376}{190\ 020\ 747\ 402}\times 100\%=35.67\%$$

②利息保障倍数，又称已获利息倍数，是企业一定时期内息税前利润与利息费用的比值。该指标反映企业收益对偿付债务利息的保障程度。其计算公式为：

$$利息保障倍数=\frac{息税前利润}{利息}=\frac{利润总额+利息费用}{利息费用}$$

已获利息倍数越高，说明企业长期偿债能力越强。国际上通常认为该指标为3较为适当。

$$XYZ公司2022年利息保障倍数=\frac{7\ 462\ 512\ 335+328\ 066\ 228}{328\ 066\ 228}=23.75（倍）$$

③利息本金保障倍数，是指企业年度息税前利润与该年度还本付息金额的比率。其计算公式为：

$$利息本金保障倍数=\frac{息税前利润}{利息费用+\dfrac{年度还本额}{1-所得税税率}}$$

企业的偿债义务是按期支付利息和到期归还本金，所以不仅要考查企业支付利息的能力，还要考查企业偿还本金的能力。一般认为利息本金保障倍数为2比较合适。

④产权比率，也称资本（金）负债率、负债与股东权益比率、权益负债率，是指企业负债总额与所有者权益总额的比率，反映企业所有者权益对债权人权益的保障程度。其计算公式为：

$$产权比率=\frac{负债总额}{所有者权益总额}\times 100\%$$

产权比率越低，说明企业长期偿债能力越强。国际上通常认为产权比率等于100%比较合适。

$$XYZ公司2022年年底产权比率=\frac{67\ 772\ 458\ 376}{122\ 248\ 289\ 026}\times 100\%=55.44\%$$

⑤所有者权益比率与权益乘数，两者互为倒数，所以放在一起介绍。

第一，所有者权益比率，又称股东权益比率，是所有者权益与资产总额的比率，反映企业资产中有多大比率是企业所有者（或股东）投入的。其计算公式为：

$$所有者权益比率=\frac{所有者权益总额}{资产总额}\times 100\%$$

$$XYZ公司2022年年底所有者权益比率=\frac{122\ 248\ 289\ 026}{190\ 020\ 747\ 402}\times 100\%=64.33\%$$

第二，权益乘数，是所有者权益比率的倒数，反映资产总额是所有者权益（或股东权益）的多少倍。其计算公式为：

$$权益乘数=\frac{资产总额}{所有者权益总额}$$

$$XYZ公司2022年年底权益乘数=\frac{190\ 020\ 747\ 402}{122\ 248\ 289\ 026}=1.55$$

2）营运能力分析

营运能力是指企业经营的效率高低，即资金周转的速度快慢及有效性。营运能力反映企业资金周转状况，对企业的偿债能力和盈利能力也有比较大的影响，对其进行分析，可以了解企业的营业状况及经营管理水平。资金周转状况好，说明企业的经营管理水平高，资金利用效率高。

衡量资金周转速度可以采用两种形式：①周转率，又称周转次数，是企业在一定时期内资产的周转额与平均余额的比率。周转次数越多，表明周转速度越快，资产营运能力越强。②周转期，也称周转天数，是周转次数的倒数与计算期天数的乘积，反映资产周转一次所需要的天数。周转期越短，表明周转速度越快，资产营运能力越强。其计算公式为：

$$周转率（周转次数）=\frac{周转额}{资产平均余额}$$

$$周转天数=\frac{计算期天数}{周转次数}=\frac{资产平均余额}{周转额}\times 计算期天数$$

（1）应收账款周转率

应收账款在公司流动资产中有着重要地位，及时收回应收账款，不仅能增强公司短期偿债能力，也反映公司管理应收账款的效率。应收账款周转率是指企业一定时期赊销收入净额与平均应收账款余额的比率，反映企业应收账款变现速度的快慢和管理效率的高低。其计算公式为：

$$应收账款周转率（次数）=\frac{赊销净额}{平均应收账款余额}$$

赊销净额=销售收入-现销收入-销售退回、折让、折扣

平均应收账款余额=（期初应收账款余额+期末应收账款余额）÷2

$$应收账款回收期（周转天数）=\frac{平均应收账款余额}{平均日赊销收入额}=\frac{360}{应收账款周转率}$$

由于现销收入、销售退回、销售折让与折扣等数据通常作为商业机密不对外公布，因此即使公司内部人员也不易取得。考虑到现销收入、销售退回、销售折让与折扣等数额占销售收入的比例一般不大，或者即使这一比例比较大，但只要保持历史一贯性，使用替代指标来计算应收账款周转率也不会影响其分析和利用价值。在实务中，一般用营业收入（或销售收入）替代赊销净额来计算，计算公式如下：

$$应收账款周转率（次数）=\frac{营业收入}{平均应收账款余额}$$

$$XYZ公司2022年应收账款周转次数=\frac{109\ 334\ 684\ 606}{\frac{8\ 408\ 052\ 434+7\ 222\ 247\ 535}{2}}=13.99（次）$$

$$XYZ公司2022年应收账款周转天数=\frac{360}{13.99}=25.73（天）$$

（2）存货周转率

存货周转率是企业一定时期营业成本（或销售成本）与平均存货余额的比率，反映企业生产经营各环节的管理状况以及企业的偿债能力和获利能力。其计算公式为：

$$存货周转率（次数）=\frac{营业成本}{存货平均余额}$$

$$存货周转天数=\frac{360}{存货周转率}=\frac{存货平均余额 \times 360}{营业成本}$$

存货平均余额=（存货期初数+存货期末数）÷2

$$XYZ公司2022年存货周转次数=\frac{101\ 688\ 748\ 390}{\frac{12\ 361\ 829\ 533+8\ 110\ 960\ 354}{2}}=9.93（次）$$

$$XYZ公司2022年存货周转天数=\frac{360}{9.93}=36（天）$$

需要注意的是，存货计价方法对存货周转率有较大影响，在分析企业不同时期或不同企业的存货周转率时，应注意存货计价方法是否一致。

（3）流动资产周转率

流动资产周转率是企业一定时期营业收入与流动资产平均余额的比率，反映全部流动资产的利用效率。其计算公式为：

$$流动资产周转率（次数）=\frac{营业收入}{流动资产平均余额}$$

流动资产平均余额=（期初流动资产+期末流动资产）÷2

$$流动资产周转天数=\frac{计算期天数}{同期流动资产周转次数}$$

$$XYZ公司2022年流动资产周转次数=\frac{109\ 334\ 684\ 606}{\frac{91\ 792\ 172\ 989+61\ 191\ 647\ 087}{2}}=1.43（次）$$

$$XYZ公司2022年流动资产周转天数=\frac{360}{1.43}=252（天）$$

（4）固定资产周转率

固定资产周转率是企业一定时期营业收入与平均固定资产净值的比值。其计算公式为：

$$固定资产周转率（次数）=\frac{营业收入}{平均固定资产净值}$$

$$固定资产周转天数=\frac{计算期天数}{固定资产周转率}$$

平均固定资产净值=（期初固定资产净值+期末固定资产净值）÷2

固定资产净值=固定资产原值-累计折旧

【例10-2】根据表10-1、表10-2的资料，以及表10-1“固定资产”附注资料中显示的“2022年12月31日XYZ公司的固定资产原值为32 953 278 154元，累计折旧为13 177 022 301元，2021年12月31日固定资产原值为29 034 681 553元，累计折旧为11 126 713 280元”。计算XYZ公司2022年的固定资产周转率。

$$2022年固定资产周转次数=\frac{109\ 334\ 684\ 606}{\frac{(32\ 953\ 278\ 154-13\ 177\ 022\ 301)+(29\ 034\ 681\ 553-11\ 126\ 713\ 280)}{2}}=5.80（次）$$

$$2022年固定资产周转天数=\frac{360}{5.80}=62（天）$$

（5）总资产周转率

总资产周转率是企业一定时期营业收入与平均资产总额的比值。其计算公式为：

$$总资产周转率=\frac{营业收入}{平均资产总额}$$

$$总资产周转天数=\frac{计算期天数}{总资产周转率}=\frac{计算期天数\times平均资产总额}{销售收入净额}$$

平均资产总额=（期初资产总额+期末资产总额）÷2

总资产周转率反映资产总额的周转速度，即企业经营期间全部资产从投入到产出周而复始的流转速度，反映了企业全部资产的管理质量和利用效率。

$$XYZ公司2022年总资产周转次数=\frac{109\ 334\ 684\ 606}{\frac{190\ 020\ 747\ 402+154\ 196\ 563\ 667}{2}}=0.64（次）$$

$$XYZ公司2022年总资产周转天数=\frac{360}{0.64}=563（天）$$

3）获利能力分析

获利能力也称盈利能力，是企业资金增值的能力，或者说是企业获取利润的能力，通常表现为企业收益数额的大小与收益率水平的高低。

（1）非股份公司获利能力指标

①销售毛利率，也称营业毛利率，是企业一定时期销售毛利（营业收入减去营业成本的差）与营业收入的比率。销售毛利率表示每1元销售收入扣除销售成本后，有多少钱可以用于各项期间费用和形成盈利。其计算公式为：

$$销售毛利率（营业毛利率）=\frac{营业收入-营业成本}{营业收入}\times100\%$$

$$XYZ公司2022年销售毛利率=\frac{109\ 334\ 684\ 606-101\ 688\ 748\ 390}{109\ 334\ 684\ 606}\times100\%=6.99\%$$

②销售净利率，也称营业净利率，是企业一定时期净利润与营业收入的比率。它说明每1元销售收入会带来多少净利润，反映企业销售收入的获利水平。其计算公式为：

$$销售净利率（营业净利率）=\frac{净利润}{营业收入}\times100\%$$

$$XYZ公司2022年销售净利率=\frac{7\ 998\ 052\ 695}{109\ 334\ 684\ 606}\times100\%=7.32\%$$

③净资产收益率，又称权益净利率，是企业一定时期净利润与平均净资产（即平均所有者权益）的比率，反映企业自有资金的投资收益水平。其计算公式为：

$$净资产收益率=\frac{净利润}{平均净资产}\times100\%$$

平均净资产=（期初净资产+期末净资产）÷2

$$XYZ公司2022年净资产收益率=\frac{7\ 998\ 052\ 695}{\frac{122\ 248\ 289\ 026+92\ 594\ 760\ 006}{2}}\times100\%=7.45\%$$

④总资产报酬率与总资产净利率。总资产报酬率是企业一定时期获得的报酬总额与平均资产总额的比率。总资产净利率是企业一定时期获得的净利润与平均资产总额的比率。其计算公式为：

$$总资产报酬率=\frac{息税前利润总额}{平均资产总额}\times100\%$$

$$总资产净利率=\frac{净利润}{平均资产总额}\times100\%$$

平均资产总额=（期初资产总额+期末资产总额）÷2

息税前利润总额=利润总额+利息支出

总资产报酬率和总资产净利率都表示企业全部资产获取收益的水平，反映了企业资产的综合利用效率和投入产出状况。

$$XYZ公司2022年总资产报酬率=\frac{7\,462\,512\,335+328\,066\,228}{\frac{190\,020\,747\,402+154\,196\,563\,667}{2}}\times100\%=4.53\%$$

$$XYZ公司2022年总资产净利率=\frac{7\,998\,052\,695}{\frac{190\,020\,747\,402+154\,196\,563\,667}{2}}\times100\%=4.65\%$$

⑤成本费用利润率，是企业一定时期利润总额与成本费用总额的比率。其计算公式为：

$$成本费用利润率=\frac{利润总额}{成本费用总额}\times100\%$$

成本费用总额=营业成本+税金及附加+销售费用+管理费用+财务费用

成本费用利润率越高，表明企业为取得利润所付出的代价越小，企业成本费用控制得越好，企业的获利能力越强。

$$\begin{aligned}XYZ公司2022年成本费用利润率&=\frac{7\,462\,512\,335}{101\,688\,748\,390+2\,242\,200\,811+4\,228\,463\,932+4\,167\,799\,679-180\,924\,901}\times100\%\\&=6.65\%\end{aligned}$$

（2）股份公司获利能力指标

①每股收益，也称每股利润或每股盈余，是指综合收益总额（即归属于普通股股东的当期净利润，通常是公司当期净利润减去优先股股利后的差）与当期发行在外普通股加权平均股数的比率。需要注意的是，在计算每股收益时，归属于普通股股东的当期净利润要扣除其他权益工具（如永续债）的利息。它反映了普通股股东持有每一股股份所能享有的公司利润或承担的公司亏损。其计算公式为：

$$每股收益=\frac{归属于普通股股东的当期净利润}{当期发行在外普通股加权平均数}$$

归属于普通股股东的当期净利润=公司当期净利润-优先股股利

$$当期发行在外普通股加权平均数=期初发行在外普通股股数+当期新发行普通股股数\times\frac{已发行时间}{报告期时间}-当期回购普通股股数\times\frac{已回购时间}{报告期时间}$$

已发行时间、报告期时间和已回购时间一般按照天数计算。在不影响计算结果合理性的前提下，也可以采用简化的计算方法。

该指标是评价上市公司盈利能力的最基本的指标，也是确定股票价格的主要参考指标。每股收益越高，公司的盈利能力越强。

在利润表中，通常会同时报告两类每股收益：基本每股收益和稀释每股收益。两者都是指归属于普通股的每股收益，区别在于：上市公司常有一些潜在的可能转为上市公司普通股股权的工具，如可转换债券、认股期权或股票期权等，一旦这些金融工具在将来的某一时点转换成普通股，就会减少上市公司的每股收益，从而稀释原有普通股的每股收益。换言之，稀释每股收益是指公司存在的上述可能转换为普通股股权的金融工具都在当期全部转换为普通股股份后计算的每股收益。如果公司不存在上述金融工具，基本每股收益和稀释每股收益在数值上相等。

【例10-3】XYZ公司2022年年初发行在外的普通股股数为10 349 696 817股，2022年10月1日新发行20 896 008股（年末股份总数为10 370 592 825股），该公司2022年度永续债利息为0，2022年没有进行股票回购。根据表10-2、表10-4的资料，计算该公司2022年度的每股收益。

$$发行在外普通股加权平均数=10\ 349\ 696\ 817\times\frac{12}{12}+20\ 896\ 008\times\frac{3}{12}=10\ 354\ 920\ 819（股）$$

$$XYZ公司2022年每股收益=\frac{7\ 955\ 825\ 348-0}{10\ 354\ 920\ 819}=0.77（元）$$

②每股股利，是公司本年发放的普通股现金股利总额与年末普通股股份总数的比值，反映上市公司当期利润的积累和分配情况。其计算公式为：

$$每股股利=\frac{普通股现金股利总额}{年末普通股股份总数}$$

【例10-4】假设XYZ公司目前发行在外的股份全部为普通股，2022年年底拟发放的普通股现金股利总额为1 037 059 283元，根据表10-4的资料，计算XYZ公司2022年的每股股利。

由于我国上市公司股票面值是1元，根据表10-4可知，XYZ公司2022年年底普通股股份总数为10 370 592 825股，则有：

$$每股股利=\frac{1\ 037\ 059\ 283}{10\ 370\ 592\ 825}=0.1（元）$$

③每股净资产，是公司年末净资产（即扣除优先股股东权益后的普通股股东权益）与年末普通股股份总数的比值，也称为每股账面价值。其计算公式为：

$$每股净资产=\frac{年末股东权益}{年末普通股股份总数}$$

$$XYZ公司2022年年底每股净资产=\frac{122\ 248\ 289\ 026}{10\ 370\ 592\ 825}=11.79（元）$$

④市盈率，是指公司普通股的每股市价与每股收益的比值，反映投资者对公司每股净利润愿意支付的价格，可以用来估计股票的投资报酬和风险。其计算公式为：

$$市盈率=\frac{普通股每股市价}{普通股每股收益}$$

市盈率不是越高越好，也不是越低越好，而是有一个合理范围。这一合理范围与很多因素有关，如证券市场环境的成熟度、投资者的投资理念等。

【例10-5】假设XYZ公司2022年年底的每股市价为16元，计算市盈率。

$$市盈率=\frac{16}{0.77}=20.78$$

4）发展能力分析

发展能力是企业在生存的基础上扩大规模、壮大实力的潜在能力。进行分析时，通常以其他类似企业、本企业历史水平或行业平均水平为比较标准。

（1）销售增长指标

①销售增长率，也称销售收入增长率、营业收入增长率，是企业本年营业收入增长额与上年营业收入总额的比率，反映企业营业收入的增减变动情况。其计算公式为：

$$销售增长率=\frac{本年营业收入增长额}{上年营业收入总额}\times 100\%$$

本年营业收入增长额=本年营业收入总额－上年营业收入总额

$$XYZ公司2022年销售增长率=\frac{109\ 334\ 684\ 606-75\ 110\ 156\ 960}{75\ 110\ 156\ 960}\times 100\%=45.57\%$$

②三年销售收入平均增长率，也称三年平均销售增长率，是消除了销售收入短期异常波动的影响，用来反映企业较长时期的销售收入增长情况的财务分析指标。该指标表明企业营业收入连续三年的增长情况，能反映企业的持续发展态势和市场扩张能力。其计算公式为：

$$三年销售收入平均增长率=\left(\sqrt[3]{\frac{本年销售收入总额}{三年前年度销售收入总额}}-1\right)\times 100\%$$

【例10-6】已知XYZ公司2019年的营业收入为59 233 684 226元，根据表10-2的资料，计算XYZ公司三年销售收入平均增长率。

$$三年销售收入平均增长率=\left(\sqrt[3]{\frac{109\ 334\ 684\ 606}{59\ 233\ 684\ 226}}-1\right)\times 100\%=22.67\%$$

（2）资产增长指标

①总资产增长率，是企业本年总资产增长额同年初资产总额的比率，反映企业本期资产规模的增长情况，用来评价企业经营规模总量的扩张程度。其计算公式为：

$$总资产增长率=\frac{本年总资产增长额}{年初资产总额}\times 100\%$$

本年总资产增长额=年末资产总额－年初资产总额

$$XYZ公司2022年总资产增长率=\frac{190\ 020\ 747\ 402-154\ 196\ 563\ 667}{154\ 196\ 563\ 667}\times 100\%=23.23\%$$

②三年资产平均增长率，也称三年平均总资产增长率，是消除了资产短期波动的影响，用来反映企业较长时期内资产增长情况的指标。其计算公式为：

$$三年资产平均增长率=\left(\sqrt[3]{\frac{年末资产总额}{三年前年末资产总额}}-1\right)\times 100\%$$

【例10-7】已知XYZ公司2019年年末资产总额为137 409 527 863元，根据表10-2的资料，计算XYZ公司三年资产平均增长率。

$$三年资产平均增长率=\left(\sqrt[3]{\frac{190\ 020\ 747\ 402}{137\ 409\ 527\ 863}}-1\right)\times 100\%=11.41\%$$

（3）资本增长指标

①资本积累率，是企业本年所有者权益增长额与年初所有者权益总额的比率，反映企业当年资本积累能力。资本积累率越高，表明公司的资本积累越多，公司持续发展能力越强。其计算公式为：

$$资本积累率=\frac{本年所有者权益增长额}{年初所有者权益总额}\times 100\%$$

本年所有者权益增长额=年末所有者权益总额－年初所有者权益总额

$$XYZ公司2022年资本积累率=\frac{122\ 248\ 289\ 026-92\ 594\ 760\ 006}{92\ 594\ 760\ 006}\times100\%=32.03\%$$

②三年资本平均积累率，也称三年平均资本积累率，可以考查企业连续三年的资本积累情况，在一定程度上反映了企业的持续发展水平和发展趋势。其计算公式为：

$$三年平均资本积累率=\left(\sqrt[3]{\frac{年末净资产总额}{三年前年末净资产总额}}-1\right)\times100\%$$

【例10-8】已知XYZ公司2019年年末净资产为82 454 220 845元，根据表10-2资料，计算XYZ公司三年资本平均积累率。

$$三年资本平均积累率=\left(\sqrt[3]{\frac{122\ 248\ 289\ 026}{82\ 454\ 220\ 845}}-1\right)\times100\%=14.03\%$$

（4）利润增长指标

①销售利润增长率，也称营业利润增长率，是企业本年营业利润增长额与上年营业利润总额的比率，反映企业营业利润的增减变动情况。其计算公式为：

$$销售利润增长率=\frac{本年营业利润增长额}{上年营业利润总额}\times100\%$$

$$本年营业利润增长额=本年营业利润总额-上年营业利润总额$$

销售利润增长率越高，企业的积累越多，可持续发展能力越强。

$$XYZ公司2022年销售利润增长率=\frac{7\ 455\ 569\ 129-7\ 145\ 388\ 800}{7\ 145\ 388\ 800}\times100\%=4.34\%$$

②三年利润平均增长率，表明企业利润连续三年的增长情况，反映了企业利润的增长趋势和效益稳定程度，较好地体现了企业的发展状况和发展能力。其计算公式为：

$$三年利润平均增长率=\left(\sqrt[3]{\frac{本年利润总额}{三年前年度利润总额}}-1\right)\times100\%$$

【例10-9】XYZ公司2019年利润总额为6 293 959 326元，根据表10-2的资料，计算XYZ公司三年利润平均增长率。

$$三年利润平均增长率=\left(\sqrt[3]{\frac{7\ 462\ 512\ 335}{6\ 293\ 959\ 326}}-1\right)\times100\%=5.84\%$$

10.3.3 综合指标分析

综合指标分析又称财务状况综合分析，就是将偿债能力、营运能力、获利能力和发展能力指标等纳入一个有机的整体之中，建立一个比较综合的财务指标体系，并依此对企业经营状况、财务状况进行全面解剖与分析。其主要方法有沃尔比重评分法、财务比率综合评价法和杜邦财务分析体系。

1）沃尔比重评分法

（1）沃尔比重评分法的基本原理

沃尔比重评分法的基本原理是将选定的七个财务指标用线性关系结合起来，并分别给定各自的比重，然后通过与标准比率比较，确定各项指标的得分及总体指标的累计分数，从而对企业的信用水平作出评价。其评价标准是公司所属行业的标准比率，公司某项财务指标的实际得分高于标准分值，表明该指标较好；反之，该指标较差。总得分表示公司财务状况在行业中所处位置，总得分高于标准总得分，表明公司在行业中处于中上水平。

（2）沃尔比重评分法实例

【例10-10】利用沃尔比重评分法对2022年年底XYZ公司进行财务分析。

沃尔比重评分法的财务评分结果见表10-6。

表10-6 XYZ公司2022年沃尔比重评分法计算表

财务比率	比重（%） ①	标准比率 ②	实际比率 ③	相对比率 ④=③÷②	评分 ⑤=①×④
流动比率	25	2.00	1.62	0.81	20.25
净资产/负债	25	1.50	1.38	0.92	23.00
资产/固定资产	15	2.50	9.85	3.94	59.10
营业成本/存货	10	8	8.23	1.03	10.29
营业收入/应收账款	10	6	13	2.17	21.67
营业收入/固定资产	10	4	5.67	1.42	14.18
营业收入/净资产	5	3	0.89	0.30	1.48
合　计	100				149.96

评分结果表明，XYZ公司2022年年底在财务状况方面显著高于平均水平。

（3）沃尔比重评分法的优缺点

优点：比较好地解决了用各项财务指标综合评价公司财务状况和经营成果的问题，以及公司整体财务状况在行业中的地位等问题。

缺点：①在指标的选择和指标比重的设置上主观性强，不能证明其合理性。②从技术上讲，由于评分是相对比率与比重相“乘”计算出来的，当某一个指标严重异常（过高或过低，甚至是负数）时，会对评分产生不合逻辑的重大影响。也就是说，财务比率提高1倍，其评分增加100%；而财务比率缩小1倍，其评分只减少50%。

2）财务比率综合评价法

财务比率综合评价法是将多个财务指标综合起来对企业的财务状况进行评价的方法，基本原理与沃尔比重评分法相似，只是对局部进行了改进，比如选取更多的指标，改变了各个指标的权重，综合评分时用的方法不同等。财务比率综合评价法不仅被用于信用评价，也被用于整个企业的财务评价。

（1）财务比率综合评价法的基本步骤

①财务指标的选取。沃尔比重评分法主要用于评价企业的信用水平，所以把偿债能力放在首位。当今社会，人们不仅关注偿债能力，而且重视企业的盈利能力，所以财务比率综合评价法选取了更多的财务指标，见表10-7。

②权重的分配。权重的确定是主观判断的结果。通常情况下，各指标按一定比例分配权重。权重不是固定不变的，可以根据评价目的和评价主体的不同进行适当调整。

③标准比率的确定。一般情况下，标准比率是在企业所属行业平均数的基础上进行适当修正得到的。行业平均财务比率可以通过政府机构、行业协会或专业评价机构获得。

表10-7 **综合评分标准**

指　标	标准评分值	标准比率（%）	行业最高比率（%）	最高评分	最低评分	每分比率的差
盈利能力						
总资产净利率	20	10	20	30	10	1
营业净利率	20	4	20	30	10	1.6
净资产收益率	10	16	20	15	5	0.8
偿债能力						
所有者权益比率	8	40	100	12	4	15
流动比率	8	150	450	12	4	75
营运能力						
应收账款周转率	8	600	1 200	12	4	150
存货周转率	8	800	1 200	12	4	100
发展能力						
销售增长率	6	15	30	9	3	5
销售利润增长率	6	10	20	9	3	3.3
资本积累率	6	10	20	9	3	3.3
合　计	100			150	50	

④对各评价指标进行综合。评价指标的综合主要是解决从差异到评分的换算问题。为了克服沃尔比重评分法个别指标异常变动对总评分不合逻辑的重大影响的缺点，可以采取两个办法：一是为差异规定上限和下限，以减少个别指标对总分的不合理影响。上限可规定为正常值的1.5倍，下限可规定为正常值的1/2。二是给分时不采用“乘”的关系，而采用“加”的关系处理。比如，总资产净利率标准比率为10%，标准评分值为20，行业最高比率为20%，最高评分为30，最低评分为10，则每分比率的差=（20%-10%）÷（30-20）=1%。也就是说，总资产净利率每提高1%，多给1分；若比标准评分值每低1%，减少1分。该项评分值最高不高于30分、最低不低于10分。

⑤计算企业在一定会计期间各项财务比率的实际值，求出总得分，对企业进行综合评价。

（2）财务比率综合评价法实例

【例10-11】根据表10-1、表10-2、表10-3、表10-4以及表10-7的资料，采用财务比率综合评价法对XYZ公司2022年的财务状况进行分析。计算结果见表10-8。

XYZ公司2022年得分为98.84分，接近标准评分值100分，从横向比较来看，XYZ公司整体财务状况处于行业中等水平。

表 10-8　　XYZ公司2022年财务比率综合评价法分析表

指　标	标准比率（%）①	实际比率（%）②	差异 ③=②-①	每分比率的差④	调整分 ⑤=③/④	标准评分值⑥	得分 ⑦=⑤+⑥
盈利能力							
总资产净利率	10	4.65	-5.35	1	-5.35	20	14.65
营业净利率	4	7.32	3.32	1.6	2.08	20	22.08
净资产收益率	16	7.45	-8.55	0.8	-10.69	10	5*
偿债能力							
所有者权益比率	40	64.33	24.33	15	1.62	8	9.62
流动比率	150	162.25	12.25	75	0.16	8	8.16
营运能力							
应收账款周转率	600	1399.01	799.01	150	5.33	8	12*
存货周转率	800	993.40	193.40	100	1.93	8	9.93
发展能力							
销售增长率	15	5.57	-9.43	5	-1.89	6	4.11
销售利润增长率	10	4.34	-5.66	3.3	-1.72	6	4.28
资本积累率	10	32.03	22.03	3.3	6.68	6	9*
合　计						100	98.84

注：表中带“*”的项目因得分高于最高评分或低于最低评分，该栏数据不是⑤+⑥的结果，而是综合评分标准的最高评分或最低评分。

（3）财务比率综合评价法的优缺点

优点：对企业财务分析的范围更全面，包括企业盈利能力、偿债能力、营运能力、发展能力各个方面。

缺点：在“标准比率”的确定和“得分”的计算等方面带有很强的主观性。

3）杜邦财务分析体系

（1）基本原理

杜邦财务分析体系又称杜邦财务分析法，由美国杜邦公司首创，是利用几个主要的财务指标之间的内在关系，对企业综合理财政策、财务状况和经营成果进行系统分析评价的方法。

该体系把净资产收益率（权益净利率）看作综合性最强、最具代表性的指标，将其分解为若干分解指标，再通过分析各分解指标的变动对净资产收益率的影响，找出企业在经营中存在的问题（通常是通过对比企业的相关财务指标与同行业平均指标值，发现差异，寻找原因），以此评价企业的理财政策。其具体过程如图 10-1 所示。

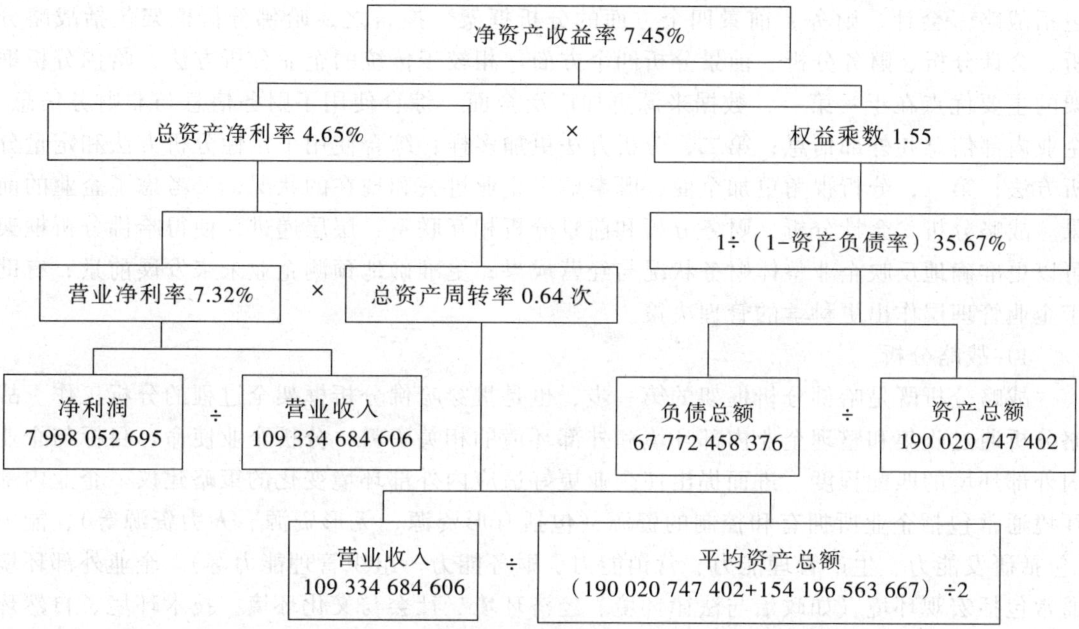

图10-1 杜邦财务分析体系图（金额单位：元）

在具体运用杜邦财务分析体系时，可以采用因素分析法，首先确定营业净利率、总资产周转率和权益乘数的基准值，然后顺次代入这三个指标的实际值，分别计算分析这三个指标的变动对净资产收益率的影响方向和程度；还可以使用因素分析法进一步分解各个指标并分析其变动的深层次原因，找出改进的方法。

（2）杜邦财务分析体系实例

【例10-12】根据表10-1、表10-2、表10-3、表10-4的资料，采用杜邦财务分析体系对XYZ公司进行分析。

根据表10-1、表10-2、表10-3、表10-4的资料，可以计算出下列相关指标：净资产收益率为7.45%，总资产净利率为4.65%，权益乘数为1.55，营业净利率为7.32%，总资产周转率为0.64次，资产负债率为35.67%。根据计算结果绘制杜邦财务分析体系图，如图10-1所示。

在对XYZ公司2022年净资产收益率进行分解的基础上，结合所属行业的有关标准值，就可以找出主要的影响因素并计算这些因素对净资产收益率的影响程度。

（3）杜邦财务分析法的优缺点

优点：①通过层层细化财务指标，更容易发现企业经营中存在的问题。②杜邦财务分析法的核心指标是净资产收益率，该指标最具综合性和代表性，体现了企业财务管理的目标。

缺点：杜邦财务分析法侧重企业经营成果的事后财务分析，不能对企业的经营成果进行预测和控制。

10.3.4 哈佛分析框架

哈佛分析框架最早由伯纳德（Berbard）、佩普（Palepu）和希利（Healy）三位教授提出，他们都来自哈佛大学商学院，故称为哈佛分析框架。三位教授认为，科学的企业分析包括战略、会计、财务、前景四个方面的分析框架。换言之，哈佛分析框架包括战略分析、会计分析、财务分析、前景分析四个方面。相较于传统的企业分析方法，哈佛分析框架的主要优点在于：第一，数据来源更加广泛全面，综合使用了财务信息与非财务信息、企业内部信息和外部信息；第二，分析方法更加多样，综合使用了定性分析方法和定量分析方法；第三，分析视角更加全面，既考虑了企业过去和现在的状况，又考虑了企业的前景。战略分析、会计分析、财务分析和前景分析相互联系、层层递进，使得哈佛分析框架可以更准确地反映企业整体财务状况与经营成果，更准确地预测企业未来发展前景，有助于企业管理层作出更科学的管理决策。

1）战略分析

战略分析既是哈佛分析框架的第一步，也是贯穿哈佛分析框架全过程的分析工作。战略分析通过收集和整理企业内部环境和外部环境的相关资料，分析企业使命、目标与企业内外部环境的匹配程度，进而提出使企业更好适应内外部环境变化的策略建议。企业内部环境通常包括企业所拥有和控制的资源（包括有形资源、无形资源、人力资源等）、能力（包括研发能力、生产管理能力、营销能力、财务能力、组织管理能力等）。企业外部环境通常包括宏观环境（如政治与法律环境、经济环境、社会与文化环境、技术环境、自然环境等）、中观环境（如行业环境、地区环境）、微观环境（如竞争环境）。具体来说，战略分析主要包括以下几个方面：

首先，对于外部宏观环境，常用的分析方法是PEST分析法，即重点分析企业所在国家或地区的政治与法律环境（political factors）、经济环境（economical factors）、社会与文化环境（social factors）、技术环境（technological factors）对企业的影响。PEST的每个因素还可以作进一步细分，如P包括政治环境和法律环境两个方面，E包括经济结构、经济水平、经济体制、经济政策等，S包括人口规模、人口结构、社会结构、社会习俗与心理、文化传统、价值观等，T包括技术水平、技术结构、技术体制、技术政策等。对于外部中观环境，常用的分析方法有行业生命周期分析法、波特五力模型分析法、行业成功关键因素分析法等。对于外部微观环境，常用的分析方法有竞争对手分析、战略相似度分析（战略群组分析）。

其次，对于内部环境，常用的分析方法包括企业资源与能力分析法、价值链分析法、业务组合分析（波士顿矩阵、通用矩阵等）。

最后，对于内部环境和外部环境，还可以采用SWOT分析法，综合分析企业内部环境存在的优势（strengths）和劣势（weakness）、外部环境给企业带来的机会（opportunities）和威胁（threats）。

2）会计分析

会计分析是哈佛分析框架的第二部分，由于会计分析在很大程度上决定企业基础财务数据的真实性和完整性，因此会计分析也是对后续的财务分析具有重大影响的一个部分。企业财务报告中的信息能否准确地反映企业的经营结果、企业财务状况是否稳定，在很大程度上受到企业会计政策、会计方法选择等的影响，因此，有必要对企业会计政策、会计方法选择等会计因素的合理性进行分析，这就是会计分析。

具体来说，会计分析主要包括以下几个方面：一是企业现行的会计政策和会计方法是否合法合规；二是企业现行的会计政策和会计方法是否有助于企业财务状况的稳定性；三是企业的信息披露是否合法合规，披露的信息能否准确、完整地反映了企业的经营成果和财务状况；四是企业是否存在其他影响财务报告质量的问题，如会计工作流程、内部控制等方面的问题；五是对企业重要会计科目进行专题和重点分析，如对企业资产负债表中占比较大的项目进行专题分析，分析其变化趋势及反映的经营状况，从而为企业管理者提供决策参考。

3）财务分析

哈佛分析框架中的财务分析与传统财务报表分析的相同之处在于，两者都是通过选取与企业偿债能力、营运能力、盈利能力和成长能力相关的财务指标进行比较分析，进而反映企业可能存在的财务风险，发现实际财务状况与财务目标之间的偏差，分析财务风险和财务偏差的原因并提出相应的解决方案。两者的不同之处在于，哈佛分析框架中的财务分析综合考虑了企业外部环境和企业内部环境，财务数据的完整性和准确性更高，分析结论的可靠性也更高。

具体来说，财务分析主要包括以下几个方面：一是与企业制定的目标相比，企业在偿债能力、营运能力、盈利能力和成长能力等方面的目标实现程度如何；二是与前期相比，企业在偿债能力、营运能力、盈利能力和成长能力等方面出现了怎样的变化，其原因是什么，如何应对；三是与企业现实或潜在的竞争对手相比，企业在偿债能力、营运能力、盈利能力和成长能力等方面有哪些优势或劣势；四是在某个时段或某个时点，企业在偿债能力、营运能力、盈利能力和成长能力等方面是否出现明显的异常，其原因是什么，如何应对。

4）前景分析

前景分析是哈佛分析框架的最后一环，本质上属于对战略分析、会计分析和财务分析的总结，有助于企业管理层全面了解企业所面临的内外部环境，进而准确预测企业未来的发展方向，作出有助于企业可持续发展的管理决策。与传统财务报表分析中的企业发展能力分析强调财务指标的增长率不同，哈佛分析框架中的前景分析不仅对财务指标的增长率进行预测，还对企业外部环境（如宏观环境、行业环境）进行预测，对企业内部环境（如企业战略定位）进行分析和规划。

具体来说，前景分析主要包括以下几个方面：一是对企业面临的外部宏观环境进行预测，重点明确可能存在哪些对企业发展有利和不利的环境变化；二是对企业面临的外部中观环境（行业环境或地区环境）进行预测，重点明确可能存在哪些对企业发展有利和不利的环境变化；三是对企业面临的外部微观环境（如竞争环境）进行预测，重点明确可能存在哪些对企业发展有利和不利的环境变化；四是对企业的内部环境进行分析，重点明确可能存在哪些对企业发展有利和不利的环境变化；五是根据企业外部环境和内部环境的上述变化，对企业发展前景进行综合分析，重点明确可以通过哪些举措（如调整企业战略定位、重新配置企业资源和能力结构等）来优化企业的发展前景。

10.4　业绩评价

业绩评价是指运用数理统计和运筹学等方法，通过建立综合评价指标体系，对照相应的评价标准，定量分析与定性分析相结合，对企业一定经营期间的盈利能力、资产质量、债务风险以及经营增长等进行的综合评判。

责任中心是承担一定经济责任、具有一定管理权限、享有一定权利和义务的企业（内部）责任单位。责任中心是一个责权利相结合的实体，通常具有相对独立的经营业务和财务收支活动，便于进行责任会计核算或单独核算。按照划分的责任不同，企业责任中心包括成本中心、利润中心和投资中心。

10.4.1 成本中心的业绩评价

1）成本中心的含义与类型

成本中心是对成本或费用承担责任的责任中心。成本中心往往没有收入，即使有少量收入，也不成为其考核内容。由成本中心负责的成本费用称为责任成本。任何发生成本的责任领域都可以确定为成本中心，上至工厂一级，下至车间、工段、班组，甚至个人都可能成为成本中心。

成本中心有标准成本中心和费用中心两种类型：①标准成本中心，又称技术性成本中心，是指在技术上投入量与产出量之间有密切匹配关系，而且投入与产出都可以量化考核的成本中心，如制造业工厂、车间、工段、班组等。②费用中心，又称酌量性成本中心，是指在技术上投入量与产出量之间没有密切匹配关系，投入可以量化而产出不能量化考核的成本中心。费用中心包括一般行政管理部门，如会计、人事、劳资、计划等部门。

2）成本中心的考核指标

可控成本是指在特定时期内特定责任中心能够直接控制其发生的成本。责任成本是以具体的责任单位（部门、单位或个人）为对象，以其承担的责任为范围所归集的成本，也就是特定责任中心的全部可控成本。

成本中心只考核成本费用而不考核收入。对两类成本中心（标准成本中心和费用中心）的考核思路是一致的，即事先根据一定的资料和科学方法编制各项成本费用预算，然后用实际成本费用与预算进行对比，进而评价成本中心的业绩。如果实际成本费用高于预算成本费用，说明成本费用控制业绩比较差；如果实际成本费用低于预算成本费用，说明成本费用控制业绩比较好。

无论是标准成本中心还是费用中心，在考核时都用到以下两个考核指标：

成本（费用）变动额=实际责任成本（费用）-预算责任成本（费用）

成本（费用）变动率=成本（费用）变动额÷预算责任成本（费用）×100%

其中，预算责任成本（费用）是指实际产出的预算责任成本。

【例10-13】XYZ公司下属某水泥厂煅烧车间为成本中心，生产水泥，预算产量为9.8万吨，预算单位成本为400元/吨。实际产量为10万吨，实际单位成本为395元/吨。计算煅烧车间的成本变动额和变动率。

成本变动额=395×10-400×9.8=-30（万元）

$$成本变动率=\frac{-30}{400\times 9.8}\times 100\%=-0.77\%$$

煅烧车间的成本降低了30万元，降低率为0.77%。

10.4.2　利润中心的业绩评价

1）利润中心的含义与类型

利润中心是有独立或相对独立的收入和生产经营决策权，能同时控制生产和销售，既要对成本负责又要对收入和利润负责，但没有责任或没有权力决定该中心资产投资水平的责任中心。

利润中心有两种类型：①自然的利润中心。自然的利润中心是指可以直接对外销售产品并取得收入的利润中心。例如，某些公司采用事业部制，每个事业部均有销售、生产、采购职能，有很强的独立性，这些事业部就是自然的利润中心。②人为的利润中心。人为的利润中心是按照人为确定的内部转移价格，向内部责任单位提供产品或劳务而取得“内部销售收入”的利润中心。通过人为确定内部转移价格，工业企业的大多数成本中心可以转化为人为的利润中心。

2）利润中心的考核指标

（1）人为的利润中心的考核指标是边际贡献（也称贡献毛益）总额，计算公式为：

利润中心边际贡献总额=该利润中心销售收入-该利润中心可控成本总额（或变动成本总额）

需要注意的是，如果可控成本中包含可控的固定成本，它就不完全等于变动成本总额。

（2）自然的利润中心的考核指标主要有四个：

利润中心边际贡献总额=该利润中心销售收入总额-该利润中心变动成本总额

利润中心负责人可控利润总额(也称可控边际贡献) = 该利润中心边际贡献总额 − 该利润中心负责人可控固定成本

利润中心可控利润总额(也称部门边际贡献) = 该利润中心负责人可控利润总额 − 该利润中心负责人不可控固定成本

公司利润总额(也称税前部门利润) = 各利润中心可控利润总额之和 − 公司不可分摊的各种管理费用、财务费用等金额

在这四个指标中，利润中心边际贡献总额作为利润中心的业绩评价依据不够全面；利润中心负责人可控利润总额最适合作为对利润中心负责人的业绩评价依据；利润中心可控利润总额更适合用来评价利润中心对企业利润和管理费用的贡献，而不适合对利润中心负责人的业绩评价；以公司利润总额作为利润中心的业绩评价依据也不合适，较少使用。

【例10-14】 XYZ公司下属水泥厂的水泥预制件车间是一个自然的利润中心，本期实现内部销售收入24万元，销售变动成本为18万元。该中心负责人可控固定成本为3.5万元，不可控的、应由该中心负担的固定成本为1万元。

要求：计算该利润中心边际贡献总额、该利润中心负责人可控利润总额、该利润中心可控利润总额。

该利润中心边际贡献总额=24-18=6（万元）

该利润中心负责人可控利润总额=6-3.5=2.5（万元）

该利润中心可控利润总额=2.5-1=1.5（万元）

10.4.3 投资中心的业绩评价

1）投资中心的含义

投资中心是既对成本、收入和利润负责，又对投资负责的责任中心。成本中心、利润中心和投资中心既有联系，又有区别，见表10-9。

表10-9 成本中心、利润中心和投资中心的对比

中心	应用范围	权限	责任范围	考核办法	组织形式	主要考核指标
成本中心	最广	最小（可控成本的控制权）	可控成本和费用	只以货币形式计量投入，不以货币形式计量产出	通常不是法人	责任成本（费用）变动额、责任成本（费用）变动率
利润中心	较窄（有独立收入，并有经营决策权）	较大（生产经营决策权）	成本费用、收入、利润	不进行投入产出比较	可以是法人，也可以不是法人	利润中心边际贡献总额、利润中心负责人可控利润、利润中心可控利润
投资中心	最窄（有生产经营和投资决策权）	最大（生产经营和投资决策权）	成本费用、收入、利润、投资效果	进行投入产出比较	通常是法人	投资报酬率、剩余收益

2）投资中心的考核指标

投资中心的经理不仅能控制成本和收入，而且能控制占用的资产，因此，不仅要衡量其利润，而且要衡量其资产，并把利润与其所占用的资产联系起来。评价投资中心业绩的指标主要有以下几个：

（1）投资报酬率

①投资报酬率的含义。

投资报酬率也称投资利润率，是指投资中心所获得的营业利润（指投资中心的边际贡献或息税前利润）与该投资中心的资产总额（或投资额）之间的比率，反映投资中心的综合盈利能力。其计算公式为：

$$投资报酬率=\frac{息税前利润总额}{平均资产总额}=\frac{\frac{税后净利润}{1-所得税税率}+利息费用}{平均资产总额}$$

$$=\frac{销售收入}{平均资产总额}\times\frac{成本费用}{销售收入}\times\frac{息税前利润总额}{成本费用}$$

$$=总资产周转率\times销售成本率\times成本费用利润率$$

其中，平均资产总额=（期初资产总额+期末资产总额）÷2。在无法获得期初（或期末）资产总额的资料时，也可用期末（或期初）资产总额替代平均资产总额。

②投资报酬率的优缺点。

优点：第一，投资报酬率具有横向可比性，它将各投资中心的投入与产出进行比较，剔除了因投资额不同而导致的利润差异的不可比因素，可以用于对不同投资中心进行业绩比较。第二，投资报酬率可以作为选择投资机会的依据，能够引导投资中心选择高于资本

成本率的投资项目。

缺点：第一，在通货膨胀时，企业资产账面价值可能失真、失实，使计算的投资报酬率无法揭示投资中心的实际经营能力。第二，部门经理会放弃高于资本成本率而低于目前部门投资报酬率的机会，或者减少现有的投资报酬率较低但高于资本成本率的某些项目，提高本部门的投资报酬率，但会损害企业整体利益。

【例10-15】 XYZ公司的资本成本率为15%，下属某水泥厂是投资中心，该水泥厂2022年年底的资产总额为40万元，投资报酬率为20%。如果不进行其他投资，预计2023年该水泥厂的资产可保持相同的投资报酬率。2023年年初该水泥厂厂长面临一个投资报酬率为18%的投资项目，投资额为10万元。假设XYZ公司采用投资报酬率对下属企业进行考核，请帮助该厂长就是否投资该项目进行决策。

如果投资该项目，则：

$$\text{投资报酬率}=\frac{(40\times 20\%)+(10\times 18\%)}{40+10}=19.6\%<20\%$$

由计算结果可知，投资该项目后，该水泥厂的投资报酬率将从20%下降到19.6%，所以不应该投资该项目。但是对XYZ公司来说，由于投资报酬率（18%）高于其资本成本率（15%），因此应当投资该项目。

（2）剩余收益

①剩余收益的含义。

剩余收益是指投资中心获得的营业利润扣减其营业总资产（或投资额）按所要求的最低报酬率计算的最低报酬后的余额。其中，要求的最低报酬率是指企业根据所属行业等具体情况所确定的预期投资报酬率，通常采用所属行业的平均投资报酬率、公司的平均利润率、资本成本率等作为预期的最低报酬率。剩余收益的计算公式为：

剩余收益=营业利润-平均资产总额×要求或预期的最低投资报酬率

=平均资产总额×（投资报酬率-要求或预期的最低投资报酬率）

以剩余收益作为投资中心经营业绩的评价指标，各投资中心只要剩余收益大于零，或者说只要投资利润率大于要求或预期的最低投资收益率（或总资产息税前利润率大于要求或预期的最低总资产息税前利润率），该项投资（或资产占用）就是可行的。

【例10-16】 基本资料同例10-15，假设XYZ公司采用剩余收益对下属企业进行考核，请就是否投资进行决策。

该项目的剩余收益=10×（18%-15%）=0.3（万元）>0

由计算结果可知，投资该项目后，该水泥厂的剩余收益将增加0.3万元，所以应该投资，这时该水泥厂的决策就跟XYZ公司一致了。

②剩余收益的优缺点。

优点：第一，较好地体现了投资中心的投入产出关系。第二，可以引导投资中心负责人采纳高于企业资本成本率的投资项目，克服了投资利润率的缺陷，避免了本位主义，使投资中心的目标与企业目标协调一致。

缺点：该指标是绝对数指标，不便于不同投资中心的横向比较。

10.4.4 基于EVA的业绩评价

利润表上反映的会计利润只考虑了债务资本的成本，把权益资本当作免费资本来使用。与会计利润相对的是经济利润，由于在计算经济利润时考虑企业全部资金来源的成本（债务资本成本和权益资本成本），因而能更准确地反映对企业的价值判断。

正是由于认识到会计利润的缺陷，美国思腾斯特咨询公司（Stern Stewart & CO.）于1982年提出了经济增加值（EVA）的概念，并于1993年9月对其进行了完整的表述和说明。相对于传统的业绩评价指标，EVA最大的特点就是从股东角度重新定义了企业的利润，考虑了全部资本成本，能更全面、准确地评价企业的真实业绩。

1）EVA的含义

经济增加值（economic value added，EVA）是基于经济利润衡量企业经营业绩的一个指标，是企业资本收益（即税后净经营利润）与全部投入资本（即债务资本和权益资本之和）成本之间的差额。

EVA体现了企业在一定时期创造或损失的股东财富价值量，真正成为了股东所定义的利润。EVA为正值，表明企业获得的收益大于为获得该收益所付出的资本成本，说明企业增加了股东财富；EVA为负值，表明企业获得的收益小于为获得该收益所付出的资本成本，说明企业股东财富被损害；EVA为零，表明企业的收益仅仅补偿了资本成本。例如，一家企业税后净经营利润为1 500万元，税后债务资本成本为700万元，股本资本成本为1 000万元，则该企业会计报表上体现的利润为800万元（1 500-700），但如果用EVA指标计算，其经济增加值为-200万元（1 500-700-1 000），说明该企业的经营者实际上损害了股东的利益。

2）EVA的计算

（1）EVA的计算公式

根据EVA的含义，其一般计算公式为：

EVA=税后净经营利润-加权平均资本成本×投入总资本
=NOPAT-WACC×TC

其中，投入总资本（TC）包括债权人投入的债务资本和所有者（股东）投入的权益资本（股本），债务资本是指扣除了应付账款、应付票据、其他应付款等商业信用负债后的负债，权益资本（股本）是指所有者权益加上摊销的商誉和各种准备金。税后净经营利润（NOPAT）是指包含债务利息的利润，是以利润表上的税后净利润为基础，经过相对复杂的调整后得到的。

（2）税后净经营利润（NOPAT）的主要调整项目

对NOPAT的计算是以利润表上的税后净利润为基础进行调整得到的。思腾斯特咨询公司已经确认了160多种对公认会计准则（GAAP）所得收入及收支平衡表可能做的调整措施，在大多数情况下，企业只需对税后净利润进行5～15项调整就可以使EVA达到相当准确的程度。主要调整项目包括：

①研发费用。GAAP要求企业把发生的研发费用作为当期费用，从当期收益中扣减。EVA则站在股东的角度，把研发费用看作对未来产品的投资，作为资产负债表的一项资产，在一个合适的期间进行摊销。

②各项准备金。GAAP要求企业为将来发生的费用提取准备金（如坏账准备、存货跌价准备、短期投资跌价准备、长期投资减值准备、固定资产减值准备、无形资产减值准备、在建工程减值准备、委托贷款减值准备等）。EVA则认为，这些准备金在提取时并未实际发生，提取减值准备的做法实际上是将今后可能发生的费用提前计入了损益，同时计提准备金并没有实际资产的减少和现金的流出，所以要对这些准备金进行调整，以免低估企业利润。

③后进先出法。EVA认为，当物价不稳定时，采用后进先出法计价的存货期末账面价值不能反映现实价格，影响了本期的资产总额和下一期的销售成本，从而影响下期的税后净经营利润。EVA建议将其调整为先进先出法。

④商誉。按照GAAP的要求，企业应当在一定时期内把商誉摊销完，这会减少公司的股权和资产，从而高估企业资产报酬率等盈利能力指标。EVA认为应该让商誉一直保留在资产负债表上，永远别注销它。

⑤递延税款。由于会计和国家税收度量标准不一致，企业公布报表和实际报税的时间不同，反映的收支状况不一样，因此企业使用递延税款来反映将来可能缴纳的税款。EVA认为，企业应扣除的唯一税款就是当前缴纳的税款，而不是将来可能缴纳的税款。因此，计算资本和资本成本时，应把从过去利润中扣除的递延税款加到股东权益中去。

学思践悟

国资委：央企考核指标变化及目标

2023年1月5日，国资委召开中央企业负责人会议，提出央企考核的新指标体系。近年来，国资委对央企、国企的考核指标不断优化，愈加强调盈利质量。

2020年国资委提出“两利三率”（利润总额、净利润、资产负债率、营业收入利润率、研发投入强度）的考核指标，引导企业注重提高经营效率、加大科技创新产业布局。2021年国资委将考核指标变更为“两利四率”（在两利三率的基础上增加“全员劳动生产率”指标），引导企业提高劳动力配置效率和人力资本水平。2022年国资委提出“两利四率”实现“两增一控三提高”的考核目标，即利润总额和净利润增速高于国民经济增速，控制好资产负债率，进一步提高营业收入利润率、研发经费投入和全员劳动生产率。2023年国资委提出“一利五率”（利润总额、资产负债率、净资产收益率、全员劳动生产率、研发投入强度、营业现金比率）的考核指标，并制定了“一增一稳四提升”的目标，即确保利润总额增速高于全国GDP增速，保持资产负债率总体稳定，进一步提高净资产收益率、研发投入强度、全员劳动生产率和营业现金比率。

请思考：近年来国资委制定的考核指标体系在引导和促进中央企业落实国家战略任务、增强创新能力、提高盈利水平、防范重大风险等方面取得了哪些成效？考核指标设计的科学性和合理性体现在哪些方面？这些考核指标体系对于其他类型企业的业绩考核有何重要启示？

本章小结

财务分析是分析主体以企业财务报表及其辅助资料为主要依据，按照一定的程序，采用一定的专门方法，对企业一定时期内的经营成果、财务状况和资产管理水平等方面进行的综合评价和剖析。财务分析主要包括偿债能力分析、营运能力分析、盈利能力分析、发展能力分析，在此基础上进行财务状况的趋势分析和综合分析。财务分析的基本方法有比较分析法、比率分析法、因素分析法和趋势分析法。财务状况综合分析的方法有沃尔比重评分法、财务比率综合评价法和杜邦财务分析体系。哈佛分析框架包括战略分析、会计分析、财务分析、前景分析四个方面。业绩评价是指运用数理统计和运筹学等方法，通过建立综合评价指标体系，对照相应的评价标准，定量分析与定性分析相结合，对企业一定经营期间的盈利能力、资产质量、债务风险以及经营增长等进行的综合评判。企业责任中心包括成本中心、利润中心、投资中心。经济增加值（EVA）作为业绩评价的方法之一，具有传统业绩评价方法所没有的优点。

重要概念

资产负债表　利润表　现金流量表　财务分析　偿债能力　营运能力　盈利能力　发展能力　业绩评价　成本中心　利润中心　投资中心　杜邦财务分析体系　哈佛分析框架　经济增加值（EVA）

本章案例

分析XYZ公司母公司的财务状况和经营成果

2022年XYZ公司母公司的基本财务报表见表10-10、表10-11和表10-12。

表10-10　母公司资产负债表

编制单位：XYZ集团股份有限公司　　2022年12月31日　　单位：元

资产	期末余额	年初余额	负债和所有者权益（或股东权益）	期末余额	年初余额
流动资产：			流动负债：		
货币资金	14 026 027 821	10 955 993 400	短期借款	0	0
结算备付金*			向中央银行借款*		
拆出资金*			拆入资金*		
交易性金融资产	1 197 090 417	0	交易性金融负债		
衍生金融资产			衍生金融负债		
应收票据及应收账款	1 583 539 451	1 712 169 181	应付票据及应付账款	142 983 057	164 575 257
其中：应收票据	0	0	其中：应付票据	0	0
应收账款	1 583 539 451	1 712 169 181	应付账款	142 983 057	164 575 257
预付款项	3 309 197	10 285 417	预收款项	0	0
应收保费*			卖出回购金融资产款*		
应收分保账款*			吸收存款及同业存放*		
应收分保合同准备金*			代理买卖证券款*		
其他应收款	4 264 366 738	4 294 092 633	代理承销证券款*		
买入返售金融资产*			应付职工薪酬	1 039 273 499	1 028 104 657
存货	37 194 368	31 091 577	应交税费	15 936 324	17 802 409

续表

资产	期末余额	年初余额	负债和所有者权益（或股东权益）	期末余额	年初余额
合同资产	419 086 753	125 415 796	其他应付款	5 275 240 643	5 161 246 389
持有待售资产	0	0	应付手续费及佣金*		
一年内到期的非流动资产	12 502 083	0	应付分保账款*		
其他流动资产	355 786 492	336 649 932	合同负债	478 166 358	17 696 397
流动资产合计	21 898 903 320	17 465 697 936	持有待售负债	0	0
非流动资产：			一年内到期的非流动负债	3 123 052 905	2 630 740 767
发放贷款和垫款*			其他流动负债	103 956 229	95 887 180
债权投资	0	0	流动负债合计	10 178 609 015	9 116 053 056
其他债权投资	0	0	非流动负债：		
长期应收款	0	0	保险合同准备金*		
长期股权投资	74 389 912 828	71 452 757 045	长期借款	1 700 000 000	0
其他权益工具投资	0	0	应付债券	1 926 275	2 996 158 996
其他非流动金融资产	929 969 571	1 075 173 169	其中：优先股	0	0
投资性房地产	592 170 703	617 854 287	永续债	0	0
固定资产	3 277 993 581	2 556 001 655	长期应付款	54 320 000	50 770 000
在建工程	118 194 880	727 793 586	预计负债	0	0
生产性生物资产	0	0	递延收益	331 131 158	278 032 025
油气资产	0	0	递延所得税负债	0	0
无形资产	4 523 123 522	4 126 927 235	其他非流动负债	0	0
开发支出	1 133 946 621	1 337 321 803	非流动负债合计	2 087 377 433	3 324 961 021
商誉	0	0	负债合计	12 265 986 448	12 441 014 077
长期待摊费用	1 902 392	3 038 187	所有者权益（或股东权益）：		
递延所得税资产	0	0	实收资本（或股本）	10 487 163 691	10 370 592 825
其他非流动资产	2 735 057 624	287 308 284	其他权益工具	0	223 865 674
非流动资产合计	87 702 271 722	82 184 175 251	其中：优先股	0	0
			永续债	0	0
			资本公积	34 729 065 702	32 603 998 627
			减：库存股	293 582 847	509 485 637
			其他综合收益	-8 198 884	-27 743 723
			盈余公积	5 498 401 539	5 498 401 539
			一般风险准备*	0	0
			未分配利润	46 922 339 393	39 049 229 805
			归属于母公司所有者权益（或股东权益）合计		
			少数股东权益		
			所有者权益（或股东权益）合计	97 335 188 594	87 208 859 110
资产总计	109 601 175 042	99 649 873 187	负债和所有者权益（或股东权益）总计	109 601 175 042	99 649 873 187

公司负责人：　　　　　　主管会计工作负责人：　　　　　　会计机构负责人：

注：标注“*”的项目为金融企业专用项目。

表 10-11 母公司利润表

编制单位：XYZ集团股份有限公司 2022年12月31日 单位：元

项　　目	2022年度	2021年度
一、营业总收入	2 805 715 487	2 066 638 234
其中：营业收入	2 805 715 487	2 066 638 234
利息收入*		
已赚保费*		
手续费及佣金收入*		
二、营业总成本	2 260 975 117	1 681 683 742
其中：营业成本	2 260 975 117	1 681 683 742
利息支出*		
手续费及佣金支出*		
退保金*		
赔付支出净额*		
提取保险责任准备金净额*		
保单红利支出*		
分保费用*		
税金及附加	37 601 190	27 565 012
销售费用	0	0
管理费用	904 391 804	917 291 005
研发费用	1 931 589 371	2 168 719 594
财务费用	−261 564 671	−173 615 272
其中：利息费用	72 272 526	138 326 087
利息收入	338 573 940	356 473 690
资产减值损失	−1 970 300 424	−87 519 416
信用减值损失	−17 915 948	0
加：其他收益	82 620 448	435 612 519
投资收益（损失以“−”号填列）	14 591 144 603	11 478 031 517
其中：对联营企业和合营企业的投资收益	13 402 394 868	10 449 567 543
汇兑收益（损失以“−”号填列）*	0	0
净敞口套期收益（损失以“−”号填列）	0	0
公允价值变动收益（损失以“−”号填列）	−338 457 622	78 167 500
资产处置收益（损失以“−”号填列）	22 854	2 373 174 279
三、营业利润（亏损以“−”号填列）	10 279 836 587	11 722 460 552

续表

项目	2022年度	2021年度
加：营业外收入	274 356	495 482
减：营业外支出	3 356 689	6 328 980
四、利润总额（亏损总额以"–"号填列）	10 276 754 254	11 716 627 054
减：所得税费用	85 183	93 384
五、净利润（净亏损以"–"号填列）	10 276 669 071	11 716 533 670
（一）按经营持续性分类		
1.持续经营净利润（净亏损以"–"号填列）	10 276 669 071	11 716 533 670
2.终止经营净利润（净亏损以"–"号填列）	0	0
（二）按所有权归属分类		
1.归属于母公司所有者的净利润（净亏损以"–"号填列）		
2.少数股东损益（净亏损以"–"号填列）		
六、其他综合收益的税后净额	19 544 839	–27 711 397
（一）归属于母公司所有者的其他综合收益的税后净额		
1.不能重分类进损益的其他综合收益	19 543 495	–27 742 379
（1）重新计量设定受益计划变动额	750 000	–2 760 000
（2）权益法下不能转损益的其他综合收益	18 793 495	–24 982 379
（3）其他权益工具投资公允价值变动		
（4）企业自身信用风险公允价值变动		
2.将重分类进损益的其他综合收益	1 344	30 982
（1）权益法下可转损益的其他综合收益	1 344	30 982
（2）其他债权投资公允价值变动	0	0
（3）金融资产重分类计入其他综合收益的金额	0	0
（4）其他债权投资信用减值准备		
（5）现金流量套期储备		
（6）外币财务报表折算差额		
（7）其他		
（二）归属于少数股东的其他综合收益的税后净额		
七、综合收益总额	10 296 213 910	11 688 822 273
（一）归属于母公司所有者的综合收益总额		
（二）归属于少数股东的综合收益总额		
八、每股收益：		
（一）基本每股收益（元/股）		
（二）稀释每股收益（元/股）		

法定代表人：　　主管会计工作负责人：　　总会计师：　　会计机构负责人：

注：标注"*"的项目为金融企业专用项目。

表 10-12

母公司现金流量表

编制单位：XYZ集团股份有限公司　　2022年12月31日　　单位：元

项　　目	2022年度	2021年度
一、经营活动产生的现金流量：		
销售商品、提供劳务收到的现金	3 249 862 164	1 303 632 728
客户存款和同业存放款项净增加额*		
向中央银行借款净增加额*		
向其他金融机构拆入资金净增加额*		
收到原保险合同保费取得的现金*		
收到再保险业务现金净额*		
保户储金及投资款净增加额*		
处置交易性金融资产净增加额		
收取利息、手续费及佣金的现金*		
拆入资金净增加额*		
回购业务资金净增加额*		
代理买卖证券收到的现金净额*		
收到的税费返还	0	47 448 589
收到其他与经营活动有关的现金	649 051 738	469 721 004
经营活动现金流入小计	3 898 913 902	1 820 802 321
购买商品、接受劳务支付的现金	412 254 832	97 163 746
客户贷款及垫款净增加额*		
存放中央银行和同业款项净增加额*		
支付原保险合同赔付款项的现金*		
为交易目的而持有的金融资产净增加额*		
拆出资金净增加额*		
支付利息、手续费及佣金的现金*		
支付保单红利的现金*		
支付给职工以及为职工支付的现金	1 503 803 116	888 264 882
支付的各项税费	91 316 379	147 451 644
支付其他与经营活动有关的现金	604 082 092	424 654 107
经营活动现金流出小计	2 611 456 419	1 557 534 379
经营活动产生的现金流量净额	1 287 457 483	263 267 942
二、投资活动产生的现金流量：		

续表

项　　目	2022年度	2021年度
收回投资收到的现金	0	0
取得投资收益收到的现金	13 037 313 832	10 672 541 826
处置固定资产、无形资产和其他长期资产收回的现金净额	134 056	5 204 988 201
处置子公司及其他营业单位收到的现金净额	0	0
收到其他与投资活动有关的现金	315 339 717	900 943 861
投资活动现金流入小计	13 352 787 605	16 778 473 888
购建固定资产、无形资产和其他长期资产支付的现金	3 021 953 153	3 718 477 847
投资支付的现金	2 724 800 785	11 074 071 413
质押贷款净增加额		
取得子公司及其他营业单位支付的现金净额	0	0
支付其他与投资活动有关的现金	3 971 500 000	628 770 000
投资活动现金流出小计	9 718 253 938	15 421 319 260
投资活动产生的现金流量净额	3 634 533 667	1 357 154 628
三、筹资活动产生的现金流量：		
吸收投资收到的现金	213 405 713	82 210 995
其中：子公司吸收少数股东投资收到的现金		
取得借款收到的现金	1 700 000 000	0
发行债券收到的现金		
收到其他与筹资活动有关的现金	0	0
筹资活动现金流入小计	1 913 405 713	82 210 995
偿还债务支付的现金	1 071 717 000	0
分配股利、利润或偿付利息支付的现金	2 646 016 206	2 268 496 161
其中：子公司支付给少数股东的股利、利润		
支付其他与筹资活动有关的现金	2 892 278	2 640 501
筹资活动现金流出小计	3 720 625 484	2 271 136 662
筹资活动产生的现金流量净额	−1 807 219 771	−2 188 925 667
四、汇率变动对现金及现金等价物的影响	0	0
五、现金及现金等价物净增加额	3 114 771 379	−568 503 097
加：期初现金及现金等价物余额	10 909 287 924	11 477 791 020
六、期末现金及现金等价物余额	14 024 059 303	10 909 287 923

法定代表人：　　　主管会计工作负责人：　　　总会计师：　　　会计机构负责人：

注：标注“*”的项目为金融企业专用项目。

【思考】(1) XYZ公司母公司的财务状况如何?

(2) XYZ公司母公司的经营成果如何?

自测题

一、即测即评

第10章单项选择题　　第10章多项选择题　　第10章判断题

二、计算题

1. 某公司流动资产由速动资产和存货构成，年初存货为145万元，年初应收账款为125万元，年末流动比率为300%，年末速动比率为150%，存货周转率为4次，年末流动资产余额为270万元。一年按360天计算。

要求：(1) 计算该公司流动负债年末余额；

(2) 计算该公司存货年末余额和年平均余额；

(3) 计算该公司本年主营业务成本；

(4) 假定本年赊销净额为960万元，应收账款以外的其他速动资产忽略不计，计算该公司应收账款周转天数。

2. 某公司2022年主营业务收入净额为77万元，主营业务净利率为10%，按照主营业务收入计算的存货周转率为7次，期初存货余额为8万元，期初应收账款余额为12万元，期末应收账款余额为10万元，速动比率为150%，流动比率为200%，固定资产总额为50万元，期初资产总额为80万元。该公司流动资产由速动资产和存货组成，资产总额由固定资产和流动资产组成。

要求：(1) 计算应收账款周转率（计算结果保留两位小数，下同）；

(2) 计算总资产周转率；

(3) 计算总资产净利率。

3. 某公司2022年年初负债总额为400万元，股东权益是负债总额的3倍，年资本积累率为50%，年末资产负债率为40%。2022年该公司固定成本总额为170万元，实现净利润300万元，所得税税率为25%。2022年年末股份总数为600万股，假设普通股股数在2022年和2023年未发生变化，企业没有优先股，2022年年末普通股市价为5元/股。

要求：(1) 计算2022年年初股东权益总额、资产总额、年初资产负债率（计算结果保留两位小数，下同）；

(2) 计算2022年年末股东权益总额、负债总额、资产总额、产权比率；

(3) 计算2022年总资产净利率、权益乘数（使用平均数计算）、平均每股净资产、每股收益、市盈率；

(4) 假设2023年实现净利润400万元，年末保持2022年的资本结构和2022年的资本积累率，计算2023年的每股收益，并用因素分析法分析总资产净利率、权益乘数以及平均每股净资产对每股收益的影响数额。

4.某物流公司2022年实际运输业务情况与计划情况见表10-13。

表10-13 运输业务情况表

项目	计划	实际	差异
运输数量（吨）	100	120	20
运输里程（千米）	500	510	10
运价（元/吨·千米）	2	1.9	-0.1
运费（元）	100 000	116 280	16 280

要求：采用因素分析法对该物流公司的运输业务进行分析。

5.某企业甲、乙两个投资中心2022年创造的剩余收益相等。甲投资中心的平均资产为500万元，投资报酬率为16%；乙投资中心的平均资产为400万元。该企业平均资本成本率为12%。

要求：（1）计算甲投资中心的剩余收益；

（2）计算乙投资中心的投资报酬率；

（3）比较投资报酬率和剩余收益作为投资中心业绩评价指标的优缺点。

三、思考题

1.杜邦财务分析体系的基本原理是什么？

2.财务分析的基本方法有哪些？

3.财务状况综合分析的方法有哪些？各方法之间的联系和区别是什么？

4.财务比率综合评价法的基本原理是什么？

5.财务分析的意义有哪些？

6.财务分析存在哪些局限性？

7.流动比率、速动比率与现金比率之间的关系是怎样的？

8.企业长期偿债能力和短期偿债能力的影响因素有哪些？

9.杜邦财务分析体系的作用体现在哪些方面？

10.基于EVA的业绩评价方法有哪些优缺点？

第10章计算题参考答案

第10章思考题分析提示

第11章　企业并购

【学习目标】

通过本章的学习，你要：

1. 了解企业并购的概念和类型；
2. 能辨别横向并购、纵向并购和混合并购的差异；
3. 掌握企业并购的动因和效应、企业并购的一般程序；
4. 能运用企业价值评估技术对企业的并购效应进行分析；
5. 能分析和辨别并购效应中的经营效应、管理效应和财务效应。

11.1　企业并购概述

11.1.1　企业并购的概念

企业并购是指目标公司控股权发生转移的各种产权交易形式的总称，主要有兼并、收购和合并等，其英文为Mergers and Acquisitions（M&A）。企业并购是企业法人在平等自愿、等价有偿的基础上，以一定的经济方式取得其他法人产权的行为，是企业进行资本运作和经营的主要形式。

兼并是指企业通过产权交易获得其他企业的产权，使目标企业丧失法人资格，并获得目标企业控制权的经济行为。收购是指一个企业以购买全部或部分股票（股份收购）的方式购买另一企业全部或部分所有权，或者以购买全部或部分资产（资产收购）的方式购买另一企业全部或部分所有权。收购的目标是获得对目标企业的控制权，目标企业的法人资格并不取消。合并是指两个或两个以上公司通过法定方式重组，原有公司都不再继续保留法人地位。

从企业并购的现状和发展看，企业并购主要是兼并、收购，通常简称为购并；合并比较少。限于篇幅，本书主要介绍兼并和收购。

11.1.2 企业并购的类型

1）按与并购企业所处行业的关系，企业并购可分为横向并购、纵向并购和混合并购

（1）横向并购

横向并购，是指生产经营同类且互为竞争关系的产品的并购企业与目标公司之间的并购。其主要目的是实现并购企业的横向一体化，提高规模效益，提高市场占有率和竞争力。由于横向并购可能形成某类产品的市场垄断，因此在一些国家和地区受到反垄断法的约束。

（2）纵向并购

纵向并购，是指发生在同一产业的上下游企业之间的并购。并购企业与目标公司之间是供应商和客户的关系而非竞争关系。通过纵向并购，企业可以在市场整体范围内实现纵向一体化。纵向并购按并购的是上游或下游目标公司，分为前向并购和后向并购。纵向并购的目的在于加强业务链的整体优势，降低交易成本，实现对重要原材料或市场的控制。

（3）混合并购

混合并购，是指发生在不同行业企业之间的并购，其目的主要在于分散风险，或寻求新的利润增长点。

2）按收购的支付手段，企业并购可分为现金收购、债券收购和股权交换收购

（1）现金收购

现金收购，是指并购公司支付一定数量的货币资金，以取得目标公司的权益。现金收购对于目标公司的股东而言，将存在所得税问题。此外，现金收购往往要求并购企业有足够的现金流。

（2）债券收购

债券收购，是指收购企业通过向被收购企业的股东支付债券的形式获得被收购企业的股权。这种收购方式既可以解决现金流问题，又可避免股权稀释，但会影响资本结构。

（3）股权交换收购

股权交换收购，是指并购公司通过向目标公司的股东发行本公司的新股票，以换取目标公司全部或大部分股票的并购方式。股权交换收购不需要支付现金，因为收购时增发了新股，所以收购双方股东在新合并公司的股权结构会发生变化，企业的控制权可能发生转移。世界上大多数收购属于股权交换收购。

除上述收购方式外，还可以综合运用现金、债券和股票中的两种或三种进行收购，也出现过用认股权证、可转换债券等有价证券进行的混合收购。

3）按收购过程中的具体操作方式和法律要求，企业并购可分为协议收购和要约收购

（1）协议收购

协议收购，是指并购者在证券交易所之外，以协商的方式与目标公司的股东签订收购其股份的协议，从而达到控制目标公司的目的。并购方可依照法律、行政法规的规定同目标公司的股东以协议方式进行股权转让。

（2）要约收购

要约收购，通常是对上市公司进行收购，当收购者收购目标公司的股份达到法定比例（我国《证券法》规定该比例为30%）后，若继续增持股份，必须依法向目标公司所有股

东发出收购要约。按对所有股东的所有股权还是部分股权进行要约收购，要约收购分为全面要约和部分要约。与协议收购相比，要约收购要经过较多的环节，操作程序比较繁杂，收购成本较高。要约收购的目的通常是取得目标公司的绝对控制权。

4）按是否利用被并购企业的资产筹集收购资金，企业并购可分为杠杆收购和非杠杆收购

（1）杠杆收购

杠杆收购，是指公司利用自己的资产作为债务抵押，收购另一家公司的策略。其大规模融资借贷用于支付交易费用，通常为总购价的70%或全部。另外，收购方也可以目标公司资产及未来收益作为借贷抵押。借贷利息将用被收购公司的未来现金流支付。杠杆收购最大的风险在于：若出现经济衰退、经营不景气等不可预见事件，或者政策要进行调整，往往会导致定期利息支付困难、技术性违约、全面清盘等，从而不被并购方股东所看好。

（2）非杠杆收购

非杠杆收购，是指并购方主要利用自有资金进行并购。

11.1.3 企业并购的动因与效应

企业并购的动因往往来自对利润的追求和对公司战略的考虑，具体而言，有如下几个：

1）获取协同效应

追求利润和资本增值是企业并购最基本的动因。如并购企业在技术、管理、资金等方面具有比较优势，可通过并购在某些方面处于劣势的企业，使目标公司在生产、营销、管理的不同环节、不同阶段、不同方面共同利用同一优质资源而产生1+1>2的效应，即协同效应，从而使竞争力增强，使合并后的公司业绩和价值比两个公司独立存在时的预期业绩和价值高。协同效应包括三个方面：

（1）管理协同效应

管理理论认为，策划、组织、指挥和控制等管理职能在一定程度上可以复制到其他企业中，也就是说，管理在各个行业或各种类型的组织之间具有可转移性。如果任意两个管理能力不相等的企业合并，那么合并后企业的表现将得益于具有先进管理经验的企业，其综合管理效率将得到提高，合并企业的总体表现将优于两个单独企业的相加之和，这就是最普遍的管理协同效应。

（2）经营协同效应

经营协同效应是指由于并购给企业生产经营活动在效率方面带来的变化及效率的提高所产生的效益，具体表现在：

①规模经济效应。随着生产规模的扩大，单位产品成本下降，收益率提高。规模经济效应是横向并购经营协同效应的主要来源。第一，横向并购会带来工厂规模经济效益，它一般来源于资源的不可分性。第二，企业规模扩大后，可以使用更大型和更有效率的机器设备，设备的规模成本指数将降低。第三，从整个企业经营的角度来看，横向并购会带来大规模采购收益。采购量的增加提高了企业在要素市场上的地位，这种地位表现为企业讨价还价能力以及获取信息能力的增强，从而带来采购上的规模经济。另外，横向并购还能

使企业进行更专业化的分工，以提高效率和节约成本。

②纵向一体化效应和控制战略资源。在纵向并购中，并购目标公司的目的主要在于取得原材料或市场的控制权。通过纵向一体化，可以减少商品流转的中间环节，节约交易成本，加强生产过程各环节的配合，有利于协作化生产。

③获得市场话语权或垄断权。如果通过横向并购，能够获取市场话语权或垄断权，则合并后的公司可以借机提高产品价格，获取垄断利润。

④取得资源互补。合并可以达到资源互补从而优化资源配置的目的。

（3）财务协同效应

通过并购，有盈利的企业可以与一个有累积税收损失和有税收减免的企业合并，从而实现合法避税的目的。大多数国家和地区的税法都有此项税收优惠政策。另外，由于并购，企业在资金运用上产生了资金规模效应，表现为筹资渠道多元化所带来的资本成本降低和借款能力增强。若并购对象为上市公司，还存在并购后所持有股票价格上升所产生的效应。

以资金的高效利用为例，企业兼并发生后，通过将收购企业低资本成本的内部资金投资于被收购企业的高效益项目上，兼并后企业的资金使用效益大为提高。那些成立时间较长、已进入成熟期或衰退期的企业，往往有相对富裕的现金流入，但是苦于没有适合的投资机会，而将资金用于股利发放。长此以往，企业发展前景会更加暗淡，逐渐走向衰落，所以其管理者希望从其他企业那里找到有较高回报率的投资机会，从而形成资金供给。与此同时，那些新兴企业增长速度较快、具有良好的投资机会，但是其内部资金缺乏，而外部融资成本较高，加之企业偿债能力差，获取资金的途径有限，因此特别需要资金。在这种情况下，企业兼并在供求之间搭起了桥梁。两个企业通过兼并形成一个小型的资本市场，一方面可以提高企业资金的使用效益，另一方面得到了充裕的低成本资金，可以抓住良好的投资机会，使得兼并后的企业能够更科学、更合理地使用资金。这正是财务协同效应的意义所在。

2）获得价值低估效应

按照现代财务理论，在证券市场上，公司股票的托宾Q值是决定企业并购的一个重要因素。所谓托宾Q值，是企业股票市值对股票所代表的资产重置成本的比值，但在实际操作中，重置成本很难估算，所以通常用公司净资产的账面价值代替。其计算公式为：

$$托宾Q=\frac{股票市值}{净资产的账面价值}$$

当目标企业的托宾Q值小于1时，说明并购是有利可图的。如果股票市值低于净资产的账面价值的公司成为被收购的对象，并购后将实现价值回升。

3）为企业发展战略服务

企业在不同阶段有不同的发展战略，与并购有关的主要有以下几个：

（1）快速发展战略

对于高速成长的企业而言，通过并购实现跨越式发展无疑是一条比较现实的捷径。通过横向并购，避免了自身发展时间过长的约束，可以快速获得目标公司原有的市场及相关技术。

（2）多元化经营战略

发展到一定阶段的企业，由于受原有资源、市场的约束或为了规避相应的经营风险，存在多元化经营、控制风险、寻找新的利润增长点的趋势。但是“隔行如隔山”，不同行业的经营理念、技术、市场等成为企业进入新行业的壁垒，快速跨越壁垒的最佳方式就是进行纵向并购或混合并购。借助被并购方的现有资源，能够更容易地进行多元化经营。大多数进入全新行业的企业采用的就是纵向或混合并购方式。

（3）战略资源的控制

当今社会，战略资源的地位越来越高，已影响一个国家或地区的竞争力和企业的生死存亡。国内有限的资源难以满足经济快速发展的需要，而世界上越来越多的国家和地区对初级形态的资源出口采取限制政策，对石油等矿产资源的需求使海外投资成为中国企业利用国外资源的必然选择。

4）取得上市公司的壳资源

对于计划在某个国家或地区上市的公司而言，可通过在某个国家或地区首次发行股票上市，或通过购买已上市公司，将其资产注入被并购的上市公司，实现借壳上市。由于首次发行股票上市条件的限制及时间较长，某些不具备上市条件或时间紧迫的企业会通过购买上市公司的壳资源实现上市。例如，2007年海通证券股份有限公司收购上海市都市农商社股份有限公司，在上交所借壳上市，就是一个成功案例。

5）政府推动的因素

值得注意的是，政府推动在企业国内和跨国并购中也是不可忽视的因素。

11.2 企业并购的基本程序

企业并购涉及众多法律、法规的约束，如公司法、金融法规、会计法、税法等。如果并购方为外资企业，还受《中华人民共和国外商投资法》《关于外国投资者并购境内企业的规定》及其他相关法律、法规、规章、行业专项规定等的约束；并购中涉及国有股权转让的，还受《企业国有资产监督管理暂行条例》的约束；被并购企业如为上市公司，还受证券法和证券监管机构的相关规定约束，其并购过程相当复杂。

从总的流程看，一般将企业并购划分为准备、价格与条款谈判、相关机构审批、公告、交接和重整阶段，其中涉及国有股权、限制行业、外资并购、上市公司要约或豁免要约收购的，还需要相关机构审批，如图11-1所示。

11.2.1 非上市公司并购程序

1）准备阶段

根据企业战略，选择合适的并购对象（目标企业）并评估并购战略，主要关注并购是否提升企业核心竞争力、是否能实现协同效应等。根据初步评估，与目标公司接触，并进行尽职调查，从财务角度对目标企业的价值进行评估，考虑目标公司的潜在风险等。结合企业自身情况，初步确定并购的出资方式、方案等。

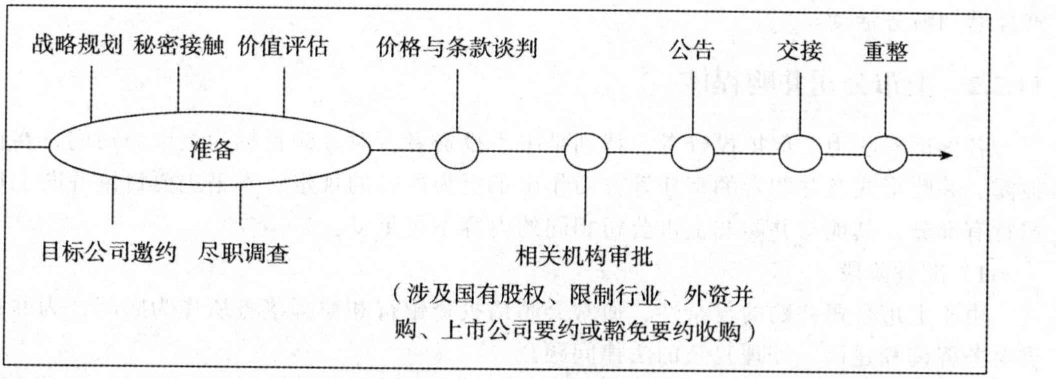

图 11-1 并购流程图

2）谈判阶段

并购双方就并购价格、付款方式、人员安置等条款进行谈判，拟定正式的收购协议，包括拟收购公司名称、收购条件、收购引起存续公司章程的修改内容、其他条款等。

3）审批阶段

审批阶段并非所有并购均需经历的阶段，如涉及被并购方的国有股权，或被并购方属于限制性行业，须经国有资产管理部门或行业主管部门审批；如并购方为外资企业，还须经商务部、国家外汇管理局审批，如图 11-2 所示。

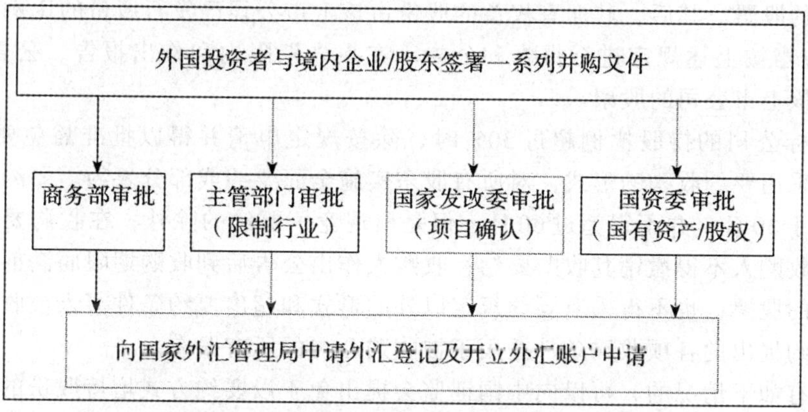

图 11-2 外国投资者并购国内企业审批图

我国对于企业境外投资实行前置审批制。如果国内企业进行海外并购，需根据《境外投资项目核准暂行管理办法》向国家发改委、商务部和国家外汇管理局提交相关申请审批资料。此外，根据境外并购目的地所在国或地区法律规定，还需得到境外并购目的地所在国或地区相关监管机构的批准。

4）公告和交接阶段

并购双方应共同在媒体上公开发表公告，公布并购消息。经所有部门审批后，应将股权证等过户，经董事会重新登记和盖章，公司法定账簿、房产、动产等各种资料交给并购方，并按合约规定付款。并购后，应在规定时间内去政府相关部门登记，完成正式手续，并购活动生效。原公司的一切资产和债务，除另有约定外，由存续公司承继。

5）重整阶段

重整阶段主要是进行新的人事安排，推行新的规章制度，以及按并购方的战略进行生产经营和财务活动。

11.2.2 上市公司并购程序

各国证券法为了保护投资者，特别是中小投资者，对并购目标为上市公司的，在信息披露、并购形式及并购者的责任等方面作出了更为严格的规定。本书主要讨论并购上市公司特有部分，其他与并购非上市公司相同的内容不再重复。

1）准备阶段

由于上市公司并购的复杂性，通常会聘请投资银行和律师事务所作为顾问，为并购提供财务咨询和建议，处理复杂的法律问题。

2）谈判与公告阶段

此阶段涉及信息披露和收购。对上市公司的收购在不同阶段有不同的形式：当对目标公司的持股比例低于30%时，可通过证券交易购买上市公司的股票或协议收购或要约收购；当这一比例超过30%时，就要改为要约收购或申请豁免要约收购。

在对目标公司的持股比例低于30%时，如投资者及其一致行动人拥有权益的股份达到一个上市公司已发行股份的5%时，应当在该事实发生之日起3日内编制权益变动报告书，向中国证监会、证券交易所提交书面报告，抄报该上市公司所在地的中国证监会派出机构（以下简称派出机构），通知该上市公司，并予以公告。在上述期限内，不得再买卖该上市公司的股票。其后，其拥有权益的股份占该上市公司已发行股份的比例每增加或者减少5%，应当按上述规定进行报告和公告。在报告期限内和作出报告、公告后2日内，不得再买卖该上市公司的股票。

当对目标公司的持股比例超过30%时，除按规定申请并得以批准豁免要约收购外，并购企业应采用要约收购的形式，对所有股东实施全面要约或部分要约。要约约定的收购期限不得少于30日，并不得超过60日，但是出现竞争要约的除外；在收购要约约定的承诺期限内，收购人不得撤销其收购要约；收购人作出公告后到收购期限届满前，不得卖出被收购公司的股票，也不得采取要约规定以外的形式和超出要约条件买入被收购公司的股票；收购要约提出的各项收购条件适用于被收购公司的所有股东。

收购人有如下情况的，可以向中国证监会提出免于以要约方式增持股份的申请：①收购人与出让人能够证明本次转让未导致上市公司的实际控制人发生变化。②上市公司面临严重财务困难，收购人提出的挽救公司的重组方案获得该公司股东大会批准，且收购人承诺3年内不转让其在该公司中所拥有的权益。③经上市公司股东大会非关联股东批准，收购人取得上市公司向其发行的新股，导致其在该公司拥有权益的股份超过该公司已发行股份的30%，收购人承诺3年内不转让其拥有权益的股份，且公司股东大会同意收购人免于发出要约。

并购人有下列情形之一的，可以向中国证监会申请以简易程序免除发出要约：①经政府或者国有资产管理部门批准进行国有资产无偿划转、变更、合并，导致投资者在一个上市公司中拥有权益的股份占该公司已发行股份的比例超过30%。②在一个上市公司中拥有权益的股份达到或者超过该公司已发行股份的30%的，自上述事实发生之日起1年后，每12个月内增加其在该公司中拥有权益的股份不超过该公司已发行股份的2%。③在一个上市公司中拥有权益的股份达到或者超过该公司已发行股份的50%的，继续增加其在该公司拥有的权益不影响该公司的上市地位。④因上市公司按照股东大会批准的确定价格向特定股东回购股份而减少股本，导致当事人在该公司中拥有权益的股份超过该公司已发行股份的30%。⑤证券公司、银行等金融机构在其经营范围内依法从事承销、贷款等业务导致其持有一个上市公司已发行股份超过30%，没有实际控制该公司的行为或者意图，并且提出在合理期限内向非关联方转让相关股份的解决方案。⑥因继承导致在一个上市公司中拥有权益的股份超过该公司已发行股份的30%。⑦中国证监会为适应证券市场发展变化和保护投资者合法权益的需要而认定的其他情形。

收购人自取得中国证监会的豁免之日起3日内公告其收购报告书、财务顾问专业意见和律师出具的法律意见书；收购人未取得豁免的，应当自收到中国证监会的决定之日起3日内予以公告，并购人及其一致行动人应当在收到中国证监会通知之日起30日内将其或者其控制的股东所持有的被收购公司股份减持到30%或者30%以下；拟以要约以外的方式继续增持股份的，应当发出全面要约。

当并购人持有被收购上市公司股份占发行总额的75%以上时，如不满足公司法关于上市交易的规定，应中止该股票市场交易；收购要约届满时，如持有上市公司股份90%以上，其余股东有权要求以同等条件出售股份，并购人应当收购。

3）交接和重整阶段

完成收购的公司将对被购买公司重新组织、整合，在收购完成后，被并购公司不再具有公司法规定条件的，应当依法变更企业形式。收购行为完成后15日内报中国证监会和上市公司上市所在证券交易所，并予以公告。

11.3 企业并购效应分析

企业在预计期限内实现并购目标，发挥企业在管理效应、经营效应和财务效应等方面的作用，从而实现企业经营能力的提高、经济效益的增强以及价值创造能力的提升。从企业并购的角度看，并购方应在并购前、并购后对并购效应进行分析，从而为并购决策、管理决策、潜力分析提供参考。

11.3.1 并购效应的总体分析

并购效应分析应分别考虑并购前后企业价值的变化，即并购后企业的价值超出并购前目标企业和并购企业的价值之和，这就是并购效应。值得注意的是，并购企业对目标企业的出价并不一定为目标企业当时的价值。为了能顺利进行并购，需要考虑市场因素，特别是对上市公司的并购，往往按超出目标企业的价值进行溢价并购。影响并购收益的关键因素是并购时支付的溢价。

假设A公司并购B公司，并购前A公司和B公司的价值分别为V_A和V_B。并购完成后，新企业的价值为V_{AB}，并购价为P_B，则并购效应E为：

$$E=V_{AB}-(V_A+V_B)$$

如果并购效应大于零，表示并购后企业整体价值得到提升，协同效应已发挥作用。

考虑到溢价问题会影响并购收益，并购收益NR的公式为：

$NR=E-(P_B-V_B)=V_{AB}-V_A-P_B$

在并购中往往会发生相应的费用，计算并购收益时，相关费用应一并扣除。如果并购收益大于零，此并购行为对双方均有利。

【例 11-1】假设A公司市场价值为5亿元、B公司市场价值为1亿元，A公司并购B公司，并购完成后新公司总价值为6.5亿元，A公司支付并购对价1.6亿元，交易支付佣金、手续费等费用0.1亿元，分析并购效应和并购收益。

E=6.5-5-1=0.5（亿元）

NR=6.5-5-1.6-0.1=-0.2（亿元）

可以看出，A公司对B公司进行并购，实现了并购效应，但由于支付的对价过高，对并购方A公司而言，并没有获得并购收益。

企业价值的计算可采用企业价值评估的方法，如现金流量折现法和相对价值法等，本书仅对其做简单介绍，详细内容请参阅相关书籍或文章。

1）现金流量折现法

现金流量折现法是目前应用最广泛的方法，其基本原理是将企业未来的现金净流入量折现为现在的价值，构成企业的价值。

（1）股利现金流量模型

$$股权价值=\sum_{t=1}^{\infty}\frac{股利现金流量_t}{(1+股权资本成本)^t}$$

（2）股权现金流量模型

$$股权价值=\sum_{t=1}^{\infty}\frac{股权现金流量_t}{(1+股权资本成本)^t}$$

上述股权资本成本实质为股权资本成本率，作为未来现金流量折现率使用。股权现金流量是一定期间企业可以提供给股权投资人的现金流量，它等于企业实体现金流量扣除对债权人支付后剩余的部分。需要注意的是，股权现金流量并不是实际支付给股东的现金流量，而是可以提供给股东的现金流量，如果可提供给股东的现金流量全部支付给股东，则股利现金流量模型得出的股权价值与股权现金流量模型得出的股权价值相同，但是，由于公司法对利润分配的要求，在利润分配时，不可能将所有剩余收益全部分配给股东。

对于控制股东而言，由于其能在一定程度上左右企业股利分配和调用企业的资金，企业价值评估更适合采用股权现金流量模型。

由于企业的存续期较长，不可能对每期的未来现金流量进行预测，往往采用永续增长模型（假设每期的现金流量均保持固定比例增长率，即永续增长率，以简化价值估计），计算公式为：

股权价值=下期股权现金流量÷（股权资本成本-永续增长率）

2）相对价值法

相对价值法是利用可比企业的市场定价来确定目标企业价值的评估方法，通常采用市盈率来确定企业价值。市盈率模型的基本公式为：

市盈率=每股市价÷每股净利

如果每股净利存在稳定的永续增长率，则有：

市盈率=［股利支付率×（1+增长率）］÷（股权资本成本-永续增长率）

目标企业每股价值=可比企业平均市盈率×目标企业每股净利

11.3.2 并购效应的具体分析

上述并购效应分析针对的是总体的协同效应，而未就管理协同效应、经营协同效应和财务协同效应进行分析，不利于并购后的企业整合，因此有必要进行逐项分析。

1）管理协同效应

经营效率差的企业在企业文化、管理体制、经营机制等方面与经营效率好的企业存在重大差异，从而导致企业的经营效率存在差异。判断管理协同效应的一个重要标志就是企业文化、管理体制等是否已融入目标企业。

2）经营协同效应

（1）规模经济效应。基于规模经济效应动机的并购，如并购后企业产品的单位成本及费用下降，并购就是有效的；否则，并购就没有实际价值。

（2）市场增长效应。通过横向并购，企业增强了对市场的控制力，获得了某种形式的垄断。同时，企业也提高了市场份额，有效地改善了市场竞争结构，具体表现在减少了竞争者的数量，协调了企业规模经济与市场需求有限性之间的矛盾。因此，市场份额增长是这种并购动机有效的最显著特征。

（3）纵向一体化效应。在企业的经营过程中，有些资源具有明显的稀缺性而对企业生存又至关重要，通过纵向并购来掌握企业生存命脉就成为企业并购的又一动因。一个控制了大量关键原料或销售渠道的企业可以通过对原料和销售渠道的控制，有力地限制竞争对手的活动。在这种动机下，评价并购是否短期有效的主要标准是能否更有效地控制原材料与销售渠道。

（4）资源互补效应。企业通过并购可掌握目标企业拥有的先进技术。对于这一并购动机，其短期有效性的评价依据主要是能否真正获得这一先进技术以及这一先进技术能否真正用于新产品的生产。

3）财务协同效应

以财务协同效应为并购动机时，主要以企业通过并购是否在一定程度上避税、并购后股票价格是否上升、融资渠道是否扩大和融资成本是否降低等作为评价该类并购有效性的依据。

学思践悟

鼓励企业并购，促进协同发展

2008年次贷危机爆发后，吉利汽车于2010年趁势从福特汽车手中收购了沃尔沃，使中国汽车迅速获得先进技术、提升企业形象和知名度、大步迈进国际市场。这是我国资本市场广为流传的并购案例。

为进一步扩大对外开放，积极促进外商投资，规范外商投资管理，2019年3月15日，第十三届全国人民代表大会第二次会议表决通过了《中华人民共和国外商投资法》，自2020年1月1日起施行。该法主要针对并购方为外资的企业，充分彰显了我国以高水平对外开放推动经济高质量发展、积极促进外商投资的信心和决心。

请思考：吉利汽车成功并购的关键因素有哪些？企业并购后可以从哪些指标判断是否

达到目标？中外企业并购时如何克服文化差异？

本章小结

企业并购是指目标公司控股权发生转移的各种产权交易形式的总称，主要有兼并、收购和合并等。企业并购是企业法人在平等自愿、等价有偿的基础上，以一定的经济方式取得其他法人产权的行为，是企业进行资本运作和经营的主要形式。本章主要对合并、收购（简称并购）进行分析。按并购企业所处行业的关系划分，可分为横向并购、纵向并购和混合并购；按支付手段划分，可分为现金收购、债券收购和股权交换收购。企业并购的动因主要有获取协同效应、获得价值低估效应、为企业发展战略服务、取得上市公司的壳资源和政府推动的因素等。

企业并购的程序为准备阶段、谈判阶段、审批阶段、公告和交接阶段、重整阶段。对上市公司的并购，当并购人的持股超过30%时，要全部改为要约收购或申请豁免要约收购。

从企业并购的角度看，并购方应在并购前、并购后对并购效应进行分析。对并购效应的总体分析即分析并购后企业价值是否超过并购前目标企业与并购企业的价值之和。对于企业价值的计算，可采用现金流量折现法和相对价值法。对并购效应的具体分析包括对管理协同效应、经营协同效应和财务协同效应的分析。

重要概念

并购　协同效应　要约收购　协议收购　横向并购　纵向并购　混合并购　现金流量折现法　相对价值法

本章案例

艾派克并购利盟国际

1991年11月27日，艾派克科技股份有限公司（以下简称艾派克）在广东省珠海市成立，于2014年借壳珠海万力达电器股份有限公司在深圳证券交易所中小板上市交易，股票代码002180.SZ。艾派克借助A股上市平台完成两项海外并购及控股中国本土五家同行业企业，利用资本市场对行业进行快速整合。2010年它被列为珠海市知识产权优势企业，并顺利通过ISO 9001：2008质量管理体系认证，这标志着艾派克的企业管理水平迈上一个新台阶。艾派克是全球通用耗材行业的龙头企业，能提供全方位的打印机耗材相关服务，产品销往世界各地，在打印机的激光、集成电路等技术层面位居全球前列。

艾派克继2014年2月进行重大资产重组后，在2015年又并购了赛纳科技的耗材业务和美国SCC，资产总额从2013年的1 119.1百万元迅速增长到2015年的3 119.3百万元。2013—2015年间，艾派克的资产负债率保持稳定。同时，由于收购美国SCC后其资产按公允价值调整导致合并财务报表折旧增加，当年汇率波动导致远期结汇公允价值下滑。

利盟国际有限公司（以下简称利盟国际）成立于1991年，前身是IBM信息产业事业部，是一个集研发、制造及服务等为一体、成长速度较快的国际知名企业。1995年利盟国际正式在美国纽约证券交易所上市，其主要经营两大业务：ISS（影像方案及服务）业务和ES（企业软体解决方案）业务。利盟国际是世界领先的打印产品及服务供应商，拥有50多家子公司，其产品及服务涉及170多个国家和地区，是全球打印行业领导者。从2010年开始，利盟国际陆续收购了ReadSoft、Kofax等几家企业软体公司，逐步增强自身的ES业务实力。

利盟国际2015年的营业收入为35亿美元（约229.76亿元人民币），并购方艾派克同年的营业收入是20.49亿元人民币，利盟国际的营业收入约为艾派克的11倍。此外，利盟国际2015年的总资产金额为39.12亿美元（约253.13亿元人民币），而艾派克的总资产金额仅为31.19亿元人民币，资产规模相差约8倍。

2015年利盟国际的税前利润变为负值，经营业绩极不乐观，于当年10月就发布了收购要约，很多公司都向其抛出了橄榄枝，艾派克是其中一个。

2016年1月6日，艾派克取得了"境外收购或竞标项目信息报告确认函"，这为日后艾派克跨境并购利盟国际奠定了基础。历时4个月的谈判调解，利盟国际最终选择了艾派克对其进行收购。同年2月份，艾派克高层开始准备收购的有关各项事宜。2月19日，艾派克因筹划重大事项，在当天上午开市时临时停牌。2月26日，艾派克发布了关于筹划重大资产重组的停牌公告，由此拉开了艾派克跨境并购利盟国际的序幕。

2016年4月19日，艾派克董事会审议通过了重大资产购买的相关议案，并于当日与利盟国际签订了合并协议。协议中确定了利盟国际的价格为40.5美元/股，考虑到充分稀释后的股份数，艾派克收购利盟国际的股权对价最终确定为27亿美元。此外，利盟国际还存在9.14亿美元的带息债务和4.3亿美元的类债务事项，所以资金需求总额约为40.44亿美元。

2016年4月21日，艾派克首次公布了有关并购利盟国际的重大资产购买草案，即艾派克、太盟投资、君联资本组成联合投资方，拟按照每股40.5美元的价格，全资收购利盟国际100%的股权。三者出资总额为23.20亿美元，共同在开曼群岛设立开曼子公司Ⅰ，然后由开曼子公司Ⅰ将上述23.20亿美元在开曼群岛设立开曼子公司Ⅱ，最后由开曼子公司Ⅱ将上述23.20亿美元在美国特拉华州设立合并子公司，其目的是用于本次合并交易。并购交易所需要的剩余款项由开曼子公司Ⅱ和合并子公司向银行贷款取得。

2016年5月10日，艾派克公布了有关并购利盟国际的重大资产购买修订草案，针对之前的交易结构和融资方案做了一定的调整。艾派克、太盟投资、朔达投资（是君联资本管理的投资机构）共同出资总额由原来的23.20亿美元减少到15.18亿美元。调整后的开曼子公司Ⅱ没有直接设立合并子公司，而是在开曼群岛设立开曼子公司Ⅲ，再由开曼子公司Ⅲ在香港设立香港子公司Ⅰ，后者在瑞士设立瑞士子公司Ⅰ，最后由瑞士子公司Ⅰ在美国特拉华州设立合并子公司用于本次合并交易。除去由艾派克、太盟投资、君联资本共同出资的15.18亿美元，剩下的款项均通过向银行贷款获得，共获得贷款总额32.8亿美元。

2016年8月3日，艾派克获得了广东省商务厅向其授予的"企业境外投资证书"，意味着这笔交易通过了国内的审查。8月31日，艾派克与珠海赛纳科技完成了借款协议的签订。截至当年8月，此次并购顺利通过了包括美国、德国、俄罗斯等七个国家的反垄断调查。9月30日，并购交易通过了非常严格的美国外资投资委员会（CFIUS）的审查。

经过国内外各有关部门审批合格后，艾派克和利盟国际于美国时间2016年11月29日提交了合并证书，合并生效，利盟国际股票也不再进行交易，历时10个月的交易终于画上了圆满的句号。交易完成后，合并子公司停止存续，利盟国际作为合并后存续的主体。

12月12日，艾派克就全资收购利盟国际一事召开了一场新闻发布会，标志着在中国打印行业的并购史上，最大规模的跨境并购案例圆满结束。

艾派克在这次并购中，选择了适合自身的交易结构，可以更快、更方便地筹集并购资金，降低资金成本，也直接降低并购的交易风险，使并购顺利完成。它在融资策略的安排中采用了“自有资金+可交换债券+私募股权投资+银团贷款”的创新模式，采用较少的自有资金进行并购，一方面满足并购需求，另一方面保证企业的正常发展。针对跨境杠杆收购中的财务风险，艾派克采取了相应的措施进行应对，在一定程度上降低了财务风险。

资料来源　赵晴，袁天荣，许汝俊. 我国企业海外并购融资方式创新——以艾派克并购利盟国际为例 [J]. 财会月刊，2018（19）：92-98. 沈海峰. 民营企业跨国并购融资问题研究——以艾派克收购利盟为例 [J]. 中国乡镇企业会计，2019（3）：92-98.

【思考】(1) 艾派克并购利盟国际是哪种类型的并购？

(2) 艾派克可能出于哪些动机，敢于作出这样“蛇吞象”的并购行为？

自测题

一、即测即评

第11章单项选择题　　第11章多项选择题　　第11章判断题

二、计算题

1.A公司2022年以后的现金流量每年增长10%，股权资本成本为12%，2022年分配的股利为9万元，试计算2022年年末A公司的企业价值。

2.并购企业A与目标企业B在并购前的财务状况见表11-1。

表11-1　**并购企业A与目标企业B并购前的财务状况**

项目	并购企业A	目标企业B
经营收入（万元）	4 800	3 900
经营成本（万元）	3 360	2 925
税前利润（万元）	1 440	975
税率	33%	33%
税后利润（万元）	964.8	653.15
税后利润增长率	6%	3.5%
资本成本率	9%	11%

并购后企业的财务状况分两种情况：无增效状态和增效状态。其财务状况见表11-2。参照股权现金流量模型，假设税后利润全部用于分配，试分别计算无增效状态和增效状态下的并购效益。

表 11-2 并购后无增效状态和增效状态两种情况下的财务状况

项目	无增效状态	增效状态
经营收入（万元）	4 800+3 900=8 700	8 700
经营成本（万元）	3 360+2 925=6 285	5 655
销售成本率	72%	65%
税率	33%	33%
税后利润（万元）	964.8+653.25=1 618.05	2 040
税后利润增长率	5.48%	6%
加权平均资本成本率	9.4%	9%

三、思考题

1. 简述并购的含义、类型，以及企业并购的动因与效应。
2. 简述要约收购与协议收购的联系及区别。
3. 目标企业价值评估有哪些方法？
4. 试对某一杠杆收购案例进行研究，分析其并购后对企业财务状况的影响。
5. 并购的协同效应有哪些？应如何进行分析？

第11章计算题参考答案

第11章思考题分析提示

第12章　跨国公司的财务管理

【学习目标】

通过本章的学习，你要：

1. 了解跨国公司财务管理的环境；
2. 掌握外汇、汇率和外汇交易的相关概念和分类；
3. 理解外汇的交易风险、折算风险和经济风险及风险规避；
4. 熟练运用远期交易、掉期交易和期权交易等套期保值工具，对外汇交易风险进行规避；
5. 了解跨国公司国际投资的分类，理解跨国公司直接投资的相关经济理论和具体动因；
6. 熟悉跨国公司投资的政治风险、经营风险和管理风险及规避方法；
7. 能运用投资环境多因素分析法对投资环境进行分析；
8. 了解跨国公司的筹资渠道和方式，理解跨国公司筹资管理的相关事项。

12.1　跨国公司的财务管理环境

跨国公司的经营管理活动受东道国和国际社会的影响，这使得其财务管理环境较国内企业的财务管理环境更为复杂。财务管理环境包括宏观环境和微观环境。由于微观环境主要与公司自身的治理结构、组织结构等相关，跨国公司与非跨国公司的微观环境基本一致，在此不再赘述。下面主要对跨国公司的宏观环境进行分析。

12.1.1　经济环境

经济环境是指与跨国公司财务管理活动有关的所有经济因素的总和，是影响跨国公司财务管理活动的最基本因素，具体包括：

1）经济周期

经济周期对企业的影响见表12-1。

需要注意的是，跨国公司在不同国家（或地区，下同）所处的经济周期并非完全同步，企业可根据当地不同经济周期阶段的交错，统筹安排资金，实现持续发展。

表12-1　　经济周期对企业的影响

周期＼影响	销售收入	利润率	股权资金成本	债务资金成本
复苏时期	开始增加	开始上升	较低	较高
繁荣时期	增加	平稳	开始增加	高昂
衰退时期	开始减少	开始下降	增加	开始下降
萧条时期	销路不畅	较低	开始下降	下降

2）经济发展水平

跨国公司财务管理水平与经济发展水平密切相关。经济发展水平往往决定一个国家在国际产业链中所处的地位。经济发展水平高的国家占据产业链的上游，集中了资金密集型、技术密集型和环保型产业；经济发展水平低的国家则成为劳动密集型、重污染型产业转移的目的地。不同类型的产业，其财务管理的思路、水平和方法也不同。

3）经济体制与经济制度

在不同的经济体制与经济制度下，资源配置的外部环境、运行条件、作用基础不同，运行方向、作用力度以及结构也不相同，这对跨国公司财务管理活动的影响也就截然不同。

4）金融环境

金融环境包括金融市场、金融机构、相关的各种制度体系及货币的稳定、汇率等。由金融市场、金融机构和资金供应者、资金需要者构成的资金集中与分配系统构成金融体系。健全的金融体系有利于跨国公司迅速筹集资金，满足生产经营需要，并使跨国公司闲置资金有多种投资渠道。此外，各国货币的稳定性及对他国货币的汇率波动等，也会使跨国公司的财务管理面临较大的挑战和管理创新压力。

5）税收环境

各国税收制度差异较大，对跨国公司而言，将存在国际税收问题。各国税收立法的原则不同、税制不同，具体征税对象也有所不同。影响跨国公司税负的主要因素有应税收入的确定和费用的确定两方面。这就要求跨国公司熟悉相关税法，进行合理的税收筹划，选择不同的企业组织形式，尽可能地获得更多利润。

12.1.2　社会环境

政治因素是影响社会和经济活动最重要的力量，法律规范社会活动主体的行为和相互关系，两者对跨国公司的生产经营产生巨大影响，是企业进行跨国经营必须十分重视的问题。另外，跨国公司的财务管理还应考虑人文环境的差异。

1）政治因素

一般而言，跨国公司财务管理的政治环境主要包括政治制度、政策体系、政治风险等。跨国公司应对其进行认真研究，使自己的活动在政治上为东道国所接受。

2）法律因素

跨国公司的经营活动涉及多个国家，须考虑各个国家的法律规范和国际私法、惯例、公约的规定。

3）社会文化因素

社会文化因素是指企业所处的社会结构、社会风俗和习惯、信仰和价值观念、行为规范、生活方式、文化传统、人口规模与地理分布等因素的形成和变动对跨国公司的影响。来自不同国家、民族的人在同一个组织中工作，必然会因不同背景产生社会文化冲突，如何妥善处理这种文化冲突是跨国公司必须解决的问题。

12.1.3 其他环境

除了上述提到的经济环境、政治环境外，还有一些因素会影响跨国公司财务管理，如技术环境。技术环境对企业的影响可能是创造性的，也可能是破坏性的。跨国公司必须积极应对新技术带来的挑战，以获得竞争优势。

12.2 跨国公司外汇管理

由于跨国公司的经营活动不限于某一国家或地区，因此往往面临外汇交易的问题。跨国公司持有的外汇资产或负债因汇率的变化而承担会计风险、交易风险和经济风险。如何规避上述风险是跨国公司财务管理的重要内容。

12.2.1 外汇和汇率

1）外汇

外汇是指外币或以外币表示的用于国家间债权债务结算的各种支付手段。按照我国2008年修订的《中华人民共和国外汇管理条例》的规定，外汇是指下列以外币表示的可以用作国际清偿的支付手段和资产：一是外币现钞，包括纸币、铸币；二是外币支付凭证或者支付工具，包括票据、银行存款凭证、银行卡等；三是外币有价证券，包括债券、股票等；四是特别提款权；五是其他外汇资产。

2）汇率

汇率是一国货币兑换另一国货币的比率，是以一种货币表示的另一种货币的价格。由于世界各国货币的名称不同、币值不一，因此一国货币对其他国家的货币要规定一个兑换率，即汇率。

（1）按汇率标价方法划分，分为直接标价法和间接标价法

①直接标价法。以一个单位的外国货币表示若干本国货币的方法，也就是说，把外国货币当作商品，而本国货币作为价值尺度，如1美元等于6.88元人民币，对于中国来说就是直接标价法。

②间接标价法。以一定单位的本国货币为标准，来计算应该收取多少单位的外国货币，也就是说，本国货币被当作商品，用外国货币的数额表示本国货币的价格，外国货币充当了价值尺度。

（2）按国际货币制度的演变划分，分为固定汇率和浮动汇率

①固定汇率，是指由政府制定和公布，并只能在一定幅度内波动的汇率。

②浮动汇率，是指由市场供求关系决定的汇率，其涨落基本自由，一国货币市场原则

上没有维持汇率水平的义务，但必要时可进行干预。

（3）按制定汇率的方法划分，分为基本汇率和套算汇率

①基本汇率。各国在制定汇率时，必须选择某一国货币作为主要对比对象，这种货币称为关键货币。根据本国货币与关键货币实际价值的对比，制定对它的汇率。由于美元是国际支付中使用较多的货币，很多国家把美元当作制定汇率的关键货币，常把对美元的汇率作为基本汇率。

②套算汇率。套算汇率是指各国按照对美元的基本汇率套算出的直接反映其他货币之间价值比率的汇率。

（4）按银行买卖外汇的角色划分，分为买入汇率、卖出汇率、中间汇率和现钞汇率

①买入汇率，也称买入价，是银行向同业或客户买入外汇时所使用的汇率。采用直接标价法时，外币折合本币数较少的汇率是买入价，采用间接标价法时则相反。

②卖出汇率，也称卖出价，是银行向同业或客户卖出外汇时所使用的汇率。采用直接标价法时，外币折合本币数较多的汇率是卖出价，采用间接标价法时则相反。买入汇率和卖出汇率之间有一个差价，为银行买卖外汇的收益。银行同业之间买卖外汇时使用的买入汇率和卖出汇率也称同业买卖汇率，实际上就是外汇市场买卖价。

③中间汇率，是买入价与卖出价的平均数。

④现钞汇率。很多国家都规定，不允许外国货币在本国流通，只有将外币兑换成本国货币，才能够购买本国的商品和劳务，因此产生了买卖外汇现钞的兑换率，即现钞汇率。采用现钞汇率交易，需要把外币现钞运到各发行国去。由于运送外币现钞要花费一定的运费和保险费，因此，银行收兑外币现钞的汇率通常低于外汇买入汇率。

（5）按汇率交割期限的长短划分，分为即期汇率和远期汇率

①即期汇率，也叫现汇汇率，是买卖双方成交当天或两天以内进行交割的汇率。

②远期汇率，是在未来一定日期进行交割，而事先由买卖双方签订合同、达成协议的汇率。到了交割日期，由买卖双方按预订的汇率、金额进行钱汇两清。

12.2.2　主要外汇交易

外汇交易的种类很多，常见的有即期交易、远期交易、期货交易、期权交易、套汇和外汇ETF等。

1）即期交易

即期交易又称现汇交易，是外汇交易的基本方式，是指在外汇买卖成交后的两个营业日内办理货币收付业务。

2）远期交易

远期交易又称期汇交易，是指买卖双方成交后，并不立即办理交割，而是按照所签订的远期合同的规定，在未来的约定日期办理交割的外汇交易。常见的远期交易主要是30天远期、90天远期和180天远期。

3）期货交易

期货交易是指在约定的日期，按照已经确定的汇率，用美元买卖一定数量的另一种货币。外汇期货交易与远期交易有共同点，也有不同点。远期交易是通过银行进行的，期货交易是在专门的期货市场进行的。目前，全世界的期货市场主要有芝加哥期货市场、纽约

商品交易所、悉尼期货市场、新加坡期货市场、伦敦期货市场。

4）期权交易

期权交易是指交易的一方（期权的持有者）拥有合约的权利，并可以决定是否按商定的条件和汇率执行（交割）合约。如果合约的买方（持有者）愿意，他可以听任期权到期而不进行交割。卖方无权决定合同是否交割。作为避免外汇风险的一种手段，期权交易具有更强的灵活性。

5）套汇

套汇是指利用不同的外汇市场、不同的货币种类、不同的交割时间以及一些货币汇率和利率上的差异，进行从低价一方买进、向高价一方卖出，从中赚取利润的外汇买卖。套汇一般可以分为地点套汇、时间套汇和套利三种形式。

地点套汇又分为两种：第一种是直接套汇，又称两地套汇，是利用两个不同外汇市场上某种货币汇率的差异，同时在两地市场上贱买贵卖，从而赚取汇率的差额利润。第二种是间接套汇，又称三地套汇，是在三个或三个以上汇率市场上存在汇率差异时，利用同一种货币在同一时间内贱买贵卖，从中赚取差额利润。

时间套汇又称掉期交易，是一种即期买卖和远期买卖相结合的交易方式，将币种相同、金额相同，而方向相反、交割期限不同的两笔或两笔以上外汇交易结合起来进行，也就是在买进某种外汇的同时卖出金额相同的这种货币，但买进和卖出的交割日期不同。时间套汇以保值为目的，从而规避因汇率变动引起的风险。

套利又称利息套汇，是利用两个外汇市场上的利率差异，把短期资金从低利率市场调到高利率市场，从而赚取利息收入。

6）外汇ETF

外汇ETF是以单个货币或者一揽子货币为标的资产的ETF基金，是由金融机构创建和管理，以基金的方式购买和持有货币，在证券交易所内公开发行，投资者可以像购买股票型基金一样购买外汇ETF基金。

12.2.3 跨国公司外汇风险

跨国公司外汇风险又称外汇暴露风险，是指跨国公司在国家间进行经营、投融资等活动时，外汇汇率的变动对企业的盈利能力、现金流量等可能造成的损失或收益。跨国公司面临的外汇风险主要有交易风险、折算风险和经济风险。

1）交易风险

交易风险是指企业使用某种外币进行交易结算时，在交易日与外汇实际收款或付款日之间，如果汇率变动，将使企业用本币或该种外币计算的收入或支出发生增减变化的风险。交易风险主要包括：①以外币结算的商品或劳务的采购或销售，因交易日与实际收款或付款日的汇率差异产生的风险。②以外币结算的借款或贷款业务，因现金流入日与现金流出日的汇率差异产生的风险。③外汇远期或期货等交易中，因合同期汇率与到期日汇率不同产生的交易风险。

2）折算风险

折算风险又称会计风险，是指企业把外币余额折算为本国货币时，由于汇率变动导致会计账簿上的有关项目发生变动的风险。其原因在于：①跨国企业在编制母公司与境外子公司的合并财务报表所导致的不同币种的相互折算中，因汇率在一定时期内发生非预期变化而引起企业合并财务报表账面价值蒙受经济损失的可能性。②由于企业存在外汇净风险资产或负债（外汇风险资产减外汇风险负债的净额），当汇率变动时，引起外汇净风险资产或负债价值的变动。

3）经济风险

经济风险又称经营风险，是指由于未预料到的汇率变动对公司未来销售收入、价格、成本等产生的影响，使公司在未来发展过程中收入或支出发生变动的风险，不包括跨国公司在经营计划中预先估计到的汇率变动风险。经济风险与上述两种风险相比，其影响面不仅涉及企业财务管理，还涉及采购、生产和销售等诸多方面，且影响时间具有长期性，最终影响企业的战略实施。

12.2.4 外汇风险管理

根据不同的外汇风险，企业应采取相应的策略予以防范和应对。

1）交易风险管理

交易风险产生的根本原因在于交易日和收款日或付款日汇率的变动，企业可通过合约保值，或通过经营策略等在一定程度上规避交易风险。

（1）合约保值法

合约保值法是通过合约对冲，消除或减少交易中产生的外汇头寸（持有远期合约的外汇货币余额），使汇率变化的影响正负抵消。常用的方法有远期外汇市场套期保值、外汇期权交易保值、外汇期货市场交易保值。

①远期外汇市场套期保值。远期外汇市场套期保值即公司在远期外汇市场上按确定的期汇汇率，买入或卖出在将来须支付或收入确定数量的一种货币，从而消除外汇头寸，将收款日或付款日的汇率锁定。

【例12-1】中国A公司在1月5日向美国某公司赊销产品一批，售价1 000万美元，美方将在3个月后付款。1月5日的外汇汇率为：即期汇率\$1=￥6.48，4月5日的远期汇率为\$1-￥6.50。如果4月5日的即期汇率分别为\$1-￥6.40和\$1-￥6.60，试分析A公司采取和未采取远期外汇市场套期保值对收益的影响。

A公司采取和未采取远期外汇市场套期保值对收益的影响见表12-2。

表12-2 A公司采取和未采取远期外汇市场套期保值对收益的影响 单位：人民币万元

不同情况	实际收款额（\$1=￥6.40）	实际收款额（\$1=￥6.60）
采取远期外汇市场套期保值	6 500	6 500
未采取远期外汇市场套期保值	6 400	6 600
套期保值产生的收益	100	-100

从表12-2可以看出，A公司采取远期外汇市场套期保值，将4月5日实际收款的汇率锁定在\$1=￥6.50，确保到期日的人民币现金流入量为6 500万元，规避了1月5日即期汇率与3个月远期汇率之差所产生的风险，但4月5日的实际即期汇率与前述3个月远期汇率之差所产生的风险并不能规避。理想的方法是能准确预测4月5日的即期汇率，从而实现

最大的收益。但是，影响外汇汇率变动的因素众多且复杂，一般企业无力也不应将外汇管理的重点放在预测汇率变动带来的收益上。采用远期外汇市场套期保值，将汇率变动的风险控制在一定范围之内，对一般企业而言无疑是一种现实的选择。

②外汇期权交易保值。外汇期权交易保值可使期权的持有方按约定的汇率和时间买入或卖出约定数量的货币，从而将实际收款或付款的汇率锁定。此外，当实际即期汇率的变动不利于期权持有方时，持有方也可以放弃执行合约。因此，相比远期外汇市场套期保值，外汇期权交易具有更强的灵活性。由于获取期权须支付一定的费用，在决定是否执行合约时应考虑费用的影响。

【例12-2】续例12-1，假设A公司采用外汇期权交易而非远期外汇市场套期保值，购买期权的费用为交易金额的5‰，其他条件不变，试分析A公司采取和未采取外汇期权交易保值对收益的影响。

A公司采取和未采取外汇期权交易保值对收益的影响见表12-3。

表12-3　**A公司采取和未采取外汇期权交易保值对收益的影响**　单位：人民币万元

不同情况	实际收款额（$1=￥6.40）	实际收款额（$1=￥6.60）
购买外汇期权的费用	−32.4	−32.4
采取外汇期权交易保值	6 500	6 600（放弃权利）
未采取外汇期权交易保值	6 400	6 600
外汇期权产生的收益	67.6	−32.4

购买外汇期权的费用=1 000×6.48×5‰=32.4（万元）

外汇期权产生的收益=6 500−32.4−6 400=67.6（万元）

从表12-3可以看出，采取外汇期权交易保值，可将4月5日实际收款的汇率锁定在$1=￥6.50或其之上（到期日的外汇即期汇率高于合约约定汇率，考虑期权购买费用的影响），确保到期日的人民币现金流入量不低于6 500万元；在到期日合约汇率对A公司不利时，放弃执行合约，避免更大的交易风险，这比采取远期外汇市场套期保值更具灵活性。需要注意的是，在到期日合约汇率对A公司有利时，因其购买外汇期权费用的影响，将降低其收益。

③外汇期货市场交易保值。外汇期货市场交易保值是按确定的期汇汇率，买入或卖出在将来须支付或收入确定数量的一种货币，从而消除外汇头寸。这与远期外汇市场交易套期保值有些类似，是基于未来时期的交易，但也存在以下不同：外汇期货合约的数量、金额、期限等事先由期货交易所标准化；外汇期货合约在订立时只需支付手续费，并支付一定数量的保证金，可随时转让；当约定期限到期时，远期外汇合约必须交割，而外汇期货合约可通过平仓手段避免交割。

（2）经营策略保值法

经营策略保值法是通过有目的的资产调度平衡外汇头寸来规避外汇风险的方法。常见的经营策略有互换交易、资金转移的时机安排和建立开票中心等。

①互换交易。企业通过货币互换，即交易双方先将本国货币交换为对方的货币，经过一段时间后，再将该货币换回为本国货币，实现期限相同和价值相等的两种不同货币的债

务及利率互换，或通过与外国银行之间的货币互换，即信用互换，实现外汇头寸平衡，规避外汇风险。

②资金转移的时机安排。企业在对外汇汇率走势作出准确预测的情况下，可有针对性地安排资金转移的时机，如加速持有软货币企业向持有硬货币企业的支付速度，推迟持有硬货币企业向持有软货币企业的支付。

③建立开票中心。跨国公司由于经营业务涉及多个国家，即从整体上拥有多种货币的资产和负债，通过在跨国公司内部建立开票中心，对跨国公司内部各公司的外汇资金集中结算和调度使用，可以减少外汇的实际结算量，降低外汇风险。

2）折算风险管理

跨国公司在编制合并财务报表中反映出来的折算风险，从理论上可分别用折算方法的选择和资产负债表保值法进行风险规避。

（1）折算方法的选择

目前采用的外币报表折算方法主要有现行汇率法、时态法、区分货币性项目与非货币性项目法、区分流动性与非流动性法。各种不同方法对应的受汇率影响的风险性资产和负债的范畴不同。如现行汇率法将所有资产和负债均列为风险性资产和负债；时态法根据资产负债表中项目的不同，将现行重置成本、可变现净值计价和未来现金流量现值计价项目列为风险性资产和负债；在货币性项目与非货币性项目法下，只把货币性项目列为风险性资产和负债；在区分流动性与非流动性法下，把流动性项目列为风险性资产和负债。只有风险性资产和负债受汇率变动的影响，而风险性资产和负债的范围不同，跨国公司可结合自身的外汇暴露情况，选择最有利的折算方法，最大程度降低折算风险。需要注意的是，由于受会计准则的约束，折算方法的选择往往是有限的，甚至是无法选择的。

（2）资产负债表保值法

资产负债表保值法的基本原理是使公司的合并资产负债表中的外币风险性资产和负债相等，轧平净风险资产或负债头寸，从而使汇率的变动对资产和负债的影响相互抵消。这是折算风险管理中最普遍的方法。

3）经济风险管理

与上述两种风险相比，经济风险对跨国公司的影响更加深远，涉及生产经营的各个方面。规避经济风险的主要思路是将汇率变动对企业的影响通过多元化手段在一定程度上相互抵消。其主要方法有经营多元化和财务多元化。

（1）经营多元化

不同国家的汇率变动方向并不一致，跨国公司通过在不同国家分散投资，使汇率变动在不同货币资产和负债中相互抵消，能减少汇率变动对销售和成本等方面的影响。

此外，就某一国家而言，汇率的变动对不同行业的影响是不一样的。如人民币对美元升值，对中国处于产业链下游的出口型产业产生的影响是负面的，而对房地产和基础设施类非贸易性不动产行业将产生正面的影响。因此，跨国公司也可以在经营业务上进行多元化投资，有效地综合不同行业的经营风险，降低企业整体风险。

（2）财务多元化

跨国公司通过投资和筹资的货币币种多元化，实现不同货币形态资产和负债的平衡，减少风险性资产和负债的外汇暴露程度，也能有效地使风险相互抵消。

12.3 跨国公司投资管理

国际投资是指一个国家的机构或个人将其资本投入除本国以外的其他国家，即向国外进行经营资本的输出。国际投资是跨国公司在世界范围内合理运用经济资源的重要手段，能实现跨国公司的利润最大化。

12.3.1 跨国公司国际投资的类型

跨国公司国际投资按投资方式划分，可分为直接投资和间接投资。

1）直接投资

直接投资是指跨国公司通过投入资本，直接或间接控制国外企业的生产经营活动。是否有控制权成为直接投资与间接投资的重要区别。根据国际货币基金组织的规定，拥有外国企业超过25%股份的投资即为直接投资。当然，各国对控制比例有不同的规定。

直接投资按对外投资的参与程度和方式不同，可细分为独资企业、合资企业和合作企业。

（1）独资企业

跨国公司设立独资企业的主要原因在于：①保持对公司的绝对控制权，包括对生产、经营、人事、财务的控制和对技术的垄断。②便于转移价格的运用，成为税务筹划的工具。独资企业也存在一定的不足：①可能受东道国法律的严格约束，或者仅能进入部分自由竞争的行业。②由于采用独资的形式，可能不了解东道国的实际情况，其产品进入东道国市场将有较长的培植期，不利于快速进入。

（2）合资企业

合资企业的优势在于：①投资额度相对较小，适合中小跨国公司。②合资企业往往带来技术、管理等方面的经验，因此更受多数国家的欢迎，且行业进入的法律壁垒较低。③利用东道国合资方，能将其产品快速打入东道国市场。当然，合资企业也存在一些不足，如控制权分散、先进技术流失等。

（3）合作企业

合作企业是两国或两国以上投资者在合同的基础上建立的一种国际经济合作经营形式。合作双方的权利和义务由合同确定，有些合作企业不具有法人资格。

2）间接投资

间接投资是指投资者不直接掌握投资对象动产或不动产的所有权，或在投资对象中没有足够的控制权的投资。其具体表现为：以购买外国公司的股票和其他有价证券以及中长期国际信贷为主要方式取得股息、债息，以资本增值为目的，一般不涉及对投资对象的经营管理活动。

直接投资与间接投资同属于投资者对预期能带来收益的资产的购买行为，但两者有实质性区别：直接投资是资金所有者和资金使用者合一，是资产所有权和资产经营权统一。一般来说，直接投资会形成实物资产，旨在通过生产经营获取收益，投资和经营风险较大，往往是基于企业战略考虑的选择。间接投资是资金所有者和资金使用者分离，是资产所有权和资产经营权分离，投资者对企业资产及其经营没有直接的所有权和控制权，其目的只是取得资本收益或保值，往往具有投资与投机双重属性。

跨国公司投资按具体形式划分，主要有五种形式：①直接在国外创办新企业，包括合资企业和合作企业。②收购国外现有企业或资产。③购买国外企业的股权或股票。④以原投资对象所分的利润进行再投资。⑤购买国外政府、机构和企业的债券，或向外国政府、机构和企业提供贷款。

其中，前两种形式主要适用于直接投资，后三种形式主要适用于间接投资。

12.3.2 跨国公司直接投资的动因

鉴于直接投资主要基于企业的战略考虑，投资风险及经营风险较大，本章着重对跨国公司直接投资的动因进行分析，为跨国公司直接投资决策提供分析思路。

1）跨国公司直接投资的相关经济理论

（1）市场不完全性理论

国内和国际产品市场和生产要素市场存在非均衡性是现代国外直接投资理论的基础。由于各国政府在贸易政策上的限制和税收壁垒的存在，国际贸易的开展受到阻碍，而直接投资往往为跨国公司和东道国带来利益共享，被投资对象又具有东道国“公民”身份，这就为跨国投资的迅猛发展铺平了道路。

（2）内部化理论

该理论认为，由于市场是不完善的，通过外部市场进行贸易会导致许多附加交易成本，如签约成本、风险成本等，而跨国公司通过内部价格使子公司之间进行供需交换，这种内部资源转移可以使交易成本极小化，从而获得“内部化利益”。

（3）国际寡头垄断论

该理论认为，跨国公司因在国际竞争中具有垄断性优势，通过优势资源在外国的输出利用，为其直接投资产生高额利益提供了有力保障。其垄断优势主要体现在：①规模经济效应。②在技术、经营管理和市场销售方面具有人力资源优势。③技术研发方面的优势。④资金优势。⑤产品多样化优势，可分散经营风险。

（4）产品周期理论

该理论认为，在产品周期的不同阶段应有不同的投资战略。在产品的创新阶段，由于产品的特异性或垄断优势，价格需求弹性低，企业有选择在国内生产的倾向；在产品的成熟阶段，由于技术的扩散和竞争者的加入，成本变得越来越重要，对外直接投资比产品出口更为有利，因而企业倾向于到海外需求类型相同的地区投资设厂，以增强产品的竞争力；在产品的标准化阶段，技术已退居次要地位，价格竞争变得更重要，因此企业倾向于把生产或装配业务转移到劳动力成本低的发展中国家。原来的发明国逐渐变成了产品的进口国。

（5）折中理论

折中理论分析了三种优势：所有权优势、区位优势和内部化优势。所有权优势是指一国企业拥有而国外企业没有或无法获得的资产及其所有权，包括技术优势、企业规模优势、组织管理优势、金融与货币优势；区位优势是指东道国不可或不易流动的要素禀赋优势以及东道国政府鼓励或限制政策等优势；内部化优势是指跨国公司因建立公司内部市场而取代原来固定的外部市场，降低交易成本，实现利润最大化的优势。

所有权优势只是进行直接投资的必要条件而非充分条件，内部化的目的也只是保持和扩大垄断优势，把两种优势结合起来还是无法解释直接投资动因。区位因素制约跨国公司对外直接投资的选址及国际生产布局。区位优势构成跨国公司对外投资的充分条件，也就是说，只有当三种优势同时具备时，才能进行对外直接投资。如果只有前两种优势，就选择出口贸易方式。如果只有所有权优势，就选择技术转移方式。

2）跨国公司直接投资的具体动因

（1）扩大市场份额。通过在境外设立企业，可以突破一些国家的贸易和税收壁垒，扩大市场份额。

（2）追求高额利润。由于跨国公司相对于东道国企业拥有人力、技术、管理等方面的优势，结合东道国廉价的原材料、人力和其他资源优势，可以达到资源的优化组合，能有效降低成本，提高生产效率。

（3）风险控制。跨国公司通过在不同国家分散投资，可减少整体风险，如政治风险、经营风险、外汇风险和财务风险，取得稳定的收益。

（4）专利技术的获取。某些投资，如与东道国高科技企业合资经营、收购高科技企业或在当地成立研究机构，其目的是取得和利用东道国先进的技术、生产工艺、新产品设计、关键设备和零部件等。

12.3.3 跨国公司投资风险的类型

跨国公司的投资风险是由于国际上的不确定因素致使投资报酬率达不到预期目标而发生的风险。从内容上看，其主要包括政治风险、经营风险、管理风险和外汇风险。其中外汇风险在前文已讲述，此处不再重复。

1）政治风险

政治风险是指东道国发生的政治事件，以及东道国与母国甚至第三国之间的政治关系变化对跨国公司利润和其他目标产生影响的可能性。它具有以下特点：该国经营环境急剧变化，具有经营不连续性；难以预测经营环境的变化，具有很大的不确定性；整个社会中的各种政治力量权力与权威关系极为复杂。由于上述原因，跨国公司的利润或其他目标的实现会受到严重影响。

政治风险对跨国公司经营活动的影响主要有政府干预、国有化、变相“没收”、资金调度限制和行业政策变动等。

2）经营风险

经营风险是由于市场的变化给跨国公司带来的影响，特别是不利影响，可分为宏观市场经营风险和微观市场经营风险。跨国公司的经营风险受多种因素影响，除前文涉及的政治风险、外汇风险外，主要有如下影响因素：经济停滞或增长放缓；劳动力成本提高，原材料或商品价格波动，通货膨胀或货币贬值；基础设施薄弱，原材料等配套产业不足。

3）管理风险

管理风险是指企业在对外直接投资过程中，企业内部组织构造、财务管理、人力资源、跨文化管理等管理环节存在的不确定性对企业经营活动产生的影响。

12.3.4 跨国公司的投资风险管理

为规避政治风险、经营风险、管理风险和外汇风险，跨国公司在投资前应进行科学论证并在投资后采取风险防范措施。

1）跨国公司投资环境分析

跨国公司对外投资的风险规避建立在对东道国投资环境分析的基础上。目前流行的是由美国经济学家罗伯特·斯托伯于1969年提出的投资环境多因素分析法（又称为投资环境等级尺度法或投资环境等级评分法）。

投资环境多因素分析法的特点是，根据国际投资环境的八个关键项目所起的作用和影响程度，确定不同的等级分数，再按每一个因素中的有利或不利程度给予不同的评分，最后把各因素的等级得分进行加总，作为对投资环境的总体评价。总分越高，表示其投资环境越好；反之，其投资环境越差（见表12-4）。

表12-4 投资环境多因素分析法计分表

投资环境因素	评分值
一、货币稳定性	4～20
1.完全自由兑换	20
2.官价与黑市价差距小于10%	18
3.官价与黑市价差距在10%～40%之间	14
4.官价与黑市价差距在40%～100%之间	8
5.官价与黑市价差距在100%之上	4
二、近5年的通货膨胀率	2～14
1.小于1%	14
2.1%～3%	12
3.3%～7%	10
4.7%～10%	8
5.10%～15%	6
6.15%～35%	4
7.35%以上	2
三、抽回资本的限制	0～12
1.无限制	12
2.只有时间上的限制	8
3.对资本有限制	6
4.对资本和红利都有限制	4

续表

投资环境因素	评分值
5.限制繁多	2
6.禁止资本抽回	0
四、外商股权比例的规定	0 ~ 12
1.准许并欢迎全部外资股权	12
2.准许全部外资股权但不欢迎	10
3.准许外资占大部分股权	8
4.外资最多不得超过股权半数	6
5.只准外资占小部分股权	4
6.外资不得超过股权的三成	2
7.不准外资控制任何股权	0
五、歧视和管制	0 ~ 12
1.外商与本国企业一视同仁	12
2.对外商略有限制但无管制	10
3.对外商有少许管制	8
4.对外商有限制并有管制	6
5.对外商有限制并严加管制	5
6.对外商严格限制并严格管制	2
7.禁止外商投资	0
六、政治稳定性	0 ~ 12
1.长期稳定	12
2.稳定但因人而治	10
3.内部分裂但政府掌权	8
4.国内外有强大的反对力量	4
5.有政变的可能	2
6.不稳定，政变极有可能	0
七、当地资金的可供程度	0 ~ 10
1.有完善的资本市场，有公开的证券交易所	10
2.有少量当地资本，有投机性证券交易所	8
3.当地资本少，外来资本不多	6
4.短期资本极为有限	4
5.资本管制很严	2
6.高度的资本外流	0

续表

投资环境因素	评分值
八、给予关税保护的意愿	2～8
1.给予充分保护	8
2.给予相当保护，以新工业为主	6
3.给予少许保护，以新工业为主	4
4.保护甚少或不予保护	2
合 计	8～100

在表12-4中，货币稳定性和近5年的通货膨胀率占评分值的34%，说明投资者十分重视东道国的币值稳定程度。抽回资本的限制、外商股权比例的规定、歧视和管制、政治稳定性这四项各占评分值的12%。这四项关系到资本能否自由出境、跨国公司和东道国企业之间的竞争条件以及能否控制企业所有权与经营权，对投资者来说，实际上是投资的安全程度和对企业所有权与经营权的控制程度，这四项最高可占评分值的48%。给予关税保护的意愿和当地资金的可供程度分别占评分值的8%和10%，比重较轻。

2）投资时及投资后的风险防范措施

（1）风险控制

跨国公司可通过合理安排投资方法降低风险发生的概率。例如，将所投资项目的核心技术控制在自己手中；投资控制东道国的关键部门；通过东道国筹资；建立合资企业，寻找战略合作伙伴；短期利润最大化。

（2）风险转移

风险转移最常用的方法是向保险公司投保，或与东道国相关机构签订投资保护协议。

（3）风险组合

跨国公司可通过风险组合来防范风险，即多元化经营、多渠道分销或筹集资金、多种定价策略相结合等。

12.4　跨国公司筹资管理

跨国公司因其涉及地域的广泛性，在筹资渠道和筹资方式上有更大的选择余地，可在全球融资市场筹措其生产经营所需的资金，在筹资金额、资金成本等方面存在优势。

12.4.1　跨国公司的筹资渠道

跨国公司的资金来源广泛而多样，主要包括以下几种：

1）跨国公司内部资金

（1）企业内部积累

企业内部积累主要是未分配利润和提取的折旧。

(2) 企业内部贷款

由于借款利息费用在计算所得税前可抵扣，跨国公司通过内部贷款的形式筹资，可实行总体的税务筹划。

(3) 通过管理费和往来账融资

跨国公司母公司通常要求子公司定期上交各种管理费，另外，通过往来账的形式提前或推迟支付，在一定程度上也构成企业内部的资金转移和融资。

2) 母公司本土国的资金

跨国公司母公司可利用其与本土国经济发展的密切联系，从母公司本土国的金融机构、政府机构或证券市场进行融资。

3) 子公司东道国的资金

某些国家为了吸引外资，往往在融资政策上对跨国公司予以国民待遇或优惠。同时，跨国公司基于风险控制和筹资成本等原因，也有在东道国筹资的需求。一般来说，东道国的资金来源主要有东道国政府资金、金融机构贷款、证券市场资金、东道国企业资金等。

4) 第三国资金

第三国资金主要是指向除母国和东道国之外的第三国各金融机构的贷款，以及证券市场的股权融资和负债融资，还可从国际租赁市场进行融资。

12.4.2 跨国公司的筹资方式

跨国公司的筹资方式主要分为股权筹资和负债筹资两大类。如前所述，跨国公司的筹资渠道不限于国内，由于国内的股权筹资和负债筹资在本书相关部分已有阐述，以下主要针对来自国际筹资渠道的筹资方式进行论述。

1) 股权筹资

跨国公司在国内或国际资本市场上通过发行股票或吸收直接投资来筹集权益资本。股权筹资由于无须偿还、付息以及降低资产负债率等特点而备受青睐，特别是在跨国公司并购时被广泛使用，但也存在股权稀释、信息披露要求高、受监管约束等缺点。如在国际资本市场上发行股票，要受到不同于母国的证券监管要求的约束。

2) 负债筹资

(1) 债券筹资

债券筹资是指跨国公司通过在国内或国际市场上发行以某种货币计价的债券进行筹资的方式。其中，国际市场上的国际债券主要有外国债券和欧洲债券。

①外国债券。外国债券是指发行者所在国与发行市场所在国不同并以发行市场所在国的货币计价的债券。其发行方式主要有公募和私募两种。公募是向社会上不特别指定的广大投资者募集资金。私募是债券发行者经过承购公司只向特定的投资者募集。在美国发行的外国债券叫作“扬基债券”，在日本发行的外国债券称为“武士债券”。

②欧洲债券。欧洲债券是一国发行者在国外债券市场上以第三国货币计价的债券。例如，法国一家机构在英国债券市场上发行的以美元计价的债券就是欧洲债券。欧洲债券的发行人、发行地以及面值货币分别属于三个不同的国家。目前，在国际债券市场上，欧洲债券所占比重远远超过了外国债券。

（2）银行信贷融资

银行信贷融资是指借款人向国内、境外或国际金融机构借入资金的信贷行为。其中，向国际商业银行贷款主要有双边贷款、联合贷款和国际银团贷款等。

（3）出口信贷

出口信贷是指出口国政府为了支持和扩大本国商品的出口，如为了支持和扩大本国大型机械、成套设备、大型工程项目等的出口，加强国际竞争力，以对本国出口商品给予利息补贴并提供信贷担保的办法，鼓励本国银行对本国出口商资金周转困难提供帮助，或满足国外进口商对本国出口商支付货款需要的一种融资方式。它包括卖方信贷（向出口商提供的信贷）和买方信贷（向进口商提供的信贷）。

（4）政府贷款

政府贷款是指各国政府通过财政资金提供的贷款，通常为专项贷款，用于专门用途，如采购国外设备、技术等，多数为约束性贷款。其筹资利率低、期限长并通常有赠款，具体表现为一般的政府贷款或将政府贷款、政府捐赠和出口信贷结合在一起的政府混合贷款。

（5）租赁筹资

租赁筹资是指企业按租赁合约的规定分期支付给出租人租金，从而取得一定时期内租赁资产使用权的一种筹资方式，可分为金融租赁（或称融资租赁）和经营租赁。

出租人与承租人不属于同一国家的租赁为国际租赁。国际租赁相对于其他筹资方式而言，存在如下优点：①无须筹集大量资金即可引进先进设备进行生产。②跨国公司通过国际租赁在各成员企业内部进行利润转移，进行税务筹划。但国际租赁也存在如下缺点：租金较高，租赁合约往往是不可撤销的；承租人对租赁资产无处置权。

12.4.3　跨国公司的筹资管理

跨国公司在筹资时，应努力实现如下目标：

1）筹资成本最低

跨国公司的筹资渠道和筹资方式比较广泛，可对其充分利用，在可能的范围内选择筹资成本最低的渠道和方式，降低企业成本。

2）风险控制

跨国公司在筹资时，应综合考虑筹资风险和为降低其他风险服务，如为投资而进行的筹资应作为风险控制管理的组成部分，降低或控制与之对应的政治风险、经营风险和其他风险。

（1）控制筹资风险

筹资风险主要是指企业的负债筹资，具体表现为过度负债筹资风险、利率波动风险和外汇汇率变动风险。

①过度负债筹资风险。企业应确定合适的资本结构，防止资产负债率指标过高。如果负债筹资为唯一选择，应采用套头型融资、分头举债分头归还、错开债务偿还时点等方法加以应对。

②利率波动风险。企业可通过调整负债的利率结构，降低利率波动风险。如通过利率互换，与其他筹资者就借到的币种、数量和期限相同但计息方式不同的债务进行互换，通

常是在固定利率与浮动利率债务中进行。

③外汇汇率变动风险。在外汇风险管理中已有详细介绍，此处不再重复。

（2）降低政治风险

某些投资对象所处国家存在政治风险，跨国公司可在东道国的资本市场或信贷市场上筹资，以便将该风险与东道国绑定。

（3）降低经营风险

为了开拓东道国市场，可向有关利益群体或战略合作伙伴进行定向融资，将其利益与跨国公司捆绑。

（4）降低其他风险

为了保证对投资对象的绝对控制权，跨国公司往往采用自有积累资金或负债的形式进行融资。

3）利润最大化

由于各国税收制度不同，跨国公司可通过在内部不同公司间的相互融资，使利润从高税率国家企业流向低税率国家企业，实现整体利润最大化。

4）优化资本结构

确定最优资本结构是融资决策的中心问题，跨国公司可通过筹资活动，对资本结构进行调整，使资本结构更加合理。

5）降低代理成本

跨国公司在境外投资时，由于地域、文化和习俗等方面的差异，对境外职业经理人的管理难度更大。根据代理理论，负债筹资能够促使职业经理人的工作努力方向与公司目标接近或一致，降低由于两权分离而产生的代理成本。但是，负债筹资可能导致另一种代理成本，即企业接受债权人监督而产生的成本。因此，需要在两者之间进行权衡。

此外，跨国公司筹资时还必须注意外汇管制问题。由于多数发展中国家都对国际结算、外汇买卖等有所限制，因此，跨国公司子公司在东道国的外币融资会受到影响。

学思践悟

服务“一带一路”，降低对外投资外汇风险

为推动共建“一带一路”高质量发展，向市场主体提供政策参考，2019年4月，国家外汇管理局“一带一路”国家外汇管理政策研究小组发布《“一带一路”国家外汇管理政策概览》（2018年版）（以下简称《概览》）。

从2018年开始，国家外汇管理局对“一带一路”国家外汇管理政策进行编译和梳理。《概览》在综合国际货币基金组织《汇兑安排与汇兑限制年报（2017）》及相关国家外汇管理部门官方网站资料的基础上，从经常项目外汇管理、资本和金融项目外汇管理、个人外汇管理、金融机构外汇业务管理等方面对“一带一路”国家外汇管理政策情况进行了编译和梳理。《概览》旨在贯彻落实习近平总书记“一带一路”系列重要讲话精神和指示批示要求，为参与“一带一路”贸易投资活动的市场主体提供更丰富的参考信息，促进我国与“一带一路”国家政策沟通、设施联通、贸易畅通、资金融通、民心相通，推动共建“一带一路”高质量、高标准、高水平发展。

请思考：跨国公司的外汇风险有哪些？哪些措施可以降低外汇风险？

本章小结

跨国公司的财务管理受其所处环境的影响。跨国公司财务管理环境包括经济环境、社会环境和其他环境。在跨国经营中，跨国公司不可避免地受到外汇及汇率波动的影响。外汇是指外币或以外币表示的用于国家间债权债务结算的各种支付手段。通常采用直接标价法表示外汇汇率。与外汇管理有关的汇率主要有买入汇率、卖出汇率、中间汇率、现钞汇率、即期汇率和远期汇率等。常见的外汇交易有即期交易、远期交易、期货交易、期权交易、套汇和外汇ETF等。跨国公司外汇风险是指跨国公司在国家间进行经营、投融资等活动时，外汇汇率的变动对企业的盈利能力、现金流量等可能造成的损失或收益。跨国公司面临的外汇风险主要有交易风险、折算风险和经济风险。对交易风险通常采用合约保值法（远期外汇市场套期保值、外汇期权交易保值和外汇期货市场交易保值）和经营策略保值法进行风险规避；对折算风险通常通过折算方法的选择、资产负债表保值法进行管理；对经济风险则通过经营多元化、财务多元化来规避。

跨国公司国际投资按投资方式划分，可分为直接投资和间接投资。直接投资的具体动因主要有扩大市场份额、追求高额利润、风险控制和专利技术的获取。跨国公司的投资风险主要由政治风险、经营风险和管理风险组成。跨国公司对外投资的风险规避建立在对东道国投资环境分析的基础上，常用的技术为投资环境多因素分析法

跨国公司的筹资渠道主要包括跨国公司内部资金、母公司本土国的资金、子公司东道国的资金和第三国资金，筹资方式主要有股权筹资和负债筹资两大类。跨国公司筹资目标主要有筹资成本最低、风险控制、利润最大化、优化资本结构和降低代理成本。

重要概念

外汇风险　交易风险　折算风险　经营风险　即期汇率　远期汇率　套期保值　直接投资　间接投资　投资环境多因素分析法

本章案例

福耀集团投资与外汇风险管理

福耀集团是国内规模最大、技术水平最高、出口量最大的汽车玻璃供应商，其销售业务遍布全球，在日本、德国、美国、墨西哥、韩国等均设有子公司。1994年12月，福耀集团在美国成立了美国绿榕玻璃工业有限公司，为北美客户提供汽车玻璃销售服务。从2006年到2008年，福耀集团先后在德国、韩国、日本及美国分别成立子公司，负责这些市场的汽车玻璃销售及售后服务。福耀集团通过在海外市场不断扩张，到2010年，已拥有美国绿榕、福耀北美、福耀欧洲、福耀日本及福耀韩国等众多海外全资子公司，为海外客户提供产品销售以及售后服务。其客户涉及宝马、奔驰、奥迪、宾利、通用、大众、丰田、福特等众多汽车品牌，销售收入中有30%来自海外市场。

自2011年开始，福耀集团对海外经营市场进行布局，由于汽车玻璃市场主要位于欧洲、日本以及北美，而日本不仅汽车产业链相对封闭，并且已有旭硝子和板硝子两大巨头，显然不是一个好选择，因而福耀集团选择在俄罗斯和美国建立海外工厂，这两个国家既是汽车销售的重点市场，也是福耀集团下游客户建立生产基地的地方，这样做有助于完

善供应链条，提高全球市场竞争力。自此福耀集团在北美与欧洲市场开启全球化布局。

在全球化战略下，福耀集团不断开拓海外市场。作为拥有大量出口业务的企业，必然面临较大的外汇风险，福耀集团采取了很多方式对外汇风险进行管理。

2012年，福耀集团制定了外汇套期保值业务内部控制以及风险管理制度。该制度不仅使套期保值业务的原则更加明确，对相关业务的开展作出规定，还对套期保值业务的相关组织机构及其职责、业务流程、审批程序及审批权限作出规定，以保障套期保值业务的顺利开展。

福耀集团通过外汇衍生品进行套期保值，能够控制部分外汇风险。福耀集团先是购买远期外汇合约，并自2012年起每年签订远期外汇合同；从2015年开始买卖外汇期权，从2017年开始购买货币掉期。远期外汇合约是福耀集团最常使用的外汇衍生工具。例如，福耀集团在2016年12月31日与银行签订远期外汇合同，合同规定：以欧元兑换美元之合同本金合计为4 255 430欧元，到期日为2017年8月23日，到期汇率为1.1310。福耀集团通过这种方式把汇率锁定为1.1310，可以有效降低由于美元升值而造成损失的可能性。

福耀集团通过建立完整的外汇管理机构，将外汇集中到集团总部进行统一管理，从而抵消集团内外汇债权、债务，并对外汇余额进行统一管理，降低外汇风险。此外，对外汇进行集中管理，能够及时匹配采购、销售的货币，并及时汇出外币、加速回款，从而减少风险。

福耀集团的业务遍布全球，在很多国家都设立了子公司，子公司在海外经营时使用当地货币，一种货币贬值的同时，其他货币可能升值，从而可以利用风险分散原理分散外汇风险。此外，福耀集团将外汇进行统一集中管理，由于多种货币的收入或支出可能造成外汇风险，而通过集中管理方法，该风险能得到有效化解。

在汇率不断波动的背景下，当一个供应商提高原材料价格时，可以通过向别的供应商购买原材料，减少由汇率波动造成的原材料采购价格提高对产品成本产生的影响，从而降低汇率波动产生的外汇风险。

福耀集团通过在海外建立生产工厂生产产品，不仅可以适当降低生产成本，提高产品销量，还可以使海外销售成本与收入的计量货币相互匹配，适当减小由汇率变动造成的利润较大波动，从而对外汇风险进行有效管控。

资料来源　李晚景. 跨国公司财务管理中的风险管控策略分析［J］. 中国总会计师，2020（9）. 李芸骞. 福耀集团外汇风险管理研究［D］. 上海：上海财经大学，2020.

【思考】福耀集团是如何、从哪些方面对外汇风险进行管理的？

自测题

一、即测即评

第12章单项选择题　　第12章多项选择题　　第12章判断题

二、计算题

1.美国A公司因出口产品将在一个月后收到100万欧元，对欧元的汇率预计有两种情况：①下月欧元升值3%；②下月欧元贬值1%。当期欧元对美元的汇率为1∶1.50，一个月的远期汇率为1∶1.53。在证券市场上，一个月后到期的欧元卖出期权执行汇率为1∶1.54，期权费为当期交易金额的1.5%。

试按下述情况分别计算一个月后两种汇率下收到的美元金额。情况如下：

(1) 若该公司对一个月后将收到的应收账款不实行套期保值。

(2) 若该公司用卖出期权对一个月后收到的应收账款进行套期保值。

(3) 若该公司用远期交易对一个月后收到的应收账款进行套期保值。

2.某跨国公司有A、B两个子公司，分别设在两个国家，所得税税率分别为30%和10%，A公司为B公司生产汽车配件，A公司以500美元的成本生产配件并销售给B公司。B公司花费100美元进行组装，并以750美元的价格对外出售。

要求：比较内部转移价格为550美元或590美元对跨国公司总体税负的影响。

3.一家英国跨国公司在美国的子公司准备在纽约信贷市场借入2 400万美元，期限为3年，利息每半年支付一次，年利率为5%，而该公司的英镑借款利率为3%；一家美国跨国公司在英国的子公司准备借入2 000万英镑信贷资金，期限也是3年，利息每半年支付一次，其借款利率为6%，而该公司的美元借款利率为4%。目前即期汇率为1英镑=1.2美元，一家英国银行愿意提供货币互换安排，并按互换金额的0.05%收取费用。

要求：(1) 互换银行将如何安排两公司的借款?

(2) 若通过银行的安排，两公司都节约了成本，各自的利息应如何支付?

三、思考题

1.外汇交易的分类主要有哪些?

2.外汇风险的种类和规避方法有哪些?

3.购买以外币计价的实物资产，如原油、棕榈油等，其相应的风险有哪些?可借鉴外汇风险管理中的哪些方法进行规避?如何规避风险?

4.简述市场不完全性理论、内部化理论、国际寡头垄断论、产品周期理论和折中理论的主要内容，并分析联想并购IBM全球PC业务的动机。

5.假设你是一家中国家电跨国公司的财务主管，拟在越南投资建厂，请用投资环境多因素分析法对越南的投资环境进行评价，具体资料可从网上检索。

6.欧洲债券与外国债券的区别是什么?

第12章计算题参考答案

第12章思考题分析提示

附表

附表一　　　　　　　　**复利终值系数表**

$(F/P, i, n) = (1+i)^n$

i \ n	1	2	3	4	5	6	7	8	9	10	11	12	13	14	n / i
1	1.01000	1.02010	1.03030	1.04060	1.05101	1.06152	1.07214	1.08286	1.09369	1.10462	1.11567	1.12683	1.13809	1.14947	1
2	1.02000	1.04040	1.06121	1.08243	1.10408	1.12616	1.14869	1.17166	1.19509	1.21899	1.24337	1.26824	1.29361	1.31948	2
3	1.03000	1.06090	1.09273	1.12551	1.15927	1.19405	1.2297	1.26677	1.30477	1.34392	1.38423	1.42576	1.46853	1.51259	3
4	1.04000	1.08160	1.12486	1.16986	1.21665	1.26532	1.31593	1.36857	1.42331	1.48024	1.53945	1.60103	1.66507	1.73168	4
5	1.05000	1.10250	1.15763	1.21551	1.27628	1.34010	1.40710	1.47746	1.55133	1.62889	1.71034	1.79586	1.88565	1.97993	5
6	1.06000	1.12360	1.19102	1.26248	1.33823	1.41852	1.50363	1.59385	1.68948	1.79085	1.89830	2.01220	2.13293	2.26090	6
7	1.07000	1.14490	1.22504	1.31080	1.40255	1.50073	1.60578	1.71819	1.83846	1.96715	2.10485	2.25219	2.40985	2.57853	7
8	1.08000	1.16640	1.25971	1.36049	1.46933	1.58687	1.71382	1.85093	1.99900	2.15892	2.33164	2.51817	2.71962	2.93719	8
9	1.09000	1.18810	1.29503	1.41158	1.53862	1.67710	1.82804	1.99256	2.17189	2.36736	2.58043	2.81266	3.06580	3.34173	9
10	1.10000	1.21000	1.33100	1.46410	1.61051	1.77156	1.94872	2.14359	2.35795	2.59374	2.85312	3.13843	3.45227	3.79750	10
12	1.12000	1.25440	1.40493	1.57352	1.76234	1.97382	2.21068	2.47596	2.77308	3.10585	3.47855	3.89598	4.36349	4.88711	12
14	1.14000	1.29960	1.48154	1.68896	1.92541	2.19497	2.50227	2.85259	3.25195	3.70722	4.22623	4.81790	5.49241	6.26135	14
16	1.16000	1.34560	1.56090	1.81064	2.10034	2.43640	2.82622	3.27841	3.80296	4.41144	5.11726	5.93603	6.88579	7.98752	16
18	1.18000	1.39240	1.64303	1.93878	2.28776	2.69955	3.18547	3.75886	4.43545	5.23384	6.17593	7.28759	8.59936	10.1472	18
20	1.20000	1.44000	1.72800	2.07360	2.48832	2.98598	3.58318	4.29982	5.15978	6.19174	7.43008	8.91610	10.6993	12.8392	20
24	1.24000	1.53760	1.90662	2.36421	2.93163	3.63522	4.50767	5.58951	6.93099	8.59443	10.6571	13.2148	16.3863	20.3191	24
28	1.28000	1.63840	2.09715	2.68435	3.43597	4.39805	5.62950	7.20576	9.22337	11.8059	15.1116	19.3428	24.7588	31.6913	28
32	1.32000	1.74240	2.29997	3.03596	4.00746	5.28985	6.98261	9.21704	12.1665	16.0598	21.1989	27.9825	36.9370	48.7568	32
36	1.36000	1.84960	2.51546	3.42102	4.65259	6.32752	8.60543	11.7034	15.9166	21.6466	29.4393	40.0375	54.4510	74.0534	36
40	1.40000	1.96000	2.74400	3.84160	5.37824	7.52954	10.5414	14.7579	20.6610	28.9255	40.4957	56.6939	79.3715	111.120	40
50	1.50000	2.25000	3.37500	5.06250	7.59375	11.3906	17.0859	25.6289	38.4434	57.6650	86.4976	129.746	194.620	291.929	50

续表

i \ n	15	16	17	18	19	20	21	22	23	24	25	26	27	28	n / i
1	1.16097	1.17258	1.18430	1.19615	1.20811	1.22019	1.23239	1.24472	1.25716	1.26973	1.28243	1.29526	1.30821	1.32129	1
2	1.34587	1.37279	1.40024	1.42825	1.45681	1.48595	1.51567	1.54598	1.57690	1.60844	1.64061	1.67342	1.70689	1.74102	2
3	1.55797	1.60471	1.65285	1.70243	1.75351	1.80611	1.86029	1.91610	1.97359	2.03279	2.09378	2.15659	2.22129	2.28793	3
4	1.80094	1.87298	1.94790	2.02582	2.10685	2.19112	2.27877	2.36992	2.46472	2.56330	2.66584	2.77247	2.88337	2.99870	4
5	2.07893	2.18287	2.29202	2.40662	2.52695	2.65330	2.78596	2.92526	3.07152	3.22510	3.38635	3.55567	3.73346	3.92013	5
6	2.39656	2.54035	2.69277	2.85434	3.02560	3.20714	3.39956	3.60354	3.81975	4.04893	4.29187	4.54938	4.82235	5.11169	6
7	2.75903	2.95216	3.15882	3.37993	3.61653	3.86968	4.14056	4.43040	4.74053	5.07237	5.42743	5.80735	6.21387	6.64884	7
8	3.17217	3.42594	3.70002	3.99602	4.31570	4.66096	5.03383	5.43654	5.87146	6.34118	6.84848	7.39635	7.98806	8.62711	8
9	3.64248	3.97031	4.32763	4.71712	5.14166	5.60441	6.10881	6.65860	7.25787	7.91108	8.62308	9.39916	10.2451	11.1671	9
10	4.17725	4.59497	5.05447	5.55992	6.11591	6.72750	7.4025	8.14027	8.95430	9.84973	10.8347	11.9182	13.1100	14.4210	10
12	5.47357	6.13039	6.86604	7.68997	8.61276	9.64629	10.8038	12.1003	13.5523	15.1786	17.0001	19.0401	21.3249	23.8839	12
14	7.13794	8.13725	9.27646	10.5752	12.0557	13.7435	15.6676	17.8610	20.3616	23.2122	26.4619	30.1666	34.3899	39.2045	14
16	9.26552	10.7480	12.4677	14.4625	16.7765	19.4608	22.5745	26.1864	30.3762	35.2364	40.8742	47.4141	55.0004	63.8004	16
18	11.9737	14.1290	16.6722	19.6733	23.2144	27.3930	32.3238	38.1421	45.0076	53.1090	62.6686	73.9490	87.2598	102.967	18
20	15.4070	18.4884	22.1861	26.6233	31.9480	38.3376	46.0051	55.2061	66.2474	79.4968	95.3962	114.475	137.371	164.845	20
24	25.1956	31.2426	38.7408	48.0386	59.5679	73.8641	91.5915	113.574	140.831	174.631	216.542	268.512	332.955	412.864	24
28	40.5648	51.9230	66.4614	86.0706	108.890	139.380	178.406	228.360	292.300	374.144	478.905	612.998	784.638	1004.34	28
32	64.3590	84.9538	112.139	148.024	195.391	257.916	340.449	449.393	593.199	783.023	1033.59	1364.34	1800.93	2377.22	32
36	100.713	136.969	186.278	253.338	344.540	468.574	637.261	866.674	1178.68	1603.00	2180.08	2964.91	4032.28	5483.90	36
40	155.568	217.795	304.913	426.879	597.630	836.683	1171.36	1639.90	2295.86	3214.20	4499.88	6299.83	8819.76	12347.7	40
50	437.894	656.841	985.261	1477.89	2216.84	3325.26	4987.89	7481.83	11222.7	16834.1	25251.2	37876.8	56815.1	85222.7	50

附表二

复利现值系数表

$(P/F, i, n) = (1+i)^{-n}$

n / i	1	2	3	4	5	6	7	8	9	10	11	12	13	14	n / i
1	0.99010	0.98030	0.97059	0.96098	0.95147	0.94205	0.93272	0.92348	0.91434	0.90529	0.89632	0.88745	0.87866	0.86996	1
2	0.98039	0.96117	0.94232	0.92385	0.90573	0.88797	0.87056	0.85349	0.83676	0.82035	0.80426	0.78849	0.77303	0.75788	2
3	0.97087	0.94260	0.91514	0.88849	0.86261	0.83748	0.81309	0.78941	0.76642	0.74409	0.72242	0.70138	0.68095	0.66112	3
4	0.96154	0.92456	0.88900	0.85480	0.82193	0.79031	0.75992	0.73069	0.70259	0.67556	0.64958	0.62460	0.60057	0.57748	4
5	0.95238	0.90703	0.86384	0.82270	0.78353	0.74622	0.71068	0.67684	0.64461	0.61391	0.58468	0.55684	0.53032	0.50507	5
6	0.94340	0.89000	0.83962	0.79209	0.74726	0.70496	0.66506	0.62741	0.59190	0.55839	0.52679	0.49697	0.46884	0.44230	6
7	0.93458	0.87344	0.81630	0.76290	0.71299	0.66634	0.62275	0.58201	0.54393	0.50835	0.47509	0.44401	0.41496	0.38782	7
8	0.92593	0.85734	0.79383	0.73503	0.68058	0.63017	0.58349	0.54027	0.50025	0.46319	0.42888	0.39711	0.36770	0.34046	8
9	0.91743	0.84168	0.77218	0.70843	0.64993	0.59627	0.54703	0.50187	0.46043	0.42241	0.38753	0.35553	0.32618	0.29925	9
10	0.90909	0.82645	0.75131	0.68301	0.62092	0.56447	0.51316	0.46651	0.42410	0.38554	0.35049	0.31863	0.28966	0.26333	10
12	0.89286	0.79719	0.71178	0.63552	0.56743	0.50663	0.45235	0.40388	0.36061	0.32197	0.28748	0.25668	0.22917	0.20462	12
14	0.87719	0.76947	0.67497	0.59208	0.51937	0.45559	0.39964	0.35056	0.30751	0.26974	0.23662	0.20756	0.18207	0.15971	14
16	0.86207	0.74316	0.64066	0.55229	0.47611	0.41044	0.35383	0.30503	0.26295	0.22668	0.19542	0.16846	0.14523	0.12520	16
18	0.84746	0.71818	0.60863	0.51579	0.43711	0.37043	0.31393	0.26604	0.22546	0.19106	0.16192	0.13722	0.11629	0.09855	18
20	0.83333	0.69444	0.57870	0.48225	0.40188	0.33490	0.27908	0.23257	0.19381	0.16151	0.13459	0.11216	0.09346	0.07789	20
22	0.81967	0.67186	0.55071	0.45140	0.37000	0.30328	0.24859	0.20376	0.16702	0.13690	0.11221	0.09198	0.07539	0.06180	22
24	0.80645	0.65036	0.52449	0.42297	0.34111	0.27509	0.22184	0.17891	0.14428	0.11635	0.09383	0.07567	0.06103	0.04921	24
26	0.79365	0.62988	0.49991	0.39675	0.31488	0.24991	0.19834	0.15741	0.12493	0.09915	0.07869	0.06245	0.04957	0.03934	26
28	0.78125	0.61035	0.47684	0.37253	0.29104	0.22737	0.17764	0.13878	0.10842	0.08470	0.06617	0.05170	0.04039	0.03155	28
30	0.76923	0.59172	0.45517	0.35013	0.26933	0.20718	0.15937	0.1259	0.09430	0.07254	0.05580	0.04292	0.03302	0.02540	30
35	0.74074	0.54870	0.40644	0.30107	0.22301	0.16520	0.12237	0.09064	0.06714	0.04974	0.03684	0.02729	0.02021	0.01497	35

续表

n / i	15	16	17	18	19	20	21	22	23	24	25	26	27	28	n / i
1	0.86135	0.85282	0.84438	0.83602	0.82774	0.81954	0.81143	0.80340	0.79544	0.78757	0.77977	0.77205	0.76440	0.75684	1
2	0.74301	0.72845	0.71416	0.70016	0.68643	0.67297	0.65978	0.64684	0.63416	0.62172	0.6095	0.59758	0.58586	0.57437	2
3	0.64186	0.62317	0.60502	0.58739	0.57029	0.55368	0.53755	0.52189	0.50669	0.49193	0.47761	0.46369	0.45019	0.43708	3
4	0.55526	0.53391	0.51337	0.49363	0.47464	0.45639	0.43883	0.42196	0.40573	0.39012	0.37512	0.36069	0.34682	0.33348	4
5	0.48102	0.45811	0.43630	0.41552	0.39573	0.37689	0.35894	0.34185	0.32557	0.31007	0.29530	0.28124	0.26785	0.25509	5
6	0.41727	0.39365	0.37136	0.35034	0.33051	0.31180	0.29416	0.27751	0.26180	0.24698	0.23300	0.21981	0.20737	0.19563	6
7	0.36245	0.33873	0.31657	0.29586	0.27651	0.25842	0.24151	0.22571	0.21095	0.19715	0.18425	0.17220	0.16093	0.15040	7
8	0.31524	0.29189	0.27027	0.25025	0.23171	0.21455	0.19866	0.18394	0.17032	0.15770	0.14602	0.13520	0.12519	0.11591	8
9	0.27454	0.25187	0.23107	0.21199	0.19449	0.17843	0.16370	0.15018	0.13778	0.12640	0.11597	0.10639	0.09761	0.08955	9
10	0.23939	0.21763	0.19784	0.17986	0.16351	0.14864	0.13513	0.12285	0.11168	0.10153	0.09230	0.08391	0.07628	0.06934	10
12	0.18270	0.16312	0.14564	0.13004	0.11611	0.10367	0.09256	0.08264	0.07379	0.06588	0.05882	0.05252	0.04689	0.04187	12
14	0.14010	0.12289	0.10780	0.09456	0.08295	0.07276	0.06383	0.05599	0.04911	0.04308	0.03779	0.03315	0.02908	0.02551	14
16	0.10793	0.09304	0.08021	0.06914	0.05961	0.05139	0.04430	0.03819	0.03292	0.02838	0.02447	0.02109	0.01818	0.01567	16
18	0.08352	0.07078	0.05998	0.05083	0.04308	0.03651	0.03094	0.02622	0.02222	0.01883	0.01596	0.01352	0.01146	0.00971	18
20	0.06491	0.05409	0.04507	0.03756	0.03130	0.02608	0.02174	0.01811	0.01509	0.01258	0.01048	0.00874	0.00728	0.00607	20
22	0.05065	0.04152	0.03403	0.02789	0.02286	0.01874	0.01536	0.01259	0.01032	0.00846	0.00693	0.00568	0.00466	0.00382	22
24	0.03969	0.03201	0.02581	0.02082	0.01679	0.01354	0.01092	0.00880	0.00710	0.00573	0.00462	0.00372	0.00300	0.00242	24
26	0.03122	0.02478	0.01967	0.01561	0.01239	0.00983	0.00780	0.00619	0.00491	0.00390	0.00310	0.00246	0.00195	0.00155	26
28	0.02465	0.01926	0.01505	0.01175	0.00918	0.00717	0.00561	0.00438	0.00342	0.00267	0.00209	0.00163	0.00127	0.00100	28
30	0.01954	0.01503	0.01156	0.00889	0.00684	0.00526	0.00405	0.00311	0.00239	0.00184	0.00142	0.00109	0.00084	0.00065	30
35	0.01109	0.00822	0.00609	0.00451	0.00334	0.00247	0.00183	0.00136	0.00101	0.00074	0.00055	0.00041	0.00030	0.00022	35

附表三

年金终值系数表

$$(F/A,\ i,\ n) = [(1+i)^n - 1]/i$$

i \ n	1	2	3	4	5	6	7	8	9	10	11	12	13	14	n / i
1	1.00000	2.01000	3.03010	4.06040	5.10101	6.15202	7.21354	8.28567	9.36853	10.4622	11.5668	12.6825	13.8093	14.9474	1
2	1.00000	2.02000	3.06040	4.12161	5.20404	6.30812	7.43428	8.58297	9.75463	10.9497	12.1687	13.4121	14.6803	15.9739	2
3	1.00000	2.03000	3.09090	4.18363	5.30914	6.46841	7.66246	8.59234	10.1591	11.4639	12.8078	14.1920	15.6178	17.0863	3
4	1.00000	2.04000	3.12160	4.24646	5.41632	6.63298	7.89829	9.21423	10.5828	12.0061	13.4864	15.0258	16.6268	18.2919	4
5	1.00000	2.05000	3.15250	4.31012	5.52563	6.80191	8.14201	9.54911	11.0266	12.5779	14.2068	15.9171	17.7130	19.5986	5
6	1.00000	2.06000	3.18360	4.37462	5.63709	6.97532	8.39384	9.89747	11.4913	13.1808	14.9716	16.8699	18.8821	21.0151	6
7	1.00000	2.07000	3.21490	4.43994	5.75074	7.15329	8.65402	10.2598	11.9780	13.8164	15.7836	17.8885	20.1406	22.5505	7
8	1.00000	2.08000	3.24640	4.50611	5.86660	7.33593	8.92280	10.6366	12.4876	14.4866	16.6455	18.9771	21.4953	24.2149	8
9	1.00000	2.09000	3.27810	4.57313	5.98471	7.52333	9.20043	11.0285	13.0210	15.1929	17.5603	20.1407	22.9534	26.0192	9
10	1.00000	2.10000	3.31000	4.64100	6.10510	7.71561	9.48717	11.4359	13.5795	15.9374	18.5312	21.3843	24.5227	27.9750	10
12	1.00000	2.12000	3.37440	4.77933	6.35285	8.11519	10.0890	12.2997	14.7757	17.5487	20.6546	24.1331	28.0291	32.3926	12
14	1.00000	2.14000	3.43960	4.92114	6.61010	8.53552	10.7305	13.2328	16.0853	19.3373	23.0445	27.2707	32.0887	37.5811	14
16	1.00000	2.16000	3.50560	5.06650	6.87714	8.97748	11.4139	14.2401	17.5185	21.3215	25.7329	30.8502	36.7862	43.6720	16
18	1.00000	2.18000	3.57240	5.21543	7.15421	9.44197	12.1415	15.3270	19.0859	23.5213	28.7551	34.9311	42.2187	50.8180	18
20	1.00000	2.20000	3.64000	5.36800	7.44160	9.92992	12.9159	16.4991	20.7989	25.9587	32.1504	39.5805	48.4966	59.1959	20
22	1.00000	2.22000	3.70840	5.52425	7.73958	10.4423	13.7396	17.7623	22.6700	28.6574	35.9620	44.8737	55.7459	69.0100	22
24	1.00000	2.24000	3.77760	5.68422	8.04844	10.9801	14.6153	19.1229	24.7125	31.6434	40.2379	50.8950	64.1097	80.4961	24
26	1.00000	2.26000	3.84760	5.84798	8.36845	11.5442	15.5458	20.5876	26.9404	34.9449	45.0306	57.7386	73.7506	93.9258	26
28	1.00000	2.28000	3.94840	6.01555	8.69991	12.1359	16.5339	22.1634	29.3692	38.5926	50.3985	65.5100	84.8529	109.612	28
30	1.00000	2.30000	3.99000	6.18700	9.04310	12.7560	17.5828	23.8577	32.0150	42.6195	56.4053	74.3270	97.6250	127.913	30
35	1.00000	2.35000	4.17250	6.63288	9.95438	14.4384	0.4919	28.6640	39.6964	4.5902	74.6967	101.841	138.485	187.954	35

续表

i \ n	15	16	17	18	19	20	21	22	23	24	25	26	27	28	n / i
1	16.0969	17.2579	18.4304	19.6147	20.8109	22.0190	23.2392	24.4716	25.7163	26.9735	28.2432	29.5256	30.8209	32.1291	1
2	17.2934	18.6393	20.0121	21.4123	22.8406	24.2974	25.7833	27.2990	28.8450	30.4219	32.0303	33.6709	35.3443	37.0512	2
3	18.5989	20.1569	21.7616	23.4144	25.1169	26.8704	28.6765	30.5368	32.4529	34.4265	36.4593	38.5530	40.7096	42.9309	3
4	20.0236	21.8245	23.6975	25.6454	27.6712	29.7781	31.9692	34.2480	36.6179	39.0826	41.6459	44.3117	47.0842	49.9676	4
5	21.5786	23.6755	25.8404	28.1324	30.5390	33.0660	35.7193	38.5052	41.4305	44.5020	47.7271	51.1135	54.6691	58.4026	5
6	23.2760	25.6725	28.2129	30.9057	33.7600	36.7856	39.9927	43.3923	46.9958	50.8156	54.8645	59.1564	63.7058	68.5281	6
7	25.1290	27.8880	30.8402	33.9990	37.3790	40.9955	44.8652	49.0057	53.4361	58.1767	63.2490	68.6765	74.4838	80.6977	7
8	27.1521	30.3243	33.7502	37.4502	41.4463	45.7620	50.4229	55.4568	60.8933	66.7648	73.1059	79.9544	87.3508	95.3388	8
9	29.3609	33.0034	36.9737	41.3013	46.0185	51.1601	56.7645	62.8733	69.5319	76.7898	84.7009	93.3240	102.723	112.968	9
10	31.7725	35.9497	40.5447	45.5992	51.1591	57.2750	64.0025	71.4027	79.5430	88.4973	98.3471	109.182	121.100	134.210	10
12	37.2797	42.7533	48.8837	55.7497	63.4397	72.0524	81.6987	92.5026	104.603	118.155	133.334	150.334	169.374	190.699	12
14	43.8424	50.9804	59.1176	68.3941	78.9692	91.0249	104.768	120.436	138.297	158.659	181.871	208.333	238.499	272.889	14
16	51.6595	60.9250	71.6730	84.1407	98.6032	115.380	134.841	157.415	183.601	213.978	249.214	290.088	337.502	392.503	16
18	60.6953	72.9390	87.0680	103.740	123.414	146.628	174.021	206.345	244.487	289.494	342.603	405.272	479.221	566.481	18
20	72.0351	87.4421	105.931	128.117	154.740	186.688	225.026	271.031	326.237	392.484	471.981	567.377	681.853	819.223	20
22	85.1922	104.935	129.020	158.405	194.254	237.989	291.347	356.443	435.861	532.750	650.955	795.165	971.102	1185.74	22
24	100.815	126.011	157.253	195.994	244.033	303.601	377.465	469.056	582.630	723.461	898.092	1114.63	1383.15	1716.10	24
26	119.347	151.377	191.735	242.585	306.658	387.389	489.110	617.278	778.771	982.251	1238.64	1561.68	1968.72	2481.59	26
28	141.303	181.868	233.791	300.252	385.323	494.213	633.593	811.999	1040.36	1332.66	1706.80	2185.71	2798.71	3583.34	28
30	167.286	218.472	285.014	371.518	483.973	630.165	820.215	1067.28	1388.46	1806.00	2348.80	3054.44	3971.78	5164.31	30
35	254.738	344.897	466.611	630.925	852.748	1152.21	1556.48	2102.25	2839.04	3833.71	5176.50	6989.28	9436.53	12740.3	35

附表四

年金现值系数表

（P/A，i，n）=［1-（1+i）$^{-n}$］/i

n / i	1	2	3	4	5	6	7	8	9	10	11	12	13	14	n / i
1	0.99010	1.97040	2.94099	3.90197	4.85343	5.79548	6.72819	7.65168	8.56602	9.47130	10.3676	11.2551	12.1337	13.0037	1
2	0.98039	1.94156	2.88388	3.80773	4.71346	5.60143	6.47199	7.32548	8.16224	8.98259	9.78685	10.5753	11.3484	12.1062	2
3	0.97087	1.91347	2.82861	3.71710	4.57971	5.41719	6.23028	7.01969	7.78611	8.53020	9.25262	9.95400	10.6350	11.2961	3
4	0.96154	1.88610	2.77509	3.62990	4.45182	5.24214	6.00206	6.73275	7.43533	8.11090	8.76048	9.38507	9.98565	10.5631	4
5	0.95238	1.85941	2.72325	3.54595	4.32948	5.07569	5.78637	6.46321	7.10782	7.72173	8.30641	8.86325	9.39357	9.89864	5
6	0.94340	1.83339	2.67301	3.46511	4.21236	4.91732	5.58238	6.20979	6.80169	7.36009	7.88687	8.38384	8.85268	9.29498	6
7	0.93458	1.80802	2.62432	3.38721	4.10020	4.76654	5.38929	5.97130	6.51523	7.02358	7.49867	7.94269	8.35765	8.74547	7
8	0.92593	1.78326	2.57710	3.31213	3.99271	4.62288	5.20637	5.74664	6.24689	6.71008	7.13896	7.53608	7.90378	8.24424	8
9	0.91743	1.75911	2.53130	3.23972	3.88965	4.48592	5.03295	5.53482	5.99525	6.41766	6.80519	7.16073	7.48690	7.78615	9
10	0.90909	1.73554	2.48685	3.16987	3.79079	4.35526	4.86842	5.33493	5.75902	6.14457	6.49506	6.81369	7.10336	7.36669	10
12	0.89286	1.69005	2.40183	3.03735	3.60478	4.11141	4.56376	4.96764	5.32825	5.65022	5.93770	6.19437	6.42355	6.62817	12
14	0.87719	1.64666	2.32163	2.91371	3.43308	3.88867	4.28830	4.63886	4.94637	5.21612	5.45273	5.66029	5.84236	6.00207	14
16	0.86207	1.60523	2.24589	2.79818	3.27429	3.68474	4.03857	4.34359	4.60654	4.83323	5.02864	5.19711	5.34233	5.46753	16
18	0.84746	1.56564	2.17427	2.69006	3.12717	3.49760	3.81153	4.07757	4.30302	4.49409	4.65601	4.79322	4.90951	5.00806	18
20	0.83333	1.52778	2.10648	2.58873	2.99061	3.32551	3.60459	3.83716	4.03097	4.19247	4.32706	4.43922	4.53268	4.61057	20
22	0.81967	1.49154	2.04224	2.49364	2.86364	3.16692	3.41551	3.61927	3.78628	3.92318	4.03540	4.12737	4.20277	4.26456	22
24	0.80645	1.45682	1.98130	2.40428	2.74538	3.02047	3.24232	3.42122	3.56550	3.68186	3.77569	3.85136	3.91239	3.96160	24
26	0.79365	1.42353	1.92344	2.32019	2.63507	2.88498	3.08331	3.24073	3.36566	3.46481	3.54350	3.60595	3.65552	3.69485	26
28	0.78125	1.39160	1.86844	2.24097	2.53201	2.75938	2.93702	3.07579	3.18421	3.26892	3.33509	3.38679	3.42718	3.45873	28
30	0.76923	1.36095	1.81611	2.16624	2.43557	2.64275	2.80211	2.92470	3.01900	3.09154	3.14734	3.19026	3.22328	3.24867	30
35	0.74074	1.28944	1.69588	1.99695	2.21996	2.38516	2.50752	2.59817	2.66531	2.71504	2.75188	2.77947	2.79939	2.81436	35

续表

i \ n	15	16	17	18	19	20	21	22	23	24	25	26	27	28	n / i
1	13.8651	14.7179	15.5623	16.3983	17.2260	18.0456	18.8570	19.6604	20.4558	21.2434	22.0232	22.7952	23.5596	24.3164	1
2	12.8493	13.5778	14.2919	14.9920	15.6785	16.3514	17.0112	17.6580	18.2922	18.9139	19.5235	20.1210	20.7069	21.2813	2
3	11.9379	12.5611	13.1661	13.7535	14.3238	14.8775	15.4150	15.9369	16.4436	16.9355	17.4131	17.8768	18.3270	18.7641	3
4	11.1184	11.6523	12.1657	12.6593	13.1339	13.5903	14.0292	14.4511	14.8568	15.2420	15.6221	15.9828	16.3296	16.6631	4
5	10.3797	10.8378	11.2741	11.6896	12.0853	12.4622	12.8212	13.1630	13.4886	13.7986	14.0939	14.3752	14.6430	14.8981	5
6	9.71225	10.1059	10.4773	10.8276	11.1581	11.4699	11.7641	12.0416	12.3034	12.5504	12.7834	13.0032	13.2105	13.4062	6
7	9.10791	9.44665	9.76322	10.0591	10.3356	10.5940	10.8355	11.0612	11.2722	11.4693	11.6536	11.8258	11.9867	12.1371	7
8	8.55948	8.85137	9.12164	9.37189	9.60360	9.81815	10.0168	10.2007	10.3711	10.5288	10.6748	10.8100	10.9352	11.0511	8
9	8.06069	8.31256	8.54363	8.75563	8.95011	9.12855	9.29224	9.44243	9.58021	9.70661	9.82258	9.92897	10.0266	10.1161	9
10	7.60608	7.82371	8.02155	8.20141	8.36492	8.51356	8.64869	8.77154	8.88322	8.98474	9.07704	9.16095	9.23722	9.30657	10
12	6.81086	6.97399	7.11963	7.24967	7.36578	7.46944	7.56200	7.64465	7.71843	7.78432	7.84314	7.89566	7.94255	7.98442	12
14	6.14217	6.26506	6.37286	6.46742	6.55037	6.62313	6.68696	6.74294	6.79206	6.83514	6.87293	6.90608	6.93515	6.96066	14
16	5.57546	5.66850	5.74870	5.81785	5.87746	5.92884	5.97314	6.01133	6.04425	6.07263	6.09709	6.11818	6.13636	6.15204	16
18	5.09158	5.16235	5.22233	5.27316	5.31624	5.35275	5.38368	5.40990	5.43212	5.45095	5.46691	5.48043	5.49189	5.50160	18
20	4.67547	4.72956	4.77463	4.81219	4.84350	4.86958	4.89132	4.90943	4.92453	4.93710	4.94759	4.95632	4.96360	4.96967	20
22	4.31552	4.35673	4.39077	4.41866	4.44152	4.46027	4.47563	4.48822	4.49854	4.50700	4.51393	4.51962	4.52428	4.52810	22
24	4.00129	4.03330	4.05911	4.07993	4.09672	4.11026	4.12117	4.12998	4.13708	4.14281	4.14743	4.15115	4.15415	4.15657	24
26	3.72607	3.75085	3.77052	3.78613	3.79851	3.80834	3.81615	3.82234	3.82725	3.83115	3.83425	3.83670	3.83865	3.84020	26
28	3.48339	3.50265	3.51769	3.52945	3.53863	3.54580	3.55141	3.55579	3.55921	3.56188	3.56397	3.56560	3.56688	3.56787	28
30	3.26821	3.28324	3.29480	3.30369	3.31053	3.31579	3.31984	3.32296	3.32535	3.32719	3.32861	3.32970	3.33054	3.33118	30
35	2.82545	2.83367	2.83975	2.84426	2.84760	2.85008	2.85191	2.85326	2.85427	2.85502	2.85557	2.85598	2.85628	2.85650	35

附表五

标准正态分布曲线面积表

Z	0.00	0.01	0.02	0.03	0.04	0.05	0.06	0.07	0.08	0.09
0.00	0.0	0.0040	0.0080	0.0120	0.0160	0.0199	0.0239	0.0279	0.0319	0.0359
0.10	0.0398	0.0438	0.0478	0.0517	0.0557	0.0596	0.0636	0.0675	0.0714	0.0753
0.20	0.0793	0.0832	0.0871	0.0910	0.0948	0.0987	0.1026	0.1064	0.1103	0.1141
0.30	0.1179	0.1217	0.1255	0.1293	0.1331	0.1368	0.1406	0.1443	0.1480	0.1517
0.40	0.1554	0.1594	0.1628	0.1661	0.1700	0.1736	0.1772	0.1808	0.1844	0.1879
0.50	0.1915	0.1950	0.1985	0.2010	0.2054	0.2088	0.2133	0.2157	0.2190	0.2224
0.60	0.2257	0.2291	0.2324	0.2357	0.2389	0.2422	0.2454	0.2486	0.2517	0.2549
0.70	0.2580	0.2611	0.2642	0.2673	0.2703	0.2734	0.2764	0.2793	0.2823	0.2852
0.80	0.2881	0.2910	0.2939	0.2967	0.2995	0.3023	0.3051	0.3078	0.3106	0.3133
0.90	0.3159	0.3186	0.3212	0.3238	0.3264	0.3289	0.3315	0.3340	0.3365	0.3389
1.00	0.3413	0.3438	0.3461	0.3485	0.3508	0.3531	0.3554	0.3577	0.3599	0.3621
1.10	0.3643	0.3665	0.3686	0.3703	0.3729	0.3749	0.3770	0.3790	0.3810	0.3830
1.20	0.3849	0.3869	0.3888	0.3907	0.3925	0.3943	0.3962	0.3980	0.3997	0.4015
1.30	0.4032	0.4049	0.4066	0.4082	0.4099	0.4115	0.4115	0.4147	0.4162	0.4177
1.40	0.4192	0.4207	0.4222	0.4236	0.4251	0.4265	0.4279	0.4292	0.4306	0.4319
1.50	0.4332	0.4345	0.4357	0.4370	0.4382	0.4394	0.4406	0.4418	0.4429	0.4441
1.60	0.4452	0.4463	0.4474	0.4484	0.4495	0.4550	0.4515	0.4525	0.4535	0.4545
1.70	0.4554	0.4564	0.4573	0.4582	0.4591	0.4599	0.4608	0.4616	0.4625	0.4633
1.80	0.4641	0.4649	0.4656	0.4664	0.4671	0.4678	0.4686	0.4693	0.4699	0.4706
1.90	0.4713	0.4719	0.4726	0.4732	0.4738	0.4744	0.4750	0.4756	0.4761	0.4767
2.00	0.4772	0.4778	0.4783	0.4788	0.4793	0.4798	0.4803	0.4808	0.4812	0.4812
2.10	0.4821	0.4826	0.4830	0.4834	0.4838	0.4842	0.4846	0.4850	0.4854	0.4857
2.20	0.4861	0.4864	0.4868	0.4871	0.4875	0.4878	0.4881	0.4884	0.4887	0.4890
2.30	0.4893	0.4896	0.4898	0.4901	0.4904	0.4906	0.4909	0.4911	0.4913	0.4916
2.40	0.4918	0.4920	0.4922	0.4925	0.4927	0.4929	0.4931	0.4932	0.4934	0.4936
2.50	0.4938	0.4940	0.4941	0.4943	0.4945	0.4946	0.4948	0.4949	0.4951	0.4952
2.60	0.4953	0.4955	0.4956	0.4957	0.4959	0.4960	0.4961	0.4962	0.4963	0.4964
2.70	0.4965	0.4966	0.4967	0.4968	0.4969	0.4970	0.4971	0.4972	0.4973	0.4974
2.80	0.4974	0.4975	0.4976	0.4977	0.4977	0.4978	0.4979	0.4979	0.4980	0.4981
2.90	0.4981	0.4982	0.4982	0.4983	0.4984	0.4984	0.4985	0.4985	0.4986	0.4986
3.00	0.4986	0.4987	0.4987	0.4988	0.4988	0.4989	0.4989	0.4989	0.4990	0.4990
3.10	0.4990	0.4991	0.4991	0.4991	0.4992	0.4992	0.4992	0.4992	0.4993	0.4993
3.20	0.4993	0.4993	0.4994	0.4994	0.4994	0.4994	0.4994	0.4995	0.4995	0.4995
3.30	0.4995	0.4995	0.4995	0.4996	0.4996	0.4996	0.4996	0.4996	0.4996	0.4997
3.40	0.4997	0.4997	0.4997	0.4997	0.4997	0.4997	0.4997	0.4997	0.4997	0.4998
3.50	0.4998	0.4998	0.4998	0.4998	0.4998	0.4998	0.4998	0.4998	0.4998	0.4998
3.60	0.4998	0.4998	0.4999	0.4999	0.4999	0.4999	0.4999	0.4999	0.4999	0.4999
3.70	0.4999	0.4999	0.4999	0.4999	0.4999	0.4999	0.4999	0.4999	0.4999	0.4999
3.80	0.4999	0.4999	0.4999	0.4999	0.4999	0.4999	0.4999	0.4999	0.4999	0.4999
3.90	0.5000	0.5000	0.5000	0.5000	0.5000	0.5000	0.5000	0.5000	0.5000	0.5000

注：Z为标准差的个数，表中数据是平均数和Z个标准差之间的那部分正态曲线下的总面积。

参考文献

[1] 包明华. 购并经济学前沿问题研究 [M]. 北京：中国经济出版社，2005.

[2] 傅丹，姜毅. 财务管理实训教程 [M]. 2版. 大连：东北财经大学出版社，2017.

[3] 黄旭. 制造业上市公司并购：绩效分析与政策建议 [J]. 财经科学，2007 (1).

[4] 马杜拉. 国际财务管理 [M]. 杨淑娥，张俊瑞，译. 大连：东北财经大学出版社，2006.

[5] 李敏. 跨国公司在华投资策略及中国企业的应对措施研究进展——"跨国公司在中国：竞争与合作"国际研讨会综述 [J]. 管理世界，2004 (8).

[6] 李善民. 公司特征、行业特征和并购战略类型的实证研究 [J]. 管理世界，2007 (3).

[7] 陆正飞，王化成，宋献中. 当代财务管理主流 [M]. 大连：东北财经大学出版社，2004.

[8] 于守华，李鸥，于一贫. 新会计准则对上市公司会计作弊常用手段的预防措施 [J]. 生产力研究，2008 (12).

[9] 马元兴. 企业财务管理 [M]. 3版. 北京：高等教育出版社，2017.

[10] 王孟龙. SEB控股苏泊尔：不惜血本的中国布局 [J]. 董事会，2008 (2).

[11] 乔雯雯. 跨国公司外汇风险管理及案例分析 [J]. 财经界，2007 (2).

[12] 罗斯，韦斯特菲尔德，乔丹. 公司理财基础 [M]. 方红星，译. 大连：东北财经大学出版社，2002.

[13] 孙琳，徐晔. 财务管理 [M]. 上海：复旦大学出版社，2012.

[14] 汤谷良. 企业改组：兼并与资产重组中的财务与会计问题研究 [M]. 北京：经济科学出版社，2002.

[15] 德帕姆菲利斯. 兼并、收购和重组 [M]. 黄瑞蓉，罗雨泽，译. 北京：机械工业出版社，2004.

[16] 万军. 跨国公司投资与国内资本形成关系研究——基于长江三角洲地区的研究 [J]. 北京工商大学学报（社会科学版），2007 (6).

[17] 万如荣. 企业集团并购财务战略问题初探 [M]. 当代财经，2006（11）.

[18] 王美涵，王方明. 跨国公司财务 [M]. 上海：上海财经大学出版社，2005.

[19] 刘淑莲，牛彦秀. 公司理财 [M]. 5版. 大连：东北财经大学出版社，2020.

[20] 夏维朝，何少娟. 财务管理 [M]. 广州：华南理工大学出版社，2005.

[21] 杨全发. 知识产权保护与跨国公司对外直接投资策略 [J]. 经济研究，2006（4）.

[22] 袁建国，周丽媛. 财务管理 [M]. 7版. 大连：东北财经大学出版社，2021.

[23] 格里森. 财务风险管理 [M]. 宋柄颖，译. 北京：中华工商联合出版社，2001.

[24] 张超英，吴海燕. 国际财务管理 [M]. 北京：北京大学出版社，2005.

[25] 中国注册会计师协会. 财务成本管理 [M]. 北京：中国财政经济出版社，2022.

[26] 周向雯. 对在华跨国公司融资管理策略的实证研究——基于广东的调查 [J]. 财经理论与实践，2006（4）.

[27] 钟琮. 从外资并购支付方式分析苏泊尔并购案 [J]. 中国乡镇企业会计，2008（7）.

[28] 毛华静. 由美国通用电气公司内部控制环境引发的思考 [J]. 财会月刊，2004（4）.

[29] 凯伯. 国际金融（英文版）[M]. 17版. 北京：中国人民大学出版社，2022.

[30] 刘淑莲. 财务管理 [M]. 6版. 大连：东北财经大学出版社，2022.

[31] DIETER. Cross risks in international finance [J]. Journal of Financial Management & Analysis，2002，12（2）.

[32] MALATESTA. The wealth effect of merger activity and the objective functions of merging firms [J]. Journal of Financial Economics，1983，11（1-4）.

[33] OGDEN，JEN，CONNOR. Advanced Corporate Finance [M]. Upper Saddle River: Prentice Hall，2003.

[34] SORENSEN. Characteristics of merging firms [J]. Journal of Economics and Business，2000，52（5）.